철학으로 풀어 본
개념정치

철학으로 풀어 본
개념정치

초판 1쇄 발행 | 2017년 9월 18일
초판 3쇄 발행 | 2022년 3월 23일

지은이 | 장준호
발행인 | 부성옥
발행처 | 도서출판 오름
등록번호 | 제2015-000047호 (1993. 5. 11)

주   소 | 서울특별시 중구 필동로 19 삼가빌딩 4층
전   화 | (02) 585-9123 / 팩   스 | (02) 584-7952
E-mail | oruem9123@naver.com
ISBN   978-89-7778-476-5   93340

이 도서의 국립중앙도서관 출판예정도서목록(CIP)은 서지
정보유통지원시스템 홈페이지(http://seoji.nl.go.kr)와 국
가자료공동목록시스템(http://www.nl.go.kr/kolisnet)에
서 이용하실 수 있습니다. (CIP제어번호: CIP2017023834)

철학으로 풀어 본
개념정치

장준호 지음

Original Meta-Realpolitics

Chang, Jun-Ho

ORUEM Publishing House
Seoul, Korea
2018

차례

제7장 교육과 정치 ··· 383

— 교육은 어떻게 바꿔야 하나?
　교육의 현실, 교육의 기본, 교육개혁의 방향

프롤로그

*

　　2016년 4월 초, 네이버가 주최했던 〈열린 연단〉에 참여한 적이 있다. "국가의 현실, 개인의 현실"에 대한 강연이 있었다. 나는 그 두 개의 현실에 대해 토론을 했다. 사회자는 2012년에 출간된 나의 저서 〈개념 있는 정치 VS 개념 없는 정치〉를 소개하며 살짝 웃었다. 웃음은 그냥 나오지 않는다. 자기도 모르게 터져 나오는 실소마저도 곰곰이 생각해 보면 다 나름의 이유가 있다. 지적 자극이 있고 공감할 때 웃는다는 게 사실이라면, 〈개념 있는 정치 VS 개념 없는 정치〉라는 책 제목도 사회자에게 지적 자극을 주고 공감을 유발했을까? 개념이 있고 없고의 대립쌍을 제시하며 정치의 양태를 둘로 나누는 방식이 사회자에게 공감을 일으킨 것일까? 사회자는 책 제목의 '개념 없는 정치' 부분을 읽으면서 현실의 정치가 바로 '개념 없는 정치'라고 문득 떠올리며 웃었는지도 모른다. 박근혜 정부의 비상식적 '정치 아닌 정치'에 다들 힘겹게 살아가고 있었기 때문이었다.

　　지식인에게 자기검열의 최면을 걸었던 이명박 정부 시절, 우연한 기회에 개념 시리즈를 접하게 되었다. 개념 시리즈는 2009년 이후 등장한 것으로 개념이라는 단어에 다른 단어를 조합하여 만든 다양한 조어였다. 예컨대, 개념녀, 개념남, 개념고객, 개념소비, 개념마케팅이 여기에 해당한다. 호기심이 생겼다. '왜 이러한 조어가 만들어지고 유통될까?' 이러한 질문은 책을 집필하게 된 계기가 되었다.

　　다음과 같은 사례가 있었다. 모피 사용을 반대하는 가수 이효리, 지방선거 전에 인사동에서 "지방선거 투표를 약속하면 안아드린다"라는 피켓을 들고 자발적으로 프리허그 캠페인을 했던 여성, 이들은 개념녀로 규정되었다. "이제는 군대를 자연스럽게 다녀오는 시대다. 군대는 대한민국 남자라면 당연히 다녀오는 것이다"라고 말한 가수 이승기, 자신의 모교에 120억을 기부한 배우 장근석, 이들은 개념남으로 불렀다. 식당에서 음식을 남기지 않는 고객, 백화점에서 하루 종일 웃고 있어야 하는 백화점 점원을 힘들게 하지 않는 고객은 개념고객이었다. 독도를 일본 땅으로 귀속시키려는 다케시마 운동을 지원하는 마일드 세븐과 아사히 맥주와 같은 일본 기업의 제품을 소비하지 않는 것은 개념소비였다. 이노센트innocent 음료의 수익금이 최빈국 사람에게 기부된다고 광고하는 것은 개념마케팅이었다.

개념 있는 남자, 여자, 고객, 소비, 마케팅은 현실의 부정적인 것에 대한 부정, 즉 개념 없는 남자, 여자, 고객, 소비, 마케팅에 대한 부정이었다. 나라는 거꾸로 가고 있지만 사회 저변에는 부정적인 현실을 부정하면서, 즉 '부정의 부정'으로 긍정성을 회복하는 변증법적 '개념의 정신'이 살아 있었던 것이다. 개념의 정신은 개념의 본래 의미에서 이탈한 부정적인 현실을 부정하며 개념을 개념의 본래적 의미로 회복시키는, 즉 개념을 개념답게 만들어주는 개념 안의 메타적 자기운동이었다. 예컨대, 개념남과 개념녀는 사회 저변에서 살아 있던 개념의 정신이 사람의 본래적 개념에서 이탈한 현실을 부정하며 본래의 사람에 대한 개념으로 회복하는 긍정적 운동이었던 것이다.

사람들은 현실의 첨예한 경쟁 사회에서 생존하기 위해 타자를 전혀 상관하지 않거나 타자를 배재하는 '도덕적 개인주의'에 따라 〈개념 없는 사람〉이 되어갔다. 그들은 더불어 같이 살아가는 본래적 사람의 개념에서 이탈한 채 자신에만 집중하며 살아간다. 그들은 남에게 해를 끼치지 않고 자신이 원하는 것을 한다고 말하지만, 타자를 무시하거나 배재하기 때문에 결국 타자에게 해를 끼친다. 공감 능력이 부족해 차갑고 인간적 매력도 없다. 나아가 상식에 맞지 않게, 상황에 맞지 않게, 주어진 역할에 맞지 않게 행동한다. 개념의 정신은 이러한 현실의 부정적인 '개념 없는 사람'을 부정하며 본래의 사람 개념으로 회복한 긍정성으로서 〈개념 있는 사람〉을 등장시켰다. '개념 있는 사람'은 타자 안으로 들어가서 공감하고 배려하기에 같이 있으면 편안하고, 주변 관계에서 발생하는 갈등과 대립을 해소하며 포용한다. 나아가 상식, 상황, 역할에 맞게 행동하며 신뢰감을 준다.

나는 정치의 본래 개념에서 벗어난 정치 현실을 목도하며, '개념의 정신'에 내재된 변증법에 따라 현실의 부정적인 정치를 부정해서 본래 정치의 개념으로 회복한 긍정으로서의 '개념 있는 정치'를 제시하고 싶었다. 이러한 맥락에서 〈개념 있는 정치 VS 개념 없는 정치〉가 2012년에 출간되었다. 책이 출간된 지 벌써 5년이 흘렀다. 그동안 박근혜 정부가 집권했고, 2016년 10월 말 이후 '개념의 정신'이 개념 있는 시민을 무한정 재생산하며 활활 타올랐던 "촛불혁명"이 있었다. 그리고 2017년 5월에 치러진 조기 대선에서 정권이 교체되었다. 박근혜 정부는 이명박 정부에 이어 '개념 없는 정치'의 완결판이었다. 새로운 정부를 탄생시킨 시민이 개념의 정신으로 발현된 '촛불 시민성'을 유지하길 바라는 마음에서, 나아가 우리 정치가 '개념 있는 정치'로 회복하길 기대하는 마음에서 〈개념 있는 정치 VS 개념 없는 정치〉의 '개정증보판'으로 〈철학으로 풀어 본 개념정치〉를 새롭게 출간하게 되었다. 2012년 초판의 프롤로그에 새겨 넣었던 아래의 마음은 현재에도 여전히 유효하다. 2012년 당시의 마음, 2016년 촛불을 들었을 때의 마음, 2017년 지금의 마음, 이 세 마음이 같다.

> "지난 몇 년간 우리는 개념 없는 사람들이 보여주었던 '정치 아닌 정치,' 즉 〈개념 없는 정치〉를 경험했다. 그 세월이 혼란스러웠고 어지러웠다. 하지만 역설적으로 개념 없는 정치가 고통스러웠고 혐오의 대상이 되었기 때문에 시민들은 현재 〈개념 있는 정치〉를 요청하고 있다. 우리는 자신만 아는 '개념 없는 시민'을 넘어 공동체를 생각하는 '개념 있는 시민'으로 회복하기를 바라고, '개념 있는 투표'를 통해 '개념 있는 정치인'을 선출하고자 하며, '개념 있는 정치'가 실현되기를 희망한다. 이러한 맥락에서 개념 있는 정치는 향후 우리 사회가 요청하는 '시대정신(Zeitgeist)'이라고 볼 수 있다."

개념(槪念)

　　이 책에서는 〈개념 있는 정치〉를 〈개념정치〉라고 부르고자 한다. 개념정치를 이끌어내기 위해 우선 개념을 정의하는 것이 필요하다. 개념의 정의에 따라 '개념 없는, 개념 있는'의 의미가 규정되기 때문이며, '없는, 있는'의 주체가 개념이기 때문이다. 나아가 '개념 있는, 개념 없는'은 수식하는 명사개념의 양태를 알려준다. 예컨대, "개념 없는 정치, 개념 있는 정치"에서, '개념 없는'은 정치의 본래적 개념이 상실되어 현실에서 구현되고 있지 않는 상황을 말하며, '개념 있는'은 개념 안의 개념의 정신이 '개념 없는' 정치 현실을 변증법적으로 부정하고 긍정해서 정치를 정치의 본래적 개념으로 회복시킨 상황을 말한다. 아래 도표에서도 볼 수 있듯, 이러한 개념과 관련된 논리의 흐름은 개념과 개념의 정신에 대한 명확한 이해에 기초한다.

개념과 관련된 논리의 흐름

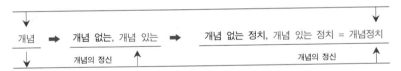

언어적 구성물로서 개념
언어사회학적인 관점에서, 개념은 세 가지 맥락에서 이해된다.
　　첫째, 개념은 우리가 일상을 살아가는 데 있어 꼭 필요한 '지식 knowledge'의 의미로 쓰인다. 사물이나 현상에 관한 지식을 말한다. 지식에는 기본적인 상식도 포함된다. "아이가 어려서 돈에 대한 개념이 없다"라는 예문에서도 알 수 있듯이, 개념은 특정한 대상이나 사실에 대한 지식을 일컫는다. 돈은 왜 만들어졌는지, 어떻게 버는지, 어떻게 써야 하는지, 왜 아껴 써야 하는지 등에 관한 지식이 있어야 "돈에 대해 개념이 있다"라고 말한다. 하지만 무엇에 대한 지식만으로 '개념이 있기'에는 충분하지 않다. 지식은 의식 속에 자리 잡아야 하고 현실에서 행동으로 연결되어야 한다. 지식이 의식과 행동에 결합되어야 그 지식은 '개념이 있다'라는 인정을 획득한다.

둘째, 개념은 현실의 개별적 사실을 귀납적으로 추론하며 파악된 '노션notion, 생각'의 의미로 쓰인다. 귀납적 추론의 결과인 노션은 역으로 일상에서 개별적 사실 안에 내재한 보편적인 것을 알려준다 notify. 하지만 개별적인 것에 대해 보편적인 것을 지시하는 노션만으로는 개념이 되기에 부족하다. 사회적 공감이 필요하다. 사람들이 노션에 공감하며 사용해야 노션은 개념이 된다. "엄친아"라는 개념이 여기에 해당한다. 엄친아엄마 친구 아들라는 조어는 본래 〈골방환상곡〉이라는 웹툰에서 엄마가 아들을 향해 "엄마 친구 아들은 공부 열심히 해서 서울대 들어갔다는데. 넌 뭐니?"라고 말한 것에서 유래한다. 독자가 웹툰의 엄마가 하는 말들에서 유사한 말하기 패턴과 그 패턴에 담긴 노션을 귀납적으로 추론했고, 나아가 현실의 개별적 엄마도 그러한 말하기 패턴과 노션을 사용하고 있었기 때문에, 엄친아는 '자기 아이에 대한 기대감으로 인해 비교의 대상으로 등장하는 엄마 친구의 뛰어난 아이'라는 보편적 노션으로 규정되었다. 네티즌이 독자의 이러한 보편적 노션에 공감하면서 엄친아는 '내가 그러지 못해서 우리 엄마가 부러워하는, 그래서 나에게 불편함과 부러움을 동시에 느끼게 하는 아이'를 지시하는 개념으로 정착되었다.

셋째, 형식 논리학에서 개념은 현실의 개별자를 총괄하는 보편적 '규정definition'의 의미로 쓰인다. 이러한 개념은 일반적으로 '유개념'

에 '종차'가 결합되면서 규정된다defined. 예컨대, "인간은 정치적 동물이다"라는 규정에서 인간이라는 개념의 보편적 내용은 동물이라는 '유개념genus'에 정치적이라는 '종차specific difference'의 결합으로 규정된다. 즉, 인간이라는 개념은 인식과 판단의 주체인 우리가 현실에서 살아가는 개별적 인간을 파악하기 위해 사용하는 보편적 규정인 것이다. 이러한 개념을 사용할 때, 구성된 개념, 개념 사용의 주체로서 우리, 현실의 개별자적 특수성이 서로 상호작용한다. 따라서 우리가 일상에서 개념을 사용할 때, 우리의 주관성, 현실의 개별적 타자 대상, 보편적으로 구성된 개념 등의 사이에서 대립, 갈등, 모순이 발생한다. 우리가 사용하는 개념이 현실의 구체적인 개별자를 포괄하지 못할 경우, 우리와 소통하는 상대가 같은 대상에 대해서 다른 개념을 가지고 말할 경우, 나-타자-개념의 사이에 대립이 증폭된다. 이러한 현실의 대립과 모순에 직면하여 개념은 현실의 다양하고 구체적인 것에 대립하는 내용을 지양하는 보편적 개념이 되어야 하는 필연적 계기를 지니게 된다(가토 히사타게 2009, 11).

개념의 어원

이러한 세 가지 개념의 의미는 개념의 단어적 어원에서도 발견된다. 개념은 영어로 콘셉트concept라고 하며, 독일어로는 베그리프 Begriff라고 한다. 영어의 콘셉트는 라틴어 콘셉툼conceptum에서 기원한다. 콘셉툼은 '흩어져 있는 것을 모아con 잡는papere' 것을 의미한다. 독일어의 베그리프도 '잡아 파악하는' 것을 의미하는 동사 베그라이펜begreifen의 명사형이다. 유럽어인 영어와 독일어의 경우, 개념은 '무엇인가를 자기 속에 포섭하거나 총괄하는 보편자'라는 뜻을 함축하고 있다. 이처럼 개념이라는 단어에 새겨진 어원은 앞에서 살펴본

지식, 노선, 규정으로서의 개념에 투영되어 있다.

한자의 경우도 개념의 맥락이 이와 유사하다. 한자 '개槪'는 나무 목木과 깎을 기旣로 조합되어 있다. 본래 목木은 미레질하는 평미레를 의미하기도 한다. 평미레는 말이나 되에 쌓인 곡식을 밀어내어 고르게 하는 나무이다. 槪念의 본래 중국어 발음은 [gài niàn: 가이녠]인데, 槪[가이]를 우리말로 발음할 때 모음축약현상이 일어나 '개'로 발음되었을 거라고 추측된다. 어원상, '개槪'는 고르지 못한 것을 깎아서 일반적으로 통용될 수 있도록 평평하게 하는 것이다. '념念'은 생각을 의미한다. 따라서 개槪와 념念의 구성물인 한자의 '개념槪念'은 일반적으로 통용될 수 있도록 고르게 하는 보편적인 생각을 의미한다. 한자에서도 개념은 현실에서 고르지 못한, 즉 서로 다른 특수한 개별자라 할지라도 그것들을 평평하게 파악하고 총괄하며 부를 수 있는 '보편자'의 의미를 함축하고 있는 것이다.

동양과 서양에서 '개념'은 언어상 다른 단어로 표현되지만 유사한 의미로, 즉 현실의 개별자를 총괄하며 파악하는 '보편자'의 의미로 사용된다. 언어사회학적으로 개념은 현실에 존재하는 대상과 사실을 모아 비교하고 추론하는 정신의 종합적 판단 작용으로, 나아가 사회적 공감으로 정립된 언어적 구성물이다. 이러한 개념은, "엄친아"의 경우처럼, 현실을 이해하는 지표가 되며, 이와 동시에 현실을 변화시키는 프레임이 된다. 우리는 개념의 매개를 통해 현실을 인지하며 자신의 생각, 감정, 행동을 정향시킨다(나인호 2011, 39, 57-58).

개념 있는 정치 vs 개념 없는 정치

　'언어사회학적 관점'에서 보면, 나개념을 규정하거나 개념을 통해 판단하는 주관적 주체, 타자개념의 대상이 되는 현실의 개별적 타자, 나와 언어로 소통하는 타자, 개념언어적으로 구성된 보편자이 각각 따로 있으며 별개로 상호작용한다. 이러한 경우 두 가지 문제가 야기된다. 첫째, '나'의 자의에 의해 보편의 특수화가 발생한다. 나-타자-개념의 관계에서, '내'가 개념을 사용하는 주체로서 나의 특수한 자기의식과 해석을 개념에 반영하기 때문이다. 예컨대, 인간에 대한 개념이 "인간은 정치적 동물"이라고 규정될 때, 갑은 '정치적'이라는 종차를 권력지향적인 존재로, 을은 공동체의 선善을 구현하기 위해 타자와 함께 소통하는 존재로 이해할 수 있다. 갑과 을의 주관에 의해 보편 개념은 이렇게 특수화될 수 있는 것이다. 둘째, 개념은 현실에서 보편자가 되기에 부족하다. 한자의 어원에서도 알 수 있듯이, 개념은 현실의 특수한 것을 평미레로 밀어서 고르게 만든다. 개념 안에서는 현실의 극단적 구별과 대립이 사라지지만, 현실에서는 여전히 그러한 구별과 대립이 존재한다. 개념은 현실의 다양한 특수성을 해소하지 못한 채 특수자를 강제적으로 유개념 아래 묶었을 뿐이다. 즉, 개념은 현실에 적용될 때 여전히 특수한 것과 대립하게 되어 보편자가 아니라 그 자체가 또 하나의 특수자로 남게 된다.

　따라서, 이러한 문제를 극복하는 메타적 접근이 필요하다. 개념이 주관적 자의에 의한 보편의 특수화를 지양하고 현실의 개별자에 침투하는 메타적 '개념'이어야, '개념 있는'이 본래적 개념을 구현하거나 개념을 본래적 개념으로 회복시킨다는 의미로 사용될 수 있다. 이는 개념에 '개념의 정신'이 메타적으로 내재하고 있어야 가능하다.

개념의 정신에 기초한 헤겔의 메타적 개념

이러한 개념에 대한 메타적 접근은 헤겔Hegel: 1770~1832의 철학에서 발견된다. 그는 자신의 정교한 사유 메스로 개념에 즉자-대자적 자유의지를 새겨 넣었다. 개념 안에 새겨진 자유의지가 자신의 이성적 변증법으로 스스로 전개하는 나, 즉 정신Geist으로 기능하게끔 만든 것이다. 변증법Dialektik은 이성이 그 본성상 자기 운동을 하는 방식으로서, 무규정적으로 자기 안에 머무는 자기관련적 즉자an sich 운동에서 시작하여 타자의 존재를 부정하면서 자기와 관련하는 대자 für sich 운동을 거쳐 이를 부정하면서 타자 속에서 자기 자신에게 복귀하여 긍정성을 획득하는 즉자-대자an und für sich 운동에 이르는 원리이다(김준수 2015, 593). 즉, 개념 안의 나로 기능하는 자유의지인 정신이 자기 운동을 하며 타자를 개념 안으로 끌어들이도록 만든 것이다. 헤겔은 이렇게 개념 안에 자유의지를 이식함으로써 별개로 있는 나와 타자를 개념 안으로 통합시켰다.

개념 안에 탑재되어 이성의 변증법으로 작동하는 자유의지는 개념의 주체이며, 개념의 정신이다. '개념의 정신'을 내재한 헤겔의 개념 Begriff은 열린 상태로 기존의 분열된 나, 타자, 개념을 자기 안으로 끊임없이 베그라이펜begreifen: 자기 속으로 포섭하고 포용하며 총괄한다. '개념의 정신'이 현실에 있는 타자의 특수성에 침투하여 타자의 특수성을 부정하고 다시 긍정하는 변증법적 과정을 통해 개념을 타자 안에 머무는 즉자-대자의 보편자로 만들기 때문이다. '개념의 정신'은 이성의 본성으로 운동하기에 개념을 사용하는 주관적 자의로부터 독립성을 유지하며 객관성을 확보한다. 나아가 '개념의 정신'은 사변적 이성에 의해 추동되는 변증법으로 타자를 단지 기계적으로 평균화시켜 보편성 안에 가두는 것이 아니라 스스로 타자 안으로 들어가면서 자기 안으로 회기하기 때문에, 그러한 운동으로 개념은 '진정한 보편자'가 된다. 이렇게 개념 안에 자유의지가 배치됨으로써 기존의 개념에서 야기되었던 두 가지 문제가 해소된다.

우선, 메타적인 '개념의 정신'이 동시에 전개하는 타자 관련과 자기 관련의 운동으로 인해, 개념은 객관성을 확보하면서 개념다운 개념이 될 수 있다. 즉, 자유의지의 이성적 변증법으로 자신을 전개하기에, '개념의 정신'은 타자 관련 속에서 자기 관련을 유지하고, 타자를 자기 관련으로 끌어들이는 즉자, 대자, 즉자-대자의 과정에서 타자의 특수성 안에 보편성으로 침투하면서 객관적 개념이 되며, 현실의 부정적 귀결에서 긍정적 귀결을 이끌어 내면서 존재^{현실}와 사유^{이성}를 개념 안에 총괄한다(김준수 2015, 136-138, 150-151).

헤겔이 제시하는 개념은 개념 자체 안에 탑재된 '개념의 정신'이 진행시키는 이성적 변증법으로 인해 개별적 타자를 부정하고 긍정하며, 그러한 타자에 침투해 그 안에서 보편적으로-현실적으로 작용하는 객관적이고 본래적인 보편자이다. 이러한 개념에 대한 예시로서, 현실의 타자인 개별자^{사람들의 의식과 행동}와 제도에 침투해서 그 안에 머물며 지금-이곳에서 이미 실현되고 있는 법, 도덕, 인륜 등을 들 수 있다. 이렇게 개념이 현실에 실현되고 있을 때, 개념이 본래의 보편성을 회복하려고 자신 안의 개념의 정신에 의해 메타적 자기 운동을 전개할 때, 이러한 경우에 우리는 어떤 개념에 대해 '개념 있는'이라고 말할 수 있는 것이다. 헤겔은 다음과 같이 말했다.

> "이성적인 것이 현실적이며,
> 현실적인 것이 이성적이다."
> "Was vernünftig ist, das ist wirklich;
> und was wirklich ist, das ist vernünftig."
>
> (Hegel 1821/1995, 14)

개념 안에서 이성과 현실은 하나가 된다. '개념의 정신'으로 추동되는 개념은 변증법적 이성의 자체 운동으로 현실에 침투하여 그 현실 안에 보편적 개념으로 머물러 있기 때문에, 개념은 이성적이고 현실적이다. 이러한 맥락에서 보자면, 헤겔이 말하는 메타적 '개념의 정신'에 의해 운동하는 개념은 이미 현실에서 구현되고 있는 개념이며, 현실의 특수자를 인정하고 보존하면서 특수자 안으로 침투하여 그 안에 보편자로서 존재하는 개념이다. 개념에 대한 이러한 접근은 헤겔의 철학적 독창성을 보여준다. 기존의 개념은 개별자의 특수성을 제거하며 특수자의 공통점을 언어적으로 축출하면서 특수자와 보편자와의 대립을 지속시켰다. 하지만 헤겔의 개념은 다른 방향을 취한다. 개념은 현실의 특수자를 보존시키면서 각각의 특수자 안에 머무르는 보편자가 됨으로써 특수자와 보편자와의 대립을 해소한다.

헤겔의 관점에서 본 개념정치

헤겔의 관점에서 보면, 〈개념 없는 정치〉란 정치의 본래적 개념이 현실에서 구현되지 않은 상황이라고 볼 수 있다. 즉, 정치의 개념이 현실의 개별자에게 침투되어 있지 않아서 정치는 자신의 보편성을 상실하고 현실이 정치의 본래적 개념으로부터 이탈되어 있다. 이러한 상황에서 개념 안의 메타적 '개념의 정신'은 그러한 현실을 부정하여, 즉 '부정의 부정'을 통해 개념의 본래적 의미를 회복하려고 한다. 이렇게 개념 안의 '개념의 정신'이 자기 회복 운동을 할 때 그 개념에 대해 메타적인 의미에서 '개념이 있다'라고 한다. 따라서 '개념 없는 정치'에 대해 〈개념 있는 정치=개념정치〉는 '부정의 부정'이다. 즉, 정치 본래의 개념으로부터 이탈한 현실의 부정적인 '개념 없는 정치'를 부정하며 나온 정치 본래의 개념에 대한 긍정이다. 이는 변증법적 이성에 의해 추동되면서 즉자-대자적으로 타자 안에서 머물고 부정적 귀결에서 긍정적 귀결을 포착해서 화해와 포용을 실현하는 '개념의 정신'이 개념 안에서 끊임없이 작용한 결과이다. '개념의 정신'이 작용함으로써 개념은 개념답게 되는 것이다.

정치의 본래적 의미를 구현하는 개념정치

정치는 본래 아름다운 것이다. 공동체의 행복, 자유, 정의를 실현하는 최고의 예술art이기 때문이다. 우리가 불미不美하게 만들었을 뿐이다. 정치는 공동체의 구성원이 병이나 실직에 처했을 때 의료서비스와 실업수당을 제공하여 불행을 견디게 하고, 좋은 교육을 통해 시민이 윤리적·지적인 덕성을 가질 수 있게 한다. 나아가 정치는 외교와 국방에 힘써서 분쟁과 전쟁의 비극이 생기지 않도록 하고, 일자리를 창출해서 사람들이 자아실현을 할 수 있도록 하며, 좋은 법을 제정해서 정의가 구현된 사회를 만든다. 아름답지 않은가?

공동체의 행복과 정의를 실현하는 최고의 예술로서 정치는 명령과 강제로 되는 것이 아니다. 본래, 정치는 공적 사안에 대해 시민들이 모여서 '함께 얘기하고' 좋은 법과 정책을 규칙에 따라 '함께 결정하며' 결정한 것을 '함께 실행하는' 과정이다. 그리고 이러한 본래적 정치의 개념이 보편자로서 현실의 개별자 안으로 침투되어 삶의 방식이 되어 있는 상태가 〈개념 있는 정치〉이다. 그렇다면, 이러한 정치의 본래적 개념에서 벗어난 정치는 〈개념 없는 정치〉가 된다. 예컨대, 현실의 정치가 '권력을 획득하고 유지하며 확장하는 게임'으로만 작동할 경우, 이러한 정치는 개념 없는 정치라고 볼 수 있다.

정치가 본래적으로, 객관적으로 '개념 있는' 정치가 되려면, 정치의 개념 안에 헤겔이 새겨 넣은 '개념의 정신'이 역동적으로 움직이고 있어야 한다. 타자를 부정하면서 자기와 관련짓는 운동으로 자기에만 머물러 있는 '대자적 입장'을 지양해서 타자 안으로 들어가 그 안에 같이 머물고 그 타자성을 다시 자기 안으로 포용하는 '개념의 정신'이 부정성에서 긍정성을 발견하면서 이성적으로, 현실적으로 정치 안에서 작용하고 있어야, 객관적으로 그 정치는 〈개념 있는 정치〉가 된다. 단지 타자의 부정을 통한 자기 관련 운동만 하고 대립을 재생산한다면 그 정치는 주관적인 〈개념 없는 정치〉가 된다.

개념 있는 정치인 VS 개념 없는 정치인

정치인은 본래 그 자신이 '시민'이지만, 선거에 의해 선출된 대표자로서 시민을 대신하여 공동체의 공적 사안을 풀어가는 '공인'이다. 일반적으로 정치인은 자신의 정치적 입장과 정치철학에 따라 정당에 가입하고 정당의 정치 세력에 입각하여 선출된다. 선거를 통해 선출되지는 않았지만 전국의 약 100만 명의 공무원도 공적 사안을 다루기 때문에 하는 일로 봐서는 정치인에 가깝다. 일단 정치인에게는 선출직의 종류에 따라 다음과 같은 지위와 권한이 주어진다.

선출직 정치인의 수와 역할

우리나라에는 4년에 한 번씩 선출되는 300명의 국회의원이 있다. 2016년 4월 13일 20대 총선에서는 253개 지역구에서 주민을 대표하는 의원 253명과 정당명부에 의한 비례 의원 47명이 선출되었다. 지역구 의원은 자신을 선출해준 지역 주민을 위해 입법 활동을 하고, 비례 의원은 전문성에 기초하여 정책과 법안을 개발한다. 각 지역구 국회의원은 비서관과 보좌관의 도움을 받아 1인 입법 기관의 역할을 수행하며 지역의 현안 문제를 해결하려고 한다. 지역구 국회의원은 지역구의 이익, 소속 정당의 정책, 국회에서의 세력 관계, 정부의 정책, 자신의 정치철학, 자신의 정치 이익 사이에서 고민한다.

그다음으로, 4년에 한 번씩 전국 동시에 치러지는 지방선거에서 선출되는 정치인이 있다. 이틀간의 사전 투표가 최초로 도입되었던 2014년 6월 4일 6회 지방선거를 통해 선출된 정치인은 3,952명이었다. 2014년 지방선거에서 유권자는 1인 7표를 행사했다_{제주특별자치도는 1인 5표, 세종특별자치시는 1인 4표}. 유권자는 투표소에서 2번에 나누어 투표한다. 1차로 투표용지 3장을 받아 교육감, 광역자치단체장, 기초단체장 투표를 하고 난 후에, 2차로 4장의 투표용지를 받아 지역구 광역의원, 비례대표 광역의원, 지역구 기초의원, 지역구 비례의원 투표를 한다. 전국적으로 9개의 도와 8개의 광역시를 비롯한 17개의 광역단체에서는 광역단체장 17명과 광역의회의원 789명이 선출되었다. 226개 기초단체에서는 기초단체장인 시장, 군수, 구청장 226명과 기초단체의원 2,898명이 선출되었고, 17개의 광역단체에서 교육감 17명, 제주특별자치도에서 교육위원 5명이 선출되었다.

예컨대, 경기도에는 경기도지사 1명, 경기도의회의원 128명, 기초자치단체장 31명, 기초자치단체의회의원 363명, 교육감 1명 등 524명의 정치인이 각각의 권한과 지위를 가지고 경기도의 공적 사안을 해결하고 있다. 이와 더불어 경기도의 60개 지역구에서 선출된 60명의 국회의원이 각 지역구를 대표하며 지역구의 현안 문제를 해결하고 있다. 그래서 경기도에는 총 584⁵²⁴⁺⁶⁰명의 정치인이 경기도라는 지역공동체의 공적 사안을 풀어나가고 있는 셈이다. 우리나라 인구의

25%5,100만 명 중에서 1,300만 명가 경기도에서 살지만, 경기도의 선출직 정치인은 전체의 14%4,253명 중에서 584명밖에 되지 않는다. 이러한 인구 대비 정치인 비율에 따르면, 경기도민은 자신을 대표할 정치인을 다른 지역보다 적게 가지고 있다.

선출직 정치인은 총선과 지방선거를 통한 4,252명과 지위와 권한의 측면에서 볼 때 권력의 정점에 서 있는 대통령 1명과 더불어 총 4,253명이다. 민주주의 사회에서 대통령은 시민에 의해 일정한 간격을 두고 선거에 의해 선출된다. 대통령을 중심으로 한 행정부는 입법부와 사법부의 견제를 받으며, 삼권이 균형을 이룬다. 대통령은 국가의 최고 통치자로서, 국가의 구성원인 시민을 대내외적으로 대표한다. 그는 모든 시민에게 영향을 미치는 공동체의 공적 사안에 대해 원활하게 소통하며 정책을 결정하고 집행하는 지위를 지닌다.

우리나라 헌법에 따르면, 대통령은 5년 주기로 '대외적인 국제관계에서 국가를 대표하는 국가의 원수라는 지위'와 '국내에서 배타적인 통치권을 행사하는 국정의 최고책임자라는 지위'가 동시에 부여된 통치자로서 선출된다. 대통령은 국가의 독립, 영토의 보전, 국가의 연속성과 헌법을 수호할 책임과 조국의 평화적 통일을 위한 성실한 책무를 다해야 하며, 시민의 기본권을 보호하고 시민의 자유와 복리를 증진시킬 수 있도록 노력해야 한다66조 2, 3항. 이러한 책무를 실현시킬 수 있도록 대통령에게는 '국정의 최고책임자라는 지위가 부여된다 65, 66, 67, 70조. 대통령은 행정권을 총괄하는 행정부 수장으로서 정책집행에 최종결정권을 지니고, 입법과 법률의 제정과정에도 권한47, 52, 53, 75, 81조을 행사하며, 국군통수권74조, 국민투표부의권72조, 공무원임면권78조 등을 지닌다.

예컨대, 대통령은 대통령 비서실, 국무회의, 행정부, 공기업, 정부투자기관, 각종 정부위원회 등 약 이삼천 개의 자리에 인사권을 행사한다. 5년의 임기 동안 두세 번 인사를 단행하면 약 5,000명을 자신의 사람으로 임명하게 된다. 즉, 대통령 한 명이 자신의 임기 동안 전국 지방선거에서 선출된 3,952명보다 더 많은 사람을 '자신의 정치철학과 정책을 실현시킬 정치인'으로 임명하는 것이다. 따라서 대통령을 선출한다는 것은 그와 동시에 약 5,000명의 정치인도 같이 선출하는 것을 의미한다. 하지만 그가 임명할 5,000명이 누구인지 유권자는 알지 못한다. 인사권을 잘 행사할 것이라고 희망할 뿐이다.

이렇게 막강한 권력을 지닌 대통령이 "개념이 없다면" 어떻게 될까? 대통령의 권한이 다른 정치인의 것보다 막강한 만큼, '개념 없는 대통령'은 다른 어떤 '개념 없는 정치인'보다 시민의 삶을 파괴하고 불행하게 만들 것이다. 대통령은 다른 정치인보다 철저하게 '개념 있는 정치'를 해야 한다. 하지만 선출된 다른 정치인도 각자 지닌 권한에 있어 차이를 보이지만, 각자 권한이 미치는 영역에서 중요한 역할을 한다. 그들도 공동체의 삶에 영향을 주는 커다란 권한과 권력을 지니고 있기 때문이다. 예컨대, 지역구 대표인 국회의원, 광역단체장인 도지사, 기초단체장인 시장 및 군수는 대통령의 권한에는 미치지 못하지만 막강한 권한을 지닌다. 그래서 선출된 정치인은 개념 있는 정치, 즉 개념정치를 지향해야 한다. 나아가 100만 명의 공무원과 대통령이 임명하는 약 5,000명의 '준' 정치인도 개념정치를 해야 한다. 정치는 우리의 삶의 가장 낮은 곳까지 규정하기 때문이다. 정치인과 '준' 정치인은 정치의 본래적 개념을 정확히 인지하고 현실에서 실현해야 하며, 정치가 고려해야 할 다양한 개념을 상호비교하고 연관지으며 공적 문제를 해결해야 하며, 공적 영역에서 '개념의 정신'을 체현하면서 인정하고 인정받는 〈포용〉을 실천해야 한다.

개념 없는 정치인

〈개념 없는 정치인〉은 철학과 정치를 분리시키는 정치인이다. 학습, 소통, 사유, 성찰을 통해 정치의 본래적 개념을 인식하고 그러한 정치가 구현해야 할 다양한 가치를 의식하며 하나의 근본 원리에 담아 실천에 옮기는 과정이 '철학'이라면, 그는 이러한 철학을 현실의 정치와 연결시키지 못한다. 단기적 효과를 낼 수 있는, 즉 흩어져 각각 따로 노는 각론적 정책만 고집한다. 장기적으로 다양한 정책을 연결시키며 하나로 묶어내는 철학적 총론과 비전이 없고, 이에 따른 실현가능하고 구체적인 로드맵이 없다. 따라서 국가적인 긴 안목 속에서 구현되어야 할 자유, 평등, 정의의 가치는 시민의 구체적인 삶 안으로 침투되지 않는다. 이런 정치인이 많을수록 현실의 정치판은 본래의 정치 개념으로부터 이탈한 '개념 없는 정치'가 되고 만다. 개념 없는 정치인은 다음과 같은 세 가지 특징을 지닌다.

첫째, '개념의 정신'이 그의 의식 안에 체현되어 있지 않다. 그의 정치는 정치의 본래적 개념과 거리가 멀다. 권모술수에 능하고, 사적 이익을 추구하는 그의 정치에는 공적인 선善을 실현할 내용이 결핍되어 있다. 둘째, 타자를 부정하면서 자신의 근거를 세우는 대자적 자기 관련이 강하다. 타자를 배제하고, 자신을 폐쇄하며, 협력하기 힘들다. 특히, 강자에 약하고 약자에게 강하며 오만하다. 셋째, 공감 능력과 소통 능력이 부족해서 같이 있으면 불편하다. 큰소리로 자랑하고 거짓을 진실처럼 그럴싸하게 말할 때 그를 보고 있으면 불편함이 더 커진다. '프로네시스phronesis'의 역량이 없기 때문이다. 프로네시스는 충분한 논의와 검토를 통해 올바르게 계획할 수 있는 능력이며,

애매모호할 경우 조언과 숙고를 통해 영리한 판단을 내릴 수 있는 능력이며, 타인의 입장에서 타인을 이해하는 능력이다.

개념 있는 정치인

〈개념 있는 정치인〉은 철학과 정치를 결합시키는 정치인이다.

철학은 자기 자신을 인식하는 성찰의 과정이자, 현실과 타자를 직시하면서 허상이 아닌 실재하는 것을 파악하는, 즉 이성에 현실을 담으며 현실에 이성을 침투시키는 사유와 행위이다. 철학자는 이러한 철학을 통해 '개념의 정신'을 자기의식 안에 체현시킨다. 그래서 철학자의 정신은 이성의 변증법으로 자기와 타자를 부정하고 그 부정을 다시 부정하여 그러한 '부정의 부정'이 담지한 긍정으로 타자 안에 머물면서 자기 자신으로 회복한다. 개념 있는 정치인은 이러한 철학자의 정신을 지닌다. 그래서 그는 철학과 정치를 결합시킨다. 그는 철학자의 정신으로 정치의 본래적 개념과 그 정치가 실현하려는 자유, 평등, 정의, 평화, 연대의 '가치value'를 파악하고, 그러한 가치의 상호연관성을 추론하면서 '개념 있는 정치'를 현실에서 구현하려고 한다. 개념 있는 정치인은 다음과 같은 세 가지 특징을 지닌다.

첫째, '개념의 정신'을 자신의 의식 안에 체현하고 있어서 포용적이고 인류적이다. 그래서 특수한 개별자 안에 침투하면서 포용·인정하고 인정받아 정통성을 확보한다. 개념 없는 정치인이 주도하는 개념 없는 정치를 부정하지만 변증법적 성찰을 통해 포용한다. 즉, 현실 정치의 부정적인 것을 부정하면서 그러한 부조리에서 긍정적인 것을 찾아 현실의 정치판을 정치의 본래적 개념으로 회복시키는 것이다. 둘째, 타자와 소통하고 공감하며 배려하면서 타자 안에서 머물기 때문에 같이 있으면 편안하며, 국민을 성장으로 이끈다. 즉, 정치의 본래적 개념이 현실에서 구현되게 함으로써 보편적 가치인 자유, 평등, 정의, 연대, 평화가 각 개별자의 삶에서 실현되도록 한다. 셋째, 프로미노스 phrominos: 프로네시스의 능력을 갖춘 영리하고 현명한 정치인가 되기 위해 지속적으로 학습하고 성찰한다. 그는 자신과 타자의 부조리를 초극하며, 관계에서 발생하는 갈등과 대립의 부정성에서 긍정적 귀결을 찾아내는 '변증법적 리더십'을 발휘한다.

개념 있는 정치인은 우리가 노력하지 않고 가만히 있는데 하늘에서 그냥 뚝 떨어지지 않는다. 개념 있는 정치인은 국가가 장기간에 걸쳐 제공하는 〈시민교육〉을 통해 길러진다. 시민교육은 모든 이의 자기의식에 '개념의 정신'이 체현되게끔 하는 최고의 정치이다. 개별자의 특수성 그 자체가 보존되고 인정되면서도 그 안에 침투하여 자유, 정의, 평등, 평화, 연대의 보편적인 가치가 보편자로 스며들도록 하는 것이 시민교육이다. 시민교육을 통해 우리의 아이가 개념 있는 시민과 개념 있는 정치인으로 성장한다. 시민교육의 수준은 정치의 수준을 결정하고, 정치의 수준은 국가의 수준을 결정한다. 따라서 시민교육의 수준이 국가의 수준을 결정한다. 이러한 맥락에서 개념 있는 정치인은 학교 안팎의 시민교육에 관심을 갖고 잘 보살핀다.

이 책은 '대화dialogue'로 구성되어 있다. 필자가 가상의 인물과 가상적 상황에서 '철학자의 정신'을 발휘하며 대화와 설명을 이어간다. 소설적 기법, 상상력, 연구, 경험, 추억, 회상의 산물이다. 정치철학과 정치 현실에 대한 성찰이 담겨 있다. 우선, 동·서양 사상가들이 생각했던 정치의 본래적 개념과 더불어 본래의 정치가 실현하는 정의, 행복, 자유 등의 가치를 살펴본다. 나아가 현실의 '개념 없는 정치'가 다시 '개념 있게' 되도록 하는 개념의 정신을 따르며, 우리나라의 정치, 교육, 복지, 외교·통일, 지방자치 등을 독일과 비교하며 성찰해 본다. 〈개념 있는 정치를 향한 개념 있는 대화〉인 것이다. 대화와 설명의 내용은 책의 말미에 적어 놓은 참고 문헌에서 인용하였고, 특히 필자의 논문과 칼럼에서 많은 부분을 가져와 재구성했다.

2017년 9월 안양 연구실에서

장준호

제 **1** 장

정의와 정치

— 어떤 정치가 정의를 구현하는가?
강자의 정의, 약자의 정의,
시정적 · 분배적 · 절차적 정의

이야기의 흐름

현실의 상반된 두 가지 정의:
강자의 정의, 약자의 정의

*

　걸었다. 집에서 나와 안양천 옆으로 곱게 조성된 산책길을 따라 걸으면 삼막사 초입에 있는 경인교대 캠퍼스에 이르게 된다. 50분 남짓 걸린다. 학교 앞에 와서 위를 바라보면, 관악산 뒤편으로 뻗어 있는 삼성산의 풍만한 두 줄기가 아랫자락 평지에 놓인 학교를 포근히 감싸고 있다. 언젠가 삼막사에 올라 아래를 내려다보았는데, 학교의 터가 따스한 엄마 품에 안겨 있는 어린아이 모습과 비슷했다. 그것을 보면서 아름다움을 느꼈던 것 같다. '아름다움'의 어원이 '아름'에 있다고 했던가? 두 팔을 둥글게 모아서 만든 둘레가 아름이다. 아름을 만들어 품고 싶은 것이 아름다움이다. 어린아이 그 자체가 아름다웠고, 어린아이를 포옹하는 엄마의 모습도 아름다웠으며, 엄마 품에 안겨 있는 어린아이를 연상시키는 학교의 터도 아름다웠다.

　걷는 것은 좀 더 잘 생각하기 위해 하는 일종의 준비운동이다.

· · · 김선형: Garden Blue, 2014년

걸으면 기분이 좋아지고, 머리가 맑아지면서 생각도 명료해진다. 연구실에 들러 시원한 물을 한 잔 마시고 상쾌한 기분으로 강의실로 들어갔다. '정치철학' 강의가 있었다.

정치철학의 탄생

"플라톤Plato: B.C. 427~347의 정치철학은 소크라테스의 죽음으로부터 시작되었습니다. 플라톤은 아테네의 고삐 풀린 민주주의가 소크라테스를 무고한 죽음으로 몰고 가는 것을 목격하고 정신적으로 큰 충격을 받았어요. 그래서 그는 정의에 대해, 정의를 구현할 철인통치에 대해 깊이 사유했던 것이죠. 즉, 소크라테스의 죽음과 그에 따른 플라톤의 정의에 대한 성찰로 서구의 정치철학이 탄생했다고 볼 수 있어요. 플라톤은 정의를 그 자체로 좋은 것이며 모든 사람에게 이로운 것이라고 보았답니다."

42· 철학으로 풀어 본 개념정치

트라지마코스: 강자의 정의

지혜가 손을 들어 질문을 했다.

"그런데 현실에서는 강한 자의 이해관계가 정의라고 규정되는 것 같습니다. 정의란 힘 있는 사람의 이익을 대변하지 않나요?"

나는 웃으며 말했다. "지혜가 꽤 날카로운 질문을 하네요. 플라톤이 그 질문을 받았다면 '아니'라고 까칠하게 말했을 거예요. 하지만 그렇지 않다고 논증하는 데에는 어려움을 겪었지요."

"무슨 말씀이세요?"

"약 2400년 전 아테네에서 살았던 플라톤은 지혜가 던진 질문을 다루기 위해 『폴리테이아politeia: 국가·정체政體』라는 방대한 책을 썼어요. 액자 소설에서처럼 글을 썼던 사람은 플라톤이지만, 책에서 1인칭 관점으로 대화하는 사람은 소크라테스이에요. 부활한 소크라테스가 대화를 이끌며 지혜가 했던 질문을 풀어나가는 거지요."

처음부터 하나씩 차분히 다루어야 할 것 같았다.

"지혜가 한 질문은 『폴리테이아politeia』 1권에서 등장하는 '올바른 것'으로서의 '정의'에 관한 의견opinion 중 하나예요. 소크라테스와 대화가 진행되는 과정에서, 케팔로스는 〈진실을 말하는 것과 받은 것을 되돌려주는 것〉이 정의라고 하고, 그의 아들인 폴레마르코스는 〈친구에게는 이득을, 적에게는 해를 끼치는 것〉이 정의라고 하지요. 나아가 트라지마코스는 〈더 강한 자의 편익便益〉이 정의라고 주장해요. 사실과 현실이 반영된 의견이라고 볼 수 있어요. 지혜의 첫 질문에 '예'라고 말하면 트라지마코스의 의견과 동일해요. 원문을 통해 트라지마코스가 했던 주장을 한번 들어보도록 할까요?"

"법률을 제정함에 있어서 각 정권은 자기의 편익을 목적으로 하여서 합니다. 민주정체는 민주적인 법률을, 참주정체는 참주체제의 법률을, 그리고 그 밖의 다른 정치체제들도 다 이런 식으로 법률을 제정합니다. 일단 법제정을 마친 다음에는 이를, 즉 자기들에게 편익이 되는 것을 다스림을 받는 자들에게 올바른 것으로서 공표하고서는, 이를 위반하는 자를 범법자 및 올바르지 못한 짓을 저지른 자로서 처벌하죠. 그러니까 보십시오. 이게 바로 제가 주장하고 있는 것입니다. 모든 나라에 있어서 동일한 것이, 즉 수립된 정권의 편익이 올바른 것(정의)이지요. 확실히 이 정권이 힘을 행사하기에, 바르게 추론하는 사람에게 있어서는 어디에서나 올바른 것은 동일한 것으로, 더 강한 자의 편익으로 귀결합니다"(Platon, 338e-339a).

낭독을 한 다음, 물 한 모금을 마시고 설명을 이어갔다.

"정의는 하나의 가치로서, 보편성을 가지고 있어야 해요. 보편적으로 적용될 수 있어야 합니다. 어떤 경우에는 되고, 어떤 경우에는 안 되면 보편적 정의가 아니라, 단지 개인의 의견doxa일 뿐인 거죠. 소크라테스는 케팔로스와 폴레마르코스의 의견은 간단히 반박했어요. 정신이 정상일 때 칼을 맡겼던 친구가 미쳐서 칼을 돌려달라고 했을 때 돌려주면 안 되는 경우를 들어, 케팔로스의 의견은 보편성이 결여되었다고 반박했어요. 나아가 현실에서 누가 진짜 적인지 친구인지 구분하는 것이 어려울 뿐만 아니라, 정의로운 사람은 상대가 친구든 적이든 어느 누구에게도 해를 끼치지 않아야 하기 때문에, 폴레마르코스의 의견도 보편성이 결여되어 있다고 반박했답니다.

하지만 소크라테스는 현실과 사실을 반영하는 트라지마코스의 의견은 완전히 반박하지 못해요. 올바른 것을 규정하는 법이 피지배자를 통치하기 위한 지배자의 수단이라는 의견은 강력했거든요."

의술의 비유와 양치기의 비유

설명을 들으며 살며시 웃고 있는 지혜에게 질문을 던졌다.

"소크라테스는 사실에 입각한 트라지마코스의 주장을 반박하려고 시도했어요. 자, 소크라테스의 논법을 한번 재현해 봅시다. 지혜가 말해볼래요? 의사가 펼치는 의술은 누구에게 이로움을 주지요?"

"환자에게 이로움을 주지요."

"그렇다면, 의술은 의술이 적용되는 대상에게 이로움을 주는 기술 technē이네요. 의술은 의사에게 이로움을 주는 것이 아니라 환자에게 이로움을 주는 기술이니까요. 즉, 의술의 목적은 환자의 몸을 치유하는 것이에요. 이와 같은 논리에 따르면, 정의는 어떨까요?"

"〈의술의 비유〉를 정의에 적용하면, 정의란 지배자에게 편익을 주는 것이 아니라 피지배자에게 이로움을 주는 것이겠지요."

"좋아요. 지혜의 답변이 바로 소크라테스가 트라지마코스를 반박한 내용이에요. 의술의 비유를 통해, 정의란 강자의 편익이 아니라, 오히려 약자에게 편익을 주는 것이라고 주장하지요. 상대의 주장을 반박할 때, '의술의 비유'처럼 상대의 주장과는 전혀 다른 결론이 나오게 하는 프레임frame을 찾는 것이 중요해요. 그런데 트라지마코스가 가만히 있었을 것 같아요? 그는 '의술의 비유'를 깨뜨리면서 동시에 자신의 주장을 강화하는 다른 프레임을 가지고 소크라테스를 반박했어요. 어떤 프레임을 걸었을까요? 〈양치기의 비유〉에요. 지혜가 계속 대답해 볼래요? 양치기가 양을 키우는 목적이 무엇이죠?"

"잘 키워서 잡아먹거나, 팔아서 돈을 벌려고 하겠지요."

"그래요. 트라지마코스는 지배자가 바로 양치기와 같다고 주장했어요. 양치기가 양에게 이로움을 주기 위해 양을 기르는 것이 아니라 양으로부터 이득을 취하기 위해 기르는 것처럼, 정의도 이와 다를 바 없다는 것이죠. 지배자는 피지배자에게 이로움을 주기보다는 피지배자로부터 이익을 취하기 위해 정의를 규정한다는 겁니다. 트라지마코스는 한 걸음 더 나아가, 현실에서는 불의올바르지 않게 행동하는 것가 정의올바르게 행동하는 것보다 개인에게 더 이익이 된다고 주장합니다. 힘 있는 강자를 포함해서 누구나 불의를 통해 이득을 취하면서 정의로 위장한다는 거죠. 이러한 주장에 대해 어떻게 생각하나요?"

"현실을 보면 그런 측면이 있는 것 같아요."

"소크라테스는 양치기의 비유에 대해서 확실히 반박할 수 없었어요. 의술의 비유와 양치기의 비유는 하나로 합쳐질 수 없는 대립적인 프레임이었으니까요. 하지만 현실에서 불의가 정의보다 개인에게 더 이익이 된다는 주장에 대해서는 물러서지 않았죠. 특히, 트라지마코스는 '올바르지 못한 것은 남들을 능가할 수 있는 사람강한 자을 위한 편익'이라고 주장했는데, 그는 나쁜 짓을 큰 규모로 저질러도 처벌받지 않고 큰 이익을 챙기는 강자를 사례로 들었어요. 하지만 소크라테스는 어떠한 공동체와 집단이라도 그 안에 올바름으로서의 정의가 존재하지 않는 한 지속가능하게 유지될 수 없다는 점을 피력했죠. 현실의 다른 측면을 부각시킨 거죠. 즉, 하물며 마피아와 조직폭력배의 조직에서도 증오와 다툼으로 붕괴되는 것을 막기 위해 내부적으로는 정의가 필요하다고 보았죠. 이와 마찬가지로 인간의 영혼과 공동체에서도 정의가 정립되어 있어야 조화와 통합, 건강과 역량이 유지될 수 있어요. 소크라테스의 입장에서 보면, 그래서 불의가 개인에게 더 이익이 된다는 주장은 성립하지 않아요."

의술의 비유에 기초한 포용국가

트라지마코스와 소크라테스의 논쟁을 다음과 같이 정리했다.

"양치기의 비유는 지배자와 피지배자의 대립을 내재한 '사회갈등모델conflict model'을 암시하며, 의술의 비유는 지배자와 피지배자의 조화를 내재한 '사회통합모델harmony model'을 암시합니다. 트라지마코스의 주장에는 현실과 사실에 입각한 정치모델이 반영되어 있어요. 소크라테스는 『폴리테이아politeia』의 끝부분까지 트라지마코스의 '사회갈등모델'에 대해 비판적 입장을 견지하면서 자신의 '사회통합모델'을 인간의 영혼과 국가의 조직 차원에서 그려냅니다.

사실, 양치기의 비유와 의술의 비유는 현실을 반영한 비유이자, 현실을 바라보는 원형적 프레임이에요. 강자가 지배하는 세상, 약자를 살리는 세상, 이 둘은 대립쌍으로써 현실에서, 인식의 프레임으로서, 역사 속에서 끊임없이 반복적으로 등장했습니다. 예컨대, 현재 우리나라를 포함해서 세계에서도 화두로 등장하고 있는 '모두를 위한 국가, 약자를 살리는 세상'을 위한 포용국가inclusive state 도 양치기의 비유를 지양해서 의술의 비유가 실현되는 세상으로 회복하려는 콘셉트라고 볼 수 있어요. 즉, 강자가 지배하는 세상을 초극해서 약자도 행복하게 살 수 있는 세상을 구축하려는 접근인거죠."

일단, 지금까지 다루었던 정의에 대한 의견을 정리해보았다.

"여러분, 우리들이 생각해 보았던 정의에 대한 의견을 다시 한번 떠올려 봅시다. 〈진실을 말하는 것과 받은 것을 되돌려주는 것〉, 〈친구에게는 이득을, 적에게는 해를 끼치는 것〉, 〈더 강한 자의 편익〉이 정의라고 주장되었죠. 그 밖에 다른 의견은 없을까요?"

글라우콘: 약자의 정의―사회적 합의

하리가 약간 주저하며 말했다.

"『폴리테이아politeia』의 2권까지 읽어보았는데요. 방금 말씀하신 트라지마코스의 주장을 글라우콘이 되살리고 있었어요."

"글라우콘은 트라지마코스와 같은 입장이었나요?"

"그런 것은 아니고요. 글라우콘은 소크라테스의 입장에 동의하지만, 그는 소크라테스의 논증이 충분하지 않았다고 판단했어요. 그래서 대화가 다시 타오르도록 불쏘시개 역할을 한 거죠. 불의가 정의보다 더 이익이 된다는 것은 현실에서 여전히 사실이잖아요."

나는 흐뭇한 마음에 질문을 했고, 하리는 차분히 대답했다.

"글라우콘이 일부러 트라지마코스의 주장을 되살렸다는 거지요?"

"예. 그래요."

"어떻게 되살렸죠?"

"소크라테스는 강자와 약자에게 모두, 그러니까 모두에게 좋은 것이 정의라고 했잖아요. 글라우콘은 바로 그 좋은 것으로부터 시작했어요. 정의가 무엇인지 포착할 수 있는 상위 범주로서 좋은 것이 무엇인지 제시하고 그 상위 범주에 따라 정의를 규정하는 거죠."

" '좋은 것the good'에는 어떤 종류가 있었나요?"

"좋은 것에는 세 범주가 있었어요. 기쁨이나 즐거움처럼 그 자체 때문에 반기며 갖고자 하는 좋은 것, 슬기로움과 건강처럼 그 자체뿐만 아니라 그것에서 생기는 결과 때문에도 좋은 것, 신체를 단련시키는 운동을 하거나 치료를 받거나 돈을 버는 것과 같이 수고스럽지만 그것들로부터 생기는 보수나 결과 때문에 좋은 것이 있었죠."

"좋아요. 그렇다면, 정의는 좋은 것의 어떤 범주에 속했지요?"

"글라우콘도 소크라테스에게 같은 질문을 했어요."

"오케이, 그럼 소크라테스는 뭐라고 했지요?"

"본래 첫 번째 범주에 속한다고 했어요. 정의도 기쁨이나 즐거움처럼 그 자체 때문에 반기며 갖고자 하는 좋은 것이라고 …"

"글라우콘은 소크라테스의 답변에 어떻게 반응했나요?"

"그건 당신 생각이고, 사람들은 그렇게 생각하지 않는다고 말했죠. 사람들 생각에 정의는 세 번째 범주에 속한다. 뭐 이렇게요."

"글라우콘이 작정하고 소크라테스를 자극한 거네요."

"그렇다고 봐야죠." 하리가 키득거리면서 말했다.

"사람들은 정의가 결코 그 자체로 좋은 것이 아니라, 수고스럽지만 보수나 결과 때문에 좋은 것이라고 생각한다는 거죠? 즉, 사람들은 보수나 평판세평, 명성 때문에 정의를 실천하는 거지, 결코 그 자체로 좋은 것이라고 여기지 않는다는 겁니다. 정의 그 자체로는 오히려 까다로운 것으로서 기피해야 하는 것으로 여기는 거고…

좋아요. 하리가 『폴리테이아politeia』 원문에서 글라우콘이 정의에 대한 트라지마코스의 두 가지의 의견, 즉 강자의 편익과 정의에 대한 불의의 우위성을 되살리는 부분을 한번 읽어볼래요?"

"예, 잠깐만요. 아, 여기네요."

"사람들은 본디 이렇게들 말하고 있으니까요. 본디는 올바르지 못한 짓을 저지르는 것이 좋은(agathon) 것이요, 올바르지 못한 짓을 당하는 것은 나쁜(kakon) 것이지만, 그걸 당함으로써 입는 나쁨이 그걸 저지름으로써 얻는 좋음보다도 월등하게 커서, 결국 사람들이 서로들 올바르지 못한 짓을 저지르기도 하고 또 당하기도 하며, 그 양쪽 다를 겪어 보게 되었을 때, 한쪽은 피하되 다른 한쪽을 취하기가 불가능한 사람들로서는 서로 간에 올바르지 못한 짓을 저지르거나 당하지 않도록 약정을 하는 것이 이익이 되겠다는 생각을 하게 된다고 말씀입니다. 또한 바로 이것이 연유가 되어, 사람들은 자신들의 법률과 약정을 제정하기 시작했으며, 이 법에 의한 지시를 합법적이며 올바르다고 한다는 겁니다. 그러니까 이것이 실로 올바름의 기원(genesis)이며 본질이란 거죠. 그건 올바르지 못한 짓을 저지르고도 처벌을 받지 않는 최선의 경우와 그걸 당하고도 그 보복을 할 수 없는 최악의 경우, 이 두 경우의 중간에 있는

것이라는 겁니다. 올바른 것이 이들 양쪽 것 사이에 있는 것이면서
도 만족스런 것으로 대접받는 것은 결코 좋은 것으로서가 아니라
올바르지 못한 짓을 저지를 수 없는 허약함 때문에 존중되는 것으
로서일 뿐입니다. 능히 그걸 저지를 수 있는 자는 그리고 진짜 사
내는 올바르지 못한 짓을 저지르지도 당하지도 않도록 하는 약정
을 결코 누구와도 하게 되지 않을 테니까요."(Platon, 358e-359b).

"고마워요. 잠시 생각해 봅시다. 글라우콘의 주장은 어떻게 트라
지마코스의 주장을 되살리나요?"

하리가 말했다.

"우선 글라우콘이 하는 주장을 살펴보면, 그 전제가 트라지마코스
가 주장하는 것과 같습니다. 트라지마코스는 불의가 정의보다 더 이
익이라고 했는데, 글라우콘이 하는 주장의 첫머리에 '올바르지 못한
짓을 저지르는 것이 좋은 것'이라고 했잖아요. 올바르지 못한 짓을
저지를 때 보수나 이익이 결과로서 주어지기 때문에 좋은 것이겠지
요. 또한 트라지마코스는 정의란 강자의 편익이라고 했는데, 글라우
콘이 하는 주장의 마지막 부분에서 강자는 약정을 결코 누구와도 하
게 되지 않을 거라고 했어요. 약정은 강자가 원하는 게 아니라는 점을
말하면서, 정의는 강자의 편익이라는 점을 인정한 셈이죠."

"그렇다면, 둘은 같은 주장을 하고 있나요?"

"같기도 하고, 다르기도 하네요."

"무엇이 같고, 무엇이 다르죠?"

"불의가 '결과로서 좋은 것'이라는 전제는 같아요. 하지만 글라우
콘은 약자가 선호하는 정의로서 약정nomoi과 계약synthēkē, 즉 〈사회
적 산물social product〉로서의 정의를 말하고, 트라지마코스는 강자가
선호하는 정의로서 그들만의 편익을 말하죠. 이러한 차이점에도 불구
하고 약자는 약자의 입장에서, 강자는 강자의 입장에서, 정의를 규정

하는 데 있어 그 정의라는 것이 그 자체로서 좋은 것이라기보다는 결과로서 좋은 것이라고 인식하고 있는 점은 같아요."

"소수인 강자는 자신의 이익에 부합하는 법을 정의라고 지시하지만, 다수인 약자는 피해자가 될 수 있다는 두려움과 불안 때문에 서로 피해를 주지 말자고 약정하고 그 약정을 정의라고 지시하지요."

"특히, 강자는 타자에게 부당한 피해를 줄 수 있고 복수를 막아낼 수 있으며 처벌도 받지 않는 막강한 힘을 가지고 있어서 약자들의 약정과 계약을 원하지 않아요. 약정과 계약 그 자체가 자신이 '멋대로 할 수 있는 자유exousia'를 포기하도록 요구하니까요."

"차이점을 좀 더 쉽게 표현하면 어떻게 될까요?"

"글쎄요. 약자는 힘이 없어서 법을 만들어 자신을 지키려하고, 강자는 힘으로 법을 만들고 그게 자신의 이익에 맞지 않으면 지키려 하지 않죠. 약자는 법을 지키고, 강자는 법을 무시한다?"

"둘 다 자신의 이익이라는 결과를 위해서 그렇게 하겠지요?"

"그렇다고 생각합니다."

"좋아요. 여러분이 하나 더 알아야 할 것은, 글라우콘의 접근이 근대 계약론적 사고를 선취하고 있다는 점입니다. 이익을 얻기 위해 올바르지 않은 행위를 기꺼이 저지르는 인간의 본성nature과 강자에 의해 억울한 피해를 당할 수 있다는 인간의 두려움fear이 가정되고, 그러한 인간의 손해-회피적 합리적 선택rational choice에 의해 약정이 만들어진다는 글라우콘의 사유는, 전쟁상태와 비슷한 자연상태에 처한 각 개인이 생명을 보존하기 위해 계약을 맺는다고 주장한 홉스 Thomas Hobbes: 1588~1679의 사유와 유사하지요."

글라우콘과 홉스의 사회계약 비교

하리가 호기심에 차서 질문했다.

"토마스 홉스의 계약론에 대해 좀 자세히 알고 싶습니다."

"근대로 잠깐 넘어가 볼까요? 1651년에 출간된 홉스의 저작 『리바이어던Leviathan』에 따르면, 인간은 늑대적 인간homo homini lupus이자, 신적인 인간homo homini deus이에요. 사람들은 자연상태에서 자신을 보존하기 위해 모든 것을 할 수 있는 자연권을 갖지만, 그러한 자연권의 사용으로 자연상태는 모든 사람이 싸우는 전쟁상태가 되지요. 사람들은 전쟁상태를 경험하면서 늑대적 인간이길 억제하며 합리적으로 계산하는 신적인 인간 역량을 발휘하지요. 자연권을 포기하면서 자신의 안전을 지켜줄 제3자에게 이양하는 계약을 맺게 되고, 그 계약의 결과가 리바이어던, 즉 국가랍니다."

"고대 글라우콘의 사유를 업그레이드한 근대적 버전처럼 들리네요. 늑대적 인간은 '올바르지 않은 짓을 저지르는 것이 좋은 것'이라고 여기는 글라우콘적 인간과 비슷하고, 신적인 인간은 '손익계산으로 손해를 최소화'하려는 글라우콘적 인간과 비슷한 것 같아요. 국가의 정당성은 시민의 생명과 안전을 보장하는데서 생기지만…, 아이러니가 있을 것 같아요. 그러한 계약으로 국가는 절대적 강자가 되고, 시민은 약자가 되는 느낌이 들어요. 트라지마코스가 말한 '강자의 편익으로서 정의'가 다시 생각나는 건 무슨 이유에서일까요? 국가의 이름이 리바이어던이라서 조금 무시시하기도 하고요. 리바이어던은 신약성서의 욥기에 나오는 거대한 바다 괴물이잖아요."

"잘 지적했어요. 계약을 통해 모든 이의 자연권을 흡수한 국가는 자연권을 독점적으로 관리하는 절대적 위치로 상승하지만, 안전을 제공받는 시민은 국가에 대항할 수 없는 무력한 존재로 하강하죠. 여기에서 자연권이란 모든 것을 할 수 있는 권리를 말하지요. 홉스의

• • • 국가의 상징: 홉스의
『리바이어던(Leviathan)』
표지, 1651
표지의 그림은 위와 아래
로 양분된다. 위에는 영토,
사람들로 구성된 인격체,
왕관의 정통성, 오른손의
세속 권력, 왼손의 종교
적 권력이 그려져 있다.
아래에는 왼쪽의 신질서
와 변화, 중앙의 책 이름,
오른쪽의 구질서가 그려
져 있다. 국가가 사람들
로 구성된 하나의 인격체
로 표현되어 있다.

국가는 글라우콘적 계약론을 통해 근거 지워지고 트라지마코스적 강
자의 자연권을 관철하는 거죠. 하지만 국가는 그 강자의 자연권을
약자의 보호를 위해 사용해요. 철학적 디자인 측면에서 보았을 때,
홉스의 국가는 양치기의 비유가 아니라 의술의 비유에 기초하지요."

"그런데 정말 홉스의 국가가 의술의 비유에서처럼 약자를 치유하
고 보호하는 역할을 할까요? 절대적 권력을 가진 국가는 현실에서
독재국가처럼 되지 않을까요? 절대 권력은 부패한다는 말도 있잖아
요. 다양한 견제 장치가 필요할 것 같아요."

"홉스가 살았던 당시 영국에서는 참혹한 시민전쟁1642~1648이 있었지요. 사람들은 평화를 원했고, 생명의 안전과 사회적 질서가 필요했어요. 그래서 홉스는 전쟁상태에 가까운 자연상태에 질서를 부여할 강력한 국가를 설계했답니다. 하지만 하리가 말한 것처럼 국가의 절대적 권력은 제한될 필요가 있어요. 그래서 로크John Locke, 1632~1704는 국가가 개인의 생명과 재산을 보호하지 못할 경우 이에 저항할 수 있는 〈시민의 저항권〉을 정당화시켰어요."

"그렇군요."

기게스의 금반지와 인간의 본성

다시 고대로 돌아가서 글라우콘을 마무리 지어야 했다.

"자, 근대를 벗어나서 고대로 다시 가볼까요? 글라우콘의 핵심 주장이 뭐였죠? 나쁜 짓을 해서라도 이익을 얻고 싶은 게 보통 사람의 마음이지만, 힘이 없어서, 처벌받을까 두려워서, 서로 피해를 주지 말자고 약정하고, 그 약속을 사람들 사이에 정립시킨 것이 정의였어요. 정의는 힘없는 평범한 사람들이 자신을 보호하기 위해 마지못해서 수고스럽게 실천하는 것입니다. 그의 주장이 그랬다는 거죠."

성훈이가 이해할 수 없다는 듯 머리를 긁적거리며 물었다.

"누구나 올바르지 않은 짓을 저지른다. 정의를 실천하는 것은 힘이 없어서 그렇다. 힘이 있으면 나쁜 짓도 얼마든지 할 수 있다. 정의는 마지못해, 수고스럽게, 힘이 없어서, 무능해서 실천한다. 이러한 글라우콘의 주장을 쉽게 이해할 수 있는 사례가 있을까요?"

"성훈아, 우리 사고 실험thinking experiment 하나 해볼까요?"

"어떤 건데요?"

"내가 이야기를 하나 들려줄게요. 〈기게스의 금반지〉 이야기에요. 잘 듣고 본인이라면 어떻게 할지 생각해 봐요."

"그렇게 해 볼게요."

"자, 시작합니다."

"고대 리디아에 양을 치는 한 목자가 있었답니다. 그의 이름은 기게스였어요. 어느 날 그가 양을 치고 있는데 지진이 나서 땅이 갈라졌어요. 그는 호기심에 갈라진 땅 틈으로 들어갔죠. 그곳에는 문이 달린 커다란 청동 말 한 필이 있었어요. 문을 열고 안을 살펴보니 거인의 송장이 썩지 않고 알몸으로 보존되어 있었어요. 송장의 왼손에는 금반지 하나가 끼워져 있었죠. 그는 그 반지를 빼어 자신의 손에 끼운 다음 위로 올라왔어요. 그는 우연히 반지의 보석받이를 안쪽으로 돌리면 보이지 않게 되고, 바깥쪽으로 돌리면 보이게 된다는 사실을 알게 되었답니다. 그 반지는 타인의 시선으로부터 우리를 자유롭게 해주는 마법의 반지였던 것이지요. 이러한 반지의 힘을 갖게 된 그는 리디아의 왕궁으로 숨어들어 왕비의 마음을 사로잡고, 왕비와 더불어 왕을 덮쳐 살해한 후 왕권을 장악했답니다"(Platon, 359d-360b).

"성훈이가 금반지를 가지고 있다면 어떻게 할 것 같아요?"

"저도 기게스처럼 했을 것 같아요."

"이 이야기는 글라우콘이 자신의 주장을 뒷받침하기 위해 한 거예요. 올바른 사람과 올바르지 않는 사람, 두 사람에게 기게스의 반지를 주어도 둘 다 나쁜 짓을 할 수밖에 없다는 것이지요. 이야기 자체는 트라지마코스가 말한 강자의 자연법을 드러내고 있어요. 인간의 속성도 명확히 보여주지요. 힘이 있으면 남에게 해를 주더라도 처벌받지 않고 자신이 원하는 것을 하고자 하는 인간의 속성 말이에요. 우리 인간의 마음이 그렇다는 거지요. 그래서 정의는 법과 처벌에 의해 강제되는 것이지, 그냥 두면 정립되지 않아요."

"이제 명확히 이해가 되는 것 같아요."

"정리해봅시다. 인간은 자기 이익을 위해 악행을 기꺼이 저질러도 처벌받지 않으려 하고, 그러한 인간의 본성은 기게스의 금반지 신화로 증명되며, 결국 정의는 억울하게 당하는 '나쁜 것'을 최소화하는 인간의 합리적 선택에 기초합니다. 즉, 정의란 기게스의 금반지막강한 힘를 사용해서 타자의 시선으로부터 방해받지 않고들키거나 처벌받지 않고 남에게 피해를 주더라도 자신이 원하는 것을 얻고자 하는 인간의 본성을 억제하면서 세워져요. 인간 본성의 억제는 '나쁜 것'을 당할 수도 있다는 두려움과 더불어 '좋은 것'의 극대화 전략보다 '나쁜 것'의 최소화 전략이 더 낫다는 합리적 손익 계산에 기초하지요. 즉, 글라우콘의 정의는 두려움과 합리성에 근거한답니다.

마법의 금반지는 하나의 상징이에요. 처벌과 시선을 무시할 수 있는 막강한 힘에 대한 상징이지요. 타자의 시선에 노출되지 않게 만드는 기게스의 반지는 현실에는 실제로 없지만, 현실에서 타자의 시선을 속일 수 있는 인간의 속임수, 트릭trick, 권력은 얼마든지 있지 않을까요? 즉, 현실에는 기게스의 반지와 같이 작용하는 수단이 많이 있어요. 성훈이가 한 번 더 얘기해 볼래요?"

"글쎄요. 현실에는 기게스의 반지와 같은 유사한 수단이 있는 것 같아요. 그럴싸하게 보이게 하는 것, 즉 속여서 진짜로 여기게 하는 것이 우리 사회에는 많습니다. 시선에는 들어오지만 우리의 시선을 현혹시켜 제대로 보지 못하게 하는 것 말입니다. 언론이 주로 그렇게 하잖아요. 이는 시선에 노출되지 않는 것과 같은 효과를 내기도 합니다. 정의로운 사람과 정의롭지 않은 사람 중에서 정의롭게 보이는 사람이 진짜로 정의로운 사람보다도 성공하는 경우도 많고요."

"그래요. 기게스의 반지는 타인의 시선eyes of others으로부터 기게스를 가려주죠. 그런 반지가 실제로는 없지만 현실에서 많은 사람들은 그 반지처럼 기능할 수 있는 속임수, 권력, 수단을 사용해요. 특히, 올바르지 않는 사람은, 그가 힘이 있다면, 자신을 올바르게 보이기 위해서 세련된 위장 수단을 사용하지요. 그는 나쁜 짓도 어느 누구도 모르게 감쪽같이 완벽하게 해내고, 설령 실수를 하더라도 그것을 바로잡으며, 발각된 경우에도 언변, 강제력, 인적 네트워크, 경제력을 이용해서 사람들을 납득시키거나 무마시키지요. 그런 사람은 실제로 올바른 사람이 아니라 올바른 사람으로 '보이는' 사람인데요, 이런 사람들이 실제로 사회에서 성공하고 찬사를 받는답니다."

평소에 열성적으로 수업에 참여했던 지현이가 질문을 했다.

"지금까지 〈진실을 말하는 것과 받은 것을 되돌려주는 것〉, 〈친구에게는 이득을, 적에게는 해를 끼치는 것〉, 〈더 강한 자의 편익便益〉, 〈사회적 협약의 산물〉 등의 네 가지 정의에 대한 의견을 들어보았는데요. 소크라테스의 입을 통해 나온 플라톤의 주장에 따르면, 정의란 모두에게 이롭고, 그 자체로 좋은 것인데 … 플라톤이 말하는 정의가 무엇인지 잘 모르겠습니다. 나아가 그가 주장하는 정의가 어떻게 현실에서 실현될 수 있는지도 알고 싶습니다."

"지현이가 지금까지 했던 내용을 잘 정리해주었어요. 조금 쉬었다가 플라톤의 정의론을 살펴봅시다. 10분간 휴식할게요."

보편적 정의와 개념 있는 정치

▎ 플라톤: 영혼과 공동체에서의 정의

나는 연구실로 가서 플라톤의 자료를 찾아보았다. 플라톤의 정의에 대해 예전에 만들어 놓은 표가 하나 있었다는 것이 생각났다. 표는 활용하면 어려운 내용을 한눈에 보여주며 이해시킬 수 있다. 표를 보며 잠시 생각했다. '플라톤의 정의론은 기묘하고 독특하며 심플하다. 그의 정의론은 정의를 떠올릴 때 자연스럽게 연상되는 평등에 대해 언급하지 않으며, 타인과의 관계에서 인간의 욕구를 공평하게 해소하는 방법을 제시하지 않는다. 그에게 정의는 인간의 영혼에 있는 하나의 덕성·역량arete 이자, 공동체에 질서와 조화를 부여하는 조직의 원리이다. 플라톤은 인간의 영혼과 공동체에 모두 정의가 있어야 건강한 인간이 되며, 건강한 공동체가 된다고 본다.'

"자, 여러분 창문을 열고 환기를 좀 시켜주세요. 지현이가 질문한

집단·계층	영혼	성격	계층의 덕	보편적 덕
생계·부양계층 (농부, 수공업자)	욕구 (epithymetikon)	생업과 즐거움을 좋아하는	자기인식· 겸손·절제 (sophrosyne)	모두가 소프로지네(sophrosyne)를 내면화함
방위계층 (군인, 경찰)	용기 (thymoeides)	명예와 승리를 좋아하는	용맹 (andreia)	정의(dikaiosyne): 각자가 자신의 것을 하는 것이 정의라는 것을 모두가 인식
통치계층 (철학자, 정치인)	이성 (logistikon)	지식의 추구를 좋아하는	현명함 (sophia)	

것, 즉 플라톤에게 있어 정의란 무엇인가에 대해 좀 더 구체적으로 설명하겠어요. 제가 준비해온 PPT를 보면서 합시다."

"정의는 인간의 영혼과 공동체에 관련됩니다. 정의로운 인간과 정의로운 공동체 … 물론 정의로운 사람들이 모여 살면 그 공동체는 정의로운 공동체가 되겠지요. 우선, 인간에게 있어 정의가 무엇인지 살펴봅시다. 인간의 영혼은 욕구, 용기, 이성으로 구성되어 있어요. 영혼의 각 부분이 자신의 역할을 해야 합니다. 욕구가 생존을 위한 의식주를 갈구해야 우리는 인간으로 살아갈 수 있고, 이성은 용기의 힘을 빌려 욕구가 탐욕으로 변하지 않도록 통제해야 합니다. 인간에게 정의란 영혼의 건강입니다. 즉, 정의란 영혼의 각 부분인 욕구, 용기, 이성이 조화롭게 자기의 역할을 하는 상태를 말합니다.

이제, 공동체의 측면에서 정의를 보도록 하죠. 인간의 영혼에 적용되는 정의의 원리와 동일합니다. 공동체의 정의란 공동체의 각 계층이 자신의 본성에 적합한 역할을 충실히 하는 것입니다. 공동체의 다양한 계층과 집단을 슬림화하면 ― 플라톤에게 있어, 사치스럽고 비대해진 공동체를 슬림화하는 과정 그 자체가 정의로운 공동체가 되는 과정이기도 합니다. ― 세 개의 계층으로 구성됩니다. 생계·부양계층, 방위계층, 통치계층 … 요즘 말로 바꾸면, 생계·부양계층은 다양한 직종에 종사하는 노동자 및 자본가 계층이고, 방위계층은 군인과 경찰이며, 통치계층은 정치인과 고위 공무원 정도 되겠지요. 플라톤에 따르면, 생계·부양계층은 자신의 노동을 통해 자아를 실현하고 만족하며 즐거움, 행복, 부의 추구를 좋아하고, 방위계층은 명예와 승리를 좋아하며, 통치계층은 지식의 추구를 좋아합니다. 무엇을 좋아하느냐에 따른 이러한 '성격적 경향'에 기초하여 각 계층은 '교육'을 통해 그 계층에 요청되는 고유한 '덕성·역량arete'을 가져야 합니다. 생계·부양계층은 〈소프로지네〉를, 방위계층은 〈안드레이아〉를, 통치계층은 〈소파아〉의 덕성을 지녀야 그 공동체가 정의롭게 됩니다. 이제, 각 계층의 덕성·역량을 좀 더 구체적으로 살펴보겠어요.

〈소프로지네〉는 고대 그리스인 특유의 덕성이자 역량이랍니다. 내가 누구이며, 어디에 속하는가를 아는 자기 인식에서 비롯되는 겸손을 의미하며, 그와 동시에 극단적 선택을 피하는 중용적 절제를 의미합니다. 이 덕성은 생계·부양계층에 특별히 요구되는데, 본래 평범한 인간의 욕구라는 것이 그 자체로는 절제를 모르기 때문이죠. 생계·부양계층은 이 덕성으로 자신이 누구인지를 인식할 수 있으며 자신의 욕구를 절제할 수 있답니다. 하지만 소프로지네는 생계·부양계층을 넘어 공동체에서 살아가는 모든 계층과 집단에게 보편적으로 요구되는 덕성이기도 합니다. 모든 계층은 자신이 누구이며 어느 집단에 속하는지 알아야 하기 때문이죠. 그래서 소프로지네는 공동체를 구성하는 사람들을 하나로 이끄는 협화음symphonia 이자, 화성harmonia 이며, 한마음homonoia 이라고 볼 수 있습니다.

〈안드레이아〉는 의연하고 용기 있는 태도를 말합니다. 누군가 의연하고 용감하다면 그는 두려워할 것과 두려워해야 할 것에 대한 올바른 의견을 가지며, 나아가 동요하지 않고 자신의 입장을 굳건히 지킬 수 있는 능력을 소유하고 있다는 것을 의미하죠. 이는 공동체의 수호자인 군인과 경찰 계층에게 요구되는 덕성·역량입니다. 이 덕성·역량을 잘 갖춘 군인과 경찰은 자신에게 친근한 사람, 즉 공동체의 구성원들에게는 온유하고 친절한 성향을 보이지만, 공동체를 위협하는 낯선 적에게는 격한 감정으로 기개^{thymos}를 보입니다.

〈소피아〉는 현명한 지혜를 의미하며 통치계층에게 요구됩니다. 현명한 자가 통치하지 않으면 공동체도 힘들어집니다. 현명함은 적절한 본성과 엄격한 훈련의 결과로 주어지게 됩니다.”

▌디카이오지네: 제 일을 하는 것으로서의 정의

“〈디카이오지네〉는 정의인데 … '제 일을 하는 것$^{\text{to ta hautou prattein}}$,' 즉 '각자 자신의 성향에 가장 적합한 한 가지만을 하는 것'입니다. 반면, 〈아디키아^{adikia}〉, 즉 불의는 자신의 천성과 능력에 적합하지 않은 낯선 일을 하는 것이지요. 디카이오지네는 그 자체로 특별한 덕목이 아니라 세 가지 덕목인 소프로지네, 안드레이아, 소피아가 생기게 하고 보존하는 힘이랍니다. 즉, 각 계층이 그에 요구되는 덕성·역량을 발휘하도록 하고 보존하는 힘이 정의입니다.

자, 그렇다면 정의란 세 가지 계층과 그에 적합한 덕성·역량을 서로 분리하는 것이 됩니다. 그래서 디카이오지네보다 더욱더 중요한 것이 소프로지네입니다. 디카이오지네로 생긴 계층과 분리를 부드럽게 완화시키는 것이 소프로지네이기 때문이죠.”

가만히 듣고 있던 지현이가 비판적인 코멘트를 날렸다.

“그럼, 플라톤이 말한 정의란 결국 경제적 분업 같은 거네요. 공동체에는 모두를 위해 노동하는 집단이 있고, 모두를 위해 싸우는 집단이 있으며, 모두를 위해 통치하는 집단이 있다는 것이죠?"

"맞아요. 사실, 플라톤은 정의 개념의 원형을 효율적인 분업에서 가져옵니다. 활동을 특화하고 각자가 자신이 최고로 잘 할 수 있는 한 가지 일만을 하도록 조직화하는 것은 경제적인 측면에서 타당한 측면이 있어요. 특화된 활동으로 생긴 시너지 효과와 상품의 교환은 모두에게 최선이기 때문이죠."

"그렇지만 경제적으로 효율적인 것이 인간 본성과 정치의 측면에서도 동일하게 적용되지는 않을 것 같아요. 우리가 항상 한 가지 활동만 하면 그로 인해 우리의 잠재적 능력이 위축되지 않을까요? 우리는 인간으로서 교육을 통해 다양한 지식을 습득할 수 있고 다양한 활동 능력을 지니고 있잖아요. 나아가 특화와 전문화는 정치적인 면에서 통치하는 자와 통치받는 자를 분리시키며 민주주의에서 실현되는 정권 교체를 어렵게 만들 것 같아요. 플라톤이 말한 정의로운 공동체는 사람들을 통치, 방위, 생계를 전담하는 각각의 집단으로 고착화시키는 결과를 만들어 낼 위험이 있지 않을까요?"

"그래요. 지현이가 플라톤의 정의 개념이 지닌 문제점을 정확하게 비판했어요. 칼 포퍼Karl Popper: 1902~1994도 그의 저서 『열린사회와 그 적들』1945에서 플라톤을 그렇게 비판했답니다. 플라톤이 구상했던 정의로운 공동체가 경제적 측면에서 보았을 때 각 분야의 전문가에 의해 운영되는 사회였다는 점은 옳은 의견이지만, 계층이 고착화된 '폐쇄사회closed society'라는 주장은 좀 더 신중히 판단해야 할 것 같아요. 플라톤은 방위 및 통치계층에서 자질과 엄격한 교육에 의한 최소한의 계층 이동을 말하고 있기 때문이죠.

나아가 보는 관점에 따라서는 방위와 통치계층이 꼭 행복할 것 같지는 않아요. 생계·부양계층이 자유롭게 재산을 축적하며 자신의 자유와 쾌락을 즐길 수 있는 반면, 방위와 통치계층에게는 생계·부양계층보다 훨씬 더 엄격한 생활 방식이 요구되었기 때문이죠. 지현이가 휴식 전에 했던 두 번째 질문에 대한 설명을 들어 보면 제가 말하려고 하는 바가 무엇인지 더 잘 이해할 수 있을 거예요."

좋은 정치와 세 가지 패러독스

이제 두 번째 질문에 대한 답변으로 넘어가야 했다.

"지현이가 질문한 정의를 실현할 방법과 관련하여, 물론 플라톤도 정의의 실현이 어렵다고 보았어요. 그는 부자와 권력자와 같은 소수의 강자가 다수를 지배하고 자신의 이익을 정의, 즉 올바름으로 정당화하는 현실에서, 하지만 그러한 현실에도 불구하고, 모두에게 이익이 되는 정의를 실현하는 것이 '좋은 정치'라고 보았답니다. 정의는 좋은 정치에 의해 실현된다는 말이죠."

"플라톤은 좋은 정치를 위해 〈세 가지 패러독스paradox〉를 제시했어요. 패러독스란 '의견에 충돌하는para doxan' 것으로 대부분의 사람들에게 생소하죠. 세 가지 역설은 기존의 의견을 송두리째 뒤흔들고 개선하며 새로운 정치를 구현하려는 혁명적 주장입니다."

"첫 번째 패러독스는 '남·녀의 평등'이에요. 그 당시 여성은 사적 영역에서, 남성은 공적 영역에서 활동한다는 역할 분담이 있었지만, 플라톤은 남성과 여성을 평등하게 봅니다. 생리적인 차이점을 제외하면 남성과 여성은 능력이라는 측면에서 동등하다는 것이죠. 그래서 여성도 통치자로서 '철인여왕'이 될 수 있다고 보았어요."

"두 번째 패러독스는 '처자와 재산의 공유공동체'예요. 이게 참

독특하고 끔찍한 생각이에요. 방위계층과 통치계층의 남·여 구성원들은 서로를 공유하고, 그들로부터 생긴 자식도 공유하며, 사적 재산을 가질 수 없어요. 가정oikos과 공동체polis는 분리되지 않고, 공·사의 구분이 사라지며 모든 사적인 것이 공적인 것이 되어버리죠. 남·녀의 성적 결합의 취향도 공동체의 통합을 위해 희생됩니다. 즉, 최고의 남성과 최고의 여성이 가능한 자주 성관계를 가지도록 우생학적 측면에서 조작되고, 성적 즐거움을 거세당한 채로 공동체가 우수한 혈통을 얻도록 공동체의 순수한 육체가 되어버리고 맙니다. 공동의 주거지에서 살며 공동으로 아이들을 훈육시키고 아이들은 누가 자신의 부모인지 모르기 때문에 모든 어른을 자신의 생부모로 간주하게 됩니다. 모든 아이에게 모든 어른은 아버지이자 어머니가 되어버립니다. 훈육 과정에서 아이들은 자질과 능력이 방위와 통치계층에 부적합하면 생계·부양계층으로 강등되고, 생계·부양계층에서 뛰어난 아이들은 방위와 통치계층의 공동보육원에서 훈육을 받아요.

플라톤은 사실 자신의 마지막 저작인 『법률nomoi』에서 두 번째 패러독스를 폐기하고 사적 영역으로서 가정oikos을 복원합니다. 처자의 공유제와 사유재산의 부정이 인간의 본성에 어긋나는 것이어서 실현될 수 없음을 인정한 것이죠. 방위계층과 통치계층도 자신들의 고유한 가정 안에서 부부관계를 유지하고 자신의 자식을 키우며 사유재산을 어느 정도 가지는 것이 좋다고 본 것이죠.

하지만 우리가 유의해야 할 점은 『폴리테이아politeia』에서 방위계층과 통치계층에 요청된 공산주의는 칼 마르크스Karl Marx: 1818~1883의 공산주의와는 다르다는 것이에요. 플라톤에게 있어, 누가 생산수단을 소유하고 있는지는 중요하지 않으며, 생산수단의 국유화에 대한 논의도 없기 때문입니다.

처자와 재산의 공유공동체는 경제 활동과 상관없이 순수한 공적 영역으로 머물고, 경제는 생계·부양계층의 사적 영역에서 자유롭게 유지됩니다. 플라톤은 처자와 재산의 공유공동체를 통해 사회통합을 추구하려고 했어요. 그래서 플라톤의 처자 및 재산의 공유공동체는 '나의 것'이 아니라 '우리의 것'을 강조하는 윤리적 차원에서 이해해야 합니다. 통치에 참여하는 공직자는 공적인 '우리의 것'을 위해 사적인 '나의 것'을 어느 정도 희생해야 하는 것이지요."

"세 번째 패러독스는 권력과 이성의 통합을 의미하는 '철인왕의 통치'에요. 이는 플라톤적 사유 체계의 정수精髓이자 최대의 패러독스 라고 볼 수 있어요. 좋은 정치는 참된 철학자가 통치자가 되어야 실현 된다는 것이지요. 참된 철학자는 교육과 경험을 통해 만들어집니다. 통치자가 될 사람을 올바르게 훈육시켜야 한다는 것이죠.

플라톤에 따르면, 통치자의 자질을 가진 아이들은 체육, 음악, 수학, 기하학, 천문학, 변증법 등 이론에 대한 엄격한 학습을 통해 정신과 신체를 수련한 후 중년이 되었을 때 현장에서 정치적 경험도 쌓아야 합니다. 35세에서 50세까지 정치 현장에서 종사하면서 경험 지식을 실용적 차원에서 축적해야 하지요. 그들이 50세가 되어 '좋음善의 본모습idea: 이데아'를 보았다면 통치할 자격을 얻게 됩니다. 이처럼 철인의 지식체계는 이론과 실제를 겸비해야 합니다.

참된 철학자와 거짓 철학자

'참된 철학자'는 지식과 지혜를 사랑하고, 진리를 보는 것을 좋아하며, 아름다움 그 자체, 올바름 그 자체, 좋음 그 자체를 알고자 합니다. 그는 눈에 보이는 현상세계와 결부된 욕구로부터 자유로울 수 있는 영혼을 지니고 있으며, 현상 뒤에 놓인 '그것 자체,' 즉 사유를 통해 본질을 인식할 수 있는 능력이 있어요. 그는 좋음의 본모습, 즉 선의 이데아를 인식하고 이에 따라 화가가 아름다운 그림을 그리듯 최고의 공동체를 디자인하고 만들어 나갑니다.

'거짓 철학자'는 의견doxa만 가질 뿐 인식episteme하지는 못해요. 그는 사물의 본질을 알지 못하고 눈에 보이는 수많은 현상에 대한 의견을 가질 뿐입니다. 의견은 인식과 무지 사이의 불완전한 판단이므로 그의 의견은 공동체를 정의롭게 만들지 못하죠."

이데아와 개념

"〈이데아〉란 '보다'를 뜻하는 'eidenai'의 명사형으로 '보이는 형태'를 의미하는 'eidos'에서 유래합니다. 하지만 이는 눈에 보이는 것이 아니라 사유를 통해 보는 것이죠. 이데아는 '그것은 무엇인가?'라는 물음에서 얻어질 수 있어요. 올바름正義이란 무엇인가? 좋음善이란 무엇인가? 아름다움美이란 무엇인가? 이러한 질문에 수많은 예시를 들면서 설명할 수는 없고, 본질적인 답변이 필요합니다. 본질로서 이데아는 인식과 이해를 가능하게 하는 조건이죠. 우선, 이데아는 인식을 가능하게 하는 조건이에요. 우리는 경건함, 용감함, 올바름의 본질 그 자체를 알 때 각각의 행위를 경건하고 용감하며 정의롭다고 인식할 수 있어요. 나아가 이데아는 상호이해를 가능하게 하는 조건이에요. 이데아가 없으면 우리는 동일한 것에 대하여 얘기하고 있는지 알 수가 없어요. 따라서 이데아는 의사소통과 공감을 위한 보편적 〈개념〉이라고 볼 수 있고, 철학자는 '개념 있는 사람'인 거죠.

철학자는 공동체에 실현되어야 할 정의의 개념을 이성과 반성을 통해 인식하고, 그렇게 이해하고 파악한 것을 제도와 법을 통해 실현하며, 자신의 욕망을 용기의 도움을 받아 이성으로 통제할 수 있는 절제된 영혼을 소유하지요. 즉, 철학과 결합된 통치자는 공동체의 구성원을 행복하게 만들어 줄 수 있는 전문지식은 물론 다양한 가치를 담고 있는 풍부한 개념주머니와 자신을 통제하고 타자를 이끌 수 있는 도덕적 권위를 지니고 있답니다. 나아가 철학자는 부정적인 현실을 반성하면서, 즉 '부정의 부정'으로 긍정성을 회복하는 변증법적 〈개념의 정신〉을 자기 안에 체현시킵니다. 개념의 정신은 개념의 본래 의미에서 이탈한 부정적인 현실을 성찰하여 개념을 개념의 본래적 의미로 회복시키는, 즉 개념을 개념답게 만들어주는 개념 안의 메타적 자기 운동이랍니다. 예컨대, 플라톤 스스로가 이러한 개념의 정신을 자기 안에 체현시키고 있었던 철학자였다고 볼 수 있죠."

철인왕과 배의 비유

"어쨌든, 플라톤은 공동체에 행복이 실현되기 위해서는 통치자가 〈철인왕philosopher king〉이 되어야 한다고 보았어요. 자, 원문에 담긴 플라톤의 우수에 찬 목소리를 들어보도록 하지요!"

> "철학자(지혜를 사랑하는 이: ho philosophos)들이 폴리스들에 있어서 군왕들로서 다스리거나, 아니면 현재 이른바 군왕 또는 최고 권력자들로 불리는 이들이 진실로 그리고 충분히 철학을 하게 (지혜를 사랑하게) 되지 않는 한 그리하여 이게 즉 '정치권력(dynamis politike)'과 '철학(philosophia)'이 한데 합쳐지는 한편으로, 다양한 성향들이 지금처럼 그 둘 중의 어느 한쪽으로 따로따로 향해 가는 상태가 강제적으로나마 저지되지 않는 한, 여보게나 글라우콘, 폴리스들에 있어서, 아니 내 생각으로는, 인류에게 있어서 '나쁜 것들의 종식'은 없다네"(Platon, 473c-d).

"매번 읽을 때마다 참 슬프고도 아름다워요. 우리는 '미래의 비극'을 안고 살아가야 하는 존재인가 봅니다. 플라톤은 철학자가 통치하지 않는 정치적 혼란 상황을 〈배의 비유〉로 설명하고 있어요. 자, 이것도 한번 들어보세요. 이 역시 매우 슬픈 이야기랍니다."

"선주(船主)는 힘이 다른 선원보다 우월하지만 조타술을 모르고, 배에 탄 선원들은 모두 자기가 키를 조종해야 한다고 생각하면서 다투는 상황이라네. 하지만 선원들은 키를 조종하는 전문적 지식을 지니고 있지도 않으며, 조타술은 누군가가 가르칠 수 없는 것이라고 주장하고 있다네. 그들에게 중요한 것은 키를 장악하는 술수이며, 키잡이가 된 후 선주와 나머지 선원들을 지휘하는 방법이라네. 선주에게 최면제 같은 것을 먹여 옴짝달싹 못하게 한 다음, 그들은 술을 마시며 잔치를 벌이면서 살아가지. 하지만 그들에게 별자리에 근거해서 방향을 잡고 바람의 속도를 읽으며 목적지를 향해 배를 안전하게 조정해서 나아갈 수 있는 조타술을 지닌 참된 키잡이는 없다네"(Platon, 488a-489a).

"〈배의 비유〉를 듣고 지현이는 어떤 생각이 드나요?"
"우선, 플라톤이 자신 안에 체현된 개념의 정신을 작동시키며 현실 정치를 비판하고 반성하면서 정치의 본래적 개념을 복원시키려 한다는 생각이 들었습니다. 나아가 정치는 아무나 하는 것이 아니라는 생각이 들었습니다. 우리나라 정치인들이 플라톤이 말한 엄격한 지적 훈련과 정치적 경험으로 만들어지는 이성적 인식능력을 가지고 정치의 본질을 파악하고 그것을 현실에서 실현시키는 〈개념 있는 정치〉를 하고 있는지 다시 한번 생각해보게 되었습니다."

개념 있는 정치와 개념 없는 정치

'개념 있는 정치'라는 표현에 기분이 좋아져 설명이 길어졌다.

"〈개념 없는 정치〉에서는 정치의 본래적 개념이 현실에서 구현되지 않아요. 즉, 정치의 개념이 각 시민에게 침투되지 않아서, 정치는 자신의 본질을 상실하고, 현실은 정치의 본래적 개념으로부터 이탈되어 있죠. 이러한 상황에서 개념 안의 개념의 정신은 그러한 현실을 반성하며 개념의 본래적 의미를 회복하려고 자기 운동을 합니다. 그럴 경우, 그 개념에 대해 메타적인 의미에서 '개념이 있다'라고 하죠. 따라서 '개념 없는 정치'에 대해 〈개념 있는 정치〉는 '부정의 부정'이에요. 즉, 정치 본래의 개념으로부터 이탈한 현실의 부정적인 '개념 없는 정치'를 부정하며 나온 정치 본래의 개념에 대한 자기관련적 긍정이죠. 이는 변증법적 이성에 의해 추동되면서 즉자-대자적으로 타자 안에서 머물고 부정적 현실에서 긍정성을 포착해서 화해와 포용을 실현하는 개념의 정신이 개념 안에서 끊임없이 작용한 결과에요. 개념의 정신이 작용함으로써 개념은 개념답게 된답니다.

〈개념 없는 정치인〉은 철학과 정치를 분리시키는 정치인이지만, 〈개념 있는 정치인〉은 철학과 정치를 결합시키는 정치인이에요. 철학은 자기 자신을 인식하는 성찰의 과정이자, 현실과 타자를 직시하면서 허상이 아닌 실재하는 것을 파악하는, 즉 이성에 현실을 담으며 현실에 이성을 침투시키는 사유와 행위이죠. 철학자는 이러한 철학을 통해 개념의 정신을 자기의식 안에 체현시킵니다. 그래서 철학자의 정신은 이성의 변증법으로 자기와 타자를 부정하고 그 부정을 다시 부정하여그러한 '부정의 부정'이 담지한 긍정으로 타자 안에 머물면서 자기 자신으로 회복하죠. 개념 있는 정치인은 이러한 철학자의 정신을 지녀요. 그래서 철학과 정치가 결합되는 거랍니다."

한국의 학교와 아테네 학당

정치시민교육의 필요성

심각하게 듣고 있던 지현이가 다시 자기 의견을 말했다.

"그러니까… 우리 사회에서는 정치할 자격이 없는 사람이 정치를 하기도 하고, 정치인을 키워낼 수 있는 정당 시스템이 잘 갖추어지지 않았어요. 개념 없는 정치가 우리 공동체를 암울하게 만들고 있는 것 같아요. 개념 없는 정치를 극복하기 위해서는 좋은 정치인을 길러내기 위한 〈정치교육〉과 좋은 시민을 길러내기 위한 〈시민교육〉이 필요하다고 생각합니다. '배의 비유'에서, '선원들은 조타술을 누군가가 가르칠 수 없다'고 주장하는데, 저는 생각이 좀 달라요. 정치인은 전문적인 교육을 통해 길러질 수 있지 않을까요? 나아가 현대 민주주의 사회에서는 모든 시민이 공동체의 문제에 대해 같이 이야기하고 행동할 수 있는 시민성을 지녀야 한다고 생각합니다."

"지현이는 우리나라가 좋은 정치인을 배출하려면 〈국립정치교육원)이나 〈국립민주시민교육원〉 같은 기구를 설립해서 정치인과 시민을 교육시킬 필요가 있다고 보는 건가요? 정의를 실현할 정치인은 하늘에서 갑자기 메시아처럼 나타나지 않으니까요!"

"그렇다고 생각합니다."

"아직 우리 사회에는 그런 기구가 없으니, 향후 만들면 되고…, 지현이가 향후 자기 입장에서 할 수 있는 일은 무엇일까요?"

"제가 초등학교 교사가 되면 아이들이 민주시민이 될 수 있도록, 즉 다른 사람과 같이 더불어 협력하며, 사익보다 공익을 고려하는 인성을 키우도록 교육할 거예요."

"좋아요. 플라톤은 인류 역사상 처음으로 〈교육장관〉 제도를 고안해냈어요. 그는 자신의 마지막 저서 『법률nomoi』에서 인치人治를 보완하는 법치法治를 주장하는데, 거기에서 철인 통치는 새로운 제도와 다양한 법률에 의해 재포장됩니다. 인치와 법치는 양질의 교육이 있어야 가능합니다. 그래서 통치자 그룹에서 가장 깊은 통찰력과 훌륭한 덕성을 지닌 자를 교육장관이 되도록 해서, 아이와 청년에게 양질의 교육이 실시되도록 계획하고 관리하는 것이지요.

교육장관과 관련하여, 플라톤은 지식이나 덕성이 아무리 뛰어나도 자녀를 낳고 키워본 경험이 없는 사람은 교육장관이 되어서는 안 된다고 보았어요. 아이의 성장 과정을 지켜보며 사랑, 애증, 슬픔, 기쁨, 노여움, 인내를 경험하지 않았으면 인간과 교육에 대한 이해가 현저히 떨어져서 좋은 교육을 할 수 없다고 본거죠. 이러한 교육장관 제도와 관련해서 우리나라는 어떤가요? 지현이가 말해주겠니?"

"우리나라의 경우, 중앙 정부에 교육부가 있고, 자치단체 시·도에 교육청이 있고, 각각 교육부 장관과 교육감이 있으니까, 플라톤이 제시했던 교육장관 제도는 우리나라에서도 실현된다고 볼 수 있어요."

"지현이가 잘 보았어요. 중앙 정부의 교육부는, 우리가 양질의 인적자원을 절대적으로 필요로 하는 국가라는 것을 고려하면, 시·도 교육청과의 긴밀한 협력으로 자원을 더 많이 투입하여 초등학교부터 고등학교에 이르는 공교육을 정상화하고, 모든 아이에게 사익을 넘어 공익을 생각하고 타자를 배려하며 서로 협력할 수 있는 '시민성'을 함양시켜 주어야 해요. 특히, 교육부는 현재의 수능시험을 점검해 보아야 해요. 모든 학교교육이 수능체제에 맞추어져 있잖아요. 현재의 객관식 문제풀이 수능체제는 지식을 혼자 외워서 보는 시험에 불과해요. 그러한 평가는 지식을 신속히 습득하고 모방해서 상품을 만들어 내는 산업화 시대에나 맞는 교육이지, 창의력, 평생학습역량, 협력을 요청하는 4차 산업혁명의 시대에는 적합한 교육이 아니에요. 학생들은 고등학교 3년간 〈서술형 평가〉를 통해 내신 성적을 받고, 그 성적으로 대학교에 입학하도록 하는 것이 올바른 방향입니다."

한국의 입시와 교육

대학입학제도의 새로운 방향에 대해 언급하자, 학생들의 얼굴이 심각해졌다. 그것도 그럴 것이, 그들은 모두 현행 입시제도가 주는 과도한 경쟁의 스트레스를 온 몸으로 받고 대학에 온 학생들이기 때문이었다. 입시가 그들을 화나고 고통스럽게 했기 때문에 이에 대해 생각도 많은 것 같았다. 여러 명의 학생들이 손을 들어 얘기하려고 했다. 나는 학생들이 자유롭게 말할 수 있도록 내버려 두었다.

구슬이가 '수능형 인간'의 비애에 대해 말했다.
"우리나라 입시제도에 저도 부정적인 입장을 가지고 있어요. 하지만, 현재 우리나라 교육체제에 비추어 볼 때 수능시험에 기초한 입시제도가 현재 우리 교육체제에 가장 적합한 방법인 것 같아요.

우리나라의 교육정책은 과도한 경쟁을 부추기며, 학생들이 한 곳만 바라보게 하는 1등 위주의 교육으로 가고 있어요. 오직 공부가 최선인 사회에서 1등이 되겠다는 학생들이 넘쳐나고, 누가 가장 노력했는가, 누가 주입식 교육에 가장 잘 적응했는가 하는 것을 객관식으로 신속하게 판별해 내는 것이 수능시험이잖아요.

학생들은 학교의 교육과정에서 정해진 문제, 해답, 해설을 기계적으로 외워서 시험을 봐요. 창의적 질문과 이에 대한 서술형 평가는 주어진 교과목을 공부하는 데 방해만 될 뿐이에요. 이런 현실 속에서 대뜸 대학입시에서 서술형 논술로 평가하겠다고 하면, '수능형 인간'으로서 학생들은 당황할 수밖에 없다고 생각해요. 현재의 학교 교육과정이 유지되는 한 수능시험은 현실에 적합한 제도라고 봐요."

세련이가 수능시험, 논술, 학생부전형에 대해 말했다.

"저는 현재의 입시제도가 나름대로 공정하다고 생각해요. EBS 70% 연계로 출제되는 수능시험은 누구에게나 공평한 기회를 제공하니까요. 모든 사람들이 같은 시간에 같은 문제를 풀잖아요. 특히, EBS는 무료로 인터넷 강의를 제공하고 책값이 싸기 때문에 학생이 공부하고자 한다면, 가난한 학생이라도 공부할 수 있어요. 누구나 열심히 공부하면 높은 수능 성적을 받을 수 있죠. 부유한 집안과 좋은 기억력과 같은 우연적인 요소도 많이 작용하지만, 수능은 자신의 노력에 비례하여 성적이 나오니까 공정한 시험인 것 같아요.

서술형 평가의 일종으로, 현재 입시에서 시행되는 논술 및 면접은 조건부로 찬성해요. 논술은 학생이 습득한 지식을 다양한 측면에서 평가하지요. 교과서에서 배우지 않은 지식을 평가하기도 하고, 창의성을 체크하기도 하며, 논리성과 요약 능력을 테스트하기도 해요. 하지만 대입에서 학교 교과서 외의 지식을 평가하고 창의성을 테스트하는 것은 무리가 있어요. 배우지 않은 것이 평가의 대상이 된다는 것은 공정하지 않기 때문이죠. 반면, 배운 것에 대한 서술형 평가와 성격, 적성, 인성 등을 알아보는 면접은 적절한 것 같아요.

대입정원의 70% 정도를 선발하는 수시 전형에 대해서는 반대해요. 대학교들의 본부와 학과는 각각의 다른 기준을 가지고 저마다 다르게 학생을 평가해요. 학생들이 자신의 적성에 맞는 대학과 과를 선택할 수 있는 다양한 기준이 마련되어 있다는 것이 꼭 나쁜 것은 아니지만, 예컨대 학생부종합전형의 경우 그 전형방법이 너무 복잡해요. 그래서 학교별로, 학과별로 맞추어 포트폴리오를 준비하는 것을 돕거나 비교과활동을 준비시켜주는 사교육이 증가해서 학생과 부모에게 심리적 고통과 경제적 부담을 주고 있어요. 학생부교과전형은 그래도 좀 낫지만, 각 일반고에서는 SKY대학에 진학할 가능성이 있는 10%의 학생을 위해 나머지 90%의 학생들을 희생시켜요."

민정이가 세련이의 말에 동감하며 나섰다.
"현재의 입시제도는 정시와 수시로 나뉘는데, 정시는 모든 학생들을 대상으로 일제히 동일한 시험을 실시하여 서열화하는 방식으로 학생을 선발하는 제도이며, 수시는 학생부와 면접이라는 틀 내에서 각 대학교가 자체적으로 준비한 과정으로 학생을 선발하는 제도이죠. 저는 정시에서 수능은 그 정오가 분명한 시험이기 때문에 가장 공평하고, 가장 깨끗한 시험이라고 생각해요. 하지만 수능이 개인의 다양한 능력을 평가하기에는 한계가 있기 때문에, 교육부가 그 한계를 보완하기 위해 입학사정관제도와 대학별 수시를 도입했죠.

그런데 학생부종합전형과 논술전형도 그 자체로 문제가 많아요. 학생부종합전형으로 대학에 입학한 학생들은 부유한 집안의 아이들이 정말 많아요. 학교에 가면 오전 8시부터 저녁 10시까지 있어야 해서 적성에 따른 자기 계발을 전혀 할 수 없는 학교생활에서는, 부모와 해외에서 다양한 경험을 하고, 매니저의 도움을 받아 비교과활동을 하며, 지원하는 학과에 대한 사전지식을 집중적으로 준비할 수 있는 부유한 집의 아이들만 학생부종합전형을 통해 대학에 갈 수 있으니까요. 고등학교 다닐 때 저희들끼리는 학생부종합전형을 '깜깜이 전형'이라고 했어요. 어떻게 자신이 입학했는지 자신도 몰라서요. 정유라 이대 부정입학에서도 보았듯이, 비리가 일어날 가능성도 있고요. 학생부종합전형은 학생에게 동등한 출발선을 제시하지 못해요. 공정하지 않죠. 논술은 학교마다 채점 기준이 모호하고 학교에서 제대로 가르쳐주지 않아서 사교육 시장에 의지할 수밖에 없고요."

주은이가 반론을 펼치며 교육 개혁의 방향을 제시했다.

"저는 학생부전형의 도입으로 학교교육이 정상화되었다고 생각해요. 내신을 잘 받기 위해 학생들은 수업에 충실히 참여했던 것 같아요. 저는 정시의 핵심인 수능이 더 문제라고 봐요. 수능의 EBS교재 연계로 학교 수업은 암기식 문제풀이로 전락했어요. 공교육이 붕괴되었어요. 게다가 수능은 '원 숏 게임one shot game'이잖아요. 12년의 공부가 하루에 결정돼요. 인간적이지 않아요. 또한, 저희들은 수능을 열심히 준비해서 대학에 진학했지만, 막상 대학에 와서는 저희의 생각을 표현하고 창의적인 활동을 하는 데 어려움을 느껴요. 무엇이 문제일까요? 저는 교육과정과 그에 따른 평가방법이 전면적으로 개혁되지 않은 채로 입시제도만 바꾸어서는 학우들이 말한 문제가 해결되지 않을 거라고 봐요. 우선, 현재의 암기 위주의 학습에서 벗어나 아이들이 사고력, 논리력, 창의성, 좋은 인성과 같이 '살면서 실제 필요한 능력'을 배울 수 있는, 나아가 스스로 생각하고 표현하며 주도적으로 학습하도록 하는 교실풍경으로 가꾸어 나가야 해요."

보라가 주은이의 주장을 조금 더 강화시켰다.

"경쟁이라는 단어, 경쟁은 제가 교육이라는 말을 들으면 가장 먼저 떠오르는 말이에요. 저 또한 얼마 전까지 차가운 경쟁 속에서 승자가 되기 위해 치열하게 하루하루를 살아가던 수험생이었어요. 친구들과 놀고 함께하던 행복한 학창시절의 기억과 더불어 시험에서 남을 앞지르지 못해 스스로를 자책하고 힘들어했던 기억도 제 학창시절의 일부였어요. 시험이 품어내는 경쟁은 고등학교에서만 있었던 게 아니에요. 초등학교에서는 좋은 중학교에 진학하기 위해 경쟁했고, 중학교에서는 특목고에 진학하기 위해 경쟁을 했어요. 학창시절이 항상 누군가와의 싸움에서 이기기 위해 경쟁하는 과정이었고, 그러한 경쟁을 내면화시켰던 거지요. 누구나 그랬을 거예요.

경쟁 자체의 필요성을 부인하는 것은 아니지만, 그래도 이제 저는 다시 한번 생각해보게 되었어요. 과연 살벌한 적자생존의 서바이벌 게임이 옳은 것인가? 과연 어렸을 때부터 경쟁만을 장려하는 것이 옳은 것인가? 경쟁만을 한 아이들이 성장하여 어른이 되면, 그들은 항상 앞서야 한다고 생각하기 때문에 갈등만 일으키지 않을까? 우리는 타인의 의견을 듣고 나의 의견을 조정하며 합의점을 찾아가는 협력역량이 부족하지 않은가? 실제로 부족하다고 생각해요. 이는 단지 입시제도를 바꾸어서 해결될 문제가 아닌 것 같아요. 아이들에게 협력하고 배려하는 정신과 태도를 가르치는 것이 급선무예요."

민재도 주은이의 의견에 동의했다.

"최근 모 초등학교에 멘토링 봉사를 나간 적이 있어요. 저는 그곳에서 모 초등학교 5학년인 한 어린이를 가르쳤어요. 그 아이는 기초학력이 모자랐어요. 영어를 가르쳐주다가 아이가 울먹여서 이유를 물어봤어요. 수업시간에 내준 과제를 해결하지 못하면 뒤에 가서 서 있어야 한대요. 그런데 매번 뒤에 가서 서 있는대요. 과제를 못해서요. 자연스럽게 가서 서 있으면, 선생님과 나머지 아이들이 신경도 쓰지 않고 '자기네들끼리'만 즐겁게 수업을 한다는 거예요. 그 과정이 반복되면서 그 아이는 영어공부에 흥미를 잃었고 기초학력의 미달로 이어진 거죠. 이것이 학교 현장에서 목격되는 경쟁의 모습이에요."

학교의 의미

민재의 말에 내 마음이 아팠다. 학생들도 아파하는 것 같았다.

"참 슬픈 현실이네요. 경쟁은 이렇게 학교의 모습을 아름답지 못하게 만들고 있네요. 입시는 우리의 가슴을 멍들게 하고… 과연 어떻게 해야 할까요? 여러분 이야기를 들어보니, 수능이 공정하고 공평한 시험이지만 획일화와 서열화의 문제가 있고, 수시에 대한 의견은 찬반이 갈리며, 교육과정의 전반적 개혁에 공감하는 것 같아요.

지구촌 시대에 아이들은 '타자와 함께 살아갈 수 있는 인성'과 '다양한 지식을 융합하여 새로운 것을 창조하는 창의성'을 갖춘 인격체가 되어야 해요. 그러기 위해서는 모든 평가를 서술형으로 하는 체제로 바꾸는 것이 필요하지 않을까요? 독일, 프랑스, 스웨덴, 핀란드 등 유럽의 선진국 어느 국가도 학생들을 객관식으로 평가하지 않아요. 평가는 창의적 사고를 측정할 수 있는 서술형으로 하는 것이 기본이에요. 이러한 교육의 기본은 조선시대에도 지켜졌어요.

학교는 경쟁을 부추겨서 폭력성을 배양시키는 곳이 아니라, 인간의 고유한 지적 능력, 즉 아름답고 논리적인 언어에 기초해서 체계적·이성적으로 사고할 수 있는 '정신'을 길러주는 곳입니다. 자유, 평등, 정의, 배려, 중용, 행복, 평화 등의 핵심 가치를 배우는 곳이 학교에요. 이러한 가치를 길러주는 것이 교육의 기본이고. 우리의 학교는 기본을 하고 있지 않아요. 교육부는 학부모의 눈치만 보며 기본을 무시한 채로 경쟁만 부추기는 학교를 방관하고 있어요."

민재가 뜬금없이 냉소적으로 말했다.

"개념 없는 교육부네요."

학생들이 웃었다.

"교육은 소비해서 없어져 버리는 지출이 아니라 미래를 위한 투자랍니다. 교육정책에 개념이 있으려면, 교육재정의 확충과 과감한 투자로 공교육의 질을 현재 수준의 2배 정도까지 업그레이드시켜야 합니다. 우수한 교사를 양성할 수 있도록 교원양성대학에 더 많은 투자를 하고, 학급당 교사 수를 현재의 2배로 늘려서, 초, 중, 고교 학생들이 실질적인 '맞춤형 교육'을 받을 수 있도록 해야 합니다.

선생님이 개별 학생들의 특성, 적성, 자질을 충분히 관리하면서 창의적이고 인성이 좋은 인재를 키울 수 있게 말이죠. 어느 누구도 소외되어서는 안돼요. '모든 아이는 우리 모두의 아이'랍니다. 플라톤은 한 명, 한 명의 아이를 소중히 여기는 '맞춤형 교육'을 강조했어요. 그는 각자 자신의 본성과 적성에 가장 잘 맞아서 자신이 최고로 잘할 수 있는 일을 하도록 유도하는 것이 정의라고 보았고, 이러한 정의를 실현하는 최고의 수단이 교육이라고 보았어요."

"자, 우리 5분만 쉬었다고 합시다."

잠시 밖으로 나와 신선한 공기를 마시고 강의실로 들어갔다.

| 라파엘로의 아테네 학당
"시작합시다. 교육장관에 대해 설명하면서 이야기가 옆으로 샜는데, 정의에 대해 다시 생각해보도록 하죠. 플라톤은 정의가 무엇인지

깊이 있게 탐구했어요. 정의를 실현하기 위해서 철인통치자와 정치교육이 필요하다고 했죠. 그에게 정의는 인간의 영혼에 있어서 하나의 덕성이었고, 공동체에 있어서는 질서와 조화를 부여하는 조직의 원리였어요. 통치자가 정의를 실현한다는 것은 교육을 통해 각 계층에 적합한 덕성·역량시민성을 키워주고 각 사회계층이 자신의 역할을 다할 수 있도록 공동체를 조직화하는 것을 의미했어요.

하지만 플라톤은 현대사회에서 살아가는 우리가 정의에 대해 생각할 때 자연스럽게 연상되는 평등이나 타인과의 관계에서 인간의 욕구를 공평하게 해소하는 방법을 제시하지는 않았어요. 현재 우리에게 익숙한 정의에 대한 관념은 플라톤을 계승하고 비판했던 아리스토텔레스Aristotle: B.C. 384~322에 의해 제시됩니다. 우선, 여기 그림을 하나 보시기 바랍니다. 라파엘로가 그린 벽화에요."

"이 프레스코는 바티칸 시국에 있는 시스티나 성당의 '서명의 방' 한 벽면에 철학에 대한 상징으로 라파엘로Raffaello, 1483~1520가 그린 겁니다. 교황 율리우스 2세가 그려달라고 요청했어요. 〈아테네 학당〉이라고 해요. 벽화에는 고대 철학자 54명이 각자 자신의 몸짓으로 등장합니다. 누가 플라톤이고, 누가 아리스토텔레스일까요?"

민재가 대답했다.

"그림 맨 중앙에 있는 두 사람이요."

"누가 플라톤일 것 같니?"

"왼쪽에 있는 분이 플라톤일 것 같아요. 오른 손을 들어 하늘을 가리키는 것을 보면 그럴 것 같아요. 옆에 있는 아리스토텔레스를 보며 '본질로서 이데아, 즉 눈으로는 보이지 않지만 사유를 통해 볼 수 있는 이데아가 있다.' 이런 말을 하는 손짓으로 보여요."

"정확히 봤어요. 왼 손에 책 한 권을 들고 있는데, 『티마이오스』에요. 우주의 질서에 대해 논하고 있는 책이죠. 왼쪽은 아리스토텔레스

맞아요. 왼 손에 든 책은 『니코마코스 윤리학』이에요. 그는 플라톤을 바라보며 오른 손을 펴서 대지를 가리키고 있어요. '당신은 이상과 이데아에서 이성적인 것을 찾지만, 나는 현실 속에서 이성적인 것을 찾는다.' 플라톤에게 이런 말을 하고 있는 것 같지 않아요?

"그렇게 말하고 있는 것 같아요."

"플라톤으로부터 왼쪽으로 머리가 반쯤 벗겨진 할아버지가 양 팔을 들어 앞에 투구를 쓴 사람에게 무엇인가 열심히 설명하고 있는 게 보이죠? 그 할아버지가 소크라테스에요. 아름다운 투구를 쓰고 소크라테스를 보고 있는 사람이 비운의 사나이 알키비아데스 Alkibiades랍니다. 소크라테스는 유명한 제자 두 명을 남겼는데, 위대한 철학자 플라톤과 아테네의 비극적 인물이었던 알키비아데스였어요. 기원전 431년에서 404년까지 아테네와 스파르타가 그리스의 패권을 놓고 겨루었던 '펠로폰네소스 전쟁'에서 아테네의 패배를 재촉

한 젊은이였죠. 잘생긴 청년이어서 소크라테스가 좋아했고 기꺼이 가르침을 주었지만, 그는 펠로폰네소스 전쟁에서 아테네를 배반하고 스파르타 진영으로 갔고, 스파르타에서 진영을 페르시아로 옮긴 후 다시 아테네로 돌아왔지만 스파르타 쪽으로부터 암살당하고 말아요."

디오게네스와 헤라클레이토스

"저에게는 한 사람이 특이하게 보이네요. 계단에서 반쯤 누워 한 손은 괴고 다른 한 손으로 종이를 들고 읽는 사람은 누구인가요?"

"개를 좋아했던 견유학파 디오게네스Diogenes랍니다. 소유하지 않고, 지금 여기에 자연 안에서 존재하는 삶 그 자체에 만족하며 살았어요. 항상 개와 같이 살았죠. 그와 엮인 재미있는 두 가지 이야기가 있어요. 한번은 알렉산더 대왕이 그에 대한 소문을 듣고 찾아와 '당신이 가장 원하는 게 무엇이오? 다 들어주겠다.' 하니까 '좀 옆으로 비켜 주실래요. 당신이 햇빛을 가리지 않는 게 내가 가장 원하는 것이오.'라고 말했죠. 다른 한번은 누군가 '당신은 어느 나라 사람이오?'라고 물으니까 '나는 세계의 시민이오.'라고 말했어요. 그는 역사 속에 처음으로 등장하는 세계시민cosmopolitan이었던 거죠."

"라파엘로가 그의 옆에 개를 그렸다면 더 좋지 않았을까요?"

온 강의실이 웃음바다가 되었다. 지수가 민재에게 말했다.

"왜? 그의 철학 사상을 더 명확히 표현하게?"

"그러면 더 재밌잖아. 아테네 학당에 등장하는 철학자 개."

"그래, 그러면 그 개는 세상에서 가장 유명한 개일 거야. 그치?"

"크크"

지수가 물어보았다.

"맨 앞 중앙에서 약간 왼쪽으로 탁자를 옆에 끼고 앉아서 턱을

괴고 무엇인가를 진지하게 쓰고 있는 사람은 누구인가요?"

"헤라클레이토스Heraclitus랍니다. 그는 '스공'으로 철학자가 되었어요. 스스로 공부하기, 스공. 고독을 즐겼고, 비판의식이 강했어요. 라파엘로와 같이 시스티나 성당의 벽화를 그렸던 미켈란젤로가 헤라클레이토스와 성격이 비슷했다고 해요. 그래서 라파엘로가 헤라클레이토스를 미켈란젤로의 얼굴로 그렸답니다. 라파엘로는 미켈란젤로로부터 많은 자극을 받았었거든요. 감사의 표시였죠. 헤라클레이토스는 불을 만물의 기원이라고 봤어요. 불은 타오름과 꺼짐을 영원히 반복하죠. 생성과 소멸, 대립과 투쟁의 반복적 패턴에 따라 만물은 서로 긴밀히 연결되면서 생겨나고 사라집니다. 생성은 소멸과 연결됩니다. 공기가 죽어 불이 살고, 불이 죽어 공기가 사는 것처럼 말이지요. 헤겔은 변증법적 사유의 원형이 헤라클레이토스의 철학에 있다고 봤어요. 헤라클레이토스는 이런 말을 했어요. '대립이 없다면 통일도 없다' '싸움은 만물의 아버지이다' '오르막길은 내리막길과 동일하다' '선과 악은 하나다.' 통일은 대립이 지양될 때 가능하죠."

"진지하고 심오하네요." 지수가 말했다.

민재가 끼어들었다.

"헤라클레에토스는 정말 진지한 사람인 것 같아요. 방금 인터넷에 찾아보니까, 이런 말도 했네요. '우리는 같은 강물에 두 번 들어갈 수 없다.' 세상은 항상 변한다는 말인 것 같은데요. 이 순간이 지나가면 다시는 오지 않는 것처럼 말이지요. 그런 생각을 하니까 기분이 이상해요. 진지해지기도 하고 허무해지기도 해요."

지수가 민재에게 말했다.

"어떤 순간이 너무 행복한데 다시 돌아오지 않는다는 것을 깨닫는 순간 슬퍼지기도 해. 가끔 사진을 보면 그런 생각이 들어."

실현되어야 할 세 가지 정의:
시정적·분배적·절차적 정의

아리스토텔레스의 정의

"자, 아리스토텔레스로 돌아옵시다. 그는 우리에게 친숙한 정의에 대한 생각, 즉 평등과 타인과의 관계에서 욕구와 갈등을 공평하게 해소하는 방법을 『니코마코스 윤리학』의 5권(1129b~1131b9)에서 자세히 제시하고 있어요. 물론 아리스토텔레스에게도 자신의 스승이었던 플라톤에서처럼 정의란 강자에게만 편익을 주고 약하거나 올바른 사람에게 불이익을 주는 편파적인 덕성이 아니라 모든 사람에게 이로움을 주는 보편적 덕성이었어요. 그래서 그는 정의를 〈다른 사람에게 관련되는 것〉, 〈다른 사람에게 속하는 선〉이라고 보았답니다.

그는 정의를 현실의 모든 영역에서 일반적으로 적용되는 〈보편적 정의iustitia universalis〉와 경제, 법, 교환, 되갚음·복수 등의 특정한 영역에서 적용되는 〈특수한 정의iustitia particularis〉로 구분하고 있어요. 보편적 정의는 '법으로 규정된 것nomikon'과 '평등한 것ison'이라는 두 개의 기준으로 파악되지요. 여기에서 보편적 정의의 기준이 되는 '법으로 규정된 것'이란 올바른 제정절차를 거쳐 제정되고, 모든 사람에게 이로움과 행복을 주는 법을 말합니다. 보편적 정의는 일반 적으로 헌법과 법률에 구현되어 있어요."

뒤에 앉아 듣고 있는 지유가 머리를 긁적거리며 말했다.

"〈보편적 정의〉에 대한 예를 하나 들어주세요."

"예컨대, 2009년 4월 국회에서 처리된 금산분리완화를 담은 '은행 법'은 모든 사람의 이로움과 행복과 관련이 없이 대기업이라는 강자의 이익을 대변하는 법으로, 보편적 정의가 실현된 법이 아니에요. 금산 분리는 산산업자본과 금은행, 증권사와 보험사를 거느리는 금융지주회사이 분 리되어야 한다는 원칙이에요.

개정된 은행법은 산업자본의 은행지분 보유 한도를 4%에서 9%로 높여주었죠. 보험사와 증권사를 거느리고 있는 금융지주회사에 대해 서 대기업에게 허용된 지분 소유는 아직 4%로 묶여 있지만… 이러한 금산분리의 완화는 정의롭지 않아요. 삼성 같은 대기업이 은행을 지 배하며 그들이 원하는 대로 자본을 끌어다 쓸 수 있는 대기업 중심의 금융질서가 만들어지기 때문이죠. 그럴 경우, 예금주의 의도와 상관 없이 은행은 대기업의 사금고가 될 가능성이 높아요."

"그럼, 특수한 정의로 가볼까? 특수한 정의에도 '평등한 것'이 척도 가 됩니다. 특수한 정의는 〈시정적 정의iustitia regulativa〉와 〈분배적 정의iustitia distributiva〉로 구분되지요."

시정적 정의: 교환정의와 처벌정의

"〈시정적 정의〉는 균등하게 하고, 차이를 해소시키는 조정을 통해 판결하는 정의에요. (A+B):2의 공식에 입각한 산술적 비례를 따르죠. 즉, A와 B의 합이 특정한 수인 2에 비례하는 관계를 유지하면서 이와 동시에 A와 B에 균등하지 않게 주어진 가치를 다시 균등하게 조정하는 것이지요. 원래 A와 B는 모두 1이라는 가치를 지니고 있다고 가정해 봅시다. A가 가해자이고 B가 피해자가 되어 A는 +0.5의 이득을 취하고 B는 그만큼의 손해인 -0.5를 보았다면, A는 1.5의 가치를 지니게 되고, B는 0.5의 가치를 지니게 되죠. A와 B의 가치는 균등함을 상실하지만 A와 B의 합은 여전히 2랍니다. 여기에서 시정적 정의란 A가 얻은 이익인 +0.5를 떼어 B에게 되돌려 줌으로써 B는 손실된 -0.5를 보상받는 것을 말하지요.

시정적 정의는 인간관계에서 발생하는 과도이익와 과소손실를 균등하게 조정하는 것이지요. 이는 주로 경제와 법의 분야에서 적용되는데, 물건의 거래와 계약의 체결 등의 '자발적' 관계에서 발생하는 불균등을 시정하는 정의〈교환정의: iustitia commutativa〉와 불법과 폭력 등에 희생되는 '비자발적' 관계에서 발생하는 불균등을 실현하는 정의〈처벌정의: iustitia correctiva〉로 구분됩니다.

〈교환정의〉는 주로 시장market에서 구현되는 정의로서, 농산품, 공산품, 건축물, 서비스, 노동력 등 가치를 교환하는 자의 욕구가 균등하게 충족되도록 한답니다. 교환가치를 균등하게 비교하는 척도는 합의에 의해 인위적으로 만들어진 화폐이구요.

〈처벌정의〉는 법정에서 재판관의 판결에 의해 실현된답니다. 재판관이 불법 행위로 흐트러진 이득과 손해의 관계를 (A+B):2의 공식에 따라 균등하게 조정할 때 처벌정의가 실현되지요."

"지유가 생각해보고 대답해 볼래요? 교환정의가 실현되지 않은 경우와 처벌정의가 실현되지 않는 경우, 각각 하나씩만 …"

"흠, 제가 원하지도 않았는데 누군가 직·간접적으로 강요하며 어떤 서비스나 상품을 주면서 타당하지 않은 돈을 요구할 때 교환정의가 서지 않아요. 예컨대, 대기업 통신사와 제조사가 담합해서 소비자가 스마트폰을 개통할 때 24개월 사용 의무조항으로 계약을 체결하게 하는 경우, 교환정의가 성립하지 않아요. 제가 원하지도 않는데 개인정보가 누출되고, 매월 통신비도 너무 비싸요. 신형 스마트폰 개통하는 데 24개월간 너무 비싼 비용을 지불하는 것 같아요.

처벌정의는 누군가 살인행위나 사기행위 등 타자에게 해를 주는 불법행위를 했는데 법정이 적절한 처벌을 하지 않으면 서지 않아요. 얼마 전에 조정래 작가의 『허수아비 춤』을 재미있게 읽었는데요, 대기업의 불법자금관리, 순환출자, 편법상속에 대해 고발하고 있었어요. 대기업은 자본의 힘으로 교환정의와 처벌정의를 벗어나 있었습니다. 사법부가 대기업의 위법행위에 대해 솜방망이 처벌을 한다면, 그것이 바로 처벌정의가 실현되지 않는 경우가 아닐까요?"

"맞아요. 경제민주화의 필요성도 바로 그러한 맥락에서 제기되고 있답니다. 자, 교환정의와 처벌정의를 다시 정리해볼까요.

교환정의와 처벌정의인 시정적 정의에서는 이득과 손해의 가치가 균등하게 처리될 뿐만 아니라 사람까지도 균등하게 취급된답니다. 형법상의 관계에서 사람들은 가해자원고와 피해자피고로 균등하게 취급될 뿐이지요. 불법행위를 저지른 사람이 어떤 사람인지, 즉 선한지, 악한지, 지위가 높은지 낮은지, 공적 영역에 기여했는지 없는지 등의 문제는 전혀 고려되지 않아요. 민법상의 관계에서도 마찬가지에요. 사람들은 단지 가치를 교환하는 자로 균등하게 취급되며, 교환상의 문제는 손실과 이득의 균등화로 해결되는 것이지요. 결국, 시정적 정의는 인간과 가치를 모두 균등화함으로써 '각자를 산술적 비례에 따라 평등하게 만들어 주는 것'이랍니다."

분배적 정의: 같은 것은 같게, 다른 것은 다르게

"〈분배적 정의〉는 업적, 성취, 품격이라는 측면에서 나타나는 사람들의 차이를 고려한답니다. 민주주의적 평등과는 다르게 사람들의 직업, 명예, 기품, 공적 기여도 등이 가치 분배의 문제를 해결하는 과정에서 배려되는 것이지요. 즉, 분배적 정의는 각자의 차이를 고려하여 '각자를 기하학적 비례에 따라 평등하게 만들어 주는 것'이에요. 기하학적 평등이란 A:B=C:D의 공식을 따릅니다.

분배적 정의를 적용하려면 자연스럽게 사람들 간의 차이를 평가하고 그에 따른 자격을 부여하는 문제에 직면하게 됩니다. 그래서 묻게 되는 거죠. 어떤 사람이 어떤 직위와 명예를 받을 만한 자격이 있는가 하고. 예컨대, 조선시대 두 왕이었던 세종과 정조를 비교한다고 가정해봅시다. A와 B가 각각 세종과 정조라고 하고, 조선을 위해 성취한 업적 면에서 세종이 가장 크고 그다음으로 정조라고 하면, C와 D는 차례로 각각 A와 B가 받게 되는 가장 큰 찬사와 두 번째로 큰 찬사에 일치하는 것이죠. 그래서 분배적 정의는 산술적 비례에 기초하여 차이를 제거하는 평등이 아닌 기하학적 비례에 입각한, 즉 '성취의 차이'를 고려한 평등인 셈이죠."

지유가 자신의 의견을 말했다.

"그러면, 분배의 정의 개념을 가지고 우리나라의 역대 대통령들을 평가해서 명예와 찬사를 보낼 수도 있겠네요."

"그것뿐만이 아니에요. 지유는 대통령 선거에서 분배의 정의 개념을 가지고 대통령 후보들을 평가할 수 있을 거예요. 누구에게 대통령

의 자격이 있는가? 업적, 품격, 기품, 성품, 공적 기여도, 리더십, 미래
비전, 정치철학 등을 고려해서 판단해야겠지요. 시민들의 개념 있는
투표가 자격 있는 사람에게 대통령의 지위를 가져다주지 않겠어요?
이렇게 분배적 정의에 기초한 판단은 모든 정치인을 선출할 때에도
마찬가지로 적용되어야 해요. 국회의원을 선출하는 총선, 광역단체장
과 기초단체장을 선출하는 지방선거에서도 시민은 신중하게 모든 것
을 고려해서 정치인을 선출해야 되지 않을까요?"

　말이 옆으로 샐 것 같아 아리스토텔레스의 정의로 돌아왔다.
　"우리는 상황에 따라 〈같은 것은 같게〉, 〈다른 것은 다르게〉 다룰
수 있어야 해요. 모든 것을 같게 다루어서도 안 되고, 모든 것을 다르
게 다루어서도 안 되지요. 시정적 정의와 분배적 정의는 바로 이러한
점을 시사하고 있어요. 후대의 사상가도 바로 이러한 시정적 정의와
분배적 정의를 고려하면서 정의를 생각했어요.
　20세기 존 롤스John Rawls: 1921~2000의 『정의론』이 그렇고, 위르
겐 하버마스Jürgen Habermas: 1929~ 의 『의사소통행위이론』이 그래요.
롤스와 하버마스는 아리스토텔레스의 보편적 정의와 특수한 정의를
현대에 맞게 재구성해서 보여주고 있어요. 특히, 두 철학자는 아리스
토텔레스가 보편적 정의의 성립 조건으로 내세웠던 〈올바른 절차〉에
초점을 맞추어 정의를 설명하고 있답니다."

절차적 정의: 롤스의 원초적 입장
"자, 여러분, 여기 PPT를 한번 보세요. 롤스는 정의의 원칙을 도
출하려면 공평한 절차가 조건화되어야 한다고 보았어요. 그래서 정의
의 원칙에 대해 합의하려는 사람들이 무지의 베일이 설정된 원초적

입장에 놓이도록 했죠. 그들은 가상의 원초적 입장A에서 현실B의 모든 사람들에게 적용되기를 바라는 정의의 내용에 합의해요. 그들은 자유에 대한 기본 권리, 차등원칙, 모든 사람이 공직에 진출할 수 있는 열린 기회를 정의의 원칙으로 선택하지요."

"원초적 입장의 사람들은 〈무지의 베일〉 상태에 놓여 자신의 사회적 지위, 계층상의 위치, 천부적 소질이나 능력, 체력, 가치관, 특수한 심리적 성향 등을 모른다고 가정돼요. 서로에 대해서 '모르기' 때문에 서로에게 '무관심'하고, 무관심하기 때문에 서로 시기하지 않아요. 무지의 베일은 사람들 간에 갈등의 소지가 있는 사회적, 자연적, 우연적 여건을 제거합니다. 사람들은 현실B에서 자신의 인생이 어떠할지에 관심을 가질 뿐이며, 정의의 내용을 사유하는 데 필요한 정치, 경제, 사회에 대한 일반 지식 및 정의감을 가지고 있을 뿐이에요. 롤스는 이러한 최초의 상황이 공정하다고 보았고, 여기에 〈상호무관심한 합리성〉이 존재한다고 보았던 거예요. 타자에게 무관심하고, 현실B의 자기 삶을 고려하며, 일반 지식과 정의감에 입각하여, 정의의 내용을 합의하는 합리성 말이에요.

원초적 입장A에서 각자는 합리성을 발휘하면서 현실B에서 직면하게 될 자신의 처지를 고려할 거예요. 그 결과, 현실에서 누구나 평등하게 가져야만 하는 것을 정의의 내용으로 채택하게 되지요. 즉,

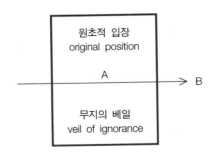

누구나 누리고 싶은 자유에 대한 기본 권리와 공직 진출의 기회를 정의의 내용으로 합의하며, 노력과 행운에 따른 소득격차와 같은 불평등은 인정하되, 최악의 경우 현실에서 자신이 최극빈층에 놓일 수도 있기 때문에 불평등이 최소수혜자에게 이득을 주는 경우에만 인정하는 〈차등원칙〉이 정의의 내용이 되는 것이지요."

절차적 정의: 하버마스의 이상적 의사소통 상황

지유가 제법 그럴싸한 비유로 말했다.

"정의는 삶이라는 제비뽑기를 공평하게 할 수 있도록 하네요."

"그래요. 롤스는 삶의 우연성을 배제하는 절차가 역설적으로 현실의 우연성을 보완한다는 정의관을 제시한 반면, 하버마스는 우연성이 상존하는 현실에서 민주적인 〈이상적 의사소통의 상황〉을 강조했어요. 이상적 의사소통의 상황이란 소통에 참여하는 사람들이 돈이나 권력에 의한 왜곡이나 억압으로부터 자유롭게 소통하는 상황이에요. 하지만 이 상황에서 소통하는 사람들은 소통의 규칙, 즉 참되고, 옳으며, 진실한 말을 해야 한다는 규칙을 지켜야 해요.

즉, 소통의 상황에서 상대방을 나와 동등한 인격체로 존중하고, 그의 의견을 경청하며, 그를 기만하거나 속이지 않고 진실하게 답변할 수 있는 〈의사소통의 합리성〉이 전제되어야 그러한 소통에서 나온 합의는 정의의 타당성을 획득할 수 있다는 말이에요. 정의란 이상적인 의사소통의 상황이라는 절차를 거쳐야 비로소 그 타당성을 지닌다는 하버마스의 주장은 정의 이전의 문제, 즉 절차로서의 의사소통을 강조하고 있어요. 이러한 맥락에서 우리가 정의를 원한다면 이상적 의사소통의 상황을 만드는 것이 중요하겠지요.

하버마스는 이러한 이상적 의사소통이 진행되는 공간을 〈공론장

Sphäre der Öffentlichkeit) 이라고 보았어요. 공론장은 의사소통이 이해하기 쉬운 말로 자유롭고 진솔하게 펼쳐지는 다양한 네트워크라고 볼 수 있어요. 술집, 카페, 거리에서 펼쳐지는 공론장에서부터, 연극 공연장, 학부모모임, 파티모임, 정당집회, 교회의 교무회의와 같은 기획된 공론장을 거쳐, 지구시민사회의 시민, 소비자, 청중, 시청자가 IT 통신기술과 결합된 매체에 의해 소통하는 추상적 공론장에 이르기까지 다양한 수준의 공론장이 있어요. 예컨대, 2016년 10월 26일 이후 2017년 박근혜 대통령 탄핵까지 서울광장에서 매주 열렸던 촛불집회는 공론장의 모범적 사례였다고 볼 수 있어요.

일상, 즉 '생활세계Lebenswelt'에서 살아가는 우리는 이러한 다양한 공론장에서 소통하면서, 올바르다고 여기는 법이 시장과 행정이라는 '체계System'에 반영될 수 있도록 노력하지요. 〈시민사회〉란 이러한 공론장이 자유롭게 펼쳐지는 공간이에요. 정치와 도덕을 매개하고 합법성을 도덕성에서 도출하는 공간이지요. 그래서 올바른 법, 즉 정의란 시민들의 자유로운 소통과 합의가 진행되는 시민사회의 공론장의 절차가 충분히 반영될 때, 우리를 구속할 수 있는 '사실성Faktizität'과 '타당성Geltung'을 획득하게 된답니다. 그러니까, 하버마스는 법을 시민사회의 의사소통권력이 행정권력으로 번역되는 매체로 보았던 셈이죠. 표현이 조금 어렵지요? 한번 더 생각해보시기 바랍니다. 그러면 그 의미가 명확해질 거예요."

"오늘 수업은 여기까지. 내일은 보강이 있죠? 내일 봐요."
"예. 고맙습니다."

제**2**장

행복과 정치

—어떤 정치가 행복을 실현하는가?
행복의 개념과 동서양에서
정치의 본래적 의미

이야기의 흐름

불평등과 시장사회

✻

　연구실이다. 학기가 끝나서 학교가 한산하다. 이번 학기에는 강의가 있는 화요일에 공휴일이 한 번 있어서 한 주 수업을 할 수 없었다. 그럴 경우, 학교 행정실에서 보강일을 지정하는데, 오늘이다. 휴게실로 내려가 커피 한 잔을 내려 마셨다. 상쾌한 기분이 들었다. 내일이면 독일 뮌헨으로 간다. 마음의 고향, 독일 뮌헨, 그립다. 마침, 사회적 불평등과 시장사회의 문제점을 해결할 복지제도를 연구할 기회가 생겼다. 독일모델을 참조할 것이다. 독일로 떠난다는 설레임을 뒤로하고 오늘 할 강의를 잠시 생각해 보았다. '정의와 정치의 주제를 마무리하는 차원에서 마이클 샌델Michael Sandel의 『정의란 무엇인가』를 설명하고, 아리스토텔레스가 사유한 행복, 윤리, 정치의 관계에 대해 다루어야지. 사실 샌델은 아리스토텔레스의 사상에 기초하여 자신의 〈공동체주의〉를 전개하니까 서로 연결이 된다.' 강의실로 갔다.

롤스의 무지의 베일

출석을 부르고 강의를 시작하려는데 지유가 질문을 했다. 지유는 한 학기 동안 질문을 많이 했었다. 대부분 핵심적인 질문이었다. 나를 곤란하게 만들기도 했다. 경험상 조금 긴장이 되었다. 아무래도 강의는 계획한 대로 흘러갈 것 같지 않았다. 삶이 항상 계획한 것처럼 흘러가는 것이 아닌 것처럼 말이다.

"어제 저녁에 생각해 보았는데요 … 원초적 입장에서 사람들이 무지의 베일에 놓이는데, 그 베일 상태에서 완전한 무지 상태에 있는 것은 아니잖아요? 모르는 것도 있고, 아는 것도 있고요. 기억상실증에 걸린 사람처럼 자신에 대해서 모르고 타자에 대해서 무관심하지만, 사리를 판단할 수 있는 상식은 가지고 있어요. 그들이 이러한 무지의 베일 상태에서 향후 직면할 현실의 처지를 고민한다는 말이, 그들이 향후 기억상실증으로부터 깨어나서 자신에 대한 기억을 회복할 거라는 것을 염두에 두고 고민한다는 말인가요?

추가 질문이 하나 더 있어요. 자신의 삶에만 관심이 있고 타자에게 무관심한 사람들은 본래 이기적인 사람들이잖아요? 그들이 어떻게 현실의 모든 사람에게 정의로운 원칙을 선택할 수 있을까요?"

지유는 역시 그냥 넘어가는 법이 없었다. 다른 학생들도 듣고 싶어 하는 눈치였다. '어떻게 하면 쉽게 설명할 수 있을까?'
"이번에도 여전히 날카로운 화살 같은 질문이네요."
학생들이 웃었다. "하하."

"기본으로 돌아가 봅시다. 공평한 것이 무엇일까요? 롤스는 출발선이 같아야 공평하다고 생각했어요. 무지의 베일은 원초적 입장으로 들어온 모든 사람들을 동등한 출발선에 놓이게 하죠. 모두가 자신이 남자인지 여자인지, 어느 나라 사람인지, 무엇을 하며 살아왔는지, 성격이 좋은지 나쁜지, 부자인지 가난한지, 사회적 지위가 높은지 등등 자신에 관해서는 알지 못해요. 롤스는 이러한 사람들을 규정하는 모든 조건을 임의적우연적이라고 보았어요. 임의적으로 얻어졌지만 우리를 평등하지 못하게 하는 것들로 보았던 것이지요. 그래서 이러한 것들을 제거하고 모두를 같은 출발선에 세운 겁니다.
기억상실증에 걸린 사람들이라는 비유는 적절해요. 자신에 대해 모르니까. 향후 직면할 현실의 처지를 고려한다는 것이 기억상실증으로부터 깨어날 것을 염두에 둔다는 비유도 적절해요. 원초적 상태에서 현실의 삶으로 돌아가야 하니까요. 원초적 상황은 단지 정의의 원칙을 합의하기 위해 세팅된 공정한 절차일 뿐이에요.
어떤 사람이 〈이기적selfish〉이라고 했을 때, 그 사람은 자신이 가지고 있는 것에 대한 인식으로부터 출발해요. 타자를 고려하지 않고 자신의 지위, 직업, 욕구, 성격 등을 인식하고 이에 입각해서 자신에게 이익이 되는 것만을 추구하죠. 누구나 이기적인 속성을 지니고 있으니까요. 이기적이라고 해서 이상할 게 없지요. 사실이에요.

하지만 원초적 입장에서 동일한 출발선에 선 사람들은 이기적이지 않아요. 그들은 자신의 지위, 직업, 욕구, 성격 등을 인식할 수 없기 때문이죠. 자신에 대해서는 모르니까 어느 누구도 이기적일 수 없고 서로에 대해 무관심할 수밖에 없으며 시기할 수도 없어요. 대신 롤스는 그들이 〈자기 자신에 대한 관심interests of a self〉은 지닌다고 가정하지요. '현실로 돌아가면 나는 어떠한 처지에 놓이게 될까?' 하는 관심 말이에요. 그들은 '모두' 같은 출발선에서, 상식과 정의감에 입각해서, '모두'가 같은 생각을 하게 세팅되어 있어요.

원초적 입장에서 사람들은 현실로 돌아갈 것을 생각하며 동일한 말을 할 겁니다. 방금 설명한 것처럼, 모두가 같은 출발선에서 서서 같은 생각을 하도록 세팅되어 있으니까요. 그래서 한 사람이 하는 말만 들어도 그들 모두가 무슨 말을 하는지 알 수 있죠. 그 한 사람은 이렇게 말할 거예요. '자유를 누리고 싶어. 공평한 기회를 갖고 싶어. 불평등이 생길 수도 있겠지. 최악의 경우 내가 최극빈층에 속할 수도 있으니까, 불평등을 용인하는 조건으로 소득이 많은 사람들이 최극빈층을 도와주면 좋겠어. 기부나 복지 같은 것이 필요하겠지.' 이 말이 모든 사람의 말이 되고 정의의 원칙이 되는 거랍니다."

지유가 흐뭇한 표정을 지으며 말했다.

"훨씬 이해가 잘 돼요. 고맙습니다."

"본래 답변보다 질문이 더 중요한 거예요. 좋은 질문 하나가 세상을 바꾸기도 하지요. 아이작 뉴턴이 질문 하나를 했어요. 사과나무에서 왜 사과가 떨어지지? 그는 해답을 찾으려 했지요. 중력의 법칙은 그래서 나온 거고. 지유가 질문을 잘해주었어요."

다행히 지유가 질문을 멈추어서 강의는 계획대로 흘러갔다.

"어제 우리는 정의에 대한 다양한 의견들을 살펴보았어요.
진실을 말하는 것과 받은 것을 되돌려주는 것,
친구에게는 이득을 주고, 적에게는 해를 끼치는 것,
더 강한 자의 편익,
사회적 협약의 산물,
모든 이에게 좋은 것,
각자 제 본성에 맞는 제 일을 하도록 사회를 조직하는 것,
올바른 법과 평등에 일치하는 보편적 정의,
산술적 비례인 (A+B):2를 따르는 교환정의와 처벌정의,
기하학적 비례인 A:B=C:D를 따르는 분배적 정의,
자유와 공평한 기회에 대한 보장, 최소수혜자에 대한 배려,
외부적 억압으로부터 자유로운 의사소통의 결과로서 정의."

"어때요. 우리가 건강한 시민이라면, 이렇게 정의에 대한 다양한
의견이 있다는 것쯤은 알고 있어야겠지요. 사회에는 정의가 바로 서
야 하고, 우리는 매사에 옳고 그름을 판단하면서 살아가야 하니까요.
특히, 사회의 리더, 즉 국회의원, 지방자치단체장·광역의원·기초의
원, 교육감, 대통령, 고위 공무원, 기업의 CEO, 교사는 정의에 대한
정확한 지식을 가지고 실천할 수 있는 덕성·역량^{시민성}이 있어야 해
요. 이들은 사회를 바꿀 수 있는 직접적인 힘을 가지고 있으니까요.
시민들이 정의로울지라도 사회를 이끌어 가는 지도자와 지식인이 정
의롭지 못하면 사회는 결코 정의로울 수 없어요.
　마이클 샌델의 『정의란 무엇인가』라는 책이 우리나라에서 베스
트셀러가 된 적이 있었어요. 사람들이 교양으로 정의에 관한 책을
읽다니! 환영할만한 일이었죠. 하지만 역설적인 측면에서 보면, 우리
사회에 정의가 없어서 그런 측면도 있어요. 우리가 목이 마르면 물을

찾는 것처럼 사회에 정의가 없으니 정의를 찾는 것과 같은 이치에요. 여러분은 정의에 대한 갈증을 풀었나요? 물을 더 줄까요?"

샌델의 시장에 대한 비판
학생들이 모두 웃으며 말했다.

"조금 더 주세요. 가장 신선한 물로요."

"방금 전에 소개한 샌델의 『정의란 무엇인가』가 그나마 신선한 물 같은데요. 신선하기도 하고 톡 쏘는 맛도 있어요. 재미있는 사례라는 탄산을 넣었거든요. 제가 어제 여러분에게 준 물이 담백한 자연수라면, 샌델의 물은 탄산수에요. 맛만 보세요."

"샌델은 앞에서 우리가 살펴보았던 것처럼, 다양한 차원에서 정의에 대해 이야기하지 않아요. 그는 정의, 즉 올바른 것을 세 가지 차원에서 정리해요. 공리utility, 자유liberty, 덕성virtue이 그것이에요. 다수에게 유용한 것이 올바르고, 우리를 자유롭게 하는 것이 올바르며, 우리의 덕성을 키우는 것이 올바르다는 것이지요.

『정의란 무엇인가』가 2010년에 출간되었고, 이 책은 2008년 미국에서 발생했던 금융위기에 대한 성찰을 반영하고 있어요. 즉, 〈시장market〉에 대한 분석과 성찰이 담겨 있다는 말이지요. 『정의란 무엇인가』의 핵심적 내용은 바로 시장과 관련이 있어요. 시장은 앞에서 말한 두 개의 정의, 즉 공리와 자유에 기초하고 있다는 말이죠. 그것이 잘못되어서 시장이 올바르게 작동하지 않는다는 겁니다. 시장의 문제점을 해결하기 위해서는 정의의 덕성을 되살려야 한다는 게 그의 주장입니다. Back to Aristotle! 아리스토텔레스가 말한 시민의 덕성을 키울 때 우리 사회가 정의롭게 된다는 것이지요."

"샌델에 따르면, 시장의 메커니즘은 올바름과 관련된 두 개의 가치체계에 기초하고 있어요. 하나는 〈공리주의utilitarianism〉이고, 다른 하나는 〈자유지상주의libertarianism〉에요. 공리주의에서 올바른 것은 행복을 극대화하는 거예요. 옳은 행위는 공리功利: 유용성를 극대화하는 행위이지요. 여기에서 공리란 쾌락이나 행복을 가져오고, 고통을 막는 일체의 것이랍니다. 최대다수의 최대행복을 가져오는 것은 올바른 것이죠. 반면, 자유지상주의에서 올바른 것은 개인의 자유를 극대화하는 거예요. 자유지상주의의 핵심 주장은 이래요. '나의 신체, 정신, 재산은 나의 것이다. 나의 것은 나의 자유로운 의지에 따라 자유롭게 처분할 수 있다. 그래서 외부로부터 어떠한 간섭도 허용하지 않는다.' 이러한 관점에서는 납세도 옳지 않아요.

시장이 이러한 공리주의와 자유지상주의에 의해 작동할 때, 시장 안에서 살아가는 인간은 자신의 욕구를 제어하지 못하고 쉽게 '탐욕greed'에 빠지기 쉽고, 다수에게 유용하다는 이유로 별 생각 없이 소수를 억압하게 되며, 결과라는 성과주의에 매몰되어 행복하지 않은 삶을 살게 되지요. 이는 사람들이 올바르다고 믿는 공리와 자유의 가치체계는 실제로는 올바르지 않다는 것을 의미합니다.

샌델은 칸트Immanuel Kant: 1724~1804와 롤스의 사상에 의거하여 공리주의와 자유지상주의를 비판합니다. 비판의 핵심은 이래요. '칸트는 공리주의가 도덕이 아니라고 본다. 올바름에 관한 도덕은 쾌락을 초월하며, 결과의 유용성과 무관하다. 도덕의 핵심은 의지이다. 의지가 선하면 결과와 상관없이 올바르다. 도덕적 의미에서 자유는 자율이다. 인간은 자신이 선한 행위를 하고자 자신의 욕구와 쾌락을 스스로 제어하기를 원할 때 자율적이다. 칸트의 자유에는 자유지상주의의 자유와 다르게, 올바름을 향한 자율적 의지가 담겨 있다. 자유지상주의는 개인의 재산이 자기 소유라고 하는데, 롤스는 개인의 재

산이 임의적으로 주어졌기 때문에 완전히 자기 소유라고 보지 않으
며, 마음대로 처분할 수 있는 도덕적 자격이 있다고 보지 않는다.'
샌델은 이렇게 결과보다는 의도, 도덕적 자율, 재산에 대한 임의성
등을 강조하며 공리주의와 자유지상주의를 비판하지요."

　"샌델은 공리주의와 자유지상주의에서 비롯된 시장의 어두운 측
면, 즉 개인의 욕심만을 채우는 '탐욕'을 극복하기 위해서는 시민들이
올바름을 추구하는 '덕성'을 회복해야 한다고 봐요. 시민의 덕성을
길러주는 데 가장 중요한 역할을 하는 것은 '교육'이고요. 샌델은 아리
스토텔레스의 정신에 따라 시민교육이 곧 정치라고 봅니다. 그는 공
동체주의자에요. 공동체주의는 개인이 사회와 동떨어진 존재가 아니
라 공동체의 역사, 문화, 가치, 스토리와 결합되어 있는 존재라고 봐

요. 그래서 개인은 공동체의 일원으로서 연대감과 사회적 책임감을 가지고 공동선을 향한 정치에 참여해야 한다는 거죠."

돈으로 살 수 없는 것

"2012년 4월 출간된 샌델의 『돈으로 살 수 없는 것들』은 이러한 내용을 담고 있는 『정의란 무엇인가』의 후속편이랍니다. 시장의 어두운 측면을 더욱더 강하게 드러내고 비판하죠. 모든 재화와 서비스는 수요공급의 법칙에 따라 자율적으로 해결될 때 최선의 결과를 낳는다는 시장지상주의적 〈시장사회〉에서는 돈으로 사고팔 수 없는 소중한 가치도 타락한다는 거죠.

시장은 인간의 영혼까지 포함한 모든 것을 사고파는 '상품'으로 볼 뿐, 좋은 선택인지 나쁜 선택인지는 상관하지 않아요. 이러한 맥락에서 시장은 가치전도를 일으키지요. 가치를 거꾸로 세워요. 그래서 시장도 재화의 분배 역할에 그치지 않고 교환되는 재화에 대한 수단적 가치체계를 부추기게 됩니다. 예컨대, 아이들에게 돈을 줘서 책을 읽히면 독서량은 높일지 몰라도 독서를 그 자체로 좋아하는 것이 아니라 수단으로 여기게 해요. 독서의 본래적 목적인 지적 유희와 지식의 추구는 사라지고, 돈 그 자체가 목적이 되는 것이죠.

모든 것이 돈의 매개를 통해 교환되는 시장사회에서는 본래의 가치와 좋은 삶이 상실된다는 주장이지요. 하지만 그런 주장은 고대의 아리스토텔레스가 이미 말했던 것을 '리메이크remake'한 것에 불과해요. 이를 증명하기 위해 아리스토텔레스의 원전을 들려줄게요."

"용맹스러움이 돈을 벌기 위한 덕성이 아니라 용기를 잘 사용하기 위한 덕성이듯이, 병법은 전쟁에서의 승리를 얻기 위한 지식이며, 의료술은 건강을 증진시키기 위한 지식이다. 하지만 모든 사람들이 이러한 지식과 덕성을 돈을 벌기 위한 수단으로 사용한다. 마치 부를 축적하는 것이 인생의 목표인 것처럼 말이다"(Aristoteles, 1258a10-14).

"아리스토텔레스는 돈을 행복한 삶을 위한 단지 하나의 수단으로 보았어요. 돈이 삶의 목적이 되어버리면, 돈의 노예가 됨으로써 좋은 삶을 지향할 수 없는 거죠. 그에게 행복을 실현하는 좋은 삶은 '교육'을 통해 시민의 덕성을 회복하는 데 있었어요. 샌델은 아리스토텔레스의 사유를 현재의 사례에 적용하면서 다시 불러내고 있을 뿐이에요. 즉, 샌델도 아리스토텔레스처럼 시장사회를 극복하는 방법으로 시민의 덕성을 회복해야 한다고 주장하고 있는 거지요."

"샌델의 물맛은 이 정도로 봅시다. 톡 쏘는 탄산의 맛을 제대로 전달하지 못했는데, 그의 책에 좋은 사례들이 많으니까, 도서관에 가서 그의 물을 마셔 보세요. 샌델의 사유는 방금 전에 말했듯이 아리스토텔레스의 사상에 기초해요. 자, 다시 자연수의 물맛으로 돌아오도록 하죠. 샌델도 아리스토텔레스로 돌아갔잖아요? 우리도 행복과 정치에 관한 사유를 아리스토텔레스에서 찾아봅시다."

"고대로 돌아가려면 시간이 필요하니까, 5분만 쉬도록 해요."

행복의 개념과 삶의 방식

　"자. 어제 배운 것을 떠올려 봅시다. 플라톤은 인치人治와 법치法治를 실현시키기 위해, 즉 통치자가 〈개념 없는 정치〉를 청산하고 이데아에 기초한 〈개념 있는 정치〉를 할 수 있도록 〈엘리트정치교육〉을 강조했지요. 즉, 그는 〈엘리트정치교육〉의 아버지라고 할 수 있어요. 반면, 아리스토텔레스는 평범한 시민을 위한 〈시민교육〉을 주장했어요. 그는 〈시민교육〉의 아버지라고 볼 수 있습니다. 그는 민주주의 사회에서 통치자만 훌륭하다고 해서 그 사회가 자동적으로 정의롭게 된다고 보지는 않았어요. 물론 통치자의 뛰어난 능력과 덕성이 중요하지만, 정의를 실현하려고 하는데 시민들이 정의 실현의 의미를 이해하지 못하면 소용이 없기 때문이죠."

시민이 하는 정치

"오늘 맨 앞에 앉은 지선이가 얘기해 볼래요? 아리스토텔레스의 〈시민교육〉에 대해 어떻게 생각하나요?"

"저는 대칭적 의사소통의 관점에서 시민의 덕성과 능력이 중요하다고 생각해요. 그러니까, 통치자와 시민이 소통하기 위해서는 너무 극단적인 비대칭적 지식 차이는 유용하지 않은 것 같아요. 시민보다 통치자의 역량이 뛰어나야겠지만 시민도 통치자에 버금가는 덕성과 능력을 소유하고 있어야 서로 공적인 사안에 대해 소통하면서 공동체의 문제를 해결할 수 있을 것 같아요."

"좋아요. 아리스토텔레스의 생각을 정확히 말해주었어요. 지선이는 『니코마코스 윤리학』과 『정치학』을 읽어온 것 같은데?"

"조금요. 호호."

"아리스토텔레스는 모든 면에서 출중한 철인에 의한 정치가 아니라, 덕성을 지닌 시민에 의해 행해지는 정치를 구상했어요. 참된 철학자에 의해 구현되는 〈엘리트정치〉를 제시했던 플라톤과 다르게, 그는 평범한 시민의 관습과 덕성에 의해 구현되는 〈시민정치〉를 주장했던 것이죠. 그는 〈정치〉를 시민이, 즉 본성적으로 정치적 동물political animal=zoonpolitikon인 시민이 공동체 사안에 대해 함께 모여 얘기하고, 문제를 해결하는 과정으로 보았어요. 그래서 지선이가 말한 것처럼 대칭적 의사소통을 위해 시민의 덕성이 중요했고, 덕성시민성의 함양을 위해 교육을 강조하는 것이지요.

하지만 그는 플라톤을 계승하고 있어요. 예컨대, 아리스토텔레스가 시민의 덕성으로 강조하는 극단에 치우치지 않는 적절함, 즉 〈중용mesotes〉은 플라톤의 지적 유산이랍니다. 노력에 의해 성취된 '출중함'을 의미하는 〈아레테arete〉도 플라톤의 정치철학에서와 같이 그의 윤리적 기초 개념인 덕성에 반영되어 있고요. 그는 플라톤을 계승하면서 자신의 독창적 사유를 발전시켰던 겁니다."

행복의 개념

"아리스토텔레스는 우리가 살아가는 현실을 바라보았어요. 현재를 살아가는 인간의 욕구, 가치, 문화, 윤리, 정치 등 살아가는 방식을 성찰했답니다. 그의 『니코마코스 윤리학』과 『정치학』은 그러한 성찰의 결과였고요. 자, 두 저작을 관통하는 핵심적 질문으로부터 시작해 봅시다. 현실에서 우리는 무엇을 추구하면서 살아갈까요? 삶의 최고의 목적은 무엇일까요? 지선이가 말해볼래요?"

"글쎄요. 행복?"

"그렇겠지요. 행복 … 그럼, 행복은 무엇일까요?"

"각자 행복의 기준이 다르겠지만, 저에게 행복이란 제가 하고 싶은 일을 하며, 충분한 돈을 벌고, 가족과 함께 즐겁게 살아가는 것이에요. 건강도 행복을 위한 중요한 조건이라고 생각합니다."

"하고 싶은 일을 하지 못하고, 충분한 돈도 벌지 못하고, 가족이 해체되고, 병에 걸려 있으면 불행하겠네요?"

"그럴 것 같아요. 특히, 나와 비슷한 사람들은 다 직업이 있고, 돈도 벌며, 결혼해서 가족과 함께 건강히 살아가는데, 저만 그렇지 못하다면 상대적 박탈감에 더욱더 불행하다고 느낄 것 같아요."

"지금 지선이가 말한 것은 대부분 우리가 인간적인 삶을 살아가는 데 가장 필수적인 조건들이에요. 그러한 조건들이 갖추어지지 않으면 당연히 불행하겠지요. 그런데, 이러한 외부적 조건들은 변하기 마련이에요. 직업을 잃을 수도 있고 돈을 벌지 못할 수도 있으며, 가족과 건강을 잃어버릴 수도 있답니다. 외부적 조건들이 갖추어지지 않으면 우리의 감정 상태는 즐겁지 않겠지요. 이러한 부정적 감정 상태에도 불구하고 우리는 행복할 수 있을까요?"

"우리가 외부적 조건의 변화로 부정적 감정을 갖게 될 때 이를 통제하고 평정심을 유지할 수 있다면 즐겁지는 않겠지만, 구태여 불행하다고는 느끼지 않을 것 같아요. 현재의 어려움을 극복하기 위해서는 긍정적 사고, 인내, 희망, 꿈 등이 있어야 할 것 같아요."

"아리스토텔레스도 지선이가 말한 것처럼 외부적 조건, 인간의 힘으로 어떻게 해 볼 도리가 없는 포르투나fortuna: 행운과 불행 등이 인간의 행복감에 커다란 영향을 준다고 보았어요. 그게 사실이니까요. 그는 그러한 사실로부터 한 걸음 더 나아가 행복의 본질을 말하고 있어요. 행복하게 되는 데 포르투나보다 더 중요한 것은 '우리가 자신을 위해 하는 스스로의 행위'라고 보았던 것이죠.

〈행복〉이란 '일상적으로 하는 활동'이에요. 일상적으로 하는 활동이 우리를 행복하게 한다는 말인데 … 그게 쉽지 않죠. 아리스토텔레스가 말하는 일상적인 활동이란 인간만이 지니고 있는 고유한 성취·덕성areté과 일치하는 활동이기 때문입니다. 여기에서 인간만이 지닌 고유한 성취란 삶을 이성적으로 영리하게 이끌어가는 것을 의미해요. 그래서 아리스토텔레스는 〈행복〉을 '인간 영혼에 깃든 고유한 덕성에 입각한 영혼의 활동energeia'이라고 말합니다. 행복해지는 데 행운과 스스로의 행위가 둘 다 필요하지만, 행복의 핵심은 인간만이 지니고 있는 이성의 힘을 사용하여 극단에 기울지 않고 자신의 영혼을 편안하게 이끌어 나가는 데 있다는 말이죠. 포르투나에도 불구하고 각자는 각자의 행복을 만들어 내는 연금술사인거죠."

세 가지 삶의 방식과 행복

지선이 뒤에 앉아서 곰곰이 생각하던 지호가 물었다.

"교수님, 행복이 〈우리가 자신을 위해 스스로 하는 행위〉이고, 〈일상의 행위〉이며, 〈인간 영혼에 깃든 고유한 덕성에 입각한 영혼의 활동〉이라면, 행복이 하나의 감정이 아니라고 보는 건가요? 흔히 우리는 행복을 하나의 감정으로 생각하는데요. 뭐랄까… 흠, 지속되는 좋은 감정…. 뇌의 신경물질인 도파민이나 세로토닌이 분비되면서 생기는 '지속되는 편안한 느낌'말이에요."

"지속되는 편안한 느낌은 행위에서 오는 결과가 아닐까요? 우리가 자신이 좋아하는 사람과 같이 나무가 많은 숲길을 걸으면 편안한 느낌을 갖게 되는 것처럼. 여기에서 포인트는 숲길을 걷는 행위에요. 숲길을 걷는 '행위'를 통해 뇌의 신경물질인 도파민이나 세로토닌이 분비되고, 우리는 행복한 느낌을 가지게 되는 거죠.

그러면 행위는 무엇으로부터 나오나요? 우리는 아무 생각 없이 행위를 하지는 않아요. 바쁜 일이 있고 귀찮더라도 숲에 가는 것을 '생각'해내고, 숲에 가려고 '결정'하며, 실행하려는 '의지'에 입각해서 숲에 가는 '행위'를 하는 것이죠. 자, 아리스토텔레스의 표현을 빌리자면, 행위는 '이성'을 활용한 생각, 결정, 의지라는 인간 고유의 영혼 활동에서 기인하고, 그러한 행위가, 그러니까 현대 뇌신경과학에 입각하여 말하면, 바로 신경물질인 도파민이나 세로토닌을 분비하도록 하고, 결국 우리는 행복한 느낌을 가지게 되는 것이지요. 그래서 행복은 영혼의 활동이 되는 거고요. 자, 그럼, 지속적으로 행복하려면 어떻게 해야 할까? 지호가 말해볼래요?"

"지속적으로 세로토닌이 분비되는 삶을 살아야 할 것 같아요."

"그래서 아리스토텔레스는 행복을 삶을 살아가는 방식과 연관시키고 있답니다. 일상적으로 하는 활동은 '습관화'된 삶의 방식이잖아요. 습관화된 〈삶의 방식genera vitae〉에는 세 가지가 있어요. 쾌락 hedone 의 삶, 명예time 의 삶, 관조theoria 의 삶."

"〈쾌락의 삶〉은 반복해서 즐거움과 쾌락을 추구하는 삶으로서, 이는 '동물적 영역'에 머물러 있는 삶이랍니다. 인간에게 고유한 활동 과 성취는 언어와 이성을 사용하는데서 발견되는데, 이는 쾌락의 삶 에 의해 실현되지 않기 때문이죠. 욕구만을 충족시키는 반복적 행위 는 동물에게서도 발견되는 것으로 인간에게 고유한 활동이 아니라는 겁니다. 나아가 욕구의 충족에서 나오는 쾌락을 추구하는 삶은 항상 자기중심적인 측면에 머물러요. 욕구 그 자체가 자기의 것이니까요. 쾌락의 삶은 '자기self'라는 틀을 벗어나지 못하지요. 그래서 자기 자 신의 욕구와 사익으로부터 거리를 두지 못하고, 자신이 아닌 타자와 공동체를 고려하는 공익을 생각하지 못하지요.
방금 전에 소개했던 샌델의 『정의란 무엇인가』가 비판하고 있는 현대인의 삶도 이와 비슷해요. 공리주의의 공리와 자유지상주의의 자유에 기초한 시장의 논리만 따르며 살아갈 때 우리는 공익과 상관 없는 사적인 탐욕만을 추구하는 쾌락의 삶을 살아가죠. 우리는 동물 적 영역에 머물러 있는 삶의 방식으로는 행복할 수 없어요."

"〈명예의 삶〉은 반복적으로 인정과 명성을 추구하는 삶으로서, 이는 '인간적 영역'에 머물러 있는 삶이랍니다. 명예는 자신이 타자를 위해 아무 것도 하지 않는데 그냥 주어지는 것이 아니지요. 그것은 사익을 넘어 타자를 배려하면서 협력하고, 자신의 이성을 사용하며 공동체에 어떤 형태로든 이바지를 했을 때 주어지는 영예입니다. 그 래서 영예를 추구하는 삶은 사익보다는 공익을 위해 살아가는 삶으로 서 〈정치적 삶vita activa〉이라고도 하지요."

"〈관조의 삶〉은 반복적으로 사유와 성찰에 입각하여 인식과 지식을 추구하는 삶으로서, 이는 인간의 영역을 초월하는 '신적인 영역'에 머물러 있는 삶이랍니다. 이러한 삶에서는 자기 자신의 수많은 욕구를 초월할 수 있는 가능성이 열리게 되지요."

"아리스토텔레스는 이러한 세 가지 삶의 방식 중에서 어떠한 것이 행복감을 주는 신경물질인 세로토닌을 가장 잘 지속적으로 분비시킬 거라고 생각했을까요? 그는 현실에서 많은 사람들이 쾌락의 삶을 살고, 덕성을 갖춘 시민들이 명예의 삶을 살며, 소수의 사람들이 관조의 삶을 살아간다고 보았어요. 제가 보기에, 이러한 그의 통찰은 아직도 유효한 것 같아요. 그는 인간이 명예의 삶을 살아갈 때 행복할 수 있지만, 최고의 행복은 역시 관조의 삶에 있다고 보았어요. '공동체에 참여하는 정치적 삶'과 '성찰하는 관조적 삶'이 세로토닌을 지속적으로 분비시켜 우리를 행복하게 만든다고 본 것이죠."

지호가 툭 던진 말에 모두 웃었다.
"그럼 국회의원, 대통령, 자치단체장, 스님, 목사님, 신부님이 되면 도파민과 세로토닌이 많이 분비되어서 행복해질 수 있겠네요."

행복과 덕성의 관계
나도 웃으면서 말했다.
"직업도 반복적인 행위를 포함하니까 … 그렇겠구나! 하하. 그렇지만 아리스토텔레스가 말한 행복과 연관된 삶의 방식이란 습관화된 삶의 태도와 행위를 의미한단다. 무슨 일을 하든지 간에 그가 청소부이든, 대통령이든 그가 삶을 살아가는 태도와 실천이 그의 직업을 떠나 행복하게 만들지 않을까? 그러한 맥락에서 아리스토텔레스는 행복을 위한 〈윤리적 덕성〉과 〈지적인 덕성〉을 말하고 있지. 여기에서 〈덕성arete〉이란 노력에 의해 성취된 훌륭한 역량을 뜻하고…"

지호가 '덕성'이라는 말을 듣자 손을 들어 말했다.

"잠깐만요. '덕성'을 설명해주시기 전에 그동안 나왔던 내용을 간략하게 정리할 필요가 있을 것 같아요. 그렇지 않으면 헷갈릴 것 같아요. 제가 한번 해볼게요. '행복은 인간의 영혼에 깃든 고유한 덕성에 입각한 영혼의 활동으로서, 이는 일상의 활동에 반영되고, 일상의 활동은 삶의 방식을 의미한다. 삶의 방식에는 쾌락의 삶, 명예의 삶, 관조의 삶이 있는데, 명예와 관조의 삶이 우리를 행복하게 하는 일상의 활동, 즉 인간 고유의 삶의 방식이 될 수 있다. 나아가 명예와 관조의 삶은 우리의 영혼에 윤리적 덕성과 지적인 덕성이 깃들도록 개발하는 데 달려 있다. 그래서 행복은 결국 영혼에 깃든 능력, 즉 덕성의 문제로 귀결된다.' 이런 말씀이지요?"

"그렇지. 지호가 나보다 훨씬 정리를 잘하네. 그럼 이제 〈윤리적 덕성〉과 〈지적인 덕성〉으로 넘어가도 되겠니?"

"그런데요. 5분만 쉬었다 하면 안 될까요?"

"그럽시다. 환기도 좀 시키고."

영혼과 덕성

"윤리적 덕성과 지적인 덕성은 영혼에 깃든 능력이에요. 이 능력이 우리를 행복하게 만들어주지요. 그렇다면, 우선 영혼이 어떻게 구성되어 있는지 알아보는 것이 좋겠지요? 플라톤은 우리의 영혼이 욕구, 용기, 이성으로 구성되어 있다고 보았어요. 아리스토텔레스는 플라톤의 영혼론을 좀 더 구체화시켰고요. 자, PPT를 한번 보세요."

아리스토텔레스는 인간의 영혼을 〈이성적 부분〉과 〈비이성적 부분〉으로 나누고, 이성적 부분은 〈인식하는 부분〉과 〈논의하는 부분〉으로 나누며, 비이성적 부분은 〈식물적 능력〉과 〈욕구하는 능력〉으로 나눕니다. 식물적 능력은 영향섭취와 성장을 가능하게 하는 능력과 결부되므로, 이러한 능력은 행복을 위한 덕성의 개발과 관련이 없습니다. 그래서 인간 고유의 덕성의 개발에 직접적으로 관련된 영혼의 부분은 비이성적 부분의 욕구하는 능력C과 이성적 부분의 인식하는 부분A과 논의하는 부분B인 것이죠. A는 이성적으로 사유할 수 있는 능력이고, B는 논의를 통해 문제를 해결하는 능력이지요. A와 B를 합쳐서 〈로고스logos〉라고 해요.

덕성은 이렇게 구성된 영혼의 수련을 통해 만들어져요. 영혼의 이성적 부분은 지적인 덕성이 개발될 수 있는 영역이며, 영혼의 비이성적 부분인 욕구하는 능력은 윤리적 덕성이 개발될 수 있는 영역이지요. 모든 덕성은 로고스logos와 에토스ethos, 즉 올바른 사유와 습관의 결합에 의해 형성됩니다. 행복은 올바른 습관과 올바른 생각을 요구하는 것이지요. 행복한 삶을 살려면 올바르게 형성된 욕구능력과 이성적 사유를 통한 선택이 결합되어야 하는 겁니다."

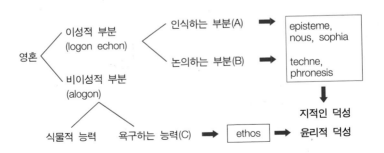

윤리적 덕성: 중용의 에토스와 헥시스

"〈윤리적 덕성〉부터 알아봅시다. 이 덕성은 욕구하는 능력c을 길들이는 거예요. 그 기초는 습관에토스이구요. 습관에 의해 하나의 견고한 태도·품성hexis이 되며, 헥시스에 의해 항상 저절로 올바르게 행동할 수 있는 행위안정성이 획득되는 것이지요. 에토스와 헥시스는 흥분, 격정, 욕망, 욕정, 의향을 올바른 방향으로 형식화하며, 쾌락과 불쾌에 대한 태도에 적절함을 부여하지요.

윤리적 행위는 '자발적으로' 여러 가지 선택 상황 중에서 하나를 고르는 '결정'이에요. 윤리적 덕성의 핵심은 〈중용-mesotes〉을 선택하는 거구요. 중용은 양극단인 '부족함'과 '넘침' 사이의 중간을 선택하는 겁니다. 용맹, 절제, 관후, 긍지, 온화, 진실함, 기지, 친근함, 염치, 의분, 정의 등이 중용이 반영된 윤리적 덕성이에요. 『니코마코스 윤리학』에서 제시된 윤리적 덕성의 예시를 한번 들어봅시다."

"〈용맹〉은 공포·두려움 및 용기와 관련하여 극단을 피하는 덕성이다. 두려움이 과도하고 용기가 부족하면 비겁한 것이고, 두려움이 부족하고 용기가 과도하면 무모함이 된다. 〈절제〉는 쾌락 및 고통과 관련하여 중용을 선택하는 덕성이다. 쾌락이 과도하면 방종이 되고, 부족하면 무감각하게 된다. 절제는 방종과 무감각을 피하는 덕성이다. 〈관후〉는 돈을 주고받는 일에 관련된 것인데, 방탕함과 인색함 사이의 적절한 중간 선택이다. 〈긍지〉는 명예 및 불명예와 관련하여 허영과 비굴을 피하며 적절한 자존감을 갖는 덕성이다. 〈온화〉는 노여움과 관련하여 부족함과 넘침 사이의 중용이다. 〈진실함〉은 진리와 관련하여 허풍과 거짓겸손의 중간으로서 솔직함을 의미한다. 〈기지〉는 익살과 촌스러움 사이의 중용이다. 〈친근함〉은 사회적 교제와 관련하여 비굴과 아첨 사이의 중용이며, 논쟁벽과 뻣뻣함 사이의 중용이다. 〈염치〉는 수치심이 부족한 파렴치와 과도한 수치심 사이의 중용이다. 〈의분〉은 타인의 형편에서 느끼는 고통과 쾌락과 관련하여 질투와 악 사이의 중용이다. 질투는 타인의 행운에 지나치게 고통을 느끼는 감정이며, 악은 남의 불행에 즐거움을 느끼는 감정이다. 의분은 질투와 악을 피하며 합당치 않은 행동을 보고 애석해하는 감정이다"(Aristoteles, 1107a28-1128b35).

"이러한 윤리적 덕성은 자발성과 결정에 기초한 윤리적 행동이 중용을 향하도록 반복적으로 수련하는 과정에서 고착화된 것이죠. 하지만 중용을 향한 인간의 결정은 이성적 검토, 계획, 특수한 상황에 대한 분석을 전제로 하죠. 임의적으로 결정하는 것이 아니라 사유와 조언에 기초하여 올바른 결정을 내리는 것이죠. 그래서 윤리적 덕성을 형성하려면 반복해서 습관화하고 고착화시키는 것도 중요하지만, 이와 동시에 영혼의 이성적 영역을 개발하여 얻어질 수 있는 지적인 덕성을 함양하는 것이 중요합니다."

지적인 덕성: 에피스테메, 누스, 소피아, 테크네

"윤리적 덕성이 올바른 판단과 반복적인 실천으로 형성된다면, 〈지적인 덕성〉은 다양한 이론적 학습과 폭 넓은 경험으로 형성돼요. 영혼의 인식하는 부분A을 개발하면 에피스테메, 누스, 소피아의 덕성을 지니게 되며, 논의하는 부분B을 개발하면 테크네와 프로네시스의 덕성을 지니게 됩니다. 에피스테메는 설득력 있는 결론을 이끌어 내는 인식 및 사유 능력이고, 누스는 단번에 문제의 핵심을 알아차릴 수 있는 직관적 통찰력이며, 소피아는 에피스테메와 누스의 능력에 입각하여 이론적으로 현명한 판단을 할 수 있는 능력이에요. 테크네는 다양한 물건을 어떻게 만들고 다루는지 아는 능력이며, 프로네시스는 논의와 이해에 입각하여 그 자체로 유의미한 완결에 도달하여 문제를 해결하는 능력이에요."

지순이가 손을 들고 물었다.
"그럼. 에피스테메, 누스, 소피아는 이론에, 테크네와 프로네시스
는 경험에 기초한 역량인가요? 그러면 지적인 덕성은 윤리적 판단,
즉 윤리적 덕성을 형성하게 하는 역량이라고 이해하면 되나요?"
"맞아요. 지순이가 생각하기에 세 가지 지적인 덕성역량 중에서
윤리적 덕성의 형성에 가장 필요한 역량은 무엇일 것 같니?
"글쎄요. 다 필요한 것 같은데 … 하나만 선택하라시면, 제 경험상
저는 무엇인가 선택할 때 다른 사람에게 물어보거든요. 제 판단이
완벽하지 않으니까요. 제 생각으로는 프로네시스인 것 같아요."
"빙고! 아리스토텔레스도 그렇게 보았어요."

> 프로네시스: 의사소통의 역량
"프로네시스는 논리적 귀결을 도출하는 에피스테메도 아니고, 단
번에 문제의 핵심을 파악하는 누스도 아니지만, 경험과 관습에 기초
하여 구체적 상황의 문제를 다른 사람과 논의하며 함께 해석하면서
해결할 수 있는 능력이죠. 영리한 결정은 경험이 풍부한 사람들의
조언을 필요로 하잖아요. 다시 한번 원문을 들어 봅시다."

> "〈프로네시스〉는 세 가지 하위 요소로 구성되어 있다. 첫 번
> 째는 충분한 논의와 검토를 통해 올바르게 계획할 수 있는 능력이
> 고, 두 번째는 애매모호한 경우 다른 사람과의 논의를 통해 영리한
> 판단을 내릴 수 있는 판단 능력이며, 세 번째는 타인의 입장에 서서
> 타인을 이해할 수 있는 능력이다"(Aristoteles, 1142a30-1143a24).

"프로네시스란 요즘 말로 하면, 자신과 공동체의 문제에 대해 타자와 함께 의사소통하면서 문제를 해결하는 역량이에요. 이러한 능력은 시민은 물론, 특히 정치인에게 꼭 필요한 역량이죠. 이론 지식과 달리 경험과 사례에 기초하여 무엇이 개인과 공동체에게 좋은 것인지 이해하고 논의하며, 합의하고 결정하는 역량이니까요. 프로네시스의 역량은 지적인 덕성과 윤리적 덕성을 매개하고 촉매하면서 윤리적 덕성이 형성되게 하고, 나아가 영혼의 인식하는 부분도 발달시켜줍니다. 민주주의의 기초가 함께 얘기하고 협력하는 시민의 역량이라면, 프로네시스의 역량이 바로 그런 역량인거죠. 그래서 프로네시스는 민주시민과 정치인에게 요청되는 정치적 역량이랍니다."

"정리해보면, 개인의 행복은 그동안 우리가 살펴본 윤리적 덕성과 지적인 덕성을 지닐 수 있을 때 지속될 수 있어요."

행복을 구현하는 정치

행복과 정치의 관계

지순이 궁금하다는 듯 다시 물었다.

"그런데 개인의 행복은 단순히 개인이 잘한다고 성취되는 것은 아니잖아요. 사회 차원에서 행복의 구조와 분위기가 갖추어져야 성취되는 것이 아닐까요?"

"그래서 정치가 필요한 게 아닐까요? 아리스토텔레스는 〈정치〉를 '공동체의 행복을 실현하는 최고의 예술'이라고 말했어요. 정치는 공동체의 구성원이 병이나 실직에 처했을 때, 의료서비스와 실업수당 등을 제공하여 불행을 견디게 하고, 좋은 교육을 통해 시민들이 윤리적·지적인 덕성을 가질 수 있도록 하며, 외교·국방에 힘써서 분쟁과 전쟁의 비극이 생기지 않도록 하며, 좋은 일자리를 창출해서 사람들이 자아실현을 할 수 있도록 하기 때문이죠. 좋은 정치는 좋은 법에 의해 정의가 구현된 행복한 사회를 만들지요."

"정치가 그렇게 아름다운 것이었던가요? 말씀을 듣고 보니, 정치에 의해 행복한 사회가 만들어지는 것 같아요. 그런데 저는 사실 정치에 별로 관심이 없어요. 정치가 혐오스럽기도 하구요."

"지순이가 정치에 대해 부정적 감정을 갖는 것에 대해 충분히 이해할 것 같아요. 정치의 핵심인 국회가 입법 기능을 하지 못하는 것을 보고, 좋은 정책을 제시해야 할 정당이 표를 구걸하는 선거정당으로 전락한 것을 보며, 실망하지 않는 게 더 이상하죠. '실제로 좋은 정치'가 아니라 '겉보기에 그럴싸한 정치'로 인해 정치는 관망의 대상이 되어버렸어요. 우리는 '겉보기에 그럴싸한 정치'에 익숙해져서, 가짜이지만 진짜인 것처럼 보이는 〈쇼의 정치show politics〉를 마치 TV 드라마 보듯 하고 있죠. TV 드라마처럼 쇼의 정치도 흥행하려면 그 주인공이 항상 새롭고 신선한 인물이어야 해요. 하지만 우리가 원하는 정치인은 우리에게 드라마적 즐거움을 줄 예능 정치인이 아니라, 정치철학, 풍부한 경험, 도덕성, 품격, 행정능력, 전문지식, 리더십, 프로네시스를 갖추고 정치의 개념을 현실에 구현하려는 〈개념 있는 정치인〉이라는 점을 기억해야 합니다. 정치에 대한 무관심은 개념 없는 정치인이 자랄 수 있는 좋은 토대가 됩니다."

페리안드로스의 개념 없는 정치

"예전에도 〈개념 없는 정치인〉은 많았던 것 같아요. 아리스토텔레스는 『정치학』의 1313a-1315b11에서 B.C. 628년부터 코린토스의 폭군·참주tyrant·despot였던 페리안드로스Periandros가 사용했던 '개념 없는 정치'의 전략을 소개합니다. 페리안드로스는 시민을 소심하게 만들고, 상호불신하게 만들며, 무기력하게 만들었어요. 그는 정치의 기본인 '보편적 번영과 공영bonum commune'을 구현하기보다는 통치를 자신의 사적 이익의 수단으로 이용했죠.

그는 공포 분위기를 조성했어요. 시민은 움츠러들어서 자존감과 명예심을 가질 수 없었죠. 그는 시민이 만나서 소통하는 장소를 폐쇄시키고 상호감시를 강화해서 그들 간의 불신이 커지게 했어요. 나아가 그는 시민 간의 경쟁을 부추겨서 일에 몰두하게 하거나 세금을 많이 거두어 경제적 여유를 빼앗고 전쟁과 같은 안보위협을 느끼게 해서 시민으로부터 삶의 평온과 여유를 빼앗아 버렸어요.

삶이 팍팍해서 경제적으로나 심리적으로 여유가 없으면, 시민은 혁신을 가져오게 하는 정치에 참여할 수 없기 때문에 현재의 상황에 대해 무기력할 수밖에 없겠지요. 인간은 소심하게 될수록 자존감을 잃어버리는 것처럼, 여유가 없을수록 올바른 선택을 할 수 있게 하는 윤리적·지적인 덕성을 가꿀 수 없게 되지요.

하지만 그러한 개념 없는 정치는 수명이 짧아요. 그래서 아리스토텔레스는 참주가 자신의 통치를 유지하려면 덕성을 갖춘 좋은 군주처럼 '보이게' 행동해야 한다는 흥미로운 조언을 했답니다. 통치 유지라는 '당근'을 주면서 따라오게 해서 참주의 영혼을 변화시키려고 했던 것이지요. 아리스토텔레스는 참주도 참된 군주의 길을 따라 반복적 수련을 하면 참된 군주처럼 변할 수 있다고 생각했어요.

그래서 아리스토텔레스는 참주에게 '겉보기에 그러한 것'을 해보라고 권유해요. 첫째, 가정의 선한 운영자처럼 '보여야' 해요. 어떤 것도 낭비하지 않고 측근에게 혜택을 주지 않으며 공적인 번영을 위해 투명하게 모든 것을 투자하는 인상을 주어야 하는 거죠. 둘째, 등장과 퇴장에 있어 품격과 고귀함을 갖추고, 공포심보다는 경외감을 불러일으키도록 하며, 공동체를 미적으로 아름답게 만들어야 해요. 셋째, 신들에게 경외를 표해야 하고, 명예를 부여하는 일은 직접 하지만 벌을 주는 일은 남을 시켜야 하며, 부유한 자와 가난한 자가 그의 통치를 인정하도록 같은 방식으로 설득해야 해요."

마키아벨리: 윤리와 정치의 관계
지순이가 문득 얘기했다.

"아리스토텔레스가 아니라 마키아벨리Machiavelli: 1469~1527의 말을 듣고 있는 것 같아요. 마키아벨리는 『군주론Il Principe』에서 군주는 실제로 그럴 필요는 없지만 온화하고 믿음직스럽게, 인간적이고 솔직하게, 성실하고 경건하게 '보여야' 한다고 말했잖아요. 사람들에게 좋은 군주라는 느낌과 신뢰를 주어야 한다고요."

"마키아벨리가 아리스토텔레스를 카피copy한 것은 아닐까? 아리스토텔레스는 참주와 같은 개념 없는 정치인이 쇼의 정치를 할지라도 모범이 되는 좋은 정치인을 따라하면 최악의 상황을 피하는 차선책으로서 의미가 있다고 보았어요. 이는 마치 윤리적 덕성이 반복과 습관에 의해 형성되는 것처럼, 개념 있는 정치를 따라서 반복하다가 보면 '겉으로 그런 것처럼 행동하기'에 의해 정치인의 영혼이 변하여 부분적으로 '실제 그런 것'이 될 수 있기 때문이지요. 마키아벨리의 군주가 신하들을 현혹시킨다면, 아리스토텔레스의 참주는 반복해서 좋은 정치를 보여주면서 시민들뿐만 아니라 자기 자신까지 현혹시켜 자기 쇼의 희생자가 되는 셈이죠.

마키아벨리와 아리스토텔레스의 입장은 달라요. 아리스토텔레스가 설령 참주에게 통치유지를 위한 조언을 하더라도 윤리와 결합된 정치를 견지합니다. 반면, 마키아벨리는 도덕을 수단화시켜요. 그는 권력을 얻고, 유지하며, 확대하기 위해서는 '필요neccecita에 따라' 선타자를 이롭게 하는 좋은 것에서 악타자에게 해를 주는 나쁜 것으로, 또는 악에

- 마키아벨리에 따르면, 역사는 반복된다. 인간의 본성이 항상 그대로 변하지 않고 머물러 있기 때문이다. 따라서 학습을 통해 인간의 본성과 결부된 역사적 규칙성을 알아내야 하고, 그다음 현재에 대한 분석에 이를 적용해야 한다.
- ragione를 통하여 necessitá, occasione, qualita dei tempi를 포착하며 fortuna를 지배, 제어, 조정하는 역량이 virtú이다.

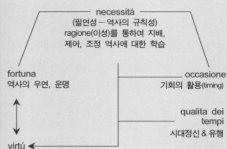

서 선으로 수시로 입장과 행동을 바꿀 수 있는, 즉 윤리와 정치를 철저히 분리하는 역량을 정치인의 비르투virtú로 제시했답니다."

│ 정치적 동물로서의 인간: 정치의 본래적 의미
│ 지순이가 체념하듯 말했다.

"정치가 어차피 있어야 할 것이라면, 쇼의 정치가 아니라, 개념 있는 정치, 정의와 행복을 실현하는 정치를 보고 싶어요."

"저도 그러한 정치를 보고 싶어요. 그런데, 지순이가 방금 전에 철학적 통찰력이 번득이는 말 하나 한 것 아니?"

"뭔데요?"

"정치는 어차피 있어야 할 것이라는 말…"

"그게 철학적인 말인가요?"

"그럼요. 그럼 아주 깊이 있는 통찰이에요."

"왜 그런데요?"

"인간은 '본성적'으로 〈정치적πολιτιχὸν 동물ζῷον〉이기 때문이에요. 아리스토텔레스가 『정치학』의 1253a2-3에서 남긴 유명한 말이죠. 희랍어 '폴리티콘πολιτιχòν'은 '정치적'이라는 의미를 지녀요. 본래는 그리스인의 도시공동체를 의미하는 '폴리스πόλις'의 형용사이고. 그래서 직역을 하면 폴리스적 동물이 되고, 의역을 하면 정치적 동물, 도시공동체적 동물, 사회적 동물이 되는 거죠."

"폴리스적 동물이 도시공동체적 동물이나 사회적 동물로 의역되는 것은 이해가 가지만, 정치적 동물로 의역되는 것은 이해가 안 가요. 도시공동체와 사회가 정치로 연결되는 이유는 무엇인가요?"

"희랍어 'πόλις'를 발음하면 폴리스polis예요. 폴리스는 사람들이 모여 사는 도시, 성곽, 마을을 의미했어요. 사적인 영역인 오이코스oikos: 가정와 구분되는, 가정들이 모여 규모가 커진 도시공동체였지요. 아리스토텔레스는 『타 폴리티카τπαόλιτιχα』라는 저작을 남겼어요. '타 폴리티카'를 직역하면, '폴리스πόλις에 관련된 것'이죠. 아리스토텔레스는 『타 폴리티카』에서 그 제목이 의미하는 것과 일치하게 '공동체에 관련된 공적인 사안'에 대해 서술했던 것이죠. 1260년에 독일 지역의 도미니카 수도원의 빌헬름 폰 모에르베케Wilhelm von Moerbeke가 처음으로 아리스토텔레스의 『타 폴리티카』를 라틴어로 번역했죠. 그는 그리스어 원제인 『타 폴리티카』의 희랍어 발음을 라틴어로 표음하여 『politika』로 옮겨 놓았어요. 이렇게 라틴어로 표음된 제목이 시간이 흐르면서 다른 언어인 『politics』영어, 『Politik』독일어, 『Politique』

불어로 번역되었던 것이죠. 이것이 일본에서 『政治學』으로 번역되었고, 이후 일본어 번역이 우리나라에 직수입되어 『정치학』이 되었죠.

이렇게 단어의 기원을 찾아 올라가 보면, 현재 우리가 사용하고 있는 '정치'라는 말에는 아리스토텔레스가 본래 사용했던 '폴리스에 관련된 것'이라는 의미가 담겨 있다는 것을 알 수 있어요. 그래서 폴리스적 동물을 정치적 동물로 의역할 수 있는 거랍니다."

지순이가 계속해서 질문을 했다.

"예, 알겠어요. 그런데 인간이 본성적으로 정치적 동물일 때, '본성적'이라는 것이 구체적으로 무엇을 의미하는지요? 자연적으로 타고난다는 의미인가요? 그래서 정치는 피할 수 없는 건가요?"

"인간은 폴리스를 형성하기 전부터 이미 자연적으로 공동체적 존재랍니다. 오이코스가정 안에서 태어나서 성장하니까요. 오이코스 안에서도 우리는 고립된 존재가 아니라 이미 부부관계로 묶여 있고, 부자관계로 묶여 있는 존재이죠. 하지만 인간이 정치적 동물이라는 말이 본래 의미하는 바는 인간의 '본성상' 폴리스 안에서 살아갈 수밖에 없는 존재라는 것이죠. 세 가지 측면에서 이해할 수 있어요.

첫째, 폴리스는 신이나 초인의 힘에서 기원하는 것이 아니라 인간이 모여 만든 것이며, 함께 모여 협력하며 살아가는 것은 인간의 본성에 일치한다는 것을 의미해요. 둘째, 폴리스는 인위적 계약의 결과가 아니라 역사 속에서 자연스럽게 형성되는 공동체라는 것을 의미해요. 셋째, 인간은 오로지 폴리스에서만 인간답게 살 수 있다는 것을 의미해요. 이 세 번째 의미가 결정적이에요. 폴리스는 인간의 고유한 가능성이 실현되는 장소인 것이죠. 폴리스는 인간에게 생존을 넘어 좋은 삶을 가능하게 하는 공간으로 기능한답니다."

특히, 세 번째 의미가 성립하는 것은, 인간이 〈로고스를 지닌 존재

zoon logon echon〉이기 때문이죠. 로고스는 '언어'를 기초로 이성적으로 사유하고 논의하며 판단하는 능력이에요. 인간은 언어를 가지고 폴리스에서 의사소통을 해요. 인간은 언어를 통하여 유익한 것과 해로운 것을 말하고, 선과 악, 정의와 부정의를 이해하지요. 〈의미〉에 대해서 의사소통하는 것이지요. 언어를 통한 의미의 공유는 인간이 폴리스를 형성하여 살아가게 해요. 특히 좋은 삶에 대한 의미의 공유는 폴리스가 존립하는 최후 근거가 된답니다.

아리스토텔레스는 정치적 동물이라는 표현으로 그 당시 그리스인들이 '발견한' 인간의 정치를 설명하고 있는 거예요. 그에게 〈정치〉란 '공적인 사안public issues'에 대해 시민들이 모여서 '함께 얘기하고talk together' 좋은 법과 정책을 '함께 결정하며decide together' '함께 실행하는act together' '과정process'이었어요.

시민이 이러한 정치의 과정에 참여하려면 아까 여러분에게 설명한 윤리적 덕성과 지적인 덕성을 갖추고 있어야 하겠지요. 서로 간의 평등한 의사소통이 중요하니까요. 즉, 공적 사안에 대해 자신의 의견을 말하고, 타인의 의견을 경청하면서 최고의 의견을 선택하고, 선택된 의견에는 승복하면서 같이 행위를 해야 하니까요.

특히, 통치하는 시민은 프로네시스의 덕성을 지닌 〈프로미노스 phrominos: 영리하고 덕성이 있으며 전문지식이 있는 정치인〉이어야 하며, 통치받는 시민은 올바른 의견을 가질 수 있고 다수의 의견에 승복할 수 있어야 해요. 아리스토텔레스는 덕성이 있는 다수의 시민들이 충분한 의사소통에 의해 정치적 판단을 한다면, 그것은 전문가의 판단보다 더 낫거나, 더 나쁘지는 않다고 보았어요."

"여러분, 기억을 더듬어 보세요. 아리스토텔레스는 인간이 '쾌락의 삶'보다는 '정치적 삶vita activa'을 살아갈 때 행복할 수 있다고 보았어요. 행복을 추구하는 것이 인간이라면, 행복하기 위해 같이 말하고 행동하는 정치적 삶을 살아갈 것이고, 그렇게 살아간다는 것은 인간이 본성상 정치적 동물이라는 점을 말해주지요.

우리는 본성적으로, 즉 그렇게 타고 났으니까, 공동체에서 살아가는 정치적 동물이에요. 우리는 대한민국에서 태어나 살고 있어요. 우리는 1987년의 6월 항쟁과 2016년의 촛불 혁명을 성취한 경험이 있어요. 개념 없는 정치를 개념 있는 정치로 회복시킨 경험이었죠. 정치가 여전히 정치의 본래적 개념으로부터 벗어나 있지만, 정치는 여러분의 관심으로 '개념 있는' 방향으로 회복될 것입니다. 정치를 멀리하는 건 자신의 본성과 현실로부터 멀어지는 지름길이랍니다."

동양에서 정치의 개념

항상 매사에 예의바른 지효가 질문을 했다.

"플라톤과 아리스토텔레스가 사유했던 정의, 행복, 정치에 대해 잘 들었습니다. 플라톤이 정의의 실현을 위한 〈엘리트정치교육〉을, 아리스토텔레스가 행복의 실현을 위한 〈시민교육〉을 강조했다는 구도에서 설명해주셨어요. 특히 고대 정치철학을 우리나라의 현실에 입각해서 재해석한 부분과 현실적 사례들이 좋았습니다.

그런데 동양 사상에 나타난 정치 개념에 대해서도 말씀해 주실 수 있는지요? 물론 우리나라가 서양으로부터 유래된 민주주의를 구현하고 있어서 그 기원이 되는 고대 서양 정치철학은 우리의 정치가 지향하는 점을 확인하는 데 꼭 필요했었습니다. 그래도 왠지 허전한 느낌이 드는 것 같아요. 우리가 동양적 전통과 문화를 공유하고 있지만 그것을 인식하지 못하고 있어서 그런 것 같습니다. 수업 시간도 얼마 남지 않았으니까, 조금만 들려주세요."

한자 〈정(政)〉의 의미

잠시 생각했다. '무엇을 들려주면 좋을까? 한자 〈정政〉으로부터 시작하자.' 지효에게 물었다.

"아까 아리스토텔레스의 『politics』가 일본어로는 『政治學』으로 번역되어 우리나라로 직접 수입되었다는 말 기억나니?"

"예."

"그럼, 중국어로는 어떻게 번역되었을 것 같아요?"

"글쎄요? 같지 않을까요?"

"정학政學."

"치治 자가 빠졌네요."

"고대 중국의 정政 개념에는 이미 다스린다는 의미의 치治가 담겨 있으니까 필요가 없었어요. 그보다 중요한 것은 정政이 고대 그리스인의 정치와 견줄만한 개념이라는 것이에요."

"그런가요?"

"양승태 교수는 2012년 '한국정치학회보' 논문 〈문명충돌의 정치와 정치철학〉의 106-107쪽에서 정政의 의미를 해설하고 있어요.

한자어 '政'을 해서해보면, 정正과 복攵으로 이루어져 있어요. 정正은 일一과 지止로 구성되어 있고요. 고대 중국의 갑골문을 보면, 일一은 일반적으로 장소를 형상화하고, 지止는 식물의 뿌리나 인간의 발을 형상화하고 있죠. 일一과 지止가 결합된 정正은 본래 인간이 언제나 머무르고 돌아가야 할 곳인 집이나 마을을 의미했던 것 같아요. 『서경書經』이나 『시경詩經』의 문장에서 정正이 사용된 용례를 보면, 본래의 의미에서 추상화되어 '처음'이나 '바탕'을 의미하게 된 것을 알 수 있어요. 그 이후 '바르다' 혹은 '마땅하다'의 의미로 발전하게 되었고요. 복攵자도 갑골문에서 발견되는데, 회초리 모양을 형상화한 문자이지요.

그래서, 정正과 복攵으로 결합된 정政은 본래 '물리적 수단인 회초리로 처음이나 바탕에서 이탈한 상태를 되돌려 올바른 상태로 바로잡는다'는 의미를 가졌다고 할 수 있죠. 정政은 '다스림'인데, 올바르게 바로잡는 행위로서의 다스림이었던 것이죠."

공자: 정치는 도덕이다

"고대 중국의 공자B.C. 551~479는 이러한 정政의 본래 의미를 자신의 정치철학에 충실히 반영했어요. 『논어論語』의 '안연顏淵' 편에 보면, 그는 〈정자정야政者正也〉라고 했어요. 〈정政, 즉 다스림이 곧 올바름정의이다〉라는 말은, '정치'는 올바름정의에 기초하여 올바름을 유지하는 행위를 의미하며 나아가 현실이 올바르지 않을 경우 올바름으로 회복시키는 행위를 의미해요. 정치는 본질적으로 인간의 삶이 올바른 상태를 유지하도록 하는 데 그 실천적 목적이 있으며, 그러기 위해 정치인 스스로의 수양이 필요하고, 덕과 법은 인간의 올바른 상태를 구현하는 정치의 수단이라는 것이지요."

원문을 학생들에게 들려주고 싶었다.
"여러분, 5분만 쉬도록 합시다. 『논어論語』를 가져올게요."

"『논어論語』의 '위정爲政' 편에 나오는 한 구절이에요."

"공자가 말했다. 민중을 행정명령을 통해서 지도하고 형벌을 통해서 강제하면 그들은 형벌을 피하기 위해서 죄만 짓지 않으려고 할 뿐이며 진정으로 부끄러워하는 마음은 오히려 없게 될 것이다. 그러나 민중을 덕으로 이끌고 예로 규율한다면 그들은 부끄러워할 줄 아는 마음을 가질 뿐만 아니라 진심으로 복종하게 될 것이다."

"이 원문에서 중요한 것은 '민중을 덕으로 이끌면 부끄러워하고 진심으로 복종한다.'는 말이에요. 여기에 바로 공자가 말하고자 했던 정치, 즉 다스림의 핵심이 담겨 있어요. 덕이란 올바름, 즉 정의로운 것을 알고 실천할 때 얻어지는 것이에요. 군자君子는 학습을 통해 인의예지仁義禮智의 덕을 알고 실천을 통해 자신의 몸에 체화시켜야 해요. 그러한 군자가 덕을 매개로 하여 백성을 다스릴 때 백성은 선하게 되고 승복하며 따르게 되는 것이지요."

　"이러한 공자의 정치사상은 플라톤의 철인통치와 맥락이 유사해요. 공자의 군자가 덕을 체화하여 덕을 매개로 올바름이 바로 설 수 있도록 백성을 다스리듯이, 플라톤의 철인은 최고의 지식과 덕성을 체화하여 정의를 실현하는 것을 정치로 보았기 때문이죠. 그리고 플라톤은 정의의 실현을 위해 〈엘리트정치교육〉을 제시했고, 공자는 올바른 덕에 기초한 다스림을 위해 〈군자교육〉을 제시했죠. 그래서 플라톤과 공자는 교육을 통한 정치를 추구했다고 볼 수 있어요.
　나아가 사마천B.C. 145~85의 『사기史記』 '공자세가孔子世家'를 보면, 공자는 제齊나라 경공景公에게 〈군군신신 부부자자君君臣臣 父父子子〉라고 말했어요. '군주는 군주다워야 하고, 신하는 신하다워야 하며 아비는 아비다워야 하고 자식은 자식다워야 한다.'고 말입니다. 군주, 신하, 부모, 자식은 각자 자신의 본분을 다해야 하는 것이지요. 그렇게 각자 자신의 본분을 다하는 것이 올바름이라고 본 것입니다. 이러한 공자의 정명론正名論도 생계·부양계층, 방위계층, 통치계층이 〈각자 제 일을 하는 것〉을 공동체의 정의라고 본 플라톤의 정의론과 비슷한 맥락으로 볼 수 있어요."

정조의 정치: 올바름으로의 회복

"이렇게 공자로부터 시작된 유학儒學은 이후 제자백가의 다른 사상들과 경쟁하면서 맹자孟子: B.C. 372~289와 순자荀子: B.C. 298~238 등에 의해 형이상학적 체계를 갖추게 되었고, 이후 우리의 조선왕조에서 〈성리학性理學〉이라는 이름으로 500년 이상 국가를 운영하는 정치철학으로 기능하게 되었던 거죠.

공자로부터 시작되어 성리학으로 발전되어온 유학은 사실 우리의 선조가 우리의 땅에서 행복하고 정의로운 '좋은 삶'을 구현하려고 했던 정치에 관한 사유체계였다고 볼 수 있어요. 우리에게도 정의와 행복을 추구한 서양의 'politics'에 견줄만한, 즉 올바름에 입각하여 좋은 삶을 구현하려고 했던 '정政'이 있었다는 말이죠.

정은 올바름을 회복시키는 정치를 의미했습니다. 정조가 했던 말을 들으며 우리 선조가 구현하려고 했던 정치의 개념을 생각해봅시다. 조선왕조실록에 나오는 정조의 '오회연교五晦筵敎'입니다."

> "나의 한 조각 애절한 마음은 오로지 찌들은 더러운 습속을 전부 새롭게 만들어 마침내 나쁜 무리들까지도 모두 착한 백성으로 변화시키는 데에 있기 때문에 처음 왕위에 오를 때부터 한 가지 정당한 규모를 분명히 내보여 의리를 천명하고 함께 대도(大道)로 가는 근본으로 삼았는데, 규모가 크게 정해진 뒤로 이 속에 들어온 자는 국가를 위하는 편으로서 충신이고 군자였으며 여기서 벗어난 자는 역적의 편으로서 충성스럽지 않은 자이고 소인이었다. 〈…〉 대체로 의리란 별다른 것이 아니다. 모든 일에서 지극히 옳은 것이 곧 의리이니 옛날의 의리나 오늘날의 의리를 막론하고 지극히 옳은 점에 있어서는 다 마찬가지이다. 오직 그것이 지극히 옳은 것이기 때문에 오늘날 사람들보다 한 등급이 높은 선배의 선류들도 모두 법칙에 들어맞고 가르침을 따르는 영역으로 함께 돌아갔는데, 겉으로 치닫는 별종의 무리는 도리어 기회를 엿보고 상대편의 비위를

맞춘다는 죄목을 순종하는 사람에게 뒤집어씌우니, 이 어찌 세도의 깊은 걱정거리가 아니겠는가. 〈…〉 의리의 반대는 곧 속습(俗習)이니, 속습을 바로잡는 데에 관계되는 일이라면 마땅히 나막신 신고 압록강 얼음판을 건너간다는 속담처럼 정성껏 따르고 삼가 지켜야 할 것인데도 불구하고 감히 이처럼 상반되는 행위를 한 것은 과연 무슨 속셈이란 말인가"(정조실록 54권, 정조 24년 5월 30일 신해 1번째 기사 1800년 청 가경 5년).

지효가 질문했다.

"옳은 것이 의리이고, 의리를 따르는 신하는 군자이며 의리에서 벗어난 신하는 소인이다 … 의리의 반대가 속습이고, 그 속습을 바로잡는 것이 바로 의리옳은 것를 회복하는 정치라고 말하고 있는 것 같아요. 정조가 의리를 따르지 않는 신하를 꾸짖고 있는 거지요?"

"맞아요. 정조는 그 당시 나쁜 습속을 바로잡는 교속정치矯俗政治, 요즘말로 하면 적폐를 청산하며 사회를 개혁하는 정치를 펼치고 있었지요. 그 당시 습속 중에 교속의 대상은 옳지 못한 당파싸움이었죠. 정조는 이러한 습속을 타파하려고 했지만 성공하지는 못했어요. 이 오회연교라는 교시를 내리고 곧바로 돌아가셨으니까요. 어쨌든 이 교시에서 우리가 읽어낼 수 있는 것은 정조의 정치도 바로 올바른 것으로의 회복이었다는 점입니다. 사회적 의리, 즉 올바름과 신뢰의 구축이 정치의 개념이며, 정조는 그러한 정치의 개념을 자신의 정신에 체현된 개념의 정신에 따라 현실에서 회복시키려고 했던 것이죠. 정조는 개념정치를 구현하려고 했던 우리의 선조랍니다."

"자. 여러분, 이것으로 한 학기 수업을 마칠게요."
"고맙습니다."

제**3**장

자유와 정치
－자유란 무엇인가?
자유의 개념, 한국사회의 현실,
촛불혁명의 기억

이야기의 흐름

"

"

인간의 욕망과 이성

✳

욕구의 반복

반복적 행위는 끝없이 생기는 '욕구'에서 기인한다. 먹고, 자며, 활동한다. 우리는 일상적 욕구를 충족시킬 수 없으면 '불안'해진다. 약간 높은 차원에서 반복되는 욕구도 있다. 우리는 타인으로부터 사랑받기를 원하고 인정받기를 원한다. 지적 호기심에 끊임없이 지식을 찾아 나서기도 하며, 자아실현을 위해 노력하기도 한다. 이 모든 것은 내면의 욕구이며 무의식적으로 '충족'이라는 지점을 향한다.

욕구가 충족되는 순간, 욕구는 잠시 사라진다. 먹고 나면, 자고 나면, 활동하고 나면, 사랑받고 나면, 인정받고 나면, 지식을 얻고 나면, 우리는 각각 얻고자 했던 욕구를 잊어버린다. 충족되었으니까. 하지만 욕구는 유령처럼 다시 나타나 결핍에 따른 불안을 일깨우며 충족의 길로 이끈다. 욕구의 발동과 해소는 반복된다. 흔히 우리가 말하는 자유는 단지 욕구가 충족되는 순간일까? 그렇다면, 자유는

135

• • • 김선형: Garden Blue, 2014년

욕구의 발동과 해소라는 반복적 패턴 안에 갇혀 있는 것일까?

반복은 마치 고대 그리스 신화의 시지프스의 운명과 같다. 시지프스는 힘들게 밀어서 올려놓은 바위가 굴러 떨어지면 매번 다시 올려놓아야 한다. 그의 운명은 반복해서 욕구를 충족시켜야 하는 인간의 운명과 닮았다. 인간으로 사는 이상, 한번 욕구를 충족시키면 그대로 그 욕구로부터 자유로워지는 것이 아니다. 욕구의 발동으로 그 욕구의 해소를 자유로 인식하며, 자유가 실현되는 순간 다시 욕구의 노예가 된다. 인간은 운명적으로 욕구의 굴레 안에서 살아간다.

다시 왔다. 여름이 되면 뮌헨Müchen이 그리웠다. 반복되는 그리움도 시지프스의 운명과 같은 것일까? 오지 못하면 힘들었고, 다시 오면 좋았으며, 시간이 지나면 다시 그리웠다. 왜 그럴까? 무엇이 좋은 것일까? 내가 뮌헨에 와서 원했던 것은 무엇이었을까?

한국에서 사람들이 사용하는 이성은 경제적 욕구충족에 봉사하는 도구적 성격이 강하다. 누구나 욕구를 혼자 충족시킬 수 없기 때문에 다른 사람과 같이 공동체를 이루고 살아간다. 나아가 어떤 사회이든지 구성원의 욕구를 충족시킬 자원의 희소성으로 인해 인간관계의 경쟁이 존재한다. 하지만 우리 사회는 경쟁이 비인간적일만큼 첨예하다. 경쟁 때문에 사람들이 병들고 있는데 이 병을 고칠 약도 경쟁이라고 믿는 사회이다. '다시 한번 〈러시rush〉!' 나도 그러한 경쟁체제 안에서 희로애락의 감정과 불안을 느끼면서 살아왔다.

도구적 이성과 성찰적 이성

한국 사회에서 '이성'이라는 말은 '경제적 욕구 충족에 대해 철저히 긍정'해야 의미를 지닌다. 즉, 이성은 부富에 대한 욕구를 인정하며 그 욕구를 최대한으로 충족시키는 방법을 찾는 데 사용된다. 한국 사람으로서 나의 이성도 물질적 욕구의 충족에 충실했다.

뮌헨에 오면, 신기하게도 생각의 방식이 달라졌다. 이익을 찾는 '도구적 이성'이 뒷거름질치고, 의미를 찾는 '성찰적 이성'이 앞으로 나왔다. 서울과 뮌헨을 오고가는 것은 마치 속세와 성당을 주기적으로 오고가며 실행하는 고백성사와 같았다. 뮌헨에 있는 동안 성찰적 이성으로 나 자신에 대해 반성하는 착한 아이가 되었다가, 한국으로 돌아오면 경쟁적으로 도구적 이성을 사용하는 이기적 어른이 되었다. 이기적 어른으로 사는 데 지치고 성찰적 이성에 대한 욕구가 다시 생기면, 뮌헨이라는 공간을 다시 그리워하고 방문하는 것은 아닐까 … 사실, 공간에 내재한 질서는 우리의 생각에 많은 영향을 준다. 길의 배치, 건물의 배치, 자연의 배치에 따라 우리의 생각과 행동이 완전히 달라진다. 모든 곳이 꽉 찬 서울의 공간은 바쁨과 경쟁을 유발하지만, 비우고 덜 채운 뮌헨의 공간은 느림과 여유를 준다.

문득 앞에서 한국 여성의 수줍은 목소리가 들려왔다.

"뭘 그렇게 골똘히 생각하고 계시나요?"

비행기에서 우연히 만난 홍은숙 기자가 화장실을 다녀온 후 다소 곳이 나를 바라보고 있었다. 대학교 후배로 평소 잘 알고 지내던 서하라 기자의 소개로 알게 되었다. ○○일보에 근무하던 서 기자와 저녁 식사를 하다가 옆 자리에 와 있던 홍 기자와 인사를 나누고 식사 후에 같이 맥주를 마시러 갔었다. 그때 같이 얘기하며 홍 기자가 마음이 따뜻한 사람이라는 인상을 받았던 것 같다. 비행기 안에서 마실 물을 가지러 가다가 마주쳤다. 서로 놀랐고 반가웠다.

홍 기자가 물었다. "뮌헨에서 하룻밤 자고 스위스로 떠날 건데요. 교수님도 뮌헨으로 가는 거지요?"

"뮌헨의 서역, 파징Pasing으로 갑니다. 여기 공항에서 S8번을 타고 가려고 하는데 … 홍 기자님은 뮌헨 시내로 들어가시나요?"

홍 기자가 나를 보며 되물었다.

"예. 그런데 S8번은 지하철인가요?"

"S는 '슈넬 반Schnellbahn'의 약자에요. 슈넬 반은 '빠른 열차'란 뜻이에요. 뮌헨 사람들은 이것을 에스반이라고 불러요. 뮌헨 시내를 통과하면서 뮌헨 근교까지 운행하는 뮌헨광역열차지요."

"에스반을 타면 뮌헨의 외곽까지 갈 수 있겠네요?"

"그럼요. 뮌헨의 외곽으로 10개의 S노선이 있는데, 이 노선들은 대부분 뮌헨 시의 동역에 해당하는 오스트반호프Ostbahnhof와 서역에 해당하는 파징을 통과해요. 오스트반호프에서 서쪽으로 8개의 역을 통과하면 파징이죠. 반대 방향도 같아요. 오스트반호프와 파징의 동-서 노선은 뮌헨의 중심지인 하우프트반호프Hauptbahnhof, 칼스플라츠Karlsplatz, 마리엔플라츠Marienplatz 역을 지나고, 8개의 뮌헨 지하철U-Bahn 노선이 이 세 개 역 중 하나를 남-북으로 가로지르며 통과해요. 동-서의 S노선과 남-북의 지하철이 뮌헨의 구시가지를 중심으로 체계적으로 연결되어 있어요."

"에스반이 시내를 통과하며 지하철과 서로 연결되는군요."

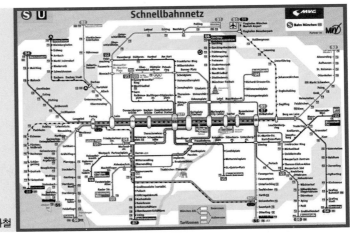

• • • 뮌헨 지하철

"10개 노선의 에스반과 8개 노선의 지하철만 연결되는 것이 아니에요. 에스반과 지하철의 노선은 10개의 경전철Tram 노선과 67개의 버스 노선과도 연결되어 있어요. 10개의 광역버스 노선과 57개의 시내버스 노선은 458km 길이에 놓인 889개의 정거장에 10분에서 20분 간격으로 정확히 도착하는 것으로 유명하지요.

에스반에서 지하철, 경전철, 버스로 갈아탈 때는 조금 움직여야 하지만, 지하철만 탈 경우에는 내린 자리 혹은 반대편에서 갈아탈 수 있게 설계되어 있어요. 갈아타려면 올라갔다 내려갔다 하면서 한참 동안 걸어가야 하는 서울의 지하철 환승 시스템에 비하면 편리하답니다. 지하철을 타보면 그 편리함을 금방 느낄 거예요."

"시스템이 정말 체계적이네요. 그런데 뮌헨의 대중교통 시스템에 대해서 어떻게 그렇게 자세히 알고 있나요?"

"예전에 뮌헨에서 오래 살았고, 자주 오는 편이에요. 그리고 저는 교통 시스템에 대해 관심이 많아요. 하나의 공공재로서요. 교통은 시민들에게 제공되는 기본적인 '복지'랍니다. 독일에서는 주 정부가 값싸고 편한 대중교통 시스템이 유지되도록 관리해요. 자동차가 필요 없어요. 대중교통이 안전하고, 정확하며, 쾌적하니까요."

나는 다시 화제를 에스반으로 돌렸다.
"우리가 타고 온 루프트한자Lufthansa 항공기가 도착한 곳이 뮌헨 국제공항이잖아요? 이 공항은 뮌헨 시의 북쪽에 위치하고 있죠. S8은 이곳에서 출발하여 남쪽으로 내려와서 오스트반호프까지 온 다음 방금 말한 동-서 노선을 통과하여 파징까지 갔다가, 그곳으로부터 남쪽으로 방향을 바꾸어 계속 가요. 겔텐도르프Geltendorf라는 마을이 남쪽 종착지죠. 저는 파징 역에서 내릴 거예요."

"저도 교수님과 같은 에스반을 타면 되겠네요. 저는 하우프트반호프 바로 옆에 위치한 호텔을 예약했어요. CITY 호텔이에요."

도착장에서 약 10분쯤 걸어왔다. 에스반 역에 있는 승차권 자동판매기에 20유로를 넣고 2명이 같이 모든 구역에 걸쳐 에스반, 지하철, 경전철, 버스를 탈 수 있는 '파트너 티켓Partnertageskarte'을 뽑아 얼른 판매기 옆에 있는 승차 확인기에 표를 찍었다. 시계를 보니 벌써 저녁 7시였다. 비행기는 5시 45분에 도착했지만 화물도착 대기와 여행 가방을 찾는 시간 등 때문에 1시간 이상이 소요된 것이다. S8은 매 시간 20분 간격으로 2분, 22분, 42분에 있었다.

"홍 기자님, 여기 에스반 운행 시간표를 보니 S8번을 타서 하우프트반호프까지는 40분 정도 걸리네요. 파징까지는 약 50분이 걸리고요. 제가 서쪽으로 10분 정도 더 가야 합니다."

7시 2분. 빨강색의 에스반이 도착했다. 출입문 앞에 붙은 동그란 버튼에 초록색 불이 들어오자 눌렀다. 문이 열렸다. 여행 가방을 끌고 얼른 에스반에 올라탔다. 의자 배치는 기차와 비슷했다. 의자의 표면은 파란색 바탕에 작은 검정색 네모 점이 찍힌 부드러운 천으로 덮여 있었다. 은색 금속의 틀에 고정된 좌우의 의자가 앞의 좌우 의자와 마주보게 배치되어 있었다. 홍 기자와 마주보고 앉았다.

"대중교통이 정말 정확하고, 편안하며, 쾌적한데요."

"사람들이 대중교통을 이용할 수밖에 없겠죠? 주 정부가 대중교통이라는 공공재를 잘 관리해서 최고의 서비스를 제공하는 것으로 시민은 자신이 낸 세금을 되돌려 받는 것이지요. 우리같이 외국에서 온 방문객도 그 혜택을 받고 있는 셈이에요."

인간의 초월 욕망과 취약성

홍 기자가 여행 가방을 보며 최근에 본 영화 이야기를 꺼냈다.

"얼마 전에 점퍼Jumper라는 영화를 봤어요. 그 영화 주인공은 가고 싶은 장소로 순간 이동하는 능력이 있었어요. 저에게도 그럴 수 있는 능력이 있으면 얼마나 좋을까요? 그러면 여행 가방을 끌고 다닐 필요도 없고 시간도 절약되고 좋을 텐데요."

"저도 그 영화 봤어요. 주인공이 가고 싶은 곳으로 생각을 집중시키면 한순간에 그곳으로 이동할 수 있었죠. 영화에서 순간 이동은 신만이 가질 수 있는 능력이어서 가톨릭교회는 그런 점퍼를 제거하려고 했어요. 홍 기자님은 신과 대등한 능력을 가지고 싶어요?"

나의 육체는 순간 이동을 할 수 없지만 나의 기억은 뮌헨을 향해 빠른 속도로 순간 이동을 하고 있었다. 그에 비하면 공항을 빠져나와 뮌헨으로 가고 있는 에스반은 너무 느렸다. 뮌헨은 내가 청년시절 정치학을 공부하면서 인간, 정치, 교육, 국가, 시장, 시민사회, 국제정치에 대하여 고민하고 토론했던 곳이다. 과거의 공간으로 돌아오자마자 나의 정신은 성찰의 세계로 들어가고 있었다. 나는 성찰의 세계에 빠지고 싶다는 욕구 때문에 반복적으로 뮌헨에 오고자 했으며, 그 욕구가 바로 지금 충족되고 있었다.

홍 기자가 나를 보며 말했다.

"그럴 수 있다면 당연히 그렇게 되고 싶지요. 우리 인간의 내면에는 초월적 능력에 대한 강렬한 욕구가 있어요. 우월 욕망 같은 거 말이에요. 사람들은 다른 사람들을 압도하면서 '자기 마음대로 할 수 있는 자유'를 누릴 수 있는 특별한 힘을 가지려고 해요."

홍 기자는 다른 각도에서 말을 이어갔다.

"슈퍼맨도 그렇고, 매트릭스의 네오도 그렇고, 배트맨과 스파이더맨도 그래요. 원더우먼도 그렇고. 그렇게 되고 싶다는 우리의 심리가 영화에 나오는 초월적 존재에 반영된 것이 아닐까요? 그런데 문제는 우리 인간이 본래 그런 초월적 존재가 아니라는 점이에요. 영화는 우리에게 단지 환상을 보여주고 있는 거죠. 나아가 환상은 잘못된 우월 욕망을 부추기고, 결국 우리는 허상을 쫓아 살아가죠.

제 생각에 그런 환상보다 인간의 실재적 모습을 인식하는 것이 더 중요한 것 같아요. 인간은 상처받기 쉽고 위험에 쉽게 노출되잖아요. 인간은 이성적인 것 같으면서도 이성적이지 않아요. 강한 것 같으면서도 강하지 않고, 너무나도 약한 것이 인간이에요. 인간의 실제 모습인 취약성에서 대하여 공감하면 우리는 서로 위로하고 포용하면서 취약성을 극복할 수 있을 것 같아요. 따뜻함이 필요하죠."

홍 기자는 한편으로는 슈퍼맨과 같은 존재가 되고 싶은 것은 인간에게 자연스럽다고 말하고, 다른 한편으로는 슈퍼맨에 대한 환상보다는 인간의 취약한 본래 모습을 인식하는 것이 중요하다고 말하고 있었다. 홍 기자는 나를 물끄러미 쳐다보았다. 내가 말했다.

"제 생각에는 나중에 했던 말을 앞에 놓고, 먼저 했던 말을 뒤에 놓으면 서로 다른 두 관점이 하나로 연결될 수도 있을 것 같아요. 인간은 스스로 취약하다는 것을 인식하기 때문에 서로 협력할 수 있고, 그러한 협력과 포용의 과정 속에서 현재의 조건을 극복하는 초월적 힘에 대하여 환상을 갖게 되는 것은 아닐까요?

인간은 본래 성찰적 존재이자 환상적 존재에요. '자신'에 대하여 끊임없이 반성하는 성찰적 존재이며, 더 나은 '미래'를 위해 꿈꾸고 상상하는 존재이죠. 인류의 역사는 이러한 인간의 두 가지 본성이 발휘되면서 지금까지 이어져 오지 않았을까요?

기술과 문명의 발전은 인간이 '환상'을 가졌기에 가능했고, 윤리는 인간이 '성찰'할 수 있었기에 우리 곁에 존재할 수 있었죠. 우리에겐 완벽한 힘을 가진 신에 대한 관념이 있어서, 신처럼 되고 싶다는 꿈을 꿀 수 있었고 점차 그 꿈을 실현시켜왔어요. 하지만 그 꿈은 우리가 결국 인간이라는 인식에 기초하지 않으면 모래성처럼 무너지고 재앙이 될 수도 있겠죠. 그래서 꿈을 꾸더라도, 꿈 안에 '인간'과 '초월'의 가치는 균형이 잡혀 있어야 하지 않겠어요?"

　　홍 기자가 따뜻한 미소를 지으며 차분히 말했다.

　　"앞과 뒤를 바꾸니까 논리가 서네요. 그런데 우리가 인간이라는 인식에 기초하지 않으면 위험에 직면하게 되는 이유는 뭐지요?"

　　"우리는 초월에 대한 환상에 입각하여 기술을 발전시키면서 자연을 훼손하게 되었어요. 오염된 자연은 인간의 생존에 악영향을 주었어요. 자동차의 매연가스와 공장의 폐수는 인간이 마시는 공기와 물을 오염시켰죠. 초월도 좋지만 인간에게는 자연이 제공하는 가장 기본적인 것이 필요해요. 인간은 맑은 공기와 물이라는 자연이 없으면 생존할 수 없어요. 자연에 의존적이라는 점을 깨닫지 못하면 생존의 위험에 직면할 수밖에 없죠. 인간은 취약하고 깨지기 쉬운 존재죠."

　　"저희 둘 다 인간을 취약한 존재로 보는 것 같네요."

　　"완벽한 것 같지만 언제든지 유리잔처럼 쉽게 깨질 수 있어요."

　　에스반에 승객들이 많아졌다. 내가 사람들에게 시선을 돌리자 홍 기자도 사람들을 관찰하기 시작했다. 타고 내리는 사람들의 표정과 태도에는 서울의 지하철에서 보는 사람들에서 찾아볼 수 없는 삶의 즐거움과 여유가 담겨 있었다. 홍 기자도 그 미묘한 차이점을 느끼는 것 같았다. 옆에 앉은 낯선 사람들이 우리와 서로 눈을 마주치면서 살짝 웃자 우리도 웃었다. 마음이 편안해지고 따뜻해졌다.

"뮌헨에는 무슨 일로 왔어요?"
"취재죠. 독일과 스위스의 직접민주주의를 알아보려고요."
"그런데 뮌헨에서 오늘 밤 자고 내일 스위스로 간다면서요?"
"원래, 뮌헨에 삼일 동안 취재를 하고 스위스로 넘어가려고 했는데, 바이에른 주 의원이 약속했던 날짜에 미팅이 안 된다고 해서 … 내일 오후에 잠깐 바이에른 주의회에 가서 의원 비서를 만나 구체적인 취재 스케줄을 협의하고, 곧바로 스위스 취리히로 가야 해요. 교수님이 잘 아시는 서하라 기자가 내일 취리히에 도착에서 스위스 취재를 먼저 시작하기로 했어요. 제가 서 기자와 같이 스위스 취재를 마치고 같이 다시 뮌헨으로 와서 이틀간 독일 취재를 할 거예요."
"스위스에 가면 제가 뮌헨에 있다고 서 기자에게 말씀해주세요. 스위스에서의 일정은 어떻게 되나요?"
"오늘이 6월 21일 수요일이니까, 22일에 제가 취리히로 가서 서 기자를 만나 22일부터 23일까지 취재를 하고, 24일 토요일 오후에 뮌헨으로 와서 주말에 쉬었다가 다음 주 월요일인 26일부터 27일까지 뮌헨에서 취재하고 28일 수요일에 한국으로 돌아가려고 해요."
"저는 뮌헨에 있어요. 25일에 오스트리아 인스부룩Innsbruck에 잠깐 갔다가 26일에 뮌헨으로 돌아와서, 28일에 서울로 갑니다."
"일정이 비슷하네요. 교수님은 무슨 일로 뮌헨에 오셨나요?"

방금 전까지 그 이유를 생각하지 않았던가. '그리움이라는 반복 … 서울에서의 바쁜 삶과 경쟁, 여기에서 가질 수 있는 여유와 성찰. 그런 것들이 이유라면 진짜 이유였다. 여행이 주는 자유로움도 있고.'
"뮌헨이 그립기도 하고, 여기 오면 여러 가지 생각도 할 수 있고,

독일 친구들을 만나 얘기도 하고, 연구 자료도 찾고 그래요. 이번에는 독일의 '복지국가모델'에 대해 연구보고서를 작성해야 해요. 어쨌든, 뮌헨이 좋아요. 좋은 것은 반복해서 느끼려고 하잖아요."

"뮌헨에 중독되셨군요."

"그런 셈이죠."

"그건 그렇고, 저녁에 뭐 하실 건가요? 기내에서 11시간 동안 갇혀 있어서 … 곧바로 호텔에 들어가서 그냥 자고 싶지 않네요. 뮌헨의 밤거리를 걸어 보고 싶고, 맥주집이라도 가보고 싶어요. 뮌헨은 맥주로 유명하던데… 저는 뮌헨을 잘 모르잖아요. 같이 가실래요?"

조금 피곤했지만, 조금 걷고 싶었고, 시원한 맥주도 한잔 마시고 싶었다. 마틴 루터Martin Luther: 1483~1546 의 독일어 경구가 떠올랐다. '〈Wie bald 'nicht jetzt' 'nie' wird! 지금은 '아니'가 '전혀'가 되기란 얼마나 순식간인가!〉 지금 이 순간이 지나가면 그 순간은 다시 돌아오지 않는다.' 홍 기자의 제안을 받아들이기로 했다.

"저는 파징에 있는 호텔에 예약했어요. 호텔에 짐을 놓고 다시 만나려면 시간이 조금 필요해요. 홍 기자는 이제 곧 하우프트반호프에서 내리면 되고, 저는 10분 정도 더 가야 돼요. 제가 호텔에 짐을 풀고 다시 하우프트반호프까지 오면 대략 9시 정도가 될 것 같아요. 9시에 CITY 호텔 라운지에서 봅시다."

"고맙습니다."

"홍 기자님은 이제 내려야 되겠네요. 조금 있다가 봅시다."

"예. 꼭 오셔야 해요."

자유의 개념

에스반은 서쪽으로 달렸다. 파징으로. 뮌헨에 오면 항상 파징의 한 조그마한 호텔에 묵는다. 〈호텔 쭈어 포스트: Hotel Zur Post〉. 파징 역에서 5분 거리에 있고, 숙박료도 비싸지 않으며, 깔끔하다. 1층에는 맥주 바가 있어서 새벽 2시까지 맥주를 마실 수 있다. 게다가 호텔 주인이 오래전에 서로 친구가 되었던 칼Karl이다.

파징 역에서 내려 여행 가방을 끌고 호텔로 갔다. 체크인을 하고 3층으로 올라가려고 승강기 앞에 서 있었다. 승강기 문이 열리며 칼이 나왔다. 그렇지 않아도 보이지 않아서 궁금했었는데, 그를 보니 대번에 기분이 좋아졌다. 서로 반갑게 안았다.

"할로Hallo, 준호! 잘 지냈어? 자네를 위해 조용한 방으로 배정해 놓았지."

"할로, 칼! 잘 지냈지. 자네는? 신경을 써 주어서 고마워. 약속이 있어서 지금 시내로 나가 봐야 하는데, 내일 아침에 볼 수 있지?"

"그러지 뭐, 아침 식사 시간에 식당에서 봐."

"그래, 고마워."

칼은 나와 동년배다. 이제는 같이 나이가 들어가는 처지이다. 그
는 이 호텔 주인이다. 아버지 대를 이어서 이 호텔을 경영하고 있다.
12년 전 이 호텔에 오면서부터 자연스럽게 알게 되었는데, 서로 웃으
면서 인사만 하다가, 7년 전 저녁 늦게 1층 주점에서 같이 맥주를
마시면서 친구가 되었다. 서로 각자의 사회에 대해서 많은 이야기를
했다. 사적인 이야기도 많이 했다. 그간 어느새 정이 들었나 보다.
여기 오면서 그가 무척이나 보고 싶었으니까.

3층에 있는 방에 올라갔다. 307호였다. 작년과 같았다. 조그마한
정원으로 꾸며진 호프Hof: 안뜰가 보이는 조용한 방이었다. 칼이 고마
웠다. 8시 15분이었다. 약속 시간에 맞추려면 서둘러야 했다. 얼른
짐을 풀고 간단히 샤워를 했다. 8시 50분에 나왔다.

"홍 기자님! 15분 늦었네요. 미안해요."

"아니에요. 생각보다 빨리 오셨는데요."

"자, 우리 어디로 갈까요?"

"뮌헨의 저녁 정취를 느낄 수 있는 곳으로 가고 싶어요."

"지금이 9시 15분이니까, 택시를 타고 슈바빙Schwabing으로 갑시
다. 호텔 앞에 택시가 있으니 10분이면 갈 수 있어요."

택시가 서 있는 곳으로 걸어가면서 그녀가 물었다.

"저희 정말 슈바빙으로 가는 거예요? 아이, 좋아라. 슈바빙이면
전혜린이 자주 갔던 곳인데 … 50년대 중후반 그녀가 슈바빙의 안개
자욱한 레몬 빛 가스등 아래에서 헤르만 헤세Hermann Hesse와 하인
리히 뵐Heinrich Böll의 문학 작품을 논했던 곳이잖아요."

"홍 기자님도 전혜린을 알아요?"

"그럼요. 오래전에 고등학교 다닐 때 그녀의 수필집 『그리고 아무말도 하지 않았다』를 읽었어요. 전혜린의 강렬한 삶에 푹 빠졌었죠. 그녀가 묘사하는 슈바빙의 색깔이 좋았어요. 회색, 암울, 젖음, 안개비 사이로 너울거리는 가스등. 그걸 읽는 소녀의 마음도 덩달아 너울거렸어요. 저도 전혜린처럼 뮌헨에 가고 싶었었던 같아요."

"아련하고 살짝 젖어 있는 실루엣 느낌? 빠져들기 좋죠."

슈바빙에 왔다. 지하철 U6의 역인 〈기젤라거리Gieselastraße〉 입구에서 내렸다. 9시 30분이었다. 레오폴트거리에서 영국 공원으로 가는 〈마리티우스거리Maritiusstraße〉로 꺾어지는 모퉁이에 자리 잡은 〈돈 루카Don Luca〉라는 멕시코 카페로 들어갔다.

손님이 많았다. 레몬 빛 조명 아래에서 남녀 청춘이 맥주를 마시며 재잘거리는 소리가 좋았다. 우리는 레오폴트거리가 내다보이는 창옆에 앉았다. 뮌헨 사람들이 많이 마시는 밀맥주Augustiner Weissbier와 특산품인 흰소세지Weisswurst를 주문했다. 홍 기자가 흐뭇한 표정을 지었다. 여기가 마음에 든 것 같았다. 그것도 그럴 것이, 카페는 젊은 사람들로 생기가 넘쳤고, 맥주 맛도 좋았다.

"저희가 온 곳이 정확히 어디인가요?"

"뮌헨의 구시가지를 둥글게 감싸며 도는 〈중앙순환도로Mittlerer Ring〉가 있어요. 그 순환도로는 옛날 바이에른 '왕궁Residenz'을 감싸면서 도는데, 그 순환도로로부터 왕궁을 왼쪽에 두고 오른쪽으로, 그러니까 북쪽 방향으로 빠져나오는 큰 도로가 〈루드비히거리Ludwig-straße〉에요. 그 거리는 바이에른 루드비히 왕의 이름을 따서 지은 거리죠. 현재 바이에른 주 행정부처와 뮌헨대학 일부가 들어서 있어요. 그 거리가 〈레오폴트거리Leopoldstraße〉로 연결되고, 우리가 있는 곳이 바로 레오폴트거리죠.

우리가 택시에서 내렸던 〈기젤라거리〉 역에서부터 레오폴트거리를 따라 북쪽으로 〈뮌헨 사람의 자유Münchener Freiheit〉 역까지가 슈바빙이에요. U6 지하철로 한 정거장 거리이지요.”

“그러니까, 이곳 어딘가에서 전혜린이 자유를 느꼈겠네요.”

“그렇죠. 자유. 독일어로 〈프라이하이트Freiheit〉.”

“너무 좋아요. 제가 전혜린이 된 것 같아요.”

헤겔이 제시하는 자유

홍 기자는 50년대에 독일로 온 여성이 느꼈을 자유에 대해 생각하고 있는 것 같았다. 해방 후 이승만 대통령이 집권하던 시절, 그러니까 1955년에 독일로 왔다. 한국에서는 여성이 자유롭지 않았던 시절이었다. 그녀는 자신에게 없던 자유를 이곳에서 느꼈을까? 아니면, 이미 자신에게 있던 자유를 이곳에서 확인했을까? 자유의 내용은 무엇이었을까? 결혼하지 않고 혼자 살아가는 자유? 타인에게 피해를 주지 않는 한 원하는 것을 마음껏 할 수 있는 자유? 자신이 마땅히 해야 할 일을 자율적 의지로 선택하고 기꺼이 하는 자유?

“자유란 무엇일까요?” 그녀가 물었다.

“서울에서 떠나오니까 자유를 느끼나 봐요?”

“그런 것도 있고, 전혜린이 여기에서 자유를 느꼈다고 하니까, 자유가 무엇일까 하는 생각이 드네요.”

“글쎄요. 사람들은 자유를 추상적인 차원에서만 생각하는 것 같아요. 하지만 자유는 현실에서 우리가 구체적으로 경험하는 거예요.

타인의 의지가 아니라, 자신의 생각과 의지에 의해 자신의 말을 하며 자신의 활동을 할 때 자유는 내 삶에 구체적으로 들어와 있어요. 그래서 생각하고 말하며 활동할 때 외부의 억압, 속박, 감시가 있으면 우리는 자유롭지 않다고 느끼죠. 생각과 표현의 자유는 물론이고, 인간이 기본적 삶을 영위하는 데 필요한, 그러니까 직업, 참여, 집회, 소비, 교육, 여행 등 다양한 활동이 억압되면 우리는 자유롭지 않아요. 전혜린도 아마 그 당시 독일에서 실현되고 있었던, 즉 일상의 삶에서 구체적으로 실현되고 있었던 그러한 자유를 느꼈을 거예요."

"인간의 기본 권리가 실현되는 것이 자유라는 말인가요?"

"보다 근본적으로, 자유 그 자체가 권리Recht, rights인거죠."

"자유 그 자체가 권리이다?" 홍 기자가 되물었다.

"독일 철학자 헤겔이 1821년 출간한 『법철학강요』에서 한 말이에요. 그는 자유를 모든 인간이 '누리는 것,' 즉 권리라고 봤어요. 여기에서 '누리는 것'으로서 자유는 이미 우리 삶에 자연스럽게 실현되고

• • • 헤겔

있어서 모두에게 인정되는 것이죠. 이미 현실에서 사람들이 자연스럽게 자유를 누리면서 '존재sein'하기 때문에 그렇게 인정된 '누리는 자유'는 마땅히 그래야 한다는 '당위sollen'의 의미를 내재합니다. 그래서 일상의 삶에서 '누리는 것으로서 자유'는 '누려야 되는 것으로서 자유'와 같은 의미를 가지게 되는 거고요."

"독일에 와서 헤겔이 말한 자유에 대해 들으니, 신선한데요. 하지만 무슨 말인지 알 듯, 모를 듯, 조금 어려운 것 같아요."

"헤겔이 말한 자유의 구체적 의미를 느끼게 해 줄게요. 홍 기자님이 대답해 볼래요?"

"그러죠."

"지금 하는 일, 하고 싶어서 하나요? 기자 말이에요?"

"예."

"그럼, 결혼은 하고 싶어서 했어요?"

"예. 시간이 지나면서 조금 후회하고 있지만요."

"그럼, 일을 해서 사고 싶은 것을 사고, 받고 싶은 서비스도 받으며, 조금씩 재산을 모아서 재테크도 하면서 그렇게 살지요?"

"요즘에는 힘들지만, 대략 그렇게 살지요."

"이렇게 삶의 일상이 잘 돌아가게 하는 것은 누가 관리하나요?"

"국가가 하지요. 국가가 요즘 제 역할을 못해서 문제이지만요."

"방금 홍 기자가 그렇다고 말한 것들이 헤겔이 말하고자 했던 자유의 구체적인 내용이에요. 우리가 권리로서 누리는 구체적 자유 말이에요. '누구나 평등하게 누려서', '누려야 되는 자유' 말이에요."

"헤겔은 그렇게 쉬운 것을 왜 그렇게 어렵게 말했데요? 호호."

"그러게 말이에요." 내가 말을 이었다.

가정, 시민사회, 국가에서 실현되는 자유

"그러면 이제 조금 어렵게 가볼까요? 자유는 〈공동체 안에서 실현되는 자유〉에요. '자신이 원해서' 가정의 일원이 되고, '자신이 원해서' 시장의 논리에 따라 시민사회에서 일하며, '자신이 원해서' 국가의 구성원이 되지요. 우리는 '자신이 원해서' 가정, 시민사회, 국가라는 영역을 받아들이고, 그 안에서 다른 사람들과 평등하게 자신의 욕구를 충족시킵니다. '자신이 원해서'라는 말이 중요해요. '자신이 원해서'라는 말은, 자기 멋대로 무엇이든 하고 싶은 것을 한다는 말이 아니라, 자신의 의지와 결정으로 공동체 안에 있길 원하고, 공동체에서 필요로 하는 의무를 자발적으로 받아들이며, 자율적으로 자신을 공동체와 결합시키길 원한다는 말이에요. 좀 어렵나요?"

"다시 어려워졌네요."

"혼자 자기 마음대로 하고 싶은 것을 하면서 사는 사람은 자유로운 것 같지만, 실제로는 자유롭지 않아요. 외롭죠. 독일어에서 자유 Freiheit와 친구Freund는 어원이 같아요. 자유는 관계의 개념인 거죠. 사람들은 자신과 가까운 친구와 있을 때, 즉 편안하고 행복한 관계를 형성하고 그 안에서 서로 인정받고 포용할 때 진정으로 자유롭습니다. 자유 그 자체는 하나의 형식이에요. 그 형식 안에 무엇인가 담겨야, 자유는 우리를 행복하게 해요. 〈가정〉 안에서 자식과 배우자를 위해 자신의 의무를 '자발적'으로 다할 때, 즉 자율적으로 자식과 배우자를 보살피는 '사랑'을 실현하며 서로 진정한 친구가 되었을 때, 우리는 가정 안에서 자유를 느끼는 겁니다.

나아가 헤겔은 〈시민사회〉를 시민의 자유, 즉 시민의 다양한 욕구를 충족시키는 구체적인 자유가 실현되는 영역으로 파악했어요. 이는 우리가 일상에서 사용하는 시민사회civil society의 개념하고는 달라요. 요즘에는 국가와 시장을 견제하는 제3의 섹터를 시민사회라고 하죠. 하지만 헤겔이 파악한 시민사회는 시장의 논리가 작동하면서 시민의 욕구가 충족되는, 즉 자유가 실현되는 영역이었어요.

홍 기자님이 말한 대로, 일을 해서 자신의 욕구를 충족시키는 것이 시민사회에서 자유를 구체적으로 실현하는 행위에요. 나의 의지로 나의 몸과 정신을 사용해서 노동하고 그 대가로 임금을 받으며, 그 임금으로 내가 욕구하는 것을 구매하고 재산을 소유하며 처분하는 일련의 과정이 바로 자유 실현의 과정인 셈이죠. 예컨대, 홍 기자님이 열심히 저축해서 1억을 모았다고 쳐요. 그 돈으로 여행을 갈 수도 있고 자녀의 교육비를 위해 지출할 수도 있겠죠. 저축하는 것, 여행을 위한 지출, 자녀의 교육을 위한 지출 등 일련의 행위 그 자체가 홍 기자님이 생활 속에서 구체적으로 표현하는 자유랍니다."

"듣고 보니 저는 이미 시민사회에서 자유를 실현하고 있네요."

"그렇지요. 시민사회에서는 누구나 비슷한 방식으로 자신의 자유를 실현하며 살아갑니다. 시장에서는 그러한 자유가 너무나도 구체적이고 절대적이에요. 욕구 충족이라는 자유를 누리기 위해서는 돈이 필요하고, 돈은 노동을 통해 얻을 수 있으니, 결국 노동이 자유의 출발점이 되는 거지요. 그래서 노동이 없으면 자유도 없는 것이죠.

〈국가〉는 가정과 시민사회의 영역이 잘 유지될 수 있도록, 즉 개인이 가정과 시민사회에서 자유를 누리면서 살 수 있도록 법과 정책으로 질서, 평화, 안전, 시장, 교육, 복지 등을 관리합니다. 국가의 정당성legitimacy은 시민의 인정recognition에 기초해요. 개인이 국가 안에서 자유를 실현하지 못한다고 느끼면, 그 국가는 존재의 정당성을 확보할 수 없어요. 그러한 국가는 시민으로부터 인정받지 못하죠. 사람들이 국가를 싫어하는 거죠. 반면, 국가 안에서 개인이 자유롭게 살아가면서 행복하다면, 그렇게 관리하는 국가는 시민으로부터 인정과 사랑, 즉 시민의 자발적인 〈애국심〉을 얻지요. 애국심은 강요한다고 생기는 것이 아니에요. 강요된 애국심은 불쾌감을 유발해요. 하지만 시민의 자유를 실현하는 국가에 대한 자연스러운 신뢰와 인정에 기초한 인륜적 애국심은 자발적이며 유쾌합니다."

"개인의 자유가 국가에 대한 애국심으로 연결되네요."

"예. 그런데, 설명이 조금 길었네요."

"맞아요. 호호. 하지만 요즘 우리나라의 상황을 성찰해 볼 수 있는 이론적 프레임frame을 새롭게 배운 것 같아요."

자유가 실현되지 않는 한국: 5불 사회

500CC 밀맥주를 하나씩 더 주문했다. 서빙하는 청년이 맥주를 금방 가져 왔다. 우리는 서로 잔을 부딪치고, 쭉 마셨다. 기분이 상쾌해졌다. 맥주는 항상 두 번째 잔이 가장 좋다. 하지만 홍 기자는 한숨을 내 쉬었고, 맥주를 한 번 더 들이키며 말했다.

"사실, 우리나라는 살기에 너무 힘들어졌어요. 사람들이 전 생애를 걸쳐 불안하고 불행해요. 사회적 불평등이 심각하고, 서로 불신하며 경제가 지속가능하지 않을 만큼 바닥을 치고 있죠. '5불 사회'에요. 우리는 불행, 불안, 불평등, 불신, 지속불가능성 안에서 살고 있죠. 제가 제대로 이해했다면, 우리나라에서는 헤겔이 말한 시민사회에서의 구체적인 자유를 실현할 기회가 점점 더 사라지고 있어요.

지금의 우리나라 청년들은 취업도, 결혼도 못해요. 그들은 결핍을 모르고 자라다가 학교를 마칠 때 찾아오는 '할 일 없는 가난'에 가슴이 꽉 막히죠. 2017년 통계청에 따르면, 청년실업률이 22.5%이에요. 현재, 청년의 절반 이상이 내 집 마련, 꿈, 연애, 결혼, 출산 등 인간으로서의 자연스러운 기대와 누릴 수 있는 권리로서의 자유를 포기하고 있죠. 그들은 취직하기가 힘들어 돈을 벌지 못하고, 돈이 없어 결혼하기 힘들며, 어렵게 취직하고 결혼해도 아이를 키울 충분한 돈이 없어 출산을 할 수가 없어요. 복지가 잘 되어 있는 것도 아니에요. 출산, 육아, 교육이 대부분 부모의 몫이죠. 아이를 낳아도 가난을 대물려 줄 수밖에 없죠. '동일가치노동, 동일임금'이 보장되지 않은 비정규직으로는 아무리 열심히 일을 해도 '워킹 푸어working poor'로 살 수밖에 없어요. 비정규직이 일자리의 대략 45%나 돼요. 비정규직의 삶은 정말 불안해요. 언제 실업자가 될지 모르니까요. 우리나라는 복지를 통한 '고용안정성'이 OECD 국가 중에서 최하위에요.

사람들이 미래가 불안한 비정규직 노동을 하거나 노동을 할 수 있는 기회조차도 부여받지 못하는 상황에서는 헤겔이 말한 자유가 실현되지 않아요. 모든 시민이 기본 권리로서 자유를 누려야 함에도 불구하고, 1960년대 이후 박정희 패러다임에 기초한 친親 자본, 친親 기업, 친親 부자 정책이 유지되면서 우리나라는 '1% 대 99%' 사회가 되고 말았어요. '1% 대 99%'의 불평등한 사회 구조는 심각해요. 최근 조사에 따르면, 상위 1% 소득자가 우리나라 전체 국민소득에서 차지하는 비중은 16.6%로, 미국 다음으로 높아요. 미국이 아마 17.7% 정도 될 거예요. 영국 14.3%, 일본 9.2%, 호주 8.8% 정도 돼요. 나아가 상위 10% 소득 집중도 또한 약 45%가량 되죠. 이것도 미국 다음으로 높아요. 즉, 우리나라는 OECD 국가 중에서 경제적·사회적 불평등이 미국 다음으로 가장 높은 나라인 거죠.

상위 소득자에게는 돈을 버는 것 그 자체가 삶의 목적이 되어버린 것 같아요. 필요 이상을 추구하는 탐욕이 그들을 지배하고 있죠. 나아가 소득격차가 커질수록 99%에 해당하는 사람들도 돈을 벌어야 한다는 욕망을 가지게 되었어요. 청년들도 자신의 꿈을 실현시킬 일자리를 구하지 못하게 되자, 꿈은 어디론가 사라지고 어떻게든 돈을 벌어 생존하는 것이 삶의 목적이 되어 버린 거죠. 요즘 88만 원 세대에게는 인생의 꿈이 사라지고 어두운 냉소만 남아 있어요."

"저도 얼마 전에 2012년 2월 OECD가 작성한 〈OECD 국가의 삶의 질 결정 요인 탐색〉이라는 보고서를 본 적이 있어요. 한국인의 삶의 질이 회원국 32개국 중 31위였어요. OECD는 미국 미시간대학 '세계가치조사WVS: World Values Survey'팀이 1981년부터 2008년까지 수행했던 5번의 조사 결과를 종합해서 32개 회원국의 〈행복지수〉를 산출해서 보고서를 작성했었죠.

'행복지수'는 일과 삶에 대한 만족도, 사회적 신뢰, 정치적 안정, 포용성, 환경, 소득 등 10개 변수를 종합해 산출하는데, 한국이 받은 점수는 10점 만점에 6점이었어요. 집단 간의 포용성, 신뢰 등이 낮은 평가를 받았죠. 소득 격차가 커져서 사회 구성원들 사이에 박탈감이 형성되고, 사회적으로 경쟁 압력이 지나치게 높은 한국의 경우, 행복지수와 삶의 질은 낮을 수밖에 없어요. 최근의 〈2016년 세계행복보고서〉를 봐도 마찬가지에요. 우리나라는 157개국 중에서 58위를 했어요. OECD국가 중에서 최하위였어요. 덴마크가 1위였죠. 그래서 요즘 성인남녀 70% 이상이 기회가 되면 덴마크와 같은 나라로 이민을 가고 싶어 해요. 국민의 마음이 이렇다면 나라가 심각하게 잘못되고 있는 거죠. 사람들 마음에서 조국에 대한 사랑이 사라진 거예요. 나라가 국민으로부터 나라로 인정을 받지 못하는 상황이죠."

불안과 피로사회

서로 침묵에 빠져들었다. 나도 홍 기자의 말에 동의한다. 2050세대는 점차 정상적으로 자신의 구체적 자유를 실현시킬 수 있는 기회를 잃어가고 있다. 자신의 욕구를 충족시킬 수 있는 수입이 보장된 좋은 직장을 구하기 어렵고, 설령 구하더라도 유지하기가 어렵기 때문이다. 자신의 자유를 실현시킬 사회적 지위가 확보되지 않으니 자유와 행복보다는 불안을 느끼며 살 수밖에 없지 않은가? 알랭 드 보통Alain de Botton이 『불안』이라는 책에서 말하지 않았던가? 우리는 사회적 지위를 얻을 수 없을 것 같아 불안하고, 설령 도달하더라도 그것을 유지하는 데 불확실성이 도사리고 있어서 불안하다고…

나아가 소득격차는 〈피로사회〉를 부추긴다. 일자리를 통해 적절히 자신의 자유를 구현하며 살아가는 것은 좋겠지만, 현재 우리나라에서 거의 모든 사람들은 누가 강요하지 않아도 스스로 '너는 할 수 있어'라고 외치면서 타자와의 소득격차를 줄이려고, 나아가 더 많은 소득을 더 올리려고 애를 쓴다. 하지만 우리는 쉬지 않고 돈과 성공을 향해 질주하면서 '소진burnout'되어 버린다. 진정한 행복이 무엇인지 생각하고 실천하는 '마음의 여유'는 사라지고, 분위기에 의한 착취, 타인에 의한 착취, 자신에 의한 착취가 동시에 '나'라는 자신에 의해 자발적으로 일어나면서 우리는 지치고 쓰러지는 것이다.

촛불혁명에 대한 기억과 해석

소녀의 마음과 대통령의 사과

"저보다 홍 기자님이 헤겔에 대한 이해가 더 깊은 것 같아요."

"별 말씀을요. 그냥 방금 들은 헤겔의 이론적 프레임으로 현실을 재구성해 본 거죠. 한참 얘기하다가 갑자기 작년 촛불집회에서 사람들이 '이게 나라냐'고 외쳤던 때가 생각나서 마음이 울컥해졌어요."

"5불 사회에서 기본 권리로서 자유를 실현하지 못하고 살아가는 시민에 대해, 그리고 인정받지 못하는 나라에 대해 얘기할 때요?"

"예."

"박근혜 정부는 이명박 정부에 이어 박정희 패러다임이 낳은 5불 사회를 더 악화시켰죠. 그런데 대통령이 자신의 최측근 최순실과 더불어 헌법을 어겨가며 전 방위적으로 국정을 농단한 사실이 알려지자, 5불 사회에서 힘겹게 살아가고 있는 사람들은 더 이상 참을 수 없었던 거지요. '이게 나라냐'라는 외침은 그동안 우리 사회에 뿌리

박힌 적폐를 청산하라는 정언명령 같은 것이었다고 생각해요."

"광장에 나가셨어요?"

"그럼요. 작년 10월 29일 첫 집회부터 12월 9일 국회의 탄핵 소추까지 거의 매주 토요일에 나갔죠. 따뜻한 겨울이었어요."

"저는 취재 때문에 헌법재판소가 국회의 탄핵 소추를 인용한 날까지 나갔어요. 교수님 말씀처럼, 촛불을 든 군중 안으로 들어가 보면 따뜻했어요. 촛불을 들고 청와대를 향해 걷는 예식은 서로 같은 방향을 보고 같은 것을 염원하는 의례 같았어요. 성스러운 의례 …"

"저에게는 11월 12일에 있었던 세 번째 집회가 가장 기억에 남아요. 100만이 넘는 시민이 서울광장과 광화문, 그 주변에 꽉 차서 발딛을 틈이 없었으니까요. 2호선 시청역에서 밖으로 나오는 데에만 30분 이상이 걸렸죠. 어린 아이들이 엄마와 아빠의 손을 잡고 광장으로 향하는 것을 보고 한없이 눈물이 나왔어요."

"저는 대구에서 어떤 여학생이 했던 자유발언이 가장 인상에 남아요. 교수님이 말씀하신 세 번째 집회보다 일주일 전이었을 거예요. 제가 보기에 그 당시 사태에 대한 그녀의 분석이 제일 정확했어요."

"저도 유튜브로 본 것 같은데 …"

"아마 보셨을 거예요."

"소녀는 처참한 현실의 근원과 본질이 최순실이 아니라 박근혜라고 규정하며, 대통령의 피해자 코스프레 사과에 대해 '우리는 꼭두각시 공주의 어린양을 받아주는 개, 돼지가 아니라고' 외쳤어요. 의미 없는 진실 게임의 중단, 진심어린 사과, 투명한 검찰수사, 대통령의 즉각 하야를 요구했죠. 나아가 소녀는 두렵다고 말했어요. 민주를 향한 시민사회의 노력이 헛될까봐, 사건이 그냥 잊혀질까봐, 나아가 이렇게 말도 안 되는 사회에서 계속 살게 될까봐 … 어린 소녀가 느끼는 슬픔, 상처, 분노, 두려움이 바로 내가 느끼는 것과 같았어요."

"아 … 기억나네요. 대중과 교감하는 에토스, 감정과 공감을 자아내는 파토스, 논리적으로 설득하는 로고스를 갖춘 좋은 연설이었죠. 저도 어린 소녀의 순수한 정의감과 두려움이 표현된 연설을 들으며 창피함을 느꼈던 것 같아요. '어른들은 어쩌다가 어린 자식들에게 이렇게 참담한 사회를 만들어주었나?' 하고 말이죠. 생각해보니, 그 당시 같은 시기에 뉴욕타임스의 만평도 있었어요. 최순실이 박근혜 대통령의 머리 뚜껑을 열고 들어가 그 안에서 영혼 없는 대통령을 조정하며 국정을 농단하고 사익을 추구하는 장면을 그린 만평이었죠."

"저도 그 만평 … 생각나네요. 그거 보고 놀랐어요. 로봇으로 그려진 박근혜의 머리에 들어가 조종하는 최순실 … 극사실적 묘사였어요. 더군다나 우리나라도 아닌 미국의 최대 일간지에서 그런 만평이 실렸으니, 세계의 거의 모든 나라에 대한민국은 그런 대통령을 둔 나라라고 알려진 꼴이 된 거잖아요. 국제적 망신이었죠. 정말."

"그 당시 대통령의 사과도 품위와 진실성이 없었어요. 박근혜 대통령은 두 번에 걸쳐 대국민 사과를 했죠. 첫 번째 사과는 최순실의 태블릿 PC가 공개된 이후에 나왔고, 두 번째 사과는 거세지는 퇴진 여론에 밀려서 나왔어요. 둘 다 국민의 기대에 미치지 못하고 공허했어요. 박 대통령은 첫 번째 사과에서 최순실로부터 연설문 작성에 도움을 받은 것을 인정했고, 두 번째 사과에서 최순실의 이권개입과 위법을 관리하지 못한 잘못을 인정했어요. 자신을 위한 변명도 있었죠. 95초짜리 첫 번째 사과에서는 국정을 꼼꼼하게 챙겨보고자 하는 자신의 순수한 마음을 항변했고, 9분짜리 두 번째 사과에서는 국가경제와 국민의 삶을 위한 자신의 노력을 강조했었죠. 2선 퇴진, 책임총리, 거국내각 등 자신의 거취에 대한 구체적 언급도 없어서 국민이 기대하는 대통령의 책임윤리도 느끼게 하지 못했어요."

"박 대통령이 한 말이 생각나네요. '내가 이러려고 대통령이 되었나.'라고 했죠. 그 말은 사람들 사이에 냉소적 유행어가 되었고요."

홍 기자가 약간 상기된 목소리로 말했다.

"상식적 수준에서 사과란 잘못한 사람이 스스로 책임진다는 진정성이 상대에 의해 느껴져야 받아들여지는 거 아닌가요? 특히, 정치인이 하는 대국민 사과에 진정성이 없다면 그것은 자기변명이 되고 말아요. 잘못에 대해 책임지지 않고 타자에게 책임을 전가하는 사과는 자신을 위한 위로일 뿐이죠. 나아가 대통령의 두 번째 사과에는 대중이 선호하는 선과 악의 대립이 투영되어 있었어요. 대통령의 순수한 마음과 노력을 개인의 치부로 이용한 최순실의 악惡, 여전히 스스로 고귀하고 책임감 있는 대통령으로서의 선善, 박 대통령은 이러한 선과 악의 대립이 만들어낸 비극의 피해자가 자신이라는 점을 암시했죠. 첫 번째 사과의 건조한 목소리에 비해 두 번째 사과에서 대통령의 애절한 목소리는 피해자 코스프레 효과를 높였어요.

그 당시 박 대통령 두 번째 사과 직후 11월 4일 전국 성인남녀 531명을 대상으로 실시된 리얼미터의 여론조사에 따르면, 57.2%가 수용하지 않았고 38.4%가 수용했어요. 대통령에 대한 지지율은 5%였다는 점을 감안하면, 대통령의 피해자 코스프레는 어느 정도 성공했던 것이죠. 사과를 수용한 38.4%는 박 대통령이 언급한 외로움, 선한 의도, 애국적 태도 등에 공감했을지도 몰라요. 하지만 외로워서 최순실의 국정농단을 방조했다는 것은 납득하기 어려웠어요. 대통령은 외로움을 다양한 소통과 협의와 같은 성찰적·정치적 활동으로 승화시켜야 하는 자리에요. 하지만 박 대통령은 최순실의 보살핌을 받으며 외로움을 달래려 했고 최순실의 국정개입을 방조하고 말았죠. 나아가 연출된 선한 이미지만으로 헌법 위반이 없어지지 않고, 애국적 수사만으로 국정이 정상화될 수는 없었어요. 4년간 최순실에 의해 농단된 대통령의 국정이 어떻게 용서될 수 있겠어요?"

집단 양심과 인정 투쟁

홍 기자의 목소리가 높아지자, 나는 일부러 목소리를 낮추었다.

"무엇보다도, 피해자 코스프레는 양심의 부재를 드러냈다고 봐요. 양심은 본래 모든 사람에 있지만 사용하지 않으면 퇴화하죠. 사람은 자신의 잘못을 알고 있어서 스스로 책임지지 않고 타자에게 책임을 전가하면 고통을 느껴요. 대통령의 양심이 일반인의 양심보다 민감하다고 가정할 경우, 대통령이 양심을 따르지 않고 피의자 코스프레를 할 경우 고통은 더 클 수밖에 없죠. 즉, 양심 있는 대통령은 그 고통이 크기 때문에 피해자 코스프레를 하지 않을 거예요. 헌법 84조에 규정된 '대통령에 대한 형사상 소추불가'도 역으로 생각하면 대통령은 법이 아니라 양심에 입각하여 책임 있게 행동하는 사람이라는 것을 반영한 것이 아닐까요? 양심은 행위 전에 올바른 것을 알려주고 행위 후에는 자부심과 수치심을 유발해요. 담화 후에도 수치심을 느끼지 못했다면 박 대통령은 양심이 마비된 사람이었겠죠.

일반적으로 인정에는 형식적 측면과 실질적 측면이 있어요. 법에 의한 형식적 측면으로 보았을 때 그 당시 박근혜는 여전히 대통령이었지만, 도덕적 정당성과 민심에 의한 실질적 측면에서는 이미 대통령이 아니었어요. 국민이 박 대통령을 도덕적·윤리적 차원에서 인정하지 않았기 때문이죠. 그 당시 5%의 대통령 지지율은 박근혜를 실질적 대통령으로 인정하지 않는 민심을 보여주었어요. 하지만 박 대통령은 형식적인 법적 테두리 안에서 대통령의 지위를 지켜내려고 했죠. 박 대통령의 그러한 인정투쟁은 의미가 없었어요. 국정공백 사태를 초래한 당사자가 국정공백을 내버려둘 수 없다는 논리로 대통령의 지위를 지키겠다는 그녀의 모습에서 인간의 가장 기본적인 모습, 즉 붉은 뺨을 가진 야수의 부끄러움도 감지할 수 없었죠."

"저도 인정에는 형식적인 측면과 실질적인 측면이 있다는 말씀에 동의해요. 그 당시 박 대통령의 염치없는 버티기가 헌법을 위반했음에도 불구하고 여전히 법에 의존하는 형식적 인정투쟁이었다면, 그와 반대로 시민사회가 나섰던 촛불집회는 박 대통령의 형식적 인정투쟁에 대항하여 법치, 정의, 상식의 회복을 주장하는 실질적 인정투쟁이었다고 봐요. 염치와 정의가 있어야 공동체가 유지될 수 있으니까 그걸 회복하려고 한 거죠. 박 대통령이 떨어뜨린 나라의 품격을 시민의 거대한 촛불 예식으로 되살리는 실질적 인정투쟁이었어요.

우리의 시민사회는 이승만의 부정선거에 대항한 1960년 4·19와 전두환의 호헌선언에 대항한 1987년 6월 항쟁의 역사를 가지고 있어요. 그 당시 시민사회는 반독재 민주주의를 원했죠. 시민사회는 강자의 이익만을 대변하는 강제적·통제적 법치를 부정했으며, 기본권으로서 자유가 모든 사람에게 실현되도록 하는 '실질적 인정투쟁'을 전개했어요. 작년 11·12 광화문 광장의 촛불집회도 우리의 역사에서 시민사회가 걸어왔던 자유를 위한 인정투쟁의 연속이라고 봐요."

헤겔의 시민사회와 하버마스의 시민사회

"홍 기자님의 말씀처럼, 헤겔의 관점에 따라 촛불혁명은 시민사회의 인정투쟁, 즉 시민사회의 자기운동으로 전개된 자유를 향한 투쟁으로 해석될 수 있어요. 하지만 다른 관점으로 해석될 수도 있죠."

"어떤 관점인가요?"

"예컨대, 하버마스의 관점에 따라 해석될 수도 있죠. 하버마스는 시민사회를 정치권의 권력과 시장의 자본에 의해 왜곡된 우리의 생활세계를 건강하게 회복시키는 공적 의사소통의 장으로 보았어요."

내 말을 끊고 홍 기자는 빠르고 짧게 질문했다.
"잠깐만요. 헤겔과 하버마스의 시민사회가 다르다는 거지요?"
"다르죠."
"헤겔이 파악한 시민사회는 주체적 개인의 원리가 보편화된 영역이에요. 즉, 개인의 자유가 시장 및 노동의 매개를 통해 충족되는 영역이죠. 가족과 국가라는 인륜적 제도에 의존하고 있지만, 개인을 가족으로부터 끌어내어 가족 구성원 간의 소외를 유발하기도 하며, 법체계, 경찰, 결사체적 조합 등의 제도를 통해 국가와 연결되기도 하죠. 현재, 우리가 이해하는 시민사회는 헤겔이 말한 결사체적 조합을 시장과 국가로부터 분리해서 하나의 독립된 영역으로 격상시킨 것이에요. 헤겔에 따르면, 시민은 시민사회에서 세 가지 시민성을 유지한답니다. 시민사회에서 시민이 지니는 기본 윤리랄까 … 뭐, 그런 건데요. 첫째는 스스로 노동을 통해 자신의 욕구를 충족한다는 노동윤리이고, 둘째는 나와 타자의 차이점을 인정하는 세계시민윤리이며, 셋째는 결사체와 조합 단체를 통해 입법에 참여하는 참여윤리에요. 이 세 가지 시민윤리가 시민사회 그 자체를 작동하게 하는 시민성이자, 시민사회가 국가와 결합하게끔 하는 시민성이라고 볼 수 있죠."
"그러면, 하버마스의 시민사회는요?"
"19세기 헤겔은 자유가 실현되는 영역으로 가족, 시민사회, 국가라는 인륜체를 설정하고 가족과 시민사회를 최고의 인륜성을 지닌 국가라는 시스템에 수렴시켰어요. 반면, 20세기 하버마스는 생활세계Lebenswelt, 체계System, 사회Gesellschaft라는 분석적 개념을 설정하고 생활세계와 체계를 사회의 개념에 통합시켰답니다."
"헤겔과 다르게, 하버마스는 국가가 아니라 사회의 개념으로 기존

의 제도와 영역을 재구성했다는 말씀이죠?"

"예. 하버마스에 따르면, 언어적 의사소통에 의해 매개되는 생활세계의 구조가 안정화되면서 집단들의 행위연관성이 형성되는데 그러한 영역이 바로 사회에요. '생활세계'는 사람들의 언어적 의사소통 행위가 일어나는 삶의 구체적인 영역으로서, 상징적 재생산을 안정화시키죠. 그리고 '체계'는 생활세계의 발전 및 분화에 따른 경제와 국가행정의 영역으로서, 비언어적 조정 매체인 권력, 법, 화폐를 통해 물질적 재생산을 조정해요. 생활세계와 체계로 구성된 사회는 의미문화, 연대감통합, 자존감과 행위능력인격을 형성시킨답니다.

하지만 생활세계는 체계의 자기관련적 운동인 국가행정의 규칙과 경제의 강제성에 의해 식민지화되기도 해요. '생활세계의 식민지화'가 발생하는 거죠. 이러한 경우, 화폐와 권력을 매체로 하는 체계가 생활세계의 통합을 가능하게 하는 의사소통행위를 억압해요. 그러한 상황에서, 생활세계에서는 탈식민지화의 요청이 생기지요. 생활세계에서는 도구적이고 합목적성을 띤 이성뿐만 아니라 '의사소통적 이성'도 작용하고 있기 때문이랍니다. 하버마스는 생활세계의 식민지화를 극복하기 위해 생활세계 안에서 의사소통적 합리성에 기초한 공론장이 작동하며 활성화되는 영역을 〈시민사회〉라고 보았어요."

"그렇다면, 하버마스의 시민사회에는 헤겔이 시민사회에 포함시켰던 시장이라는 욕구체계가 없는 거네요. 헤겔은 노동, 자본, 상품에 기초한 시장과 경제의 작동 시스템을 자유의 실현이라는 측면에서 시민사회의 본질적 특징으로 보았던 것 같은데 …"

"맞아요. 하버마스는 욕구체계를 시민사회의 구성 요소가 아니라 생활세계와 체계의 양쪽에 걸쳐 있는 요소로 파악했어요. 하버마스에게는 시장이 아니라 오히려 시장과 국가라는 체계에 의해 식민지화된 생활세계를 치유하는 '생활세계의 공론장'이 시민사회의 본질이에요. 예컨대, 홍 기자님과 얘기하고 있는 이 자리가 시민사회의 공론장이에요. 생활세계의 공론장에서는 자발적인 의사소통을 합리적으로 이끄는 비정부적이고 비영리적인 연결망과 결사체가 작동해요."

하버마스의 시민사회의 관점에서 바라본 촛불집회

홍 기자가 맥주잔을 기울이며 다시 물었다.

"가족과 국가로부터 자양분을 얻고, 그 둘 사이에 위치하면서 개인의 자유가 실현되는 공간, 그것이 헤겔의 시민사회이고 … 시장과 국가라는 체계에 의해 식민지화된 생활세계를 치유하며, 의사소통적 합리성이 작동하는 공간, 그것이 하버마스의 시민사회라고요?"

"예. 헤겔은 개인의 자유 실현을 위해 국가와 결합된 시민사회를, 하버마스는 국가와 시장으로부터 탈식민지화하는 시민사회를 제시한 거죠. 헤겔과 하버마스는 둘 다 참여의 시민성을 말하지만, 헤겔은 국가에 결합되기 위한 참여윤리를, 하버마스는 국가와 경제의 식민지화로부터 벗어나기 위한 의사소통윤리를 제시했고요. 즉, 하버마스에 따르면, 생활세계에 내재한 시민사회는 생활세계의 의사소통이 합리성과 타당성에 근거하도록 유도하고 의사소통적 합의가 체계의 논리인 권력과 화폐에 휘둘리지 않도록 하는데, 만약 휘둘리고 있다면 — 식민지화되었다면 — 본래의 건강한 상태로 회복시키는 영역인거죠. 즉, 시민사회는 생활세계와 체계로 구성된 사회가 경험하는 내적 식민지화를 극복하고 치유하는 영역이에요."

"일단, 차이점이 무엇인지 확실히 이해된 것 같아요."

"좋아요. 그러면, 두 개의 이론적 프레임을 가지고 한국 사회를 분석할 수 있을 텐데 … 한 번 해볼래요?"

"한 번 해볼게요. 재미있을 것 같아요."

"철학하는 것이 즐거운 기자네요."

"맞아요. 철학자가 된 기분이 들어요. 자, 갑니다. 들어보세요. 헤겔의 가족, 시민사회, 국가의 프레임으로 한국 사회를 보면, 1인 가정이 증가하면서 가족이 내재한 사랑의 가치가 사라지고 있고, 시민사회는 단지 욕구의 체계로 작동하면서 빈부의 격차가 커지고 있으며, 국가는 관료제의 비대화와 권위주의에 함몰되어 시민사회의 문제를 해결하지 못하고 있어요. 시민사회의 정치적 기능인 결사체적 조합도 국가가 거버넌스governance 체제에 기초하지 않기 때문에 제대로 작동하지 않아요. 헤겔의 관점에서 볼 때, 한국에서 자연스럽게 형성되는 자유의 영역으로서 시민사회가 잘 작동하려면 다양한 정책을 통해 가정이 복구되어야 하며 국가의 본래적 기능이 회복되어야 해요. 반면, 하버마스의 생활세계, 체계, 사회, 시민사회의 프레임으로 보면, 한국 사회는 체계에 의해 생활세계가 식민화되어 버린 상태에요. 체계의 논리인 권력과 화폐가 생활세계의 일상적 삶을 지배하기 때문에 사람들의 의사소통은 권력과 돈에 집중되어 있죠. 합리적 의사소통에 기초하여 타당성과 진실성을 따지는 생활세계의 공론장 시민사회이 형성되어야 하지만 미약한 측면이 있어요."

"철학하는 기자 맞네요. 하하. 완벽해요."

"고마워요. 자, 이제는 교수님 차례에요. 아까 제가 말을 끊었는데, 이제 계속 해주세요. 하버마스의 관점으로 촛불집회를 설명하려고 했잖아요."

"천천히 합시다. 다른 얘기도 하면서 …"

"호호. 교수님이 시작하셨어요. 누가 헤겔 카드를 꺼냈는지 기억하시기 바랍니다. 저는 지적 호기심이 생기면 끝을 봐야 하니까 …"

"무섭네요. 철학하는 기자님."

"각오하세요."

맥주를 한 모금 마시고 말을 이어갔다.

"하버마스의 관점으로 보면, 11·12 촛불집회는 상처의 치유를 향한 시민사회의 자기회복적 현상이었어요. 촛불집회는 생활세계의 시민이 참여하는 공적 의사소통의 장으로서 박 대통령과 그 비선실세에 의해 완전히 왜곡되고 찢겨진 국정과 생활세계를 반성하고 성찰하는 장소가 되었던 거지요. 공론장은 시민의 자유발언과 더불어 저녁 늦게까지 옹기종기 앉아 소통하는 시민의 모습으로 발현되었어요. 박정희 대통령에 대한 환상의 잔재였던 박근혜 정부의 형편없는 국정관리, 박근혜의 진실을 알지 못한 채로 대통령으로 선출한 시민의 무지, 시민의 무지에 책임이 있는 언론의 정보통제, 우리가 바라는 대통령의 건강한 모습, 진정한 민주주의의 모습, 향후 정국에 대한 정치권의 책임 있는 입장과 수습 등 성찰할 것이 너무나 많았죠.

시민사회가 주도했던 촛불집회로 시민은 스스로 자신을 치유하는 계기를 만든 겁니다. 공적 의사소통의 장에 참가하여 타자와 함께 올바른 것과 타당한 것을 확인하는 과정으로 양심이 회복되었으니까요. 박 대통령이 피해자 코스프레를 하며 양심을 속였다면, 시민은 공적 소통의 장인 촛불집회에 참가하며 양심을 회복했어요. 도덕적 비대칭성이 생긴 거죠. 시민의 도덕성이 대통령의 도덕성보다 우위를 점하게 되었어요. 촛불집회가 계속될수록 시민은 자부심과 품격을 회복하고, 대통령은 수치심과 자괴감을 느낄 수밖에 없었죠. 100만 시민의 촛불집회는 활활 타오르는 집단 양심의 힘이었죠."

"하버마스의 시민사회론으로 촛불집회를 그렇게 해석할 수도 있겠군요. 왜곡된 생활세계를 건강하게 회복시키려는 시민사회의 집단 양심이 발현된 현상이라는 표현이 마음에 드는데요."

칼 슈미트의 정치적인 것과 촛불집회

촛불집회가 어떻게 전개되었는지 다시 생각해 보았다.

"아무튼, 집단 양심의 발현에도 불구하고 그 이후 정치적 상황은

상식적으로 전개되지 않았어요. 박 대통령의 청와대는 정치적인 것을 추동했어요. '정치적인 것the political'을 작동시킨 거죠."

"칼 슈미트Carl Schmitt: 1888~1985 가 말한 정치적인 것 말이죠? 헤겔에서 시작해 하버마스를 넘어 이제는 칼 슈미트네요."

"맞아요. 칼 슈미트."

"예전에 알았던 것 같은데 … 정치

• • • 칼 슈미트

적인 것은 정확히 무엇인가요?"

　"슈미트는 정치적인 것의 개념을 이끌어내는 데 있어 독특한 방법을 사용해요. 정치적 범주를 제시하면서 정치적인 것의 개념을 도출하는 거죠. 정치적 범주란 도덕적·미적·경제적 범주에 대해 상대적으로 독립하여 독자적으로 작용하는 영역을 말해요. 도덕적 범주에서는 선과 악의 구분이 도덕적인 것을 판단하는 기준이 되고, 미적 범주에서는 아름다움과 추함의 구분이 미적인 것을 판단하는 기준이 되며, 경제적인 범주에서는 수익성과 비수익성의 구분이 경제적인 것을 판단하는 기준이 되지요. 이러한 범주들과 구별되는 영역으로서 정치적 범주에서는 적과 동지의 구분이 정치적인 것을 판단하는 기준이 되는 거예요. 슈미트에 따르면, 모든 정치적 동기와 행동은 적과 동지의 구분으로 귀결되며, 이러한 구분은 다른 범주의 판단기준으로부터 도출되지 않는 정치적 범주의 고유한 논리죠."

　"적과 동지의 구분이 경제, 미학, 도덕 등의 다른 범주에서보다는 정치적 영역에서 그 강도가 두드러지는 대립이라는 말이군요. 그렇다면, 도덕적으로 악하고, 미학적으로 추하며, 경제적으로 해로운 것만으로는 적이라고 할 수 없다는 건가요? 도덕적으로 선하고, 미학적으로 아름다우며, 경제적으로 이로운 것도 그것만으로 동지가 될 수 없다는 거고요? 나아가 정치적인 의미에서 적과 동지는 도덕적·경제적·미적 판단기준으로부터 독립해서 결정된다는 말이지요?"
　"예. 정치적인 적은 도덕적 의미에서 악일 필요도 없고, 미적 의미에서 추할 필요도 없어요. 경제적 의미에서 경쟁자일 필요도 없죠. 정치적 적을 판단하는 데, 자기존재와 구분되는 낯선 타자라는 기준이 중요해요. 적은 나의 고유한 존재방식을 부정하는 낯선 타자죠.

내가 그 타자를 적으로 규정하기로 결정할 때 그 타자는 적이 됩니다. 즉, 자신의 존재방식을 수호하기 위해 타인의 존재방식에 저항하고 투쟁하느냐의 여부를 결정하는 거죠. 이러한 적과 동지의 구분은 사람들이 한데 모여 결속하고 뭉칠 때 따로따로 분리되어 흩어질 때 그 연대와 분열의 강도가 최고치에 도달하는 경우에 발생하지요."

"그렇군요. 박 대통령의 청와대가 '정치적인 것'을 작동시켰다고 말씀하셨는데 … 그게 그런 의미였군요."

"인위적으로 그렇게 만든 거죠. 정치적인 것이 작동하도록 … 적과 동지를 구분하는 진영 프레임이 형성되도록 한 거지요. 집단적 분노가 분출되고, 상대는 적이 되며, 상대가 제거될 때까지 부정하고 버티며 싸우도록 조장했다고 볼 수 있어요. 그 당시 청와대의 동지는 친박 진영이었고, 적은 촛불 민심과 그 민심에 응답하는 언론과 정치권이었어요. "인민재판", "마녀사냥", "바람이 불면 꺼져버릴 촛불" 발언은 진영을 깔끔하게 둘로 갈라놓았죠. 정치적인 것의 덫에 걸린 상대도 계엄령 발언으로 맞불을 놓았고요. 그 이후 촛불집회와 태극기집회가 적과 동지를 구분하며 대립하는 상황이 전개되었죠."

"그랬었죠. 사실, 청와대가 국가 안의 국민을 적으로 대하고 있다는 사실 그 자체가 정치적 비극이었죠."

"하지만 촛불집회는 청와대와 친박 진영이 유도한 '정치적인 것'에 의해, 즉 태극기집회에 의해 오염되기도 했지만 평화와 질서를 견지했어요. 촛불을 든 국민은 대통령의 헌법유린이라는 공적 사안에 대해 정의와 자유의 가치에 입각하여 소통하고 대통령의 퇴진이라는 합의를 도출하였으며 그에 따라 질서 있게 행동했어요. 대통령 한 사람의 특권적 자유를 지켜주려는 청와대의 정치적인 것을 넘어 공화주의적 정치를, 즉 자의적인 사적 권력을 통제하는 정치를 외쳤죠. 박근혜 정부는 윤리로부터 분리되어 권력의 획득, 유지, 확장에만 몰두하는 마키아벨리적 현실정치의 민낯을 보여주었으며 그 파렴치한 부분을 가리려고 슈미트식의 정치적인 것을 동원했던 거예요."

"그럼에도 불구하고 청와대와 친박 진영도 국회의 탄핵소추 의결을 피할 수 없었어요. 태극기집회보다 촛불집회의 힘이 막강했고, 시민 다수의 의견이 국회에서의 탄핵 소추를 원했기 때문이었죠. 시민사회의 힘은 정치적인 것의 동원까지 이겨냈다고 볼 수 있어요."

▍루소의 일반의지와 헌법재판소의 탄핵심판

이야기의 흐름은 국회의 탄핵 소추에서 헌법재판소의 판결 쪽으로 흘러가고 있었다. 홍 기자와 얘기하면서 지난 촛불집회의 의미가 좀 더 명확하게 정리되는 것 같았다. 홍 기자가 맥주잔에 서린 미세한 물방울을 엄지손가락으로 문지르며 말했다.

"저는 작년 12월 16일 헌법재판소에 제출된 대통령의 답변서를 보고 놀랐어요. 답변서는 거짓을 참인 것처럼 꾸며내는 위선으로 치장되어 있었죠. '대통령이 헌법과 법률을 위배하지 않았음에도 국회가 낮은 지지율과 촛불집회를 근거로 탄핵소추안을 가결했기 때문에 국회의 탄핵소추안은 위헌이며 기각되어야 한다.'고 적시되어 있었거든요. 최순실을 '키친 캐비닛Kitchen Cabinet'으로 미화시키는 부분에서는 악惡의 비열함까지 느껴졌죠. 어이가 없더라고요. 이러한 궤변으로 국민의 법 감정은 다시 상처를 입었으며, 12월 9일 국회의 탄핵 가결에 담긴 민심과 234명의 국회의원의 의지도 부정되고 말았죠. 하지만 두 달간 광장에서 시민이 외친 '헌법에의 의지'는 여전히 살아 있었어요. 그 당시 국민의 75.7%에서 83.2%가 탄핵소추안의 헌재 인용을 원했고, 시민은 다시 촛불을 들고 광장으로 나갔어요."

"사실, 헌재는 국회의 탄핵소추안 가결까지 이끌었던 시민의 '헌법에의 의지'에 응답할 역사적 책임이 있었죠. 대한민국의 역사에서 수백만의 시민이 두 달간 매주 주말에 자발적으로 촛불집회에 참여하여 '대한민국은 민주공화국이다. 대한민국의 주권은 국민에게 있고, 모든 권력은 국민으로부터 나온다.'라고 외쳤던 적이 있었을까요? 시민은 촛불집회에 참여하며 헌법 가치를 긍정하고 소중하게 여기는 '헌법에의 의지'를 다시 발견하고 공감했어요. 이는 '정치'의 재발견이라고 볼 수 있지요. 헌법은 국민의 정치생활을 규정하고 있기 때문이에요. 헌재는 이렇게 재발견된 정치 생활이 유지되도록, 즉 헌법 정신이 현실 속에서 다시 회복되도록 판결을 내려야 했어요."

"헌재가 국민이 재발견한 헌법에의 의지를 거부했다면 민주적 정당성을 확보할 수 없었겠죠. 선출되지 않은 권력인 헌재가 선출된 권력인 대통령의 탄핵 여부를 결정할 때 선출 권력인 국민의 일반의지에 따르는 것이야말로 민주국가의 원리에 부합하기 때문이죠."

"헌재의 재판관들이 그런 국민의 마음을 담아 국회의 탄핵 소추를 인용해서 판결을 내려 다행이에요. 방금 홍 기자님이 말한 〈일반의지 bolonté générale〉에 따르면 자연스러운 귀결이죠."

홍 기자가 눈을 반짝이며 말했다.

"저도 교수님처럼 이론을 현실에 적용해볼까요? 제가 장 자크 루소를 좋아해요. 그래서 헌재가 인용했을 때 생각했던 것이 있어요."

"해 보세요. 철학하는 기자님."

"저는 헌재의 인용이 루소가 『사회계약론』에서 말한 '일반의지'를 반영한 인용이라고 봤어요. 일반의지는 공동체에 형성된 보편적 의지를 말하죠. 공동체의 일반의지와는 다르게 사회에는 일반의지를 거부하는 개인의 특수의지도 있어요. 루소에 따르면, 이러한 특수의지는 일반의지를 따르도록 '강제'되어야 해요. 하지만, '강제'에는 두 가지 조건이 충족되어야 합니다. 첫째, 일반의지가 충분한 정보, 소통, 심의가 보장된 정당한 절차에 의해 형성되어야 해요. 둘째, 일반의지를 형성하는 사람들이 시민의 덕성을 가지고 있어야 해요.

••• 루소

헌법재판소의 탄핵심판은 이미 형성된 공동체의 일반의지를 철저히 검증하고 특수의지를 지닌 사람들로 하여금 일반의지를 따르도록 강제하는 마지막 절차였다고 봐요. '헌법을 위배한 대통령을 탄핵하라'는 절대다수의 일반의지는 루소가 제안한 두 가지 조건을 충족하고 있었어요. 첫째, 일반의지는 정당한 절차에 의해 형성되었어요. 10월 29일 1차 촛불집회 이후 12월 9일 국회의 탄핵소추 의결은 절차적 정당성을 입증해요. 언론, 검찰, 국회를 통해 대통령의 헌법 위배에 대한 충분한 정보와 검증이 있었으며, 시민은 전국적으로 매주 토요일 광장에 나와 소통하며 헌법수호의 의지와 대통령의 탄핵을 외쳤죠. 나아가 국회에서 234명의 국회의원이 탄핵소추에 찬성했어요. 나아가 탄핵인용에 대한 찬성 여론도 80%로 유지했고요.

둘째, 일반의지는 시민성을 지닌 국민에 의해 형성되었죠. 박 대통령의 헌법 위배 사안에 대해서 시민은 분노했고 수치심을 느꼈어요. 그래서 매주 광장으로 나가 평화와 질서를 지키며 공론장에 참여했죠. 시민이 광장에서 보여준 정의감에 기초한 분노, 미래세대에 대한 부끄러움, 헌법수호의 의지, 평화롭게 소통하는 공론장의 형성은 시민의 덕성이 없었다면 가능했을까요? 이렇게 시민성을 지닌 국민 절대다수에 의해 형성된 일반의지가 '대통령의 파면'이었던 거죠. 이처럼 정당한 절차와 시민성이 담보된 일반의지는 오류를 범할 가능성이 적어요. 시민의 일반의지가 절차에 따라 소통, 검증, 합의의 과정을 거쳤고, 그 과정에 시민성이 녹아들어갔기 때문이죠.

헌법재판소의 대통령에 대한 탄핵심판은 이렇게 형성된 국민의 일반의지가 타당한지에 대한 마지막 점검이었다고 봐요. 헌법재판소의 인용은 그 일반의지가 타당하다는 것을 확인해주었고요."

"잘 하는데요."

"아직 안 끝났어요."

"비테."

"비테가 뭐예요?"

"Bitte. 독일어로 '부탁해요. 하세요.'라는 말이에요."

"그렇군요. 어쨌든, 촛불집회가 시작된 2016년 10월 29일부터 헌법재판소가 국회의 탄핵소추를 인용한 2017년 3월 10일까지 133일의 기간은 우리에게 소중한 정치적 경험을 제공했다고 봐요. 우리는 '일반의지'를 공정한 절차와 시민성에 기초하여 형성하고 관철하는 민주주의적 방법을 배웠고요. 나아가 정치는 내버려 두어서는 안 되고, 관심을 갖고 참여하면서 가꾸어야 한다는 교훈도 얻었죠. 역사는 이 시기를 우리 스스로 민주주의를 확립한 시기로 기록할 것 같아요. 헌법재판소의 인용은 정의롭고 자유로운 대한민국을 향한 우리의 긍정적 에너지가 막히지 않고 발현될 수 있도록 해 주었어요."

"브라보. 촛불집회의 역사적 의의까지 완벽해요."

"호호. 고맙습니다."

개념 있는 정치: 개념정치

홍 기자는 목이 마른지 맥주를 한 모금 마신 후 말했다.

"우리는 앞으로 어떻게 해야 할까요? 정부의 역할도 중요할 것 같고, 무엇보다 좀 제대로 된 정치가 실현되는 걸 보고 싶어요."

"자유를 실현시킬 정치가 필요하다는 얘긴가요?"

"맞아요. 제대로 된 정치가 필요해요."

"저는 그런 정치를 개념 있는 정치, 즉 〈개념정치〉라고 해요."

"그거 뭔가 있어 보여요."

"그럴 겁니다. 하하."

"그게 뭘까요?"

"개념, 개념 있는, 정치, 그리고 이 세 가지가 연계된 정치."

"그 세 가지를 통합하는 정치란 말이죠?"

"그렇죠. 금방 알아듣네요."

"아뇨, 잘 모르겠어요."

"금방 이해할 거예요."

"쉽게 설명해봐요. 개념부터요."

개념과 개념의 정신

"홍 기자님은 개념을 언어적 구성물로 이해할 거예요. 현실의 다양한 특수자를 규정하고 총괄하는 보편자로 … 그러니까 사람들 사이에 인식과 소통을 가능하게 하는 보편적 규정으로 … 그렇죠?"

"그렇게 이해하고 있죠. 그럴 경우, '개념 있는'은 인식과 소통을 가능하게 하는 보편적 개념을 명확히 인식하고 그것을 실천에 옮기는 것을 말하겠지요. 따라서 '개념정치'란 정치의 정확한 의미를 이해하고 그것을 실천하는 정치일거고요. 맞나요?"

"그렇죠. 하지만, 다른 각도에서도 볼 수 있어요."

"어떻게요?"

"개념이 진정한 보편자가 되려면 특수자 안에 침투되어 있어야 해요. 예컨대, 자유의 개념이 진정한 개념이 되려면 각 개인의 삶에 침투되어 실현되고 있어야 하는 것처럼 말이지요. 개념은 그 자체에 내재된 '개념의 정신'에 의해 개념답게 현실에서 실현되어요. 개념의 정신이 자기 운동을 하며 개념 스스로가 현실에 침투할 때, 개념이 구현되지 않은 현실에 직면하여 개념의 정신이 개념의 본래적 의미를 회복시키려 할 때, 이 두 경우에 '개념 있는'이라는 표현이 사용될 수 있어요. 따라서 '개념 있는 정치'는 정치인이 개념의 정신을 자신의 정신 안에 체현시키면서 정치 개념을 현실에 실현시키거나, 현실에서 개념이 상실되었을 경우 다시 회복시키는 정치인 거죠."

"알 것도 같은데 … 조금 어렵네요. 언어적 구성물로서 개념과 지금 교수님이 말씀하신 개념과는 그 결이 다른 것 같아요."

"언어적 구성물로서, 개념은 현실에서 보편자가 되기에 부족해요. 개념槪念이라는 한자 어원에서도 알 수 있듯이, 개념은 현실의 특수한 것을 평미레로 밀어서 고르게 만든 거예요. 언어적으로는 현실의 극단적 구별과 대립이 사라지지만, 현실에서는 여전히 그것이 남아 있죠. 현실의 다양한 특수성을 해소하지 못한 채 특수자를 강제적으로 유개념 아래 묶었기 때문이죠. 개념은 현실에 적용될 때 여전히 특수한 것과 대립하게 되어 보편자가 아니라 그 자체가 또 하나의 특수자가 되는 거죠. 이러한 문제를 극복하기 위해서는 메타적 접근이 필요해요. 개념이 주관적 자의에 의한 보편의 특수화를 지양하고 현실의 개별자에 침투하는 메타적 개념이어야, '개념 있는'이 본래적 개념을 구현하거나 개념을 본래적 개념으로 회복시킨다는 의미로 사용될 수 있어요. 즉, 개념에 '개념의 정신'이 메타적으로 내재하고 있어야 '개념 있는'이라는 수식어를 사용할 수 있답니다."

"개념 안에 깃들어 있어야 하는 개념의 정신이란 무엇이죠?"

"개념에 정신을 부여한 사람도 헤겔이에요."

"많은 것이 헤겔과 관련되어 있네요."

"헤겔의 사유는 체계적이고, 포괄적이며, 독특해요."

"그렇군요. 헤겔이 어떻게 개념에 정신을 불어넣었죠?"

"그는 자신의 정교한 사유 메스로 개념에 즉자-대자적 자유의지를 새겨 넣었어요. 개념 안에 새겨진 자유의지가 자신의 이성적 변증법으로 스스로 전개하는 나, 즉 정신으로 기능하게끔 만든 거죠. 변증법은 이성이 그 본성상 자기 운동을 하는 방식으로서, 무규정적으로 자기 안에 머무는 자기관련적 '즉자 운동'에서 시작하여 타자의 존재를 부정하면서 자기와 관련시키는 '대자 운동'을 거쳐 이를 부정하면서 타자 속에서 자기 자신으로 복귀하여 긍정성을 획득하는 '즉자-대자 운동'에 이르는 원리죠. 개념 안의 나로 기능하는 자유의

지인 정신이 자기 운동을 하며 타자를 개념 안으로 끌어들이는 거죠.

개념 안에 탑재되어 이성의 변증법으로 작동하는 자유의지가 바로 개념의 주체이며, 개념의 정신인 거죠. 개념의 정신을 내재한 헤겔의 개념은 열린 상태로 기존의 분열된 나, 타자, 개념을 자기 안으로 끊임없이 포섭하고 포용하며 총괄하지요. 개념의 정신이 현실에 있는 타자의 특수성에 침투하여 타자의 특수성을 부정하고 다시 긍정하는 변증법적 과정을 통해 개념을 타자 안에 머무는 즉자-대자의 보편자로 만들기 때문이죠. 개념의 정신은 이성의 본성으로 운동하기에 개념을 사용하는 주관적 자의로부터 독립성을 유지하며 객관성을 확보해요. 나아가 개념의 정신은 사변적 이성에 의해 추동되는 변증법으로 타자를 단지 기계적으로 평균화시켜 보편성 안에 가두는 것이 아니라 스스로 타자 안으로 들어가면서 자기 안으로 회기하기 때문에, 그러한 운동으로 개념은 '진정한 보편자'가 되는 거랍니다."

"저는 헤겔이 시민사회, 국가, 세계 역사 등 거시적인 것을 설계한 사상가로 알고 있었는데 … 그게 아니네요. 철학적으로 굉장히 미시적인 부분까지 설계한 거네요. 개념에 자유의지와 이성을 접합시켜 개념에 정신과 생명을 불어넣는 미세한 작업까지 … 대단하네요."

"사실, 헤겔 철학은 미시적인 것부터 시작해요. 아주 작은 것부터 시작해서 거대한 세계로 나아가고, 결국 세계를 포괄하지요."

"그렇군요."

헤겔의 관점에서 본 개념정치

"헤겔의 관점에서 보면, 개념 없는 정치란 정치의 본래적 개념이 현실에서 구현되지 않은 상황이에요. 즉, 정치의 개념이 현실의 개별자에게 침투되어 있지 않아서 정치는 자신의 보편성을 상실하고 현실이 정치의 본래적 개념으로부터 이탈되어 있는 상황인 것이죠. 이러한 상황에서 개념 안의 메타적 '개념의 정신'은 그러한 현실을 부정하여, 즉 '부정의 부정'을 통해 개념의 본래적 의미를 회복하려고 해요. 이렇게 개념 안의 '개념의 정신'이 자기 회복 운동을 할 때 그 개념에 대해 메타적인 의미에서 '개념이 있다'라고 하죠. 따라서 개념 없는 정치에 대해 개념 있는 정치는 '부정의 부정'이에요. 즉, 정치 본래의 개념으로부터 이탈한 현실의 부정적인 '개념 없는 정치'를 부정하며 나온 정치 본래의 개념에 대한 긍정인 거죠. 이는 변증법적 이성에 의해 추동되면서 즉자-대자적으로 타자 안에서 머물고 부정적 귀결에서 긍정적 귀결을 포착해서 화해와 포용을 실현하는 '개념의 정신'이 개념 안에서 끊임없이 작용한 결과에요. 개념의 정신이 작용함으로써 개념은 개념답게 됩니다. 촛불집회를 이러한 관점에서 보면, 정치의 개념이 자신 안에 깃든 개념의 정신을 작동시키며 박근혜 정부의 개념 없는 정치를 개념 있는 정치로 회복시키는 과정이었다고 볼 수 있어요. 시민이 그러한 개념의 정신을 체현했고요."

"결국 교수님은 헤겔의 관점에서 촛불혁명을 해석하시는군요."

"그런가요? 그런 말을 들을 경우, 독일에서는 이렇게 말하죠. 'Ich bin Student von Hegel 저는 헤겔의 제자랍니다.'라고."

"호호. 헤겔이 교수님의 스승님 되시는군요. 개념 있는 정치에 대해 좀 더 설명해 주세요. 아직도 잘 이해가 되지 않아요."

"공동체의 행복과 정의를 실현하는 최고의 예술로서 정치는 명령과 강제로 되는 것이 아니에요. 본래, 정치는 공적 사안에 대해 시민들이 모여서 '함께 얘기하고' 좋은 법과 정책을 규칙에 따라 '함께 결정하며' 결정한 것을 '함께 실행하는' 과정입니다. 그리고 이러한 본래적 정치의 개념이 보편자로서 현실의 개별자 안으로 침투되어 삶의 방식이 되어 있는 상태가 개념 있는 정치죠. 그렇다면, 이러한 정치의 본래적 개념에서 벗어난 정치는 개념 없는 정치가 되죠. 예컨대, 현실의 정치가 '권력을 획득하고 유지하며 확장하는 게임'으로만 작동할 경우, 이러한 정치는 개념 없는 정치라고 볼 수 있어요.

정치가 본래적으로, 객관적으로 '개념 있는' 정치가 되려면, 정치의 개념 안에 헤겔이 새겨 넣은 '개념의 정신'이 역동적으로 움직이고 있어야 해요. 타자를 부정하면서 자기와 관련짓는 운동으로 자기에만 머물러 있는 '대자적 입장'을 지양해서 타자 안으로 들어가 그 안에 같이 머물고 그 타자성을 다시 자기 안으로 포용하는 '개념의 정신'이 부정성에서 긍정성을 발견하면서 이성적으로, 현실적으로 정치 안에서 작용하고 있어야, 객관적으로 그 정치는 개념 있는 정치가 된답니다. 단지 타자의 부정을 통한 자기 관련 운동만 하고 대립을 재생산한다면 그 정치는 주관적인 개념 없는 정치가 되고 말죠."

"그러한 맥락에서 개념 있는 정치는 협치를 가능하게 하겠네요?"

"그렇죠. 개념정치는 포용정치이자 생활정치예요."

개념정치인

"개념 있는 정치인은 개념 있는 정치를 실현하는 사람이겠죠?"

"예. 중요한 것은 개념 있는 정치인은 철학하는 정치인이라는 점이에요. 개념 있는 정치인이 될 수 있는 기초로서, 그 정치인의 정신에 개념의 정신이 체현되어 있어야 하는데, 개념의 정신을 자신 안으로 체현시키는 방법은 '철학하기'이기 때문이지요. 그런 면에서 홍 기자님은 개념 있는 정치인이 될 수 있는 기초가 되어 있어요."

"호호. 고맙습니다."

"개념 없는 정치인의 정신에는 개념의 정신이 결핍되어 있어요. 이런 정치인이 많을수록 현실의 정치판은 본래의 정치 개념으로부터 이탈한 개념 없는 정치가 되고 말죠. 장기적 안목 속에서 구현되어야 할 자유, 평등, 정의의 가치가 시민의 생활로 침투되지 않기 때문이 죠. 개념 없는 정치인은 권모술수에 능하고, 사적 이익을 추구하며, 실현되어야 할 공적인 선善에 대한 절실함이 없어요. 나아가 타자를 부정하면서 자신의 근거를 세우는 대자적 자기 관련이 강해요. 오만 하기까지 해서 협력하기 힘들죠. 별 것 아닌 것을 큰소리로 자랑하고 거짓을 진실처럼 그럴싸하게 말하는 것 보면 불편함이 더 커지기도 해요. '프로네시스phronesis'의 역량도 없어요. 프로네시스란 충분한 논의와 검토를 통해 올바르게 계획할 수 있는 능력이며, 애매모호할 경우 조언과 숙고를 통해 영리한 판단을 내릴 수 있는 능력이며, 타인 의 입장에서 타인을 이해하는 능력이랍니다."

"개념 있는 정치인은요?"

"개념 있는 정치인은 철학과 정치를 결합시키는 정치인이에요. 철학은 자기 자신을 인식하는 성찰의 과정이자, 이성에 현실을 담으 며 현실에 이성을 침투시키는 사유와 행위랍니다. 개념 있는 정치인 은 철학을 통해 개념의 정신을 자기의식 안에 체현시키죠. 그는 이성 의 변증법으로 자기와 타자를 부정하고 그 부정을 다시 부정하여'부정 의 부정'인 긍정으로 타자 안에 머물면서 자기 자신으로 회복해요. 그는 정치의 본래적 개념과 그 정치가 실현하려는 자유, 평등, 정의, 평화, 연대의 '가치value'를 파악하고, 그러한 가치의 상호연관성을 추론하 면서 '개념 있는 정치'를 현실에서 구현하려고 하죠.

개념 있는 정치인은 개념의 정신을 자신의 의식 안에 체현하고 있어서 포용적이고 인류적이에요. 개념 없는 정치인이 주도하는 개념 없는 정치를 부정하지만 변증법적 성찰을 통해 포용하죠. 즉, 현실 정치의 부정적인 것을 부정하면서 그러한 부조리에서 긍정적인 것을 찾아 현실의 정치판을 정치의 본래적 개념으로 회복시켜요. 나아가

<u>프로미노스</u>phrominos: 프로네시스의 능력을 갖춘 영리하고 현명한 정치인가 되기 위해 지속적으로 학습하고 성찰하죠. 그는 자신과 타자의 부조리를 초극하며, 관계에서 발생하는 갈등과 대립의 부정성에서 긍정적 귀결을 찾아내는 '변증법적 리더십'을 발휘해요."

홍 기자의 표정이 밝아졌다.

"말로만 들어도 가슴이 뿌듯해지네요. 개념 있는 정치인이 만드는 개념정치를 현실에서 볼 수 있으면 얼마나 좋을까요?"

"독일에는 그런 정치인이 많아요."

"제 말은 우리나라에서 …"

"촛불혁명 이전의 정치와 이후의 정치는 많이 다를 거예요."

"그렇겠지요?"

"우리는 변곡점에 있어요. 개념의 정신이 촛불 정신으로 발현되면서 기존의 정치가 극복되고 본래의 정치로 회복되고 있어요."

"앞으로는 개념 있는 정치가 대세일거다?"

"그렇죠!"

"박정희 패러다임에 내재된 사회적 적폐가 청산되길 바랍니다."

"그러기 위해서는 프로미노스가 많이 필요해요."

"개념 있는 정치인이 필요하다는 말씀이죠?"

"맞아요."

"개념 있는 정치인은 개념 있는 시민이 선출하겠지요?"

"시민이 항상 깨어 있어야지요."

"집에 촛불을 켜 놓고요?"

"하하."

"호호."

"벌써 1시가 넘었네요. 이제 호텔로 들어가서 쉬어야지요."

"이런… 시간이 벌써 그렇게 되었네요. 덕분에 오랜만에 많은 생각을 해보았어요. 정말 그랬어요."

"이 카페에 있는 사람들은 수많은 얘기를 했을 텐데… 아마도 우리가 나눈 얘기가 가장 의미 있었을 것 같아요."

"왜요?"

"기자가 철학을 했으니까요."

"기자를 너무 무시하시는 거 아니에요?"

"사실, 언론이 철학을 해야 시민이 항상 깨어 있을 수 있어요. 하지만 그동안 언론은 그렇지 않았어요. 정치의 본래적 개념이 아니라 '정치적인 것'이 작동하도록 유도했지요. 언론이야말로 가장 철학적이어야 해요. 제일 먼저 개념의 정신을 체현해야 할 주체가 바로 언론이에요. 홍 기자를 보면서 희망을 갖게 되었어요."

"호호. 비판을 칭찬처럼 하시네요."

"하하. 갑시다."

우리는 웃으며 〈돈 루카Don Luca〉에서 나왔다. 서늘한 밤공기가 술과 대화로 달구어진 두 얼굴을 시원하게 어루만져 주었다. 재미있는 대화였다. 우리는 밤거리를 천천히 걸어갔고, 나는 홍 기자의 숙소인 CITY 호텔에서 택시를 타고 파징에 있는 숙소까지 왔다.

제4장

복지와 정치

— 성장, 복지, 환경을 동시에 유지할 수 있는가?
사회적 시장경제와 복지,
지속가능한 국가전략

이야기의 흐름

감시사회와 사적 영역의 보호

✻

아이들과의 추억

새벽에 잠시 깨었다가 다시 잠들었다. 아이들 어렸을 적 꿈을 꾸었다. 식탁에서 웃다가 갑자기 떼를 쓰며 밥을 먹지 않겠다는 서우, 밥을 먹지 않고 꾸물거리며 얘기만 하는 동현. 아내의 목소리에 짜증이 섞이며 아이들과의 오고 가는 말에 조그마한 소란이 생기곤 했다. 하지만 오늘은 어떤 소리도 들리지 않는다. 아무 것도 존재하지 않는 것 같다. 고요함이 어색하다. 가족의 일상에서 벗어나 있는 나를 의식하자마자 마음 깊은 곳에서 외롭다는 느낌이 밀려들었다.

5년 전이었다. 동현, 서우, 아내와 함께 독일에 왔었다. 내가 일주일 먼저 와서 연구와 관련된 일을 보고, 아내가 동현과 서우를 데리고 왔다. 뮌헨에서 출발하여 오스트리아를 거쳐 이탈리아 볼로냐와 피렌체로 갔고, 서쪽에 있는 친케 떼레Cinque Terre로 갔으며, 꼬모 호수와 루가노 호수로 올라와서 뮌헨으로 돌아왔다. 아이들이 어려서 데리고

다니기 힘들었지만, 동현, 서우, 나, 아내 모두 행복했다. 기차를 타고 가면서 친케 떼레의 5개의 어촌 마을인 리오마쬬레Riomaggiore, 마나롤라Manarola, 코르니글리아corniglia, 베르나짜Vernazza, 몬데로소 알 마레Monterosso Al Mare에서 내려 걷기도 하고 해변에서 수영도 했다. 절벽에 붙어 있는 색 바랜 건축물의 아이보리 터치, 바다의 프러시안 블루 색감, 저녁노을의 레드 와인 빛이 빚어내는 에게 해의 이국적 풍경에 담겨 있는 두 아이의 모습이 눈에 선하다. 지금 곰곰이 생각해 보니, 무리를 해서라도 가족이 공유할 수 있는 아름다운 추억을 만들었던 것이 참 좋았던 것 같다.

꼬모 호수에서 저녁 식사를 하고 호텔로 돌아오는 도중 갑자기 소나기가 내렸다. 우산이 없어서 노천카페로 뛰어 들어갔다. 아이스크림을 먹으며 기다렸다. 마침 우산을 팔러 다니는 청년이 다가왔다. 가격을 물어보았다. 형편없는 비닐우산이 개당 20유로였다. 두 개가 필요하니까, 40유로. 그러니까, 6만 원. 너무 비쌌다. 경험상, 유럽에서 소나기는 금방 지나갔다. 기다려 보았다. 1시간을 기다렸으나 계속 내렸다. 노천카페도 천막을 걷어내고 있었다. 문을 닫는다고 했다. 우산을 팔던 청년이 다시 나타나서 우산을 사지 않겠냐고 물었다. 가격은 같았다. 사지 않겠다고 하자 청년은 다시 멀어져 갔다.

　결정을 해야 했다. 조금 더 기다렸으면 했지만, 아내가 가기를 바랐고, 노천카페에서는 더 이상 머무를 수 없었다. 차가워진 밤공기로 아이들이 추워했다. 마냥 건물 처마 밑에서 기다릴 수가 없었다. 어쩔 수 없이 멀어져 가는 청년에게 다급히 소리쳤다. '헬로, 엄브렐러!' 그 상황이 아이들에게 꽤 재미있었나 보다. 동현과 서우가 웃자, 나와 아내도 함께 웃었다. 청년이 다시 왔다. 흥정을 했다. 두 개에 20유로를 지불했다. 서우를 유모차에 태우고 우산으로 받치며, 30분을 걸어 호텔로 왔다. 모두 녹초가 되었다. 로비에서 한숨을 돌리자 비가 멈추었다. 우산을 들고 호텔방으로 앞장서는 나를 보더니 동현이가 '헬로, 엄브렐러!'라고 불렀다. 모두가 다시 한번 웃었다.

　늦은 아침 식사였다. 9시가 다 되어 식당으로 내려갔으니까. 신선한 사과 주스부터 마셨다. 당분이 들어가니, 기분이 한결 좋아졌다. 카푸치노, 셈멜Sammel, 버터, 치즈, 각종 과일 잼을 가져와 자리에 앉았다. 정성스럽게 셈멜을 반쪽으로 잘라 버터와 잼을 듬뿍 발랐다. 셈멜은 독일 남부지역에서 많이 먹는 둥근 빵이다. 주먹만 한 크기다. 사실 나는 셈멜을 먹어야 독일에 온 것을 제대로 느낄 수 있었다. 칼이 카푸치노 한 잔을 들고

••• 셈멜과 잼

내 앞에 앉으며 말했다.

"잘 잤어?"

"그럭저럭, 새벽에 깨었어. 잠시 꿈도 꾸고."

"어떤 꿈을 꾸었는데?"

"아이들 어렸을 때 아침의 소란한 모습."

"5년 전에 같이 왔던 동현과 서우?"

"응."

"둘 다 개구쟁이였는데. 자네가 정신없었잖아?"

"그랬지."

"아이들과 엄마는 다들 건강하지?"

"그럼. 큰 애는 벌써 초등학교 6학년. 사춘기야. 반항도 하고. 작은 애는 여전히 천진난만하고 사랑스럽지. 애들 엄마도 잘 지내."

"조금 … 자네 목소리 톤이 시원치 않네."

"아이들이 너무 빨리 자라버린 것 같아. 새벽에 꾼 꿈에서도 어렸을 적 아이들 모습이 나타나서 … 같이 했던 시간이 너무 빨리 지나가서 약간 슬픈 기분이 들어서 그래. 다른 것은 없어."

"맞아. 시간이 너무 빨리 지나가."

"자네 아들도 잘 지내지?"

"지난 5년간 해적당 당원으로 열심히 활동하다가 지쳤나봐. 올해 다시 대학으로 돌아와서 졸업 논문을 쓰고 있어."

"맞아. 자네 아들이 대학에 입학하자마자 해적이 되었었지."

"해적이 아니라 해적당 당원. 그때가 2012년이었을 거야. 2012년이 해적당의 전성기였어. 그 이후로 지난 5년간 점차 사그라졌고."

해적당의 등장

나는 잠시 해적당에 대한 기억을 더듬어 보았다.

'해적당은 릭 팔크빙에Rick Falkbinge가 2006년 스웨덴에서 처음으로 만든 플랫폼 정당이다. 하나의 주제에 집중하는 단일주제정당이어서 시민권과 자유권, 특히 정보의 자유권을 주장했다. 해적당은 리눅스를 개발한 핀란드인 리눅스 토발즈Linux Tobalz의 정신을 토대로 누구나 참여할 수 있는 리눅스 시스템 같은 '리눅스 민주주의'를 표방했다. 리눅스 정신은 도스DOS와 윈도우Window 등을 앞세운 상업주의에 기초한 저작권과 특허권을 인정하지 않고, 모든 사람들이 소프트웨어를 무료로 이용할 수 있게 하자는 정보화 시대의 사회운동이자, 기존의 상업 질서에 대한 저항이었다. 나아가 리눅스 정신은 저작권과 특허권이 창작의 자유를 제한한다고 보았다.

스웨덴 해적당은 2006년 1월 이후 세계 전역에서 창당되는 해적당의 모델 역할을 했다. 독일에서도 2006년 9월에 해적당이 만들어졌다. 세계적으로 62개의 해적당 조직이 있고, 그중 29개는 국제NGO인 PPIPirate Parties International로 결성되어 있다. 스웨덴 해적당은 2009년 유럽의회 선거에서 7.13%의 지지를 받고 유럽의회 의원을 2명 배출했지만, 그 이후 지지율이 점차 하락했고, 2010년 스웨덴 총선에서는 0.65%라는 초라한 지지율을 보이고 말았다.

하지만 독일의 해적당은 지지기반을 넓혔다. 2011년 베를린 시의회 선거와 자알란트Saarland 지방선거에서 각각 7.4%와 8.9%의 득표를 얻었고, 2012년 슐레스비히-홀슈타인Schleswig-Holstein과 노르트라인 베스트팔렌Nordrhein Westfallen 지방선거에서는 각각 8.2%와 7.8%의 득표를 얻었다. 베를린에서 15명, 자알란트에서 4명, 슐레스비히-홀슈타인에서 6명, 노르트라인 베스트팔렌에서 20명, 2년 동안 총 45명의 의원을 지방정치의 무대에 등장시켰다.'

"칼, 해적당이 사그라지고 있다는데, 현재 상황은 어때?"

"2017년 현재, 유럽의회에 1석, 기초단체 Gemeinde 의 의원 301명이 활동하고 있을 뿐이야. 주의회의 의원은 한 명도 없어. 전국 지지율은 1~2% 정도 … 스웨덴 해적당의 전철을 밟는 것 같아."

"독일의 해적당은 소셜 네트워크 서비스SNS를 이용해서 젊은 유권자와 적극 소통하며 성공한 '인터넷 정당'이었는데 … 안타깝네. 인터넷과 스마트폰을 통해 당 정책에 대한 지지자의 의견을 충분히 수용하면서 사이버 공간과 현실을 결합시키는 선거운동을 했잖아?"

"하지만 그런 선거운동은 요즘 모든 정당이 다 해."

"그건 그렇지. 사실, 그것보다 해적당의 정치적 노선에서 끌리는 부분이 많았어. 특히, 젊은 사람들에게는 매력적이었잖아?"

"그래서 우리 애도 참여했었지 … 20세기 후반부터 모든 삶의 영역에서 급속히 진행된 '디지털 혁명'이 우리 인간의 존엄성과 자유를 위협한다는 해적당의 진단은 많은 사람들로부터 공감을 얻었어."

"디지털화가 감시사회를 촉진하는 상황에서 인간의 자유가 침해되는 건 맞아. 그래서 정보사회의 흐름을 시장의 논리에만 맡겨서는 안 되고, 정보에 대한 자기결정권, 지식과 문화에 대한 자유로운 접근권, 사적 영역을 보호받을 권리를 보장해야 하는 거지."

"랄프와 같이 나도 개인의 사적 영역을 침해하는 감시사회에 반대했어. 그래서 개인의 사적 영역과 정보를 보호하는 것이 인간의 존엄성과 자유를 보장하는 길이라는 해적당의 주장에 동의했지."

"개인의 익명성을 보장하는 것, 기업에 개인 정보를 넘기는 행위를 금지하는 것, 국가의 전자메일 열람과 스마트폰 위치추적을 엄격히 제한하는 것, 감시카메라 설치를 제한하는 것은 필요하지. 한국에는 CCTV가 너무 많아서 사생활 보호가 안 되고 있어. 범죄를 예방하고, 범죄 수사에 도움이 된다는 논리가 앞서는 거지. CCTV 제조업체만 호황이야. 우리나라에도 해적당이 있어야 하는데 …"

"독일도 CCTV를 설치하자는 움직임이 있었지만, 해적당이 감시사회의 심각성을 부각시키면서 설치가 까다로워졌어. 해적당은 정보의 자기결정권도 주장했어. 각자 중앙정보은행에 자신의 정보가 어느 정도 집적되었는지 확인할 수 있어야 하고, 원하면 자신의 정보를 수정, 폐쇄, 삭제할 수 있어야 한다고 본 거지. 유전적 · 생물학적 정보도 무단으로 사용해서는 안 되고, 각자가 원하면 규칙에 따라 국가가 관장하는 개인 정보를 열람할 수 있어야 한다고 보았어."

"해적당의 교육정책도 내 마음에 들던데. 개인의 특성을 길러주는 맞춤형 교육을 위해 교육에 더 많은 투자를 해야 한다는 주장 말이야. 교육에의 접근access을 제한한다는 이유로 개인에게 부과하는 모든 교육비를 정언적으로 거부했어. 자유롭게 자기를 발견하고 발전시키는 교육에 대한 개인의 권리를 철저히 긍정했던 거지."

"그러한 주장이 젊은 세대에게 어필appeal했었지 …"

해적당의 소멸과 독일 정치 지형

"그런데 해적당은 왜 사그라지고 있는 거지? 이해가 안 돼."

"나도 생각을 좀 해봤지."

"그래서, 이유는?"

"개인의 자유를 너무 인정하다 보니까 그런 것 같아 …"

"좀 구체적으로 말해봐."

"정당의 간부들과 주 의원들이 탈당을 하고 각각 다른 정당으로 가버렸어. 예컨대, 내 아들 랄프와 같이 활동했던 해적당 당수 세바스티안 네르쯔Sebastian Nerz와 베른트 쉬레머Bernd Schlömer가 자민

당FDP으로 당적을 옮겼어. 20대였던 네르쯔는 2011년 베를린 시의
회 선거를 진두지휘했고, 40대였던 쉬레머는 2012년 노르트라인 베
스트팔렌 지방선거를 성공적으로 이끈 인물이었는데 … 그 밖에 해적
당의 젊은 의원들도 녹색당, 기민련, 좌파당 등으로 당적을 옮겼지.
해적당의 주요 정치인이 흩어지면서 와해된 거지 뭐."

"독일에서도 탈당을 하고 당적을 바꾸는구나. 정당 정치가 강한
독일에서는 그런 일이 없을 줄 알았어. 정당에는 수평성과 수직성이
균형적으로 작동해야 하는데, 해적당은 수평성만 강조되었나 봐."

"그런 측면도 있었지. 수직적인 질서가 있어야 조직적으로 움직
일 수 있어. 수평적 의사소통만으로는 부족해. 랄프의 말에 따르면,
플랫폼 정당의 한계도 있었다는 거야. 정당은 인터넷만으로 조직화되
는 게 아니라고 하더군. 사람들끼리 보고 부대끼고 많은 시간 동안
서로 신뢰를 쌓아야 하는데 … 그게 부족했다는 거야. 그래서 갈등이
생기자, 자기 정치적 취향에 따라 다른 정당을 찾아간 거고."

"이제야 랄프가 학교로 돌아와 공부를 다시 시작한 이유를 알 것
같아. 정치에서 받는 상처는 오래가는데 …"

"그런 것 같아. 한동안 말을 안 하더라고. 지금도 별로 말을 안
해. 집에도 잘 안 오고."

"그냥 편하게 해줘. 그 마음 잘 안 풀려 …"

"꼭 경험한 것처럼 얘기하네 …"

"그건 그렇고, 요즘에는 새로운 정당이 뜬다며?"

"독일대안정당AfD 말이야?"

"그래. 이름으로 봐서는 좌파 정당 같았는데 우파 정당이라며?"

"여기 바이에른 주를 장악하고 있는 기사련CSU과 비슷한 색채의
정당이야. 뭐, 그러니까, 기사련의 전국화라고 보면 될 것 같아."

잠시 독일 정당의 최근 역사를 간단히 떠올려 보았다.

'70~80년대에 독일을 포함한 서유럽에서 환경운동이 일어났었다. 그러한 흐름을 타고 녹색당Die Grünen이 등장하며 사민당SPD, 기민련/기사당CDU/CSU, 자민당FDP으로 구축된 정당 구조에 편입되었고, 90년대 들어 녹색당 세력은 안정화되었다. 녹색당은 1998년부터 2005년까지 사민당과 연정 파트너가 될 만큼 성장했다. 하지만 90년 독일 통일 이후 구 동독 지역을 중심으로 좌파당Die Linke이 신자유주의적 글로벌화의 전전에 따른 사회적 저항의 반영물로 등장하게 되었다. 현재, 좌파당에 대한 지지율도 안정화되었다. 그런데 정보화 시대의 개인 정보에 대한 자기결정권을 부각시키는 해적당이 2006년에 등장했지만 10년이 지난 지금 거의 사멸될 지경에 이르렀다. 자민당도 지지율이 부진하다. 대신, 독일대안정당이 녹색당, 좌파당, 자민당과 어깨를 나란히 겨룰 정당으로 성장하고 있다.'

이런 생각을 하고 있는 동안 칼이 말을 이었다.

"독일대안정당의 등장으로 독일 정당 구조가 2강 4중 구조로 재편되고 있어. 2개의 헤비급 정당인 사민당과 기민련/기사당, 4개의 미들급 정당인 자민당, 녹색당, 좌파당, 독일대안정당으로 말일세. 사민당과 기민련/기사련은 각각 좌와 우를 대변하는 거대 정당이지만, 각각 우클릭과 좌클릭을 해오면서 중도화되었고, 자민당은 본래 시장의 논리에 충실한 자유주의적 정당이었으며, 녹색당, 좌파당, 독일대안정당은 각각 환경과 평화의 문제, 신자유주의적 금융질서와 노동정책의 문제, 외국인과 이민자의 유입 문제에 집중하고 있어."

"요즘, 독일대안정당의 정당지지율은 어느 정도야?"

"조사기관마다 다른데 … 7%에서 10%까지 나와."

"그럼, 녹색당이나, 좌파당과 지지율이 비슷한데."

"2013년 총선에서는 자민당이 5% 미만을 받아 원내 진입도 못했는데, 요즘 조금 나아지고 있어. 해적당의 젊은 피 수혈도 받았고. 자민당도 8%에서 9% 정도의 지지율을 확보하고 있어."

"정말 2강 4중 구도네. 독일에서는 시대정신의 흐름에 따라 녹색당, 좌파당, 독일대안정당이라는 새로운 정당들이 등장하면서 다양성이 반영되고 균형 잡힌 정당 구조가 갖추어진 것 같아서 부러워."

"내 생각에, 녹색당, 좌파당, 해적당, 독일대안정당 등 새로운 정당이 생기고 정착될 수 있는 것은 선거제도와 관련이 있어. 자네도 알다시피, 우리나라에서는 정당에 대한 유권자의 지지율이 중요하잖아. 주선거와 총선에서 유권자는 2개의 표를 행사하는데, 한 표는 정당에, 다른 한 표는 선거구의 후보자에게 투표하니까. 예컨대, 해적당이 선거구에서 한 명의 선출 의원을 내지 못했어도 정당에 대한 투표율에서 10%의 지지를 받았으면 비례대표에 의해 10%에 해당하는 의석수를 확보하는 방식이지. 그래서 베를린과 노르트라인 베스트팔렌과 같은 인구가 밀집된 주에서 해적당은 지역 선거구에서 선출의원을 내지 못했어도, 8.9%와 7.8%의 정당지지율에 따른 배분방식에 의해 각각 15명과 20명의 의원을 확보할 수 있었어."

"자네 말처럼, 제도적 측면도 있겠지. 얘기가 길어졌네. 해적당과 독일대안정당 스토리가 재미있었어."

"자네랑 얘기하면 나도 재미있어."

"그런가? 하하."

"그렇지! 하하."

복지와 사회적 시장경제

아침 식사를 끝내고, 방으로 올라왔다. 10시가 넘었다. 배낭에 필요한 것을 챙겨서 넣고 호텔을 나왔다. 파징 역으로 와서 뮌헨 시내로 가는 에스반에 올랐다. 〈마리엔플라츠Marienplatz〉에서 지하철 6호선 U6로 갈아탔다. 〈대학Universität〉 역에서 내렸다. 〈게슈비스터-숄- 플라츠Geschwister-Scholl-Platz〉로 나왔다. 쌍둥이 분수대에서 시원하게 물이 떨어지고 있었다. 분수대 앞에 있는 나무 의자에 앉았다. 시계를 보았다. 11시 30분이었다. 한참 동안 앉아서 지나가는 학생들을 바라보다가 발걸음을 맞은 편 건물로 향했다.

영국 공원과 이자 강의 시원

게슈비스터-숄-플라츠에는 대학의 본관이 있다. 본관에서 법대 건물 쪽으로 건너가면 〈영국 공원Englischer Garten〉으로 연결된다.

영국 공원은 뮌헨을 가로지르는 〈이자Isar〉 강의 서안西岸과 평행을 유지하며 북동쪽을 향해 3.75km² 규모로 조성된, 세계에서 가장 큰 공원 중의 하나이다. 공원 곳곳에는 이자 강으로부터 끌어온 지류가 흐른다. 물과 나무가 어우러진 녹지는 시민들의 휴식 공간이다. 공원 으로 들어서자마자 사람들이 자유롭게 옷을 벗고 이자 강의 지류 옆 에 누워서 일광욕을 하는 장면이 눈에 들어왔다.

뮌헨은 독일에서 햇볕 나는 일수가 많은 지역에 속한다. 그래도 뮌헨은 한국에 비해 햇볕이 부족하다. 그래서 뮌헨 사람들은 오늘 같이 날씨가 좋으면 다 풀어 헤치고 잔디에 누워 일광욕을 한다. 나는 뮌헨에서 지낼 때 햇볕이 나면 풀어 헤치는 일광욕은 못했어도 햇볕 아래 벤치에 앉아 있거나 햇볕을 받으며 산책을 했었다. 하지만 나는 이슬비 내리는 축축한 뮌헨 날씨를 좋아했다. 지하철 3/6호선에서 내려 대학 커피숍 〈카두CADU〉에서 진한 커피를 마시며 '남독신문 Sueddeutsche Zeitung'을 읽고, 우산을 받쳐 들고 영국 공원을 걸어 〈정치학과 인스티튜트GSI〉로 가는 것이 좋았다.

••• 영국 공원

영국 공원을 통과하는 옥빛의 이자 강 지류를 바라보았다. 이자 강에는 녹차를 풀어 놓은 것처럼 맑은 초록의 옥빛을 띤 물이 흐른다. 나는 그 색깔이 너무나 예뻐서 이자 강을 사랑한다. 항상 그 옥빛의 물이 그리웠다. 물이 어떻게 그렇게 아름다운 옥빛을 가질 수 있을까? 매번 강 아래로 내려가 손으로 물을 떠보았으나 손바닥에 있는 이자 강물은 보통 물처럼 투명했다. 참 신기했다.

왜 옥빛을 띨까? 너무 궁금해서 한 번은 이자 강의 발원지를 찾아가 보았다. 인스부르크Innsbruck는 오스트리아 알프스인 카벤델산맥 Karwendelgebirge으로 둘러싸인 2000년 역사의 고도古都이다. 인스부르크는 15세기 이후 신성로마제국의 황제를 배출한 합스부르크 왕가의 터전이었다. 인스부르크 부근 카벤델산맥의 해발 1,160m에 놓인 샤르니츠Scharnitz라는 조그마한 마을이 있다. 뮌헨으로 흐르는 이자 강의 발원지는 바로 그 마을의 동쪽에 있는 〈힌터아우탈Hinterautal〉이라는 계곡이었다. 발원지의 물은 오히려 우유 빛을 띠었다. 오스트리아와 독일 알프스는 대체로 석회암 지반을 가지고 있다. 알프스의 맑고 차가운 물이 하얀 석회암 지반 위를 흐르며 맑은 우유 빛을 띠었던 것이다. 석회암 지반을 바라보다가 문득 알게 되었다. 너무나도 단순한 사실을 미처 깨닫지 못하고 있었던 것이다. 물은 거울처럼 세상을 비춘다는 사실 말이다. 생각해보니 이자 강 주변은 온통 초록 숲이었다. 이자 강은 물 밑의 하얀색과 물 밖의 초록색을 아름다운 옥빛으로 결합시키고 있었던 것이다.

이자 강은 오스트리아 힌터아우탈에서 출발하여 동북쪽으로 향하며 오스트리아-독일 국경의 〈실벤슈타인호수Sylvensteinsee〉에 모이고, 다시 호수의 북쪽에서 물꼬를 틀어 서북쪽의 〈바드 퇼쯔Bad Tölz〉를 통과하여 〈볼프라츠하우젠Wolfratshausen〉에서 〈로이자흐Loisach〉 강과 합류한다. 로이자흐 강의 발원지도 오스트리아이다. 로이자흐의 물줄기는 독일 서남쪽에 위치한 오스트리아 티롤Tirol 지방의 〈비버비어Biberwier〉 마을에서 시작되어 독일로 넘어와 〈코헬 호수Kochelsee〉의 서쪽으로 유입되고, 북쪽으로 빠져나간다. 북쪽으로 그렇게 흐르다가 볼프라츠하우젠에서 이자 강과 합류한다. 로이자흐와 합류해서 몸집이 커진 이자 강은 뮌헨을 통과하여 북동쪽으로 계속 흘러 도나우Donau 강에 합류된다. 이자 강은 기원지로부터 약 295km를 흐른 후에 탁한 도나우 강으로 합류하면서 아름다운 옥빛을 잃어버리고 어두운 흑해를 향해 나아간다.

천천히 걸어서 영국 공원을 통과하여 마침내 정치학과 인스티튜트GSI가 있는 〈웨팅엔거리Oettingenstraße〉에 도착했다. GSI 바로 옆으로 이자 강의 지류가 흐르고, 5분만 걸어가면 이자 강의 본류

를 볼 수 있다. 그러니까, 유
학하던 시절 오스트리아 알
프스로부터 발원하는 이자
강을 옆에 끼고 공부했던 셈
이다.

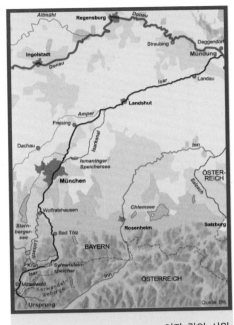

••• 이자 강의 시원

GSI의 지하에 있는 카페
테리아로 내려갔다. 아직 학
기가 끝나지 않아서 학생들
이 많았다. 입구는 지하인데,
카페테리아로 들어와 왼쪽
으로 지상 1층에 있는 조그
마한 호프로 나갈 수 있다.
호프에는 나무 탁자와 벤치
가 있고, 뒤로는 건물이, 앞
으로는 영국 공원의 녹지와 건물을 둘러싸고 흐르는 이자 강의 지류
를 볼 수 있다. 샌드위치, 카푸치노, 탄산수를 사서 밖의 호프로 갔다.
학생들이 벤치에 앉아 있었다. 나도 그늘에 자리를 잡고 앉았다. 12시
30분이었다.

바로 여기에서 나는 독일 친구들과 수없이 많은 대화를 나누었다.
도서관에서 책과 논문을 찾아 읽다가 이곳으로 내려와 커피를 마시며
담배를 피우고 있으면, 다른 친구들도 내려와 자연스럽게 공부하는
것을 얘기했다. 여기에서 수많은 말동무를 만났고, 그 친구들이 졸업
하고 떠나는 것을 보았다. 그 당시 나의 지도 교수였던 헤닝 오트만
Henning Ottmann도 은퇴하고, 그의 제자들도 다른 학교로 떠나서 이
곳은 나에게 사실 조금 썰렁한 곳이 되어버렸다. 세월이 많이 흘렀다.

13년 전에 이곳을 떠나 한국으로 돌아갔으니까.

복지의 개념과 복지 실현의 조건

도서관으로 올라왔다. 1시였다. 4시에 약속이 있다. 3시 30분까지, 그러니까 2시간 30분 정도 자료를 찾고 읽어볼 시간이 있었다. 이번에 뮌헨에 올 때, ○○ 연구소에서 의뢰받은 보고서의 주제는 〈독일의 복지국가모델〉이었다. 현재 한국에서는 선先성장, 후後분배의 과거 패러다임에 의해 야기된 양극화와 불평등을 해소하기 위해, 나아가 인간의 기본권을 보장하며 자유를 실현시키는, 그래서 돈이 아니라 사람이 중심이 되게 하는, 〈포용적 복지국가〉가 화두이다.

지금까지 복지는 지출하면 사라져버리는 비용으로만 간주되었다. 복지가 비용과 지출인 것은 맞다. 국가가 재원을 마련하여 지출하니까 말이다. 하지만 국가의 복지 지출은 쓰면 사라지는 단순한 비용이 아니다. 오히려 복지는 장기적으로 사회를 지속가능하게 만들어준다. 우리로 하여금 의미 없는 경쟁에 힘을 낭비하지 않고 생산성, 행복, 여유, 자유, 창의적 혁신을 추구하도록 만들어 주기 때문이다.

지금까지 국가가 복지안전망을 제대로 구축하지 않아서, 주거, 의료, 교육, 연금, 도로 등 우리가 당연히 누려야 할 자유로서의 기본권은 민간이 투자해서 이익을 창출하는 돈벌이 영역이 되고 말았다. 예컨대, 맥쿼리Macquarie가 벌어들이는 막대한 민자도로사업 수익은 통행료 없이 도로를 이용할 수 있는 우리의 기본적 권리를 희생시켜 얻어진 것이다. 도로를 이용하는데 국민이 왜 통행료를 내야 하는가? 국가가 국민의 기본권을 보호하지 않아서 일어난 일이다.

복지는 말로만 해서 되는 것이 아니다. 정치적 신념, 의지, 정책이 필요하며, 충분한 복지 재정의 확보를 위해 증세가 필요하다. 사실,

우리의 복지 지출은 1960년대 이후 그동안 꾸준히 증가해왔음에도 불구하고 2016년 기준 GDP의 10.4%에 그치며, 이는 2016년 OECD 평균 21%의 절반에도 못 미친다. 이러한 복지 지출 비율은 OECD 35개국에서 최하위인 34위이다. 복지 지출을 최소한 OECD 평균으로 높이기 위해서는 현재 지출의 두 배인 약 200조가 필요한데, 부족한 재원은 사실상 증세로 충당할 수밖에 없는 상황이다.

그런데 시민, 나아가 정치인 스스로가 세금을 더 많이 내야 되는 이유를 찾지 못하면 납세를 거부할 수밖에 없다. 복지는 납세에 의해 실현되기 때문이다. 혜택만 누리려고 하면 복지를 지속적으로 유지할 수 없다. 그래서 현재보다 세금을 10% 정도 더 내야 하는 근거와 정당성을 제공할 '새로운 가치와 제도'가 필요하다. 예컨대, 시장에 대한 국가의 개입과 관리, 노사정 거버넌스, 연대와 신뢰, 복지를 통한 사회적 불평등의 완화 등을 강조하는 독일의 〈사회적 시장경제 Soziale Marktwirtschaft〉는 신자유주의적 시장질서가 낳은 부작용을 극복하는 가치와 제도를 구축할 수 있는 새로운 대안이 될 수 있다. 나아가 복지는 지속되는 경제적 성장 동력에 의존하기 때문에 '지속가능한 성장을 위한 국가전략'을 세워 추진해야 한다.

우리나라에서 지속가능한 복지를 실현하기 위해서는 삼박자가 잘 맞아야 한다. 첫째, 사회적 시장경제의 시스템을 긍정하는 쪽으로 시민의식이 전환되어야 한다. 둘째, 시민은 현재보다 더 많은 세금을 기꺼이 내어야 한다. 셋째, 정부는 복지에 필요한 재정을 확보할 수 있는 사회적 시장경제의 제도를 마련하며, 이와 동시에 지속가능한 성장을 위한 전략을 추진하면서 복지의 기반을 유지해야 한다.

〈복지welfare〉는 단지 어려운 사람을 돕는 것social benefit이 아니라, 공동체의 번영을 모두가 함께 누리면서 '잘 사는 것well-being'을 의미한다. 사회의 특정한 계층만이 아니라, 사회적 약자를 포함해서 공동체의 구성원 모두가 노동, 의료, 연금, 교육, 교통, 보육, 휴양 등과 관련된 인간의 기본적 욕구를 '충분히' 충족시키며 자신의 자유를 구체적으로 향유할 때 복지국가가 실현된다.

사실, 모든 것을 시장에만 의존하면 소득분배는 평등하게 이루어지지 않는다. 차별과 불평등이 만연하게 되고, 모두가 잘 사는 사회가 실현될 수 없다. 시장을 통한 소득분배는 노동관계, 질병, 사고, 재해, 실업, 노령으로 인한 소득의 손실을 보장하지 않기 때문이다. 시장을 최선으로 여기는 사람은 효율을 강조한 나머지 의료와 교육과 같은 '공공재public good'를 공평하게 분배하는 것이 시장의 지속적 작동의 기초가 된다는 것을 간과한다. 우리가 시장에서 항상 '위험'에 노출될 수 있다는 점을 고려하고, 노사정의 거버넌스와 조세를 통해 공공재를 공동으로 구매하여 시민에게 좋은 삶의 기초를 제공하면서, 시장이 계속 작동할 수 있도록 하는 가치체계가 〈사회적 시장경제〉이다. 시장경제의 지속가능성은 복지에 기초한다.

예컨대, 미국에서는 국가가 복지를 완전히 책임지지 않는다. 개인은 세금을 적게 내는 대신, 교육, 연금, 의료, 보육 등을 능력껏 알아서 해결한다. 이와 다르게, 독일에서는 국가가 복지를 책임진다. 물론, 시민의 정부 신뢰, 연대감, 충분한 조세가 없으면 그러한 국가적 책임은 가능하지 않다. 독일 정부는 〈복지계정Sozialbudget〉을 만들어 주거, 의료, 교육, 교통 등의 공공재를 관리하고 시민이 이러한 공공재 서비스를 공평하게 받을 수 있도록 하며, 나아가 실업수당, 연금, 보육수당, 자녀수당, 주택보조금 등을 제공하여 시민이 인간으로서 기본적 욕구를 충족시키면서 살아갈 수 있도록 한다.

독일모델과 영미모델

2011년 10월 한국에서 번역된 게이건Thomas Geoghegan의 저작 『Were you born on the wrong continent? — 미국에서 태어난 게 잘못이야』를 재미있게 읽었던 기억이 났다. 게이건은 미국 시카고에 사는 노동 전문 변호사이다. 그는 이 책에서 신자유주의적 미국 모델을 비판하면서, 미국이 직면한 문제점을 치유하기 위해서는 사회시장경제에 기초한 독일모델을 선택해야 한다고 역설했다.

게이건의 눈에 비친 독일은 미국과 달랐다. 1년에 6주의 휴가가 보장되고, 아이를 낳으면 자녀수당에 보육비까지 국가가 지원하며, 대학에서의 교육도 거의 무료로 받을 수 있다. 근로자가 해고되면 새로운 직업을 찾을 때까지 180일에서 720일까지 실업수당을 받으며, 퇴직하면 근로소득의 67% 정도의 연금을 받는다. 그래서 독일 사람들의 표정에는 삶의 여유가 있다. 실패를 두려워하지 않고 새로운 시도도 할 수 있다. 이렇게 복지 지출을 해도 독일은 여전히 세계 최고의 제조업과 무역 흑자를 자랑하는 경쟁력 있는 국가이다.

반면, 미국에서는 중산층도 일자리를 잃으면 아무런 대책이 없다. 잘리지 않으려고 휴가도 없이 휴일에도 죽어라 일해야 한다. 자녀의 보육과 대학에서의 교육도 사립대학에서는 대부분 부모가 부담해야 한다. 퇴직하면 근로소득의 39% 정도의 공적 연금밖에 받지 못한다. 개인이 이렇게 경쟁을 하며 피곤하게 살아도 미국은 세계 최고의 채무와 무역적자에 허덕인다. 그래서 미국 사람들의 표정은 어둡고 삶에 여유가 없다. 게이건은 이렇게 독일과 미국에서의 상반된 삶의 모습을 비교하며 독일의 사회적 시장경제 모델을 옹호했다.

게이건에 따르면, 미국인은 유럽인보다 세금을 덜 내기도 하지만, 자신이 낸 세금도 공공재나 복지의 형태로 돌려받지 못하고 있다. 미국 사람들은 〈사회안전망〉에 별반 관심이 없다. 경쟁에서 이기는 데에만 신경이 쏠려 있기 때문에 진정한 행복에 대해 고민하지 않는다. 반면, 독일에서는 시민이 세금을 많이 내고, 국가가 시민의 지출을 관리해준다. 세금을 더 많이 내기 때문에 역설적으로 돈이 더 절약된다. 효율적인 방식으로 소비지출의 방향이 설정되기 때문이다. 국가는 시민에게서 세금을 거둬들인 후 그들이 필요한 것을 제공한다. 국가는 퇴직연금, 의료보험, 교육, 대중교통, 보육 등 공공재를 대량으로 구입해서 시민에게 효율적으로 분배한다. 시민은 세금을 내면 상당 부분 부담이 덜어지므로 남은 돈을 여유 있게 쓸 수 있다. 여유가 있어서 산책하며 사색하고, 3주간 휴가도 떠날 수 있다.

게이건이 6년 전에 비판한 미국도 요즘에는 GDP의 19.6%를 복지 지출에 사용한다. 미국인이 내는 세금 부담률이 우리와 비슷함에도 불구하고 말이다. 그렇다면, 도대체 우리는 뭔가? 세금을 내는 만큼 그것에 비례해서 복지 혜택을 받지 못한다는 말이다. 같은 수준의 세금을 내는데 미국인은 GDP 기준으로 19.6%의 복지 혜택을 받고, 우리는 GDP 기준으로 10.4%밖에 복지 혜택을 받지 못한다.

독일인이 내는 세금과 사회보험금

도서관에 앉아 게이건의 독일-미국 비교 이야기를 곰곰이 생각하다가, 의문이 생겼다. 독일인은 세금을 얼마나 낼까? 구체적으로 알고 싶었다. 조세정책에 관한 서적이 있는 서가로 가서 독일인의 세금 부담률을 조사해 보았다. 역시 높았다. 예컨대, 아직 결혼하지 않은 여성 A의 세전 임금이 5,451유로라고 가정해보자. 1유로에 1,500원의 환율로 계산하면 818만 원이다. 우선, A는 세전 임금의 22.7%인 1,237유로를 〈사회보험금Sozialversicherungsbeitrag〉으로 낸다. A가

내는 사회보험금은 건강보험8.2%, 수발보험0.98%, 연금보험9.8%, 실업보험1.5%, 지불불능할당금2.18%으로 구성된다.

A의 고용주도 A를 위해 A의 세전 임금의 19.6%에 해당하는 사회보험금 1,068유로를 부담한다. 고용주가 부담하는 사회보험금은 건강보험7.3%, 수발보험0.98%, 연금보험9.8%, 실업보험1.5%으로 구성된다. 고용주는 A보다 1% 정도 적은 건강보험료를 부담하지만 수발보험, 연금보험, 실업보험은 같은 비율로 부담한다.

그래서, A는 자신의 세전 임금의 42.3%에 해당하는 2,305유로346만 원를 사회보험금으로 확보한다. 건강보험15.5%이 845유로127만원이며, 연금보험19.6%이 1,068유로160만 원로 가장 많다.

나아가 A는 사회보험금과 별도로 연방과 거주하는 주에 〈근로소득세Lohnsteuer/Einkommensteuer〉와 기타 세금을 내는데, 이를 세전 임금의 약 30%라고 하면 1,635유로2백45만 원 정도 된다.

A가 임금에서 내는 것을 종합해보자. 사회보험금 22.7%의 1,237유로와 근로소득세 및 기타 세금 30%의 1,635유로를 더하면, 세전 임금의 52.7%에 해당하는 2,872유로4백30만 원 가 된다. 세전 임금 5,451유로에서 사회보험금과 근로소득세 및 기타 세금을 빼면, A의 세후 임금은 2,579유로3백87만 원 가 된다. 이제, 소득이 낮은 독신 여성 B의 경우를 가정해보자. B의 세전 임금은 2,176유로326만 원이다. 사회보험금은 A와 같은 비율로 계산하면 451유로이며, 근로소득세와 기타 세금의 비율을 20%로 계산하면 435유로이다. 그래서 B의 세후 임금은 886유로를 제외한 1,290유로194만 원 가 된다.

A는 387만 원을, B는 194만 원을 가지고 의식주에 관련된 비용을 지출하며 빠듯하게 살지만, 질병, 자녀 교육, 교통, 보육, 연금 등에 대해 걱정할 필요가 없다. A가 B보다 연금을 더 많이 납입했기 때문에 A는 B보다 연금을 더 많이 받을 것이다. 하지만 A와 B는 질병,

자녀 교육, 교통, 보육 부분에서는 거의 평등하게 복지 혜택을 누린다. 국가가 시민의 계층에 상관하지 않고 연대에 기초하여 의료, 교육, 주택, 교통과 같은 공공재를 공평하게 분배하기 때문이다. 그래서 A와 B는 돈을 적게 벌어도 〈복지 안전망〉 속에서 스트레스를 적게 받으며 일정한 생활수준을 유지하며 살아갈 수 있는 것이다.

다만, 건강보험료와 관련해서 노동자와 고용주의 부담이 과거에는 반반이었지만, 2004년 이후 수익자부담원칙이 적용되기 시작하면서, A의 경우에서 볼 수 있었듯이 고용주의 분담률보다 노동자의 분담률이, 세전 임금 비율로 계산해서 보면, 1~2% 높다. 나아가 고소득층을 중심으로 공적 보험보다는 좀 더 많은 의료 서비스를 제공하는 사적 보험에 가입하는 사례가 증가하고 있다. 현재 전체 건강보험 가입자 중 약 10%가 사적 의료보험에 가입하고 있다. 이러한 현상은 탈연대화의 흐름도 있다는 것을 보여주지만, 아직까지는 연대와 신뢰의 가치가 복지를 지탱하는 주요한 주춧돌로 남아 있다.

만약, A가 24개월을 근무하다가, B는 12개월을 근무하다가 실업자가 되었다면, A는 자신의 세후 소득이었던 2,579유로387만 원의 60%인 232만 원을 12개월 동안, B는 1,290유로194만 원의 60%인 116만 원을 6개월 동안 실업수당(I)으로 받는다. 그동안 일하면서 내왔던 사회보험금, 근로소득세, 기타 세금은 내지 않는다. A와 B가 각각 12개월과 6개월이 지나도 직업을 구하지 못할 경우, A와 B는 집세와 식비 등 최소한의 생계를 유지하는 데 드는 비용을 65세까지 수령할 수 있다. 개인당 300~400유로45~60만 원 정도 받는다. 이를 실업수당(II)이라고 하는데, 수령자는 6개월마다 갱신을 해야 한다.

게이건의 테제에 대해 다시 생각해 보았다. 그에 따르면, 독일이 제조업 분야에서 세계 최고의 경쟁력을 유지하는 비결은 〈사회민주주의Sozialdemokratie)와 참여적 시민의 덕성을 겸비한 전문기술자를 길러내는 〈직업학교 시스템〉에 있다. 그는 사회민주주의라는 개념을 쓰는데, 내 생각에, 그보다는 〈사회적 시장경제〉라는 개념이 더 적절할 것 같다. 사회민주주의는 본래 사민당SPD의 정치이념이고, 사회적 시장경제는 독일 정치의 진보와 보수에서 다 동의하는 경제 질서이기 때문이다. 게이건이 칭송하는 조합주의는 사회민주주의보다는 독일모델의 근본 특징인 사회적 시장경제에 기초한다.

조합주의적 사회협약과 사회적 시장경제

게이건은 자신의 책에서 독일식 조합주의적 정책협의의 세 가지 모델인 〈직장평의회〉, 〈노사공동결정〉, 〈지역별임금결정제도〉를 소개한다. 〈직장평의회〉는 사원이 1,000명 이상 되는 사업장에서 시행되는데, 직장평의회 위원으로 '선출'된 사원은 경영자와 합의하면서 회사의 경영에 참여한다. 〈노사공동결정〉은 2,000명 이상의 임직원을 거느린 대기업에서 실시되는데, 회사 이사회의 절반이 노동자 중에서 선출된 대표가 차지하는 제도이다. 노사가 함께 기업 내의 모든 대소사를 논의하므로 CEO 혼자 모든 직원의 생사를 좌우하지 못한다. 〈지역별임금결정제도〉는 임금에 관해 노사정 간의 단체교섭을 벌이는 다양한 종류의 노동조합과 관련이 있다. 노동조합은 일정 지역 내에서 동일한 가치의 노동이 동일한 임금을 받을 수 있도록 기업 및 정부와 단체교섭을 벌인다. 이는 기업들이 상품의 가격우위를 확보하기 위해 노동자 임금을 놓고 격렬하게 경쟁하는 것을 방지하며, 노동자 임금이 상대적으로 평등하게 유지될 수 있도록 한다.

직원은 직장평의회, 노사공동결정, 지역별임금결정제도 안에서 사측이 요구하는 노동의 〈유연안정성flexicurity〉에 대해 협의하면서 자신의 권리를 지킬 수 있다. 유연안정성은 고용, 해고, 파견 근로, 초과 근무, 단시간 근무 등 '수량적 유연화'와 기업자문, 외부 위기관리자, 교대제, 순환보직, 재교육 등 '기능적 유연화'로 분류된다. 민주적인 방법으로 노측 대표로 선출된 사원이 경영에 참여하며, 사측은 노측 대표와 합의하며 회사를 경영한다는 의미에서, 이러한 제도는 노사勞使관계에 반영된 사회적 시장경제라고 볼 수 있다.

사실, 게이건과 같은 미국 변호사도 나서서 〈영미모델〉을 비판하면서 〈독일모델〉을 예찬하지만, 독일모델은 독일 통일 이후 90년대부터 2008년 말 미국에서 시작된 금융위기 전까지 신자유주의에 기초한 영미모델에 의해 거친 비난을 받았던 모델이었다. 영미모델을 옹호하는 사람들은 독일모델이 이론적으로 기초하고 있는 사회적 시장경제가 90년대 이후 독일이 앓고 있는 '독일병'의 원인이라고 지목하면서, 높은 임금 수준과 부대비용, 유연하지 않은 노동시간, 지나친 규제 등이 글로벌화의 추세에 적절하지 않다고 비판했다. 하지만 2008년 말 이후 독일모델을 비판했던 영미모델은 그 의미를 잃어가고 있으며, 독일모델이 새로운 대안으로 부상하고 있다.

영미모델은 개인의 사적 이기심의 추구가 사회의 부를 가져온다는 고전적 자본주의 이념을 극대화시키면서 시장의 '보이지 않는 손'과 낙수효과를 철저히 옹호한다. 그래서 국가의 역할은 최소한으로 축소된다. 국가는 최소한의 복지만 제공하며, 개인이 능력껏 알아서 살아간다. 기업은 이윤창출과 주주 이익의 극대화를 추구하며, 노사관계를 사회적 협약이 아니라 사적 계약으로 간주한다. 반면, 독일모델은 사회적 연대와 평등을 중요시하면서, 시장의 경쟁과 복지가 균형 상태를 유지하도록 한다. 정부, 기업, 노조가 거버넌스를 구성하여 동반자적 관계로 상호간에 인정하며 사회협약에 합의한다.

시장의 효율적 기능을 최대한 긍정하는, 특히 금융자본이 규제받지 않고 자유롭게 지구촌에서 투자할 수 있도록 하는 영미모델은 독일모델과 비교할 때 상당한 차이를 보인다. 독일은 철저히 자본의 논리를 따르는 신자유주의보다는 국가의 개입을 인정하는 사회적 시장경제를 따른다. 독일모델의 기초는 사회적 시장경제이다.

사회적 시장경제는 본래 독일의 프라이부르크Freiburg 학파에 의해 정립된 〈질서자유주의Ordo-Liberalismus〉에 기초한다. 질서자유주의는 시장의 자유경쟁을 보장해야 한다고 보지만, 시민의 복지를 위해서는 국가가 시장에 개입할 수 있다고 보며, 헤겔의 정치철학으로부터 시작된 조합의 기능, 즉 국가의 정부와 시장의 개인을 매개하는 중간 수준의 '조합주의Koporatismus'가 중요하다고 본다. 그래서 사회적 시장경제에서는 경제사회적 갈등이 단지 시장의 논리에 의해서만 해결되지 않고, 노사정이 함께 모여 거버넌스를 구성하고 사회적·정치적·복지적 요소를 고려하면서 해결된다. 예컨대, 게이건이 말한 〈직장평의회〉, 〈노사공동결정〉, 〈지역별임금결정제도〉가 바로 사회적 시장경제의 조합주의라고 볼 수 있다.

그렇다. 게이건은 노사관계에 반영된 사회적 시장경제가 글로벌화의 파고에도 흔들이지 않고 독일의 제조업을 굳건히 지킬 수 있었던 하나의 비결이라고 보았던 것이다. 다른 하나의 비결은 학교와 기업이 서로 협력해서 마이스터Meister: 전문기술자를 키우는 직업학교 시스템이다. 직업학교의 학생들은 일한 만큼 급여도 받으면서, 전문기술자가 되기 위해 학교와 기업을 오가며 도제 수업을 받는다. 자동차와 가전제품 등의 품질을 최고로 관리하는 마이스터가 되는 것이다. 나아가 그들은 노동조합에도 가입하여 노사관계를 익히며 단순한 노동자가 아닌 참여하는 시민의 덕성을 몸으로 체득한다. 게이건의

표현에 따르자면, 학생은 직업학교에서 '기술에 투자하면서 어떻게 자신의 기술을 정치적으로 지킬 수 있는지도 배우는 것이다.'

벌써 3시 20분이다. 레센니히Stephan Lessenich 교수와 약속이 4시이니까, 이제 나서야 한다. 레센니히 교수는 나와 친분이 있었던 뮌헨대학 사회학과 울리히 벡Ulrich Beck 교수의 후임으로 온 분이다. 벡 교수는 2012년까지 내가 독일에 오면 사회학과가 있는 〈콘라드거리Konradstraße〉에서 만나보곤 했는데, 2015년에 향년 70세에 돌아가셨다. 돌아가신 것을 모른 상태에서 작년에 벡 교수에게 전자메일을 보냈는데, 뜻밖에도 그의 여비서가 돌아가신 벡 교수의 후임으로 레센니히 교수가 왔다는 사실을 알려주었다. 그 이후로 레센니히 교수와 몇 번 전자메일을 주고받다가 오늘 만나기로 했었다. 〈바 기오말레Bar Giomale〉에서 보기로 했다. 그 카페는 〈개선문Siegestor〉에서

〈레오폴트거리〉를 따라 북쪽으로 가다가 왼쪽으로 나 있는 〈게오르겐거리Georgenstraße〉의 초입에 있었다.

나는 다시 영국 공원을 통과하여 걸었다. 개선문 방향으로 가기에는 영국 공원을 가로지르는 것이 지름길이었기 때문이다. 〈중국탑Chinesischer Turm〉 앞으로 큰 나무들 아래로 조성된 노천 '비어가르텐Biergarten'을 지나쳤다. 신나는 바이에른 전통 음악이 흘러나왔고, 사람들은 유쾌하게 맥주를 마시고 있었다. 약속만 아니면 나도 앉아서 흥겨운 음악과 시원한 맥주를 마셨을 것이다.

걸음을 재촉했다. 빠르게 걸으니 이마에 땀이 맺히며 기분이 좋아졌다. 벡 교수 생각이 났다. 그는 내가 독일에 있을 때 알게 되었다. 17년 전 … 2000년인 것 같다. 그의 강의를 들었고, 그가 주최하는 학술회의에도 참가하면서 대화를 나누게 되었다. 2004년에 내가 한국으로 돌아온 이후 그가 두 번 정도 한국에 방문했는데, 서로 연락이 닿아서 저녁을 먹으며 같이 시간을 보내기도 했다. 내가 뮌헨에 오면 역시 그에게 연락을 해서 서로 이야기할 시간을 가졌다.

복지가 필요한 이유: 위험사회

벡 교수의 '위험사회론'을 다시 떠올려 보았다.

벡 교수는 〈위험사회Risikogesellschaft〉라는 개념으로 한국에도 많이 알려져 있다. 그는 위험사회라는 용어를 1986년 저작의 제목으로 처음 사용했다. 위험사회는 두 가지 의미로 사용된다. 첫째, 현대사회를 특징짓는 용어이다. 위험사회는 근대 이후 형성된 전통적 삶의 형태가 더 이상 가능하지 않는 사회를 뜻한다. 둘째, 위험사회는 성공적 근대화로부터 생긴 부수적 결과Nebenfolgen인 '위험Risiko'을 원망하는 시대를 뜻한다. 우리는 개인적으로 불안정한 삶을 살아갈 수밖에 없다. 파악하기 어려운 위험에 직면하여 어느 누구도 안전을 확보할 수 없기 때문이다. 위험사회는 일국에서뿐만 아니라 지구적으로 모든 사람에게 전염되고 영향을 준다. 그래서 위험사회는 〈세계위험사회 Weltrisikogesellschaft〉가 된다.

위험은 재난이 아니라, 재난에 대한 예측 Antizipation 이다. 위험은 미래에 일어날 가능성이 있는 사건을 현재화하며 인식하는 불안 심리에 기초한다. 실제로 원자력발전소가 폭발하거나 테러가 일어나면, 인식수준의 위험이 비로소 실제의 재난이 되는 것이다. 재난이 일어날 수 있다는 위험인식은 심리적으로 불안과 공포를 야기하며, 이는 현대사회의 인간감정과 행위에 막대한 영향을 주게 되고 세계를 변화시킬 수 있는 정치적 힘으로 전환되기도 한다.

지구적 재난에 대한 예측으로서, 지구적 위험은 세 가지 특징을 지닌다. 첫째, 위험의 원인과 범위를 하나의 지리적 장소와 공간으로 한정할 수 없다. 둘째, 위험의 파급과 결과는 결코 계산될 수 없다. 셋째, 위험이 현실화되었을 경우 완전히 복구하거나 보상할 수 없다. 그러니까 우리가 재난을 예측하는 것 같지만, 실제로는 결과를 온전히 예측할 수 없기 때문에, 예측은 항상 불완전하다. 재난에 대한 예측이 불완전하다는 것은 우리가 인식하는 위험이 불안을 담지하고 있다는 것을 의미한다. 불확실성에 대한 불안인 것이다. 우리는 항상 막연한 불안에 사로잡혀서 항상 위험을 관리해야 하는 '위험경영사회'와 항상 위험에 대해 얘기해야 하는 '위험담론사회'에서 살아가야 한다. 이러한 시대가 바로 우리가 겪고 있는 '세계위험사회'이다.

하지만 세계위험사회는 가능성의 차원에서 혁명적 사회라고 볼 수 있다. 지구적 위험담론의 재생산에 의해 형성된 세계위험사회에서는 자국의 이익만을 우선하는 민족주의가 현재 또는 미래의 재난으로 드러난다. 세계위험사회의 작동으로 일국 차원이 아니라 지구적 차원의 문제 해결이 중요하다는 시각이 형성되는 것이다. 또한 우리가 사용하고 있는 기술이 가져올 수 있는 예측할 수 없는 결과, 즉 위험이 정치적인 것das Politische의 원천이 되기 때문에 세계위험사회는 행동과 변화를 이끄는 혁명적 사회이다. 기술적 진보의 결과에 대해 전혀 예측할 수 없다는 인식이 위험에 민감한 세계여론의 전파를 타면서 세계권력구조에 변화를 야기하기 때문이다.

〈위험인식Risikoperzeption〉이 기존의 세계권력구조에 영향을 주는 시나리오는 다음과 같다. 우선 위험인식이 초국가적 세계여론을 형성시킨다. 대중매체의 위험보도가 크면 클수록 위험인식의 정치적 힘은 초국가적으로 작동한다. 나아가 세계인의 생활에서 재난에 대한 위험인식은 일상화됨으로써 세계위험사회의 성찰성이 형성된다. 이러한 성찰성이 위험인식 및 세계여론과 결합되어 위험이 성공적으로 연출될 경우 새로운 기술과 기업행위는 지구적 차원의 시위와 구매거부로 인해 그 정당성이 박탈된다. 지구적 위험인식의 작동은 결국 세계시장을 상처받기 쉬운 영역으로 만들어 버린다.

세계위험사회의 위기담론은 세계를 위험한 장소로 만든다. 우리의 인식에서 신뢰가 사라지고, 신뢰를 상실한 소비자는 모든 곳에서 위험을 보고 의식한다. 신뢰가 없을수록 인식되는 위험은 더욱더 증가한다. 위험인식이 증폭될수록 세계시장은 불안정하게 되며, 세계시장이 불안정하게 될수록 기업과 정부를 향한 부메랑 효과는 커진다. 예측되지 않았던 결과를 타자에게 전가시키는 기업들은 결국 막대한 손해를 보게 된다. 위험을 양산하고 이를 잔여위험으로 전가시키는 정부와 기업에 대한 총체적 신뢰상실은 정부와 기업을 지구적 차원의 시위물결과 싸워야 하는 상황으로 내몰 수도 있다.

그래서 세계위험사회는 현재 및 미래 세대의 삶과 연동된 결정이

'의식된 무지'의 기초하에 내려지고 있는 시대이자 이러한 상황을 성찰성에 입각하여 반성하고 정치적으로 반응하려는 시대이다.

〈첫 번째 근대화Erste Moderne〉에서 기술의 발전과 관련하여 그 기술이 가져올 결과에 대한 예측이 고려되지 않았으며, 기술발전은 경제의 이윤극대화의 논리에 입각하여 정당화되었다. 이러한 첫 번째 근대화는 〈두 번째 근대화Zweite Moderne〉로 이어지는데, 위험사회의 성격을 띤 두 번째 근대화에서는 이상한 게임이 펼쳐진다. 우리는 일어날 일을 완전히 예측하지 못하면서도 항상 무엇인가를 실행하기 때문이며, 학문, 정치, 산업 측에서 제시되는 안전에 대한 약속은 사실상 '의식된 무지'로 세워진 모래성이기 때문이다.

나아가 기술적으로 위험을 최소화하거나 제거하려는 기술전문가, 기업, 정치권의 모든 노력은 우리의 위험인식과 불안을 증폭시킬 뿐이다. 기술이 예측할 수 없는 위험을 내재하고 있다는 위험인식이 전염성이 강한 사회적 바이러스로 작동하기 때문이다. 이 바이러스는 경제와 정치까지 위험으로 보게 만든다. 사회가 두려움의 전제정치로 다스려지게 하고, 결핍된 예측의 주인공인 기업과 정부의 미숙성에 복수를 가한다. 하지만 이와 동시에 위험인식은 세계위험사회의 지구적 차원의 위기담론을 이끌어 내며 문제에 대한 새로운 해결책과 세계시민적 규범을 시험하는 정치적 과정으로 연결된다.

이러한 의미에서 위험인식에 고유한 형태로 내재되어 있는 대항권력은 정치적 행위를 이끌어 내는 위험성찰성이라고 볼 수 있다. 세계위험사회는 위험인식에 기초한 위험담론이 진행되는 세계시민의 지구적 인식공동체로서 위험을 재생산해내는 기존의 세계권력구조를 변화시킬 수 있는 정치성과 성찰성이 내재된 영역인 것이다. 이러한 정치성과 성찰성을 가능하게 하는 토대가 복지이기도 하다. 복지는 사람들에게 참여와 성찰의 여유를 주기 때문이다.

지속가능한 국가전략

〈바 기오말레〉 앞 노천 테이블에 레센니히 교수가 앉아서 걸어오는 나를 바라보고 있었다. 눈이 마주치면서 그가 손을 흔들었다.

"안녕하세요, 레센니히 교수님. 일찍 오셨네요."

"안녕하세요, 장 교수님. 영국 공원을 통해 왔나 봐요?"

"예. 정치학과 인스티튜트에서 오는 길이에요."

"어제 왔지요?"

"예. 어제 저녁에 왔어요. 조금 피곤했는데, 영국 공원을 걸으니 한결 좋아졌어요. 오늘 처음 뵙는데, 오래전부터 아는 분 같아요."

"저도 그런데요. 하하."

"벡 교수님의 부고 소식을 듣고 많이 놀랐습니다. 70세면 지금도 왕성하게 활동하실 나이이신데 …"

"돌아가시기 전까지 영국의 〈런던 정경대학London School for economics and political science〉과 뮌헨을 오가면서 열정적으로 강의도

하고, 독일연구재단에서 지원하는 〈성찰적 현대화reflexible moderni-sierung〉에 대한 연구도 하고 그러셨어요."

"그러게 말입니다. 많이 슬펐어요."

"벡 교수님은 정말 행복하신 분이세요. 돌아가셨을 때 지구촌에서 많은 분들이 애도의 뜻을 표했으니까요."

"성격도 좋으시고, 학문적으로도 일가를 이루셨잖아요."

서빙하는 아가씨가 와서 주문을 받았다. 레센니히 교수는 이미 밀맥주를 마시고 있었다. 나도 시원한 밀맥주를 시켰다.

"장 교수님은 이번에 무슨 일로 오셨나요?"

"독일의 복지국가모델에 대한 조그마한 보고서를 의뢰받았어요. 방금 전에도 정치학과 인스티튜트에서 그것에 대한 자료를 찾아보았답니다. 요즘 한국에서는 복지가 시대정신이거든요. 금년 초에 대선이 있었어요. 시장의 자유화로 인해 한국 시민들은 여러 가지 위험에 직면하면서 사회적 안전망에 대한 필요성을 느끼며 정치권에 요구하고 있어요. 현재 정부도 이러한 요구에 부응하려고 하고요.

시민의 요구도 중요하지만, 복지를 지속적으로 구현하기 위해서는 시민과 정부가 과거의 패러다임을 버리고 사회적 시장경제의 장점을 볼 수 있어야 하고, 시민은 세금을 더 많이 내야 하며, 정부는 성장을 장기적으로 유지할 수 있는 전략을 수립해서 추진해야 합니다. 지속가능한 국가전략 같은 것이 필요해요. 독일에도 그러한 전략이 있잖아요? 그것에 대해 교수님에게 물어보려고 해요. 마침, 교수님이 유럽의 복지국가모델을 연구하신 전문가이기도 해서요."

"그런 것이 우리에게도 있지요. 2002년 정부에서 지속가능한 국가전략을 수립할 때 저도 조금 참여했어요. 지속가능한 국가전략은 그 당시 연정을 했던 사민당과 녹색당의 합작품이었죠."

"그랬군요. 15년 전에 벌써 그러한 전략을 세웠군요."

지속가능성장의 개념

"쯤 볼Zum Wohl: 편안함을 위하여!" 서로 건배를 했다.

레센니히 교수가 맥주를 쭉 들이키면서 말을 이었다.

"독일의 지속가능한 국가전략은 1983년 이후 국제사회에서 조성되고 합의된 〈지속가능한 성장sustainable development〉이라는 가치를 2002년 국가전략에 적극적으로 반영한 것이지요. 우리는 15년 전에 수립한 그 국가전략을 지금도 추진하고 있답니다. 그래서 독일의 지속가능한 국가전략을 말하기 전에, 우선 지속가능한 성장이 국제사회에서 합의된 원칙으로 형성된 과정을 알아야 해요.

지속가능한 성장이라는 개념은 〈부른트란트 위원회〉가 1987년에 UN에 제출한 『우리의 공동미래Our Common Future』라는 보고서로 체계화되었어요. 부른트란트Bruntland는 1939년 노르웨이 태생 여성 물리학자로서, 노르웨이 사회민주계열의 정치인이며, 여러 번1981, 1986~1989, 1990~1996년에 걸쳐 노르웨이의 총리를 역임했죠. 그녀는 1982년부터 1991년까지 UN총장을 지냈던 하비에르 페레스 데 케야르Javier Pérez de Cuéllar에 의해 발탁되어 〈부른트란트 위원회: 기후와 개발에 관한 세계위원회WCED〉의 위원장을 했으며, 1987년에 『우리의 공동미래』라는 보고서를 제출했답니다.

위원회 활동은 1983년 UN총회 결의문A/RES/38/161에 기초합니다. 결의문 8조에 따르면, 설치되는 위원회는 2000년과 그 이후의 시기에 지속가능한 성장을 위한 장기적 환경전략을 개발하고, 환경문제와 관련하여 개도국과 다양한 성장단계에 있는 국가들이 협력할 수 있는 방안을 제시하도록 했어요. 나아가 사람, 자원, 환경, 개발·성장 사이의 상호연관성을 고려하여 국제사회가 함께 실행할 수 있는 방안을 마련하며, 장기적으로 국제사회의 어젠다가 될 수 있는 환경과 성장의 개념을 제시하도록 했죠. 이러한 결의에 기초하여 설치된 위원회가 부른트란트 위원회이며, 이 위원회가 제출한『우리의 공동미래』라는 UN보고서는 UN총회 결의문 A/RES/42/187에 의해 UN이 국제사회에서 추진하는 장기적인 프로젝트가 되었어요."

"부른트란트가 제출한『우리의 공동미래』라는 보고서에서는 지속가능성장이 무엇인지 명확히 정의내리고 있나요?" 내가 물었다.

"보고서에는 대략 이렇게 규정되어 있어요. '지속가능성장이란 미래 세대에게 그들의 욕구를 충족시킬 수 있는 가능성을 훼손하지 않으면서 우리 세대의 욕구를 충족시키는 발전을 의미한다. 지속가능성장은 두 가지 핵심 개념을 포함한다. 하나는 '욕구needs'라는 개념인데, 특히 자유의 실현과 관련하여 세계 빈곤층의 기본 욕구는 충족되어야 한다. 다른 하나는 '제한·절제limitation'라는 개념인데, 이는 현재와 미래의 욕구에 부응하기 위해서 기술개발, 사회조직, 환경관리 능력, 학교의 교육에 투영되어야 하는 제한·절제의 윤리덕목이다.' 이 정도면 지속가능성장의 의미가 명확하지요?"

"예. 인간이 지닌 욕구의 충족과 절제를 자유와 윤리의 차원에서 규정하고 있네요. 미래 세대에게 그들의 욕구를 충족시킬 수 있는 가능성을 훼손하지 않으면서 우리 세대의 욕구를 충족시키는 발전 … 지속가능성장이란 현재 세대와 미래 세대 간의 욕구와 자유를 모두 공정하게 충족시킨다는 '윤리적 차원의 세대조약'이네요."

"지속가능성장의 개념은 이후 1992년 리오에서 개최된 'UN 환경 및 개발 회의'에서 21세기를 위한 글로벌 행동프로그램인 〈어젠다 21〉의 핵심 내용이 되었어요. 그 당시 〈어젠다 21〉에 서명한 170여 개의 국가들은 경제적으로 실현가능하고, 사회적으로 정의롭고, 생태학적으로 지속가능한 발전을 위한 구체적인 전략을 수립해야 했어요. 독일도 〈어젠다 21〉에 서명했죠. 같은 해에 요하네스버그에서 개최된 '지속가능성장을 위한 세계정상회담'에서도 지속가능성장의 원칙이 '행동계획action plan'으로 구체화되었답니다. 동년에 UN에서도 〈지속가능성장 위원회CSD〉가 설치되었고, 이 위원회는 현재까지 지구촌의 지속가능성장을 실현하기 위해 노력하고 있어요.

나아가 2000년 UN총회에서 결의된 새천년 개발목표도 지속가능성장의 개념을 구체화했죠. 빈곤극복과 더불어 생태학적 지속가능성의 새천년 개발목표는 지속가능성장의 개념을 명시한 것이었어요. 국제사회의 흐름에서 보았을 때, 지속가능성장의 원칙은 국제사회의 핵심 담론과 행동 원칙으로 자리 잡았다고 볼 수 있답니다."

숲의 비유와 지속가능성

맥주를 한 모금 마시며 내가 물었다.

"그러니까, 독일이 1987년 이후 국제사회에서 형성된 지속가능성장의 개념을 2002년 국가전략에 반영했다는 말씀이시죠?"

"맞아요. 독일 내의 환경운동세력인 녹색당이 1998년 이후 사민당과 연정을 구성하여 정책에 영향을 준 것도 있지만, 독일이 세계에서 3번째로 UN분담금2011년 기준: 미국 22%, 일본 12.5%, 독일 8%을 부담하면서 국제사회의 활동에 적극적이라는 점도 강하게 작용했어요. 독일이 다른 국가와 다른 점은 지속가능한 성장 원칙을 국내·외에서 장기적으로 추진하고 있다는 점이에요. 독일은 지속가능성장을 강력하게 추진하고 그 결과를 평가하기 위해 2010년 2월에 〈지속가능성장을 위한 국가위원회Staatssekretärsausschuss für nachhaltige Entwicklung〉를 설치하여 지금까지 운영하고 있어요. 이 국가위원회는 연방의회의 지속가능성장위원회와 연방 주 및 자치단체의 시민단체 위원회와 매년 몇 차례씩 회의를 개최하여 지속가능성장을 위한 구체적인 방안을 마련하고 실행하고 있답니다."

"일종의 거너번스governance: 협치체제로 작동하고 있군요?"

"정부, 시민사회, 경제계가 협치하는 거죠. 독일 정부는 2002년에 〈Perspektiven für Deutschland: Unsere Strategie für eine nachhaltige Entwicklung — 독일을 위한 전망: 지속가능성장을 위한 우리의 전략〉이라는 국가전략을 수립한 이후, 현재까지 시민사회의 행위자는 물론, 기업과 같은 경제계의 행위자들이 참여하며 정부의 모든 정책의 분야에서 지속가능한 국가전략을 실행하고 있어요.

〈독일을 위한 전망〉문건을 보면, 지속가능성장의 개념은 앞에서 말한 부른트란트 위원회 보고서인 〈우리의 공동미래〉에서 규정된 것을 그대로 받아들이고 있음을 알 수 있어요. 지속가능성장을 '미래 세대에게 그들의 욕구를 충족시킬 수 있는 가능성을 훼손하지 않으면서 우리 세대의 욕구를 충족시키는 발전'으로 규정하고 있답니다.

정부 홈페이지를 보면, 〈지속가능성Nachhaltigkeit〉은 이렇게 설명되어 있어요. '지속가능성이란, 나무가 지속적으로 공급될 수 있는 만큼 나무를 베는 것을 의미하고, 이미 주어진 자원을 소비하는 것이 아니라 창조적으로 무엇인가를 만들어서 살아가는 것을 의미한다. 각 세대가 그들에게 주어진 과업을 완수해야 하며 그 과업을 해결하지 못하고 다음 세대에 짐으로 남겨주어서는 안 된다.' 지속가능성은 이렇게 절제, 창조, 책임, 연대의 윤리를 담고 있는 거죠."

"독일은 숲이 세계에서 가장 울창한 국가 중의 하나인데 … 정부는 지속가능성을 숲의 지속가능한 관리로 설명하고 있네요. 정부의 설명과 현재 독일의 울창한 숲은 서로 연관이 있는 것 같아요."

"장 교수님 추측이 맞아요. 나무를 가지고 지속가능성을 설명하는 정부의 방식은 역사적 기원이 있답니다. 독일에 숲이 많았지만, 숲은 한정된 자원이었어요. 가장 중요한 에너지 자원이자 건축 및 생활 재료인 나무를 마구잡이로 베어 쓸 수 없었던 겁니다. 엄격한 관리가 필요했어요. 나무를 지속가능하게 관리하는 원칙이 본래 지속가능성이었어요. 근대화 역사에서 숲을 지속가능하게 관리하기 위한 필요성이 독일적 맥락의 지속가능성의 기원이 된 것이죠.

독일 작센의 카를로비츠Carl von Carlowitz: 1645~1714는 1713년 임학에 관한 최초의 학술서『Sylvicultura Oeconomica: 자연 숲을 유지하기 위한 보고서』에서 지속가능한 숲의 관리를 최초로 주장했답니다. 1618년에서 1648년까지 유럽의 국가들이 독일 지역에서 종교 문제로 싸웠던 '30년 전쟁'으로 독일의 숲은 많이 훼손되어 있었고, 그 상황에서 그는 숲 관리의 필요성을 인식했던 거지요.

사실, 임학의 분야에서 유래한 지속가능성은 숲의 효율적 활용이라는 목적을 위한 수단적 사고방식이었어요. 그 당시 지속가능성은 모든 사안에 적용되는 원칙이 아니라, 어려울 때에 대비하는 지혜로서 숲의 자원을 관리하는 차원에 국한되는 개념이었던 셈이지요. 근대 초기에는 나무가 가장 중요한 자원이었기 때문에 목재 결핍은 생사가 달린 위험으로 간주되었고, 이러한 위험을 효과적으로 관리한다는 차원에서 지속가능한 숲의 관리가 정당화되었답니다."

"울창한 숲을 유지하는 것도 역사적 이유가 있군요."

한스 요나스의 생태명법과 네트워크적 사유방식

레센니히 교수는 맥주를 한 모금 마시고 말을 이었다.

"2차 세계대전 이후, 50~60년대에 독일에서는 처음으로 자원보호 논쟁이 있었어요. 하지만 그 당시 사람들은 낙천적이었죠. 물, 공기, 토양의 오염은 기술 발달로 해결될 수 있다고 보았으니까요. 70년대에는 연방내무부 장관과 연방외교부 장관을 역임했던 겐셔Hans-Dietrich Genscher가 환경Umwelt이라는 개념을 만들어 내면서 정부규

제를 강하게 추진했지만, 기술 발전에 대한 신뢰는 여전했지요. 정부
는 기술 개발을 통해 환경을 개선하려고 했어요.

80년대에 들어 환경윤리적 논쟁이 비로소 본격화되었어요. '인간
중심주의Anthropozentrik'와 '생명중심주의Biozentrik'가 대립하며 담론
을 형성했어요. 한스 요나스Hans Jonas: 1903~1993의 〈책임원칙Prinzip
Verantwortungs〉이 점차 대중의 인식 속에 파고들었죠. 그는 칸트의
정언명법의 형식을 빌려 〈생태명법Ökologischer Imperativ〉으로 말했
어요. '당신의 행위가 야기할 결과가 지구에서 인간의 삶이 지속적으
로 유지될 수 있도록 행위하여라Handle so, dass die Wirkungen deiner
Handlung verträglich sind mit der Permanenz echten menschlichen Lebens
auf Erden.' 요나스는 생태명법으로 지속가능성의 규범적 차원을 제시
한 거죠.

80년대에 환경윤리적 논의가 가속화되면서 가속가능성은 근대의
임학 분야에서 벗어나 모든 문제에 적용될 수 있는 보편성을 획득하
게 되었어요. 80년대의 지속가능성에
대한 논쟁은 처음부터 윤리논쟁의 성
격을 띠고 있었답니다. 애초에 임학
분야에 적용되었던 지속가능성은 목
재결핍을 피하기 위한 자구책이었기
때문에 그 원칙의 성격은 매우 실용적
이었어요. 윤리적 성찰이 요구되지 않
았어요. 하지만, 지구시민사회의 생태
학적 기초 개념으로서 모든 분야에 보
편적으로 적용되는 지속가능성은 인
간으로서 우리가 지닌 욕구에 대해 정

••• 한스 요나스

의justice의 차원에서 윤리적으로 성찰하기를 요청했지요."

"1987년 이후 국제사회에서 구성된 지속가능성장의 개념과 80년대 독일에서의 지속가능성에 대한 담론 형성이 일치하는 것 같네요. 독일 내에서 지속가능성에 대한 이념과 담론이 있었기에 국제사회의 원칙을 자연스럽게 국가전략에 반영할 수 있지 않았을까요?"

"맞아요. 독일에서 지속가능성의 개념은 담론화를 거치면서 보편적 윤리성을 획득하게 되었지요. 나아가 사회에서 투자하고, 생산하며, 소비하는 모든 주체가 지속가능성의 개념을 중심으로 협력하게 되었고요. 그런데 지속가능성이 보편성을 지니게 된 것은 그 개념에 내재된 균형성 때문이에요. 지속가능성은 숲에 대한 관리, 즉 인간중심주의적 관점에서 태생된 개념이지요. 하지만 지속가능성은 인간중심주의를 수정하면서 보편적 개념으로 발전했다고 볼 수 있어요.

인간중심주의는 도덕적 주체로서의 인간에게 보장된 자유와 평등의 가치를 절대적으로 긍정하며 자연을 조작가능한 대상으로 여기죠. 하지만 지속가능성에는 생태중심주의가 투영되었어요. 인간중심주의에 생태적·사회문화적 조건에 대하여 자율적으로 성찰하는 생태학적 계몽과 더불어, 그러한 조건이 사회적 성장과 발전, 문화와 문명과 조화되어야 한다는 자연친화적 계몽이 추가된 것이지요.

즉, 생태와 개발이라는 양 극단에 치우치지 않고 그 사이에서 균형을 찾아가는 길이 지속가능성이랍니다. 지속가능성이 사회문화적으로 고착화된 정의의 개념, 좋은 삶에 대한 지향성, 문화, 기술, 문명과의 의미론적 연관 속에서 추진될 수 있기 때문에 경제, 사회, 환경 분야의 문제를 해결할 수 있는 보편성을 지니게 된 것이죠.

나아가 지속가능성이 생태적·경제적·사회적 요소 사이에서 서로 교차되는 문제에 적용되기 때문에 보편성을 지니게 된 측면도 있어요. 이는 '패러다임의 전환paradigm shift'을 의미합니다. 지속가능성에 기초한 사유 방식은 하나의 대상에 집중하여 직선적으로 인과관계를 추론하는 기존의 〈직선적 사유방식〉으로부터 벗어나 생태, 경제, 사회 요소 간의 긴밀한 상관관계를 전체적으로 조망하면서 해결책을 모색하는 〈네트워크적 사유방식〉이기 때문이죠."

세대정의, 삶의 질, 사회통합, 국제책임

레셴니히 교수의 말을 정리해보았다.

"그러니까, 국가전략에 반영된 지속가능성은 절제의 윤리에 기초하며, 환경이 견딜만하고 자원을 절약하는 생산 및 소비 형태를 실현하기 위한 창조적 상상력과 기술적 노하우와 관련된다. 노동자, 기업, 노조, 경제단체, 대학, 연구기관 등의 모든 주체가 자기 분야에서 지속가능성을 실현하기 위해 노력한다. 나아가 지속가능성은 네트워크적 사유방식에 의해 실현될 수 있다. 이런 말씀이시죠?"

"예. 특히, 독일의 〈지속가능한 국가전략〉은 직선적 사유방식이 아닌 네트워크적 사유방식에 따라 계획되고 추진된다는 점이 중요해요. 생태, 경제, 사회의 총체적 문제에 접근하는 전략인 것이죠. 이러한 의미에서 독일의 지속가능한 국가전략은 각론의 차원에서 〈세대정의〉, 〈삶의 질〉, 〈사회적 통합〉, 〈국제적 책임〉이라는 네 가지 기본 원칙에 입각하여 시행되고 있어요. 지속가능성장이 상위 목표라고 하면 네 가지 기본 원칙은 이러한 상위 목표에 도달하기 위한 하위 목표인 셈이지요. 그래서 네 가지 기본 원칙은 2002년 이후 정부가 시민사회, 경제계와 협력하여 모든 정책을 수립하고 실행하는 열쇠가 되며, 정부는 매년 이러한 네 가지 기본 원칙을 17개의 세부적 항목으로 나누어 평가하면서 그 추진 내용을 검토하고 있어요."

"정부는 17개의 항목으로 평가한 후에 보고서도 작성하나요?"

"매년 보고서가 나오지요. 연방통계청이 주관해서 평가해요. 책자로도 배포되고, 연방통계청 홈페이지에서 다운로드 받을 수도 있어요. 예컨대, 최근 통계청에서 다운로드 받은 보고서는 『2016년 독일에서의 지속가능한 성장 평가보고서Nachhaltige Entwicklung in Deutschland Indikatorenbericht 2016』이었어요."

"네 가지 기본 원칙에 입각한 17개의 항목에는 무엇이 있나요?"

"〈세대정의〉의 검토 항목으로는 자원보호, 자원의 절약 및 효율적 사용, 기후 보호와 배기가스 감소, 재생에너지, 미래에너지 개발, 거주지 관리, 생물다양성 확보, 국가채무 감소, 경제의 미래 관리, R&D 혁신연구에 투자와 교육이 있어요. 〈삶의 질〉의 검토 항목으로는 경제적 부의 향상, 이동성 증가, 농촌 개발, 공기의 질 향상, 건강 및 영양 섭취의 향상, 범죄율 감소가 있어요. 〈사회적 통합〉의 검토 항목으로는 일자리 창출, 가족의 지원 및 보호, 남녀평등 진작, 외국인 통합이 있답니다. 마지막으로 〈국제적 책임〉의 검토 항목으로는 공적개발원조ODA, 최대빈곤국의 제품 수입 등이 있죠. 독일 정부는 이러한 17개의 검토 항목별로 구체적인 목표치를 설정하고, 매년 그 목표치에 도달하는 정도를 검토하고 있어요.

"좀 더 구체적으로 설명해 주시겠어요?"

"독일의 지속가능한 국가전략을 구성하는 기본 원칙 중에서 〈세대정의Generationsgerechtigkeit〉는 각각의 세대가 그들의 문제를 해결해야 하며 다음 세대에 짐을 지우지 말아야 한다는 윤리적 통찰에 기초합니다. 정치권에서는 이러한 원칙에 기초하여 다음 세대가 부담해야 할 재정적자를 남기지 말아야 하며, 경제의 다양한 주체는 미래를 위한 경제에 투자해야 하지만 자원을 남용해서는 안 된답니다. 이 원칙에 입각하여 정부가 추진하는 각종 정책에는 천연자원을 보호하는 것, 천연자원의 절약 및 효율적으로 사용하도록 신기술을 개발하는 것, 기후의 보호를 위해 이산화탄소 및 배기가스를 감소시키는 것, 재생에너지와 새로운 미래에너지를 개발하는 것, 거주지를 관리하는 것, 생물다양성을 확보하는 것, 국가채무를 감소시키는 것, 투자환경을 개선하면서 경제 부분을 관리하는 것, R&D 및 혁신연구에 투자하는 것, 교육의 질을 개선하는 것 등이 있답니다.

〈삶의 질Lebensqualität〉 원칙은 현재와 미래의 모든 사람들이 좋은 삶을 향유해야 한다는 것을 의미합니다. 좋은 삶을 위해서는 깨끗한 환경, 좋은 교육, 건강, 일자리, 자아실현, 거주, 사회적 인정 등이 필요하지요. 이러한 원칙에 입각하여 정부가 추진하는 정책에는 GDP 기준으로 경제적 부를 향상시키는 것, 삶의 편의와 상품의 원활한 수송을 위해 이동성을 증가시키는 것, 농촌이 자연친화적으로 유지될 수 있도록 개발하는 것, 대기 중 해로운 물질을 제거하여 공기의 질을 향상시키는 것, 건강 및 영양 섭취를 향상시키면서 영양 상태로 인해 조기에 사망하는 사람을 감소시키는 것과 흡연율을 감소시키는 것, 범죄율을 감소시키는 조치 등이 포함됩니다.

〈사회적 통합Sozialer Zusammenhalt〉 원칙은 빈곤과 사회적 고립을 방지하고, 승자와 패자로 분열되는 사회를 치유하며, 모든 국민이 경제적, 사회적 발전에 참여할 수 있도록 합니다. 이에 입각하여 정부가 추진하는 정책에는 2020년까지 근로가 가능한 사람 중에서 75%까지 일할 수 있는 일자리를 창출하는 것, 2020년까지 0세부터 5세까지의 유아 중 60%까지 온종일 돌봄 서비스를 받을 수 있게 가족을 지원하는 것, 남녀평등을 진작시키는 것, 현재 730만에 육박하는 외국인에 대한 통합정책의 일환으로 그들의 자녀가 정규학교를 졸업하여 독일 사회에 정착하도록 지원하는 것 등이 있답니다.

〈국제적 책임Internationale Verantwortung〉 원칙은 개도국이 환경보존과 경제발전을 동시에 성취할 수 있도록 지원하고, 그들도 세대

정의, 삶의 질, 사회적 통합을 실현할 수 있도록 독일이 일정 부분 책임을 지는 것을 의미하지요. 예컨대, 개도국의 경제 발전을 위한 기초가 되는 깨끗한 식수, 경작이 가능한 농토, 빈곤의 극복, 경제제도의 효과적 운영을 위해 공적개발원조ODA를 합니다. 개도국을 지원함으로써 지구적 차원의 지속가능성장이 실현되도록 하는 거지요. 나아가 개도국에 독일 시장을 개방하여 개도국이 무역을 통해 그들 국가의 부를 증가시킬 수 있도록 유도하기도 합니다."

공적원조(ODA)의 윤리

나는 레셴니히 교수의 말을 들으면서 공적개발원조, 즉 ODA에 대해 생각해보았다. 사실, 우리나라도 ODA의 중요성을 깨닫고, 정부도 ODA 예산을 점차적으로 증액해왔다. 내가 말을 꺼냈다.

"국가가 ODA를 추진하려고 하면, 정책 입안자는 처음에 그것이 도덕성에 입각한 윤리적 행위인지 아니면 단지 국가 이익을 획득하는 수단과 전략인지에 대해 숙고합니다. 하지만 그는 결국 두 가지 다 ODA에 반영하죠. ODA가 성공하려면 윤리적 근거와 국가 이익을 둘 다 충족시켜야 하기 때문입니다. ODA가 단지 전략적 거래로 추진될 경우, ODA는 국가 이익을 극대화하기 위한 수단으로 이해되고 주고받기 식의 거래에 지나지 않습니다. 나아가 UN 새천년개발목표와 같은 국제사회의 '공유된 이념과 가치shared ideas and values'를 실현하려는 보편적 의지와는 동떨어진 국가전략으로 추락되지요. 국제사회에서 나라의 국격을 고려할 때 단순한 현실주의는 천박하게 비추어집니다. 그래서 전략적 측면을 고려하더라도 동시에 ODA를 추진하는 근거를 윤리적으로 정당화시킬 필요가 있죠.

즉, 정부에서 정책을 입안하고 추진하는 주체는 국가의 이익을 고려하는 현실주의자가 되어야 하지만, 이와 동시에 ODA를 윤리적으로 근거지울 수 있는 정치철학자가 되어야 합니다. 제 생각에, ODA에 관련하여 이러한 두 가지 입장을 충족시킬 수 있는 관점이 지속가능한 국가전략이며, 독일은 이러한 전략을 통해 ODA 수행을 위한 윤리적 근거도 마련하고 국가 이익도 실현하는 것 같아요.

독일은 국내에서 실천하고 있는 세대정의, 사회통합, 삶의 질의 향상이라는 가치를 ODA를 통해 개도국으로 전파하면서, 개도국이 독일모델을 지향할 수 있게 유도하는 것이 아닌가요? 장기적인 차원에서 독일의 ODA 지원을 받은 개도국은 그들의 정치, 경제, 사회의 체질을 개선하면서 독일과 더 많은 무역 거래와 사회적 교류를 추진할 것이기 때문이죠. 그러니까, ODA는 독일의 지속가능성장을 위해, 특히 지속가능한 수출시장을 위해 필요한 것 같아요."

"저도 사실 그러한 현실적인 이유도 있다는 것을 인정해요. 독일은 수출을 해서 경제력을 유지하는 나라이기 때문에, 우리나라의 모든 정당은 수출이 유지되는 정책에 찬성하고 있습니다. 모든 사람의 눈을 똑바로 보면서 ODA를 하는 현실적인 이유를 말할 수는 없다고 생각해요. 그것보다 더욱더 중요한 것은 우리만 성장할 수 없다는 인식이에요. 개도국이 같이 성장하면서 우리도 성장하는 겁니다.

세 가지 원조윤리가 있어요. 첫째는 〈착한사마리아인 윤리〉이에요. 어려움에 처한 사람을 돕는 것은 인간의 자연스러운 도덕적 발로라고 보지요. 둘째는 〈내 탓이기 때문에 시정하는 윤리〉이에요. 국제적 빈곤과 불평등은 부유한 선진국에서 기원하기 것이기 때문에 원조는 더 이상 어려운 처지의 타인을 돕는 행위가 아니라, 자신이 초래한 잘못을 시정하고 그로 인해 입은 피해를 보상해야 한다고 보지요. 셋째는 〈부와 빈곤의 임의성을 목도하며 겸허한 마음에서 도와주는 윤리〉이에요. 개도국의 고유한 정치, 경제, 사회, 문화의 상태가 빈곤의 주요 원인이지만, 즉 빈곤은 개도국의 책임이지만, 그 빈곤은 우연적·임의적 요소에 의해 발생했다고 보는 거죠. 빈곤과 고통의 임의성과 우연성을 감소시키기 위해 마찬가지로 우연성과 임의성에 놓여 있는 선진국은 ODA를 제공할 수 있으며, ODA가 제공된다면 빈곤과 고통을 겪는 사회가 스스로 자신의 미래를 개척할 수 있는 정도까지만 제한적으로 실시해야 한다는 입장이에요. ODA를 윤리적 차원에서 근거지울 때, 독일의 지속가능한 국가전략의 원칙 가운데 국제적 책임은 우선적으로 '내 탓이기 때문에 시정하는 윤리'에 기초하지만, '착한사마리아인 윤리'와 '부와 빈곤의 임의성을 목도하며 겸허한 마음에서 도와주는 윤리'도 내재되어 있어요."

"ODA가 윤리적인 사업으로 잘 포장되네요."

"포장이 아니라, 실제로 매우 윤리적이에요. 장 교수가 온다기에 한국에 대해서 조금 공부를 해 보았어요. 한국도 독일과 유사한 경제 구조를 가지고 있더군요. 수출주도형 경제 말이에요. 물론, 우리처럼 사회적 시장경제는 아니지만 말입니다. 그런데 수출을 통해 경제 성장을 지속적으로 유지하려면, 독일의 경험에 비추어 보았을 때, 국가 전략적 차원에서 세 가지 분야에 집중적으로 투자해야 한다고 생각해요. 첫째는 교육이고, 둘째는 재생 및 친환경에너지이며, 셋째는 ODA 이에요. 세 가지 다 국가가 관여해야 하는 윤리적 사업이에요. 지속가능성장은 윤리적 사업을 통해 실현될 수 있다고 봅니다."

"세 가지 중에서 두 가지를 포기하고 하나를 선택한다면 어떤 것을 선택하실 건가요?"

"짓궂네요. 하하. 그런 질문을 하고."

"어떤 것을 가장 중요하게 생각하시는지 알고 싶어서 …"

"우리 둘 생각이 비슷할 것 같은데요."

"교육이군요?"

"그래요. 공교육의 질을 더욱더 높여서, 시민이 각자 직업을 위한 전문지식을 더 철저히 배우도록 해야 하며, 의사소통의 능력, 성찰할 수 있는 능력, 갈등을 해결하면서 다른 사람들과 협력하며 조화롭게 살아갈 수 있는 능력을 함양할 수 있도록 해야 합니다. 그렇지 않고서는 현재와 미래에 다가오는 위험을 극복할 수 없어요.

복지의 유지에는 재정과 더불어 시민의 덕성이 가장 중요하다고 생각해요. 복지에 관련된 사람은 모두 시민입니다. 납세하는 사람도 시민이고 조세하는 사람도 시민이며, 복지 혜택을 주는 사람도 시민이고 복지 혜택을 받는 사람도 시민이며, 복지를 지속가능하게 관리하는 사람도 시민입니다. 절제하고 정직할 수 있는 시민의 역량이 뒷받침되지 않는 복지는 지속적으로 유지될 수 없어요."

"시원하게 말씀하시네요. 동의합니다."

시계를 보니 5시 30분이었다. 저녁 식사를 하려고 약속을 한 것이 아니었기 때문에 이제 그만 자리를 정리해야 할 것 같았다. 나는 페터Peter와 저녁 약속이 있었다. 마침, 레센니히 교수가 내일 자신이 대학 본관에서 하기로 되어 있는 정치교육 특강에 대해 말했다.

"내일 시간이 있으면, 제가 하는 정치교육 특강에 오세요. 〈연방정치교육원Bundeszentrale für politische Bildung〉에서 지원하는 '시민과 학생을 위한 정치교육 특강'이에요."

나는 연방정치교육원에 대해 잠시 생각을 했다. '그래, 독일에는 연방정치교육원이 있었지! 시민에게 민주주의, 국제정세, 정당, 삶의 방식, 문화 등 다양한 교양을 제공하면서 민주시민의 덕성을 키워주는 국가 기관이다. 16개의 주에도 연방정치교육원과 연계되어 있는 주정치교육원Landeszentrale für politische Bildung이 있다. 우리나라에는 없는 제도이다. 사실, 독일의 민주주의, 사회적 시장경제, 갈등해

결과 복지를 위한 연대, 정치참여를 받쳐주는 시민의 덕성은 정치교육원에 의해 형성된 것이 아닌가…' 내가 물었다.

"강의 주제가 무엇인가요?"

"〈글로벌화 시대의 권력과 대항권력〉이에요. 돌아가신 울리히 벡교수님의 저서를 재구성해서 학생과 시민에게 설명하는 거지요."

"권력과 대항권력…, 좋네요."

"1시간 정도에 걸쳐, 글로벌화 시대에 세계의 권력구조가 어떻게 변화하고 있는지 설명할 거예요."

"재미있을 것 같아요. 그런데 몇 시이지요?"

"오전 9시에요. 본관 108호이고요."

"가능할 것 같아요."

독일의 보육복지

우리는 내일 보기로 하고 자리에서 일어섰다. 서로 작별 인사를 했다. 나는 게오르겐거리를 따라 서쪽으로 15분 정도 걸었다. 좌우로 난 〈아치거리Arcisstraße〉가 나왔다. 아치거리의 왼쪽을 따라 갔다. 아치거리 55. 나의 오래된 친구 페터가 사는 곳이다.

뮌헨에서 학업을 시작한 1996년에 만나서 지금껏 우정을 가꾸어온 내 단짝 독일 친구이다. 페터는 여자 친구인 타피Taffi와 10년간 같이 살다가 7년 전에 결혼을 해서 이제는 나처럼 두 아이의 아빠가 되었다. 그는 독일에서 가장 큰 일간지 〈남독신문SZ〉의 정치부 기자이다. 오늘 6시경에 집으로 간다고 했다. 벨을 눌렀다. 아래 문이 열렸고 3층으로 올라갔다. 페터의 가족이 문 앞에 서 있었다.

"안녕, 준호."

"안녕, 페터, 타피, 야콥, 라라."

나와 페터는 뜨겁게 포옹했다. 야콥은 7살이고, 라라는 2살이다. 페터는 나처럼 늦게 아이를 가져서 그런지 아이들에 대한 애정이 남달랐다. 우리는 서로 가족에 대한 안부를 묻고 30분 정도 시간을 보내다가, 타피에게 미안하다는 말을 하고, 페터와 나는 집을 나왔다. 아치거리 뒤편에 있는 〈카부스 크레페리cabus creperie〉로 갔다. 우리가 단골로 가는 그리스 식당이었다. 얇은 소시지를 곁들인 샐러드와 밀맥주를 시켰다.

"아직 아이들이 어려서 힘들지?" 내가 물었다.

"몸도 힘들고 여러 가지 일이 많아."

"그래도 너희 나라는 엄마, 아빠의 어려움을 잘 헤아려 주잖아? 아이를 가지면 국가가 다양한 혜택도 주고. 물론, 그 혜택으로 아이에 대한 부모의 정성을 다 보상할 수는 없겠지. 하지만 국가가 최소한 아이를 길러내는 가정을 존중하고 보답하려고 하잖아?"

"너희는 안 그러니?"

"우리는 이제 시작이야. 시민이 정치권에 교육, 의료, 육아, 노후보장, 주택 등 사회적 안전망을 요구하고, 정치권이 반응하기 시작했으니까. 시장의 논리에 의해 돌아가는 사회에서는 모두가 이득만 취하려 했지, 사회적 안전망 구축에는 별로 관심이 없었어. 하지만 시장에서의 경쟁이 심해질수록 양극화를 비롯한 사회적 불평등이 심해졌거든. 이를 개선할 복지가 필요하다는 것이지. 그런데 독일에서는 아이를 가지면 어느 정도 복지 혜택을 받지?"

"그러니까, 우리의 경우 둘 다 일을 하잖아. 타피는 공적 의료보험에 들어 있는데, 아이를 출산하는 데 드는 병원비와 산후조리 비용 등은 당연히 의료보험에서 지불했어. 나아가 의료보험에서는 산후 8주 동안 세후 임금에 해당하는 금액을 타피에게 지불했지. 이를 〈엄마수당Mutterschaftsgeld〉이라고 해.

산후 8주 후 타피는 〈부모시간Elternzeit〉을 보냈어. '부모시간'이란 일반적으로 엄마가 12개월간 직장에 나가지 않고 아이를 돌보는 기간인데, 이 기간이 끝나고 2개월간 연장하여 아빠가 직장에 나가지 않고 아이를 볼 수 있는 기간까지 포함하지. 그러니까 총 14개월간 부모는 아기를 돌보는 부모시간을 가질 수 있어. 직장을 나가지 않고 세후 임금의 67% 돈을 받는데, 부모시간 동안 직장을 나가지 않고 정부로부터 지원받는 돈을 〈부모수당Elterngeld〉이라고 해. 아이를 가진 맞벌이 부부에게는 요긴한 제도야. 또한 아이가 18세가 될 때까지 부모는 〈아동수당Kindergeld〉을 받아. 첫 아이와 둘째 아이는 192유로, 셋째 아이는 198유로, 넷째부터는 223유로를 받지. 우리는 아이가 둘이니까 384유로를 받고 있어."

"아이를 가지면 직장에 나가지 않고 아이를 돌보는 부모의 어느 한쪽이 부모시간을 신청할 경우, 총 14개월 동안 부모의 어느 한쪽이 세후 임금 기준으로 67%를 받는다고?

"그래. 최근 1년간 받은 세후 임금 기준으로 67%를 받는데, 최대로 받을 수 있는 금액이 1,800유로야. 최근 1년간 직장을 가지지 못한 부모도 최저 300유로를 받아."

"너희들도 그렇게 했고?"

"타피가 12개월간 세후 임금의 67%를 받고 집에서 아이를 돌보았고, 13개월째부터 타피가 직장에 복귀했으며, 내가 그 이후 2개월간 부모시간을 내서 세후 임금의 67%를 받고 애를 돌보았어."

"아기에 대한 부모의 노동을 세후 임금의 67% 정도로 보전해준 셈이구나. 그럼, 맞벌이 소득을 200으로 가정할 때, 너희들은 지난 14개월 동안 167은 유지했다고 볼 수 있네?"

"최소한 그 정도는 유지되지. 아동수당, 각종 수당, 세금혜택을 포함해서 기존 소득과 비교했을 때, 타피와 내가 부모시간을 가졌던

14개월 동안 기존과 거의 비슷한 소득을 유지한 것 같아. 아이가 둘이니까 총 28개월 동안 일할 때와 같은 소득을 유지한 거지."

잠시 생각에 잠겼다. '아이와 부모의 애착관계 형성은 향후 아이들이 자라서 사회생활을 하는 데 있어, 사회적 신뢰를 구축하는 기초가 되지 않을까? 우리나라는 사회적 신뢰 지수가 낮은 국가에 속한다. 서로 믿지 못한다. 경쟁사회여서 그렇기도 하다. 하지만 서로 믿지 못하는 태도는 부모와의 애착관계가 잘 형성되지 못했기 때문에 생겼을 수도 있다. 아이가 부모와 시간을 가지면서 생후 첫 14개월 동안 안정감과 유대감을 형성한다면 아이의 신뢰역량과 자기탄력성도 높아질 것이다. 하지만 우리나라에서는 일과 가정을 양립하기 힘들다. 특히, 여성이 경제적 여유 속에서 출산 휴가를 보내기 힘들며, 재취업하기도 쉽지 않다. 국가가 나서서 부모와 아이의 애착관계가 형성되도록 도와야 한다. 그것이 사회적 신뢰를 높이는 가장 기초적 정책일 것이다. 유럽 국가는 대부분 사회적 신뢰 지수가 높다. 덴마크가 가장 높다. 덴마크의 동료 학자에게 물어보았던 기억이 났다. 왜 아이들이 가장 행복한 나라가 되었는지? 돌아온 대답이 충격이었다. 신뢰가 있어서 가장 행복하다는 거였다. 사회적 신뢰 지수를 높이기 위해서는 부모시간부터 제대로 도입하는 것이 필요할 것 같다.'

페터에게 물어 보았다.

"아이가 부모를 가장 필요로 하는 생후 14개월의 비용을 국가가 부담하고, 부모가 아이를 잘 보살피면서 서로 친밀감이 형성되도록 지원하는 거네. 그런데 이제 부모시간이 다 끝나서, 둘 다 직장생활을 해야 하잖아. 2살인 라라는 어떻게 해? 어린이집에 보내?"

"응. 공립어린이집 종일반에 보내고 있어. 타피와 내가 번갈아가며 일찍 퇴근해서 라라를 데리고 와. 오늘은 내 차례였어."

"공립어린이집 비용은 어때?"

"소득에 따라 어린이집에 내는 비용은 달라. 소득이 높을수록 더 많이 내. 바이에른 주 정부가 다른 주보다 육아복지를 잘 하는 편이기 때문에 공립어린이집 비용도 다른 주보다 싼 편이야. 뮌헨의 경우, 어린이집에서 아이를 반나절을 돌볼 경우, 비용은 월 평균 55유로 정도야. 우리는 4시까지 맡기니까 100유로 정도 내지."

페터가 화장실에 갔다. 잠시 생각에 잠겼다. '어린이집은 온종일반이 매달 한화로 16만 원이다. 그리고 아동수당이 한 아이당 매달 157유로이니까, 한화로 24만 원이다. 온종일 하는 어린이집을 보내고도 8만원이 남는 돈이다. 아이가 아프면, 당연히 부모의 의료보험에서 거의 모든 질병이 치료된다. 부모는 각종 보육복지로 아이를 먹이고 입히며 정서적으로 잘 보살펴 주면서 친밀감을 형성할 수 있다. 부모는 아이를 키우는 데 경제적 부담을 느끼지 않는다. 이러한 방식이 〈보편적 복지〉가 아닐까?' 페터가 다시 왔다.

전화가 왔다. 타피 혼자서 라라를 재우기가 어려운 모양이었다. 8시가 넘었다. 아쉽지만 페터에게 들어가라고 했다.

"라라가 요즘에 아빠를 많이 찾아. 3~4월 두 달간 부모시간에 내가 끼고 살았잖아. 잠도 아빠랑 같이 자려고 한다니까. 하하."

"들어가 봐. 나도 일찍 들어가서 자야겠어. 내일 박 신부님이랑 같이 산에 가기로 약속했어. 아이고! 잠깐만 기다려봐. 박 신부님에게 전화해서 내일 오전 9시에 레셴니히 교수가 하는 정치교육 특강에 가고 난 후에 등산을 가는 것이 어떠냐고 물어봐야 하거든."

"나도 내일 쉬는데, 같이 갈까? 나도 박 신부님을 알잖아?"

"그건 그렇고. 타피가 허락해야 하잖아?"

"그건 그래. 우선 박 신부님께 전화드려봐."

"그럼, 내일 박 신부님과 같이 레센니히 교수 특강에 같이 갔다가 산에 가는 것으로 하는 거야?"

"응. 레센니히 교수 강의도 듣고 싶고, 등산도 가고 싶어."

나는 박 신부님에게 전화를 해서 레센니히 교수의 특강에 대해 설명하고, 페터, 나, 박 신부님 셋이서 내일 9시에 특강에 가서 10시 정도까지 듣고 산에 가는 어떠냐고 물어보았다. 그는 그러자며, 내일 8시경에 내가 묵고 있는 호텔로 나를 데리러 오겠다고 했다.

"박 신부님도 그렇게 하시겠대."

"좋아."

우리는 계산을 하고 자리에서 일어섰다. 바로 앞에 있는 아치거리까지 걸어서 가다가 페터는 집으로 들어갔다. 내일 오전 9시에 대학 본관 108호에서 보기로 했다. 〈대학〉 역까지 걸어가서 지하철을 타고 〈마리엔플라츠〉 역에서 에스반으로 갈아타서 〈파징〉 역에서 내렸다. 호텔로 걸어갔다. 숲이 품고 있는 저녁 공기가 좋았다.

제5장

평화와 정치

― 세계는 어떤 방향으로 흘러가고 있는가?

세계시민적 현실주의,
한반도 평화구축 방안

이야기의 흐름

세계시민적 현실주의

*

  아침 6시에 일어났다. 어제 많이 걸어 다녀서 조금 피곤했었나 보다. 어제 저녁 9시 반경에 잤으니까, 8시간을 넘게 충분히 잤다. 기분이 상쾌했다. 오늘 등산을 잘 할 수 있을 것 같았다. 식당으로 내려가 아침을 든든히 먹고, 사과 1개와 치즈와 햄을 넣은 빵을 챙겨 들고 방으로 올라왔다. 등산할 때 물, 빵, 사과는 필수다. 물은 가면서 휴게소에 잠시 들려 살 것이다. 샤워를 하고 가벼운 옷과 편한 바지를 입고 배낭을 챙겼다. 등산화를 신고 아래로 내려갔다. 식당으로 가서 일회용 컵에 커피를 가져와서 호텔 로비에 앉았다. 7시 30분이었다. 나는 박 신부님에 대한 기억을 더듬어 보았다.

  1992년에 교환학생으로 뷔르츠부르크Würzburg에 1년간 와 있었 다. 군대를 제대하고 곧바로 떠나와서 몸이 좋지 않았는데, 잘 챙겨먹 지 못해서 병이 났다. 뷔르츠부르크 대학병원에서 입원치료를 받고 있는데, 내가 전혀 알지 못하는 여자 한 분이 병문안을 왔다. 한국에

••• 김선형: Garden Blue, 2014년

서 갓 온 학생이 크게 아파서 병원에 입원했다는 소식을 듣고 안타까운 마음에서 왔다는 거였다. 마음이 따스한 분이셨다. 알고 보니, 한국에서 같은 대학을 다녔던 8년 선배였고, 그 당시 독어학을 공부하는 유학생이었다. 그 이후 그분을 은희 누나로 불렀다.

1년이 지나고 1993년 여름, 나는 다시 한국으로 와서 복학을 했다. 은희 누나가 결혼을 해서 베를린Berlin으로 갔다는 소식을 들었다. 학교를 졸업하고 직장생활을 하면서, 나도 결혼을 했다. 공부를 계속하고 싶었다. 직장에 다니는 아내를 설득해서 독일로 가자고 했다. 1996년 뮌헨으로 와서 공부를 시작했다. 은희 누나와 연락이 되어 베를린으로 보러 갔다. 누나는 뮌헨에서 공부하시는 박 신부님이 등산을 좋아하시는데 같이 다니라고 했다. 그 이후 아내, 나, 박 신부님 이렇게 셋이서 독일과 오스트리아의 알프스를 올라 다녔다.

박 신부님은 등산 친구이자 인생 친구였다. 박 신부님을 사귀며 나도 신부님이 되고 싶다는 생각을 했었다. 나의 세속적 삶과 박 신부님의 종교적 삶이 항상 대비되면서 나의 삶이 초라하게 느껴졌기 때문이다. 아직도 나의 내면에는 경건한 삶에 대한 동경의 흔적이 남아 있다. 상처 받고 상처 주며, 원하고 원망하면서, 그렇게 부족한 사람으로 살아가는 나의 모습을 직시하며, 보이지는 않지만 마음으로 느낄 수 있는 완전한 사랑의 구현체인 절대자에 의지하며 살아간다. 우리가 만났을 때 둘 다 30살이었다. 동년배였다. 신부님은 경건한 신학을, 나는 세속적인 정치학을 공부하고 있었다. 어떻게 신성과 세속이 어울릴 수 있었을까? 우리는 서로 친구로 대하면서 존중했다. 그는 내가 말하는 것을 진지하게 들어 주었다. 그는 항상 겸손했고 검소했으며 존댓말을 사용했다. 그를 알게 된지도 벌써 17년이 흘렀다. 그는 한국에 와서 한 교구의 신부님으로 있다. 얼마 전에 신부님께 다녀오는 길에 6월 한 달간 뮌헨에 와 있을 거라는 말을 들었다. 그래서 오늘 만나서 같이 등산을 가지고 약속했던 것이다.

8시경에 그가 호텔 로비로 왔다. 서로 뜨겁게 포옹했다.
"신부님, 오늘 컨디션은 좀 어떠세요?"
"좋아요. 어제 잠을 푹 잤어요. 교수님은 어떤가요?"
"저도 오늘 몸이 가벼워요. 10년 전으로 돌아간 것 같아요."
"그런가요? 저도 마음은 그러네요. 하하."

우리는 신부님 차를 타고 시내로 갔다. 대학교 본관 앞에 있는 유료 주차기에 1시간 반 동안 주차할 수 있는 돈을 넣고 주차 표를 끊어 차 안쪽 앞 유리에 놓았다. 108호로 갔다. 강의실 앞에 페터가 와 있었다. 페터와 박 신부님은 서로 반갑게 인사를 했다. 강의실에 사람들이 많았다. 우리는 강의실 중간쯤에 나란히 앉았다.

어떤 분이 레센니히 교수의 약력을 소개했고, 강의가 시작되었다.

"저는 오늘 여러분에게 최근 세계정치world politics에서 일어나고 있는 〈메타게임Meta-Spiel〉에 대해 설명하고, 그 다음 메타게임에 직면한 국가가 수행할 전략으로써 〈세계시민적 현실주의Kosmopolitischer Realismus〉에 대해 언급하고자 합니다. 강의 내용은 울리히 벡 교수님의 저작 〈글로벌화 시대의 권력과 대항권력Macht und Gegenmacht im globalen Zeitalter〉에 기초합니다."

메타게임
"메타게임이란 무엇일까요?"

"일반적으로 게임이란 정해진 규칙과 행위자를 필요로 합니다. 정치의 영역에서 규칙은 제도의 형식을 취하지요. 제도는 권력과 통치가 작동하는 데 있어 매우 중요한 요소입니다. 제도에 담긴 규칙은 정치가 특정한 방향으로 나아가게끔 유도하기 때문입니다.

메타게임이란 향후 전개될 게임의 규칙을 정하기 위해 행위자들이 힘겨루기를 하는 게임입니다. 메타게임은 힘의 변증법입니다. 기존의 규칙과 새로운 규칙이 충돌하는 게임이며, 작용과 반작용에 의해 권력과 대항권력이 대립하는 게임입니다. 기존의 규칙이 행위자, 전략, 동맹에 여전히 적용되지만, 이와 동시에 규칙은 변화의 물결을 타고 있습니다. 구시대의 규칙과 글로벌 시대에 새롭게 등장한 규칙이 혼재하며, 이러한 상황에서 세계정치의 행위자로서 권력과 대항권력은 주도권을 잡기 위해 메타게임하고 있답니다.

30년 전쟁을 종결한 1648년 베스트팔렌Westfalen 조약 이후, 20세기 후반까지 세계정치의 주요 행위자는 국가였습니다. 국가는 재정적-공간적 자원뿐만 아니라 법적 지위를 소유한 행위자였습니다. 그

동안 국가는— 국제사회의 일원으로서 — 경계 지워진 영토에서 보장되는 통제권, 국제관계에서 국제법적으로 인정되었던 주권과 법주권, 외교 및 폭력수단의 독점, 복지국가적 안전망 구축, 시민의 정치적 권리의 보장 등을 '공유된 규범'으로 인식하면서 게임을 진행시켰습니다. 이러한 규범이 정치적 행위를 위한 정언적 틀을 규정했던 것입니다. 반면, 현재 진행되고 있는 메타게임에서는 주요 행위자가 국가뿐만이 아니라, 세계시장과 지구시민사회로 확장되었습니다.

규칙과 행위자가 서로 조우하는 데에는 세 가지 행위논리가 작동합니다. 첫째, 기대에 따른 결과의 논리입니다. 최상의 선호도를 극대화하는 합리적 선택 행위라고 볼 수 있습니다. 예컨대, 죄수의 딜레마, 치킨게임, 협력게임 등을 설명하는 게임이론이나 신고전주의적 경제논리가 이에 해당합니다. 둘째, 적절성의 논리입니다. 이는 권력, 역할, 정체성이 이미 주어져 있다면, 그에 맞는 적절한 행위를 유도하는 논리입니다. 셋째, 필요에 따른 규칙 변경의 논리입니다. 메타게임이 진행되면서, 행위자는 첫 번째와 두 번째 논리를 여전히 고려하지만, 주로 세 번째인 규칙 변경의 논리를 따릅니다.

이는 기존의 국가 중심의 국제관계가 더 이상 존재론적으로 당연히 주어진 것이 아니며, 변화의 소용돌이 안에 놓이게 되었다는 것을 의미합니다. 규칙 변경의 논리에 의해 하나의 지구적 대전환이 진행되고 있다고 볼 수 있습니다. 규칙과 행위자의 관계에 변화가 생긴 것입니다. 기존의 규칙으로 만들어진 제도는 행위자들이 정치적으로 행동할 수 있는 공간과 틀을 더 이상 제공하지 않고 있습니다. 특히, 세계시장의 행위자들은 기존의 제도적 문법을 해체시키며 민족국가적 정치 행위에 의문을 제기하고 있는 상황입니다.

세계정치의 메타게임은 글로벌화의 산물입니다. 글로벌화로 인해 새로운 행위 공간과 프레임이 생겨났으며, 정치는 고착된 경계를 상실하며 국가의 제도권 정치로부터 멀어져 갔습니다. 이로 인해 새로운 행위자, 새로운 역할, 새로운 자원, 알려지지 않은 규칙, 새로운 모순과 갈등이 생겨나게 된 것입니다. 예컨대, 테러단체도 폭력적 NGOs로서 국가, 세계시장, 시민사회와 경쟁하는 새로운 지구적 행위자로 등장했습니다. 환경위기뿐만 아니라 유전자공학, 나노공학, 로봇공학, AI 등도 지구촌의 새로운 위험으로 등장하고 있습니다.

메타게임의 정치에서는 기존의 규칙이 제대로 작동하지 않지만 그렇다고 행위자와 조직의 역할이 새롭게 확정된 것은 아닙니다. 전개되는 메타게임에서 형성 및 조정되고 있습니다. 그래서 게임자의 기회는 스스로 규정하고 정당화하는 과정에서 창출됩니다. 국가는 기존의 민족국가주의에 머무르기보다는 스스로 세계시민적 시각에서 자기를 규정하고 새로운 행위 기회를 찾아야 합니다.

글로벌 시대에는 '존재'가 '의식'을 규정하는 것이 아니라 '의식'이 '존재'를 규정합니다. 마르크스의 테제가 다시 헤겔의 테제로 바뀌었습니다. 국가가 새로운 행위 상황을 인식한다는 것은, 민족국가적 시각에서보다는 세계시민적 시각에 입각하여 세계정치를 관망하는 것을 의미합니다. 이러한 인식과 의식의 전환은 글로벌 시대의 메타게임에서 국가의 존재와 행위를 새롭게 규정할 것입니다."

세계시민주의
"세계시민주의란 무엇일까요?"

"세계시민에 대한 가치는 고대 그리스의 디오게네스Diogenes: B.C. 399~323로부터 시작됩니다. 누군가 그에게 어느 도시 사람이라고 물었을 때, 그는 '나는 세계의 시민이다I am a citizen of the world—

cosmopolitan.' 라고 말했습니다. 이러한 답변으로 그는 그리스인과 야만인의 구분은 물론 '우리'와 '타인'의 대립을 지양했으며, 특정 공동체의 경계를 넘어 타자와 혼합하는 이중적 정체성을 강조했다고 볼 수 있습니다. 이러한 맥락에서 세계시민주의는 우리와 타인의 구분을 파기하고 모든 개인의 다름을 있는 그대로 존중하는 이념으로 이해될 수 있습니다. 세계시민은 이중적 고향에 살면서 이중적 충성심을 지닙니다. 그는 '세계시민Bürger des Kosmos'이자 '폴리스시민Bürger der Polis'입니다. 한 장소에 살고 있지만 동시에 세계에 살고 있는 것입니다. 세계시민cosmopolitan이라는 단어는 바로 이러한 이중적 정체성을 직접적으로 보여줍니다. 이는 '뿌리내린 세계시민주의rooted cosmopolitanism'를 의미합니다. 세계시민주의는 민족적·지역적 정체성과 양립할 수 있습니다.

즉, 세계시민성은 국가와 지구촌이라는 상이한 두 개의 공간을 화해시킬 수 있는 역량입니다. 공간에 대한 의식과 애착은 우리의 존재방식을 규정하기 때문에 갈등의 원인이 되기도 합니다. 국가와 지구촌이라는 공간에 대한 각각의 애착은 '민족주의'와 '세계시민주의'의 대립으로 치닫기도 하고, 가치의 차원에서 '특수성'과 '보편성'의 대립으로 나타나기도 합니다. 하지만 방금 말한 것처럼, 국가시민성과 세계시민성은 다중시민성의 형태로 양립할 수 있습니다. 예컨대 2016년 랭그랜Irene Langran의 연구인 "Global citizenship in a post-westphalian age"을 보면, 세계가치조사World Values Survey가 세계시민의식과 관련하여 1981년부터 2008년까지 실시한 통계가 나옵니다. 그에 따르면, 자기가 사는 마을locality, 지역region, 국가country, 대륙continent, 세계world 중에서 자신의 정체성을 규정하는 유일한 공간·장소로 세계를 선택한 사람의 비율은 7.5% 정도 밖에 되지 않았습니다. 하지만 다중시민성multiple citizenship이 가능하다는 조건에서는 응답자의 70%가 스스로 세계시민이라고 답했습니다. 이러한 조사는 디오게네스처럼 자신을 순수한 세계시민으로 규정하는 사람들은 소수이지만, 우리의 정체성을 구성하는 다양한 공간적 층위가 있으며 국가시민성과 세계시민성으로 구성된 다중시민성이 가능하다는 점을 알려주고 있습니다.

세계시민주의는 역사적으로 존재했던 민족주의, 공산주의, 사회주의, 신자유주의 다음으로 오는 거대한 가치체계입니다. 세계시민주의는 21세기에 인류가 야만으로 치닫지 않도록 인도하고 있습니다. 세계시민주의는 타자의 다름을 인정하는 이념입니다. 타자의 다름^{차이}을 인정하며 같음^{평등}을 인정합니다. 타자의 문화적 다름, 미래에 대한 상상의 다름, 인간이해의 다름, 추구하는 목적의 다름, 문제해결을 위한 합리성의 다름을 포괄적으로 인정하고 포용하는 것입니다. 이러한 타자에 대한 다각적이고 진정한 존중은 미국화로 대변되는 글로벌화나 신자유주의적 보편주의에서는 찾아볼 수 없습니다.

세계시민주의는 다문화주의multiculturalism가 아닙니다. 다문화주의에서는 집단적 카테고리가 중요합니다. 다양한 소집단은 항상 대립적으로 경계 지워지며, 개인은 소집단에 묶여버립니다. 다문화주의에서 개인은 사라져버립니다. 반면, 세계시민주의는 개인의 가치와 의미를 전제하고 강화시킵니다. 세계시민주의의 가치체계에서 우선 개인은 인격, 결혼, 출신가정, 직장, 정치적 견해, 이상과 꿈의 차원에서 다양한 모습을 가질 수 있으며 그러한 차이는 적극적으로 인정됩니다. 나아가 개인은 다양한 민족국가적이고 영토적인 프레임으로 분리된 삶, 역사, 기억을 가진 존재이며, 이와 동시에 자신의 경험적 소우주에 지구시민사회와 세계위험사회를 가지고 있습니다.

같음^{평등}과 다름^{차이}을 동시에 인정하는 세계시민주의를 내재화한 세계시민은 스스로 지구 전체에 대하여 의무감을 느낍니다. 세계시민의 시각으로 보았을 때, 문화적 타자의 문제는 하나의 국가 공동체 내에서 의미를 지녀야 하고 진지하게 청취되어야 하며 그들의 목소리가 관철되어야 합니다. 진정한 세계시민주의를 실현하는 국가는 일국 차원에서뿐만 아니라 국제법의 차원에서도 타자의 다름에 대한 권리를 법제화하며 타자의 권리를 보장하고 있습니다.

요약하자면, 세계시민주의는 타자를 '같은 인간'으로 인식하며 동시에 '다른 개인'으로 인정하는 가치체계로서, 민족적·지역적 정체성의 양립가능성을 요구하며, 나아가 지구 전체의 문제를 자신의 문제로 인식하는 지구시민의식과 세계위험사회의 담론에 상호 반응하는 시민성을 요구합니다. 즉, 세계시민주의라는 개념 안에는 서로 상반된 요소, 즉 모든 개인이 공유해야 할 〈보편성〉과 개인의 다양함에 대한 인정이라는 〈특수성〉이 담겨 있는 것입니다."

세계시장의 메타권력
"메타게임에서 세계시장의 메타권력이란 무엇일까요?"

"세계시장과 국가 사이에서는 메타게임이 펼쳐지고 있습니다. 이는 민족국가들이 주축이 된 국제질서를 변화시키고 재조정하는 권력투쟁이 전개되고 있음을 의미합니다. 세계시장의 자본은 영토적-민족국가적으로 조직화된 권력게임의 기존 프레임을 깨면서 영토적으로 뿌리내린 국가를 대상으로 새로운 지배전략을 디지털 공간에서 구사하면서 메타권력을 획득해왔습니다. 〈메타권력Meta-Macht〉이란 메타게임에서 세계정치의 권력 구조와 규칙 시스템에 변화를 가져오게 할 수 있는 권력을 의미합니다. 세계시장의 자본은 무엇으로부터 메타권력을 창출한 것일까요? 자본이란 조정되지 않은 개별 기업의 행위, 금융흐름, WTO와 IMF와 같은 초국가적 기구, 나아가 이러한 것들이 가져오는 결과들을 총체적으로 가리키는 말입니다.

막스 베버Max Weber가 규정한 것처럼, 타자에게 자기의지를 관철시키는 수단을 '권력'이라고 본다면, 우선 기업의 새로운 권력은 최후수단ultima ratio으로서의 폭력에 기초하지 않습니다. 그래서 기업의 권력은 국가 권력보다 훨씬 더 운신의 폭이 크며, 장소에 구애받지 않으며 지구촌의 곳곳에 투입될 수 있습니다. 상시적으로 어느 곳에서든지 무엇인가 하지 않겠다는 것, 즉 납득할 만한 근거도 없이 투자하지 않겠다는 것이 세계시장의 핵심적 권력지렛대입니다. 초국가적 경제의 권력함수는 의도적으로 목표를 정해서 정복하지 않는 데 있습니다. 자본은 우리가 원하지 않아도 흘러들어올 수 있고, 원하지 않지만 다른 곳을 향해 흘러나가기도 합니다. 즉, 세계시장의 메타권력은 '출구옵션exit option'에 기초합니다. 글로벌 기업의 출구옵션은 국가의 안녕과 고통을 결정할 수 있기 때문에 국가들로 하여금 글로벌 투자를 유치하도록 서로 경쟁을 부추깁니다. 냉전 시대에 국가가 군사적 맥락에서 서로 경쟁했다면, 1990년 이후 형성된 글로벌 시대에서, 국가는 기업친화적 투자환경을 조성하기 위해 경쟁합니다. 세계자본이 필요하기 때문입니다. 권력의 열쇠는 더 이상 군사력에 있는 것이 아니라 세계시장에서의 국가의 위상과 이미지에 있으며, 국가의 통치적 정당성은 세계시장에 의해 중개됩니다.

국가는 정당한 폭력 사용, 군사적 강함, 시장에 대한 간섭 등 경성적 힘을 가지고 있는 반면, 자본은 유연한 연성적 힘을 가지고 있습니다. 국가적 폭력은 처벌만을 수단으로 하기 때문에 그 이미지가 부정적인 반면, 자본은 처벌과 더불어 칭찬의 전략도 가능하기 때문에 그 이미지가 중립적입니다. 자본이 다른 권력수단인 지식, 정보, 효율성과 결합되면 그 유연성은 극대화됩니다. 지식을 활용하여 정치적

의제를 수정하고 새로운 욕구충족의 기제를 창출하며, 시장을 장악하고 정치적 목적을 새롭게 정의내리며 이를 설득하고 설복시킵니다. 이러한 방법으로 자본은 과거의 적도 동지로 변모시킵니다.

출구옵션, 자본, 정보, 효율성으로 무장된 세계시장의 메타권력은 나아가 담론화의 힘, 즉 말의 힘을 활용합니다. 신자유주의적 글로벌화 담론에 의해 출구옵션은 자연스럽게 일상화되며 인정됩니다. 시장이 확대하는 담론장에서 글로벌화는 선택사항이 아니라 필수라고 묘사되는 것이지요. 하지만 글로벌화는 '아무도 통치하지 않는 무인통치Niemandsherrschaft'로서, 그 과정에서 생긴 결과에 아무도 책임지지 않습니다. 글로벌화와 관련하여, 어느 누구도 시작하지 않았고, 어느 누구도 멈추지 않으며, 어느 누구도 책임지지 않습니다.

하지만 글로벌화 담론이 일상생활의 영역에 파고들수록 세계시장은 더욱더 그 권력을 강화합니다. 즉, 글로벌화의 담론적 메타권력은 'TINAThere Is No Alternative'의 원칙으로 나타납니다. '글로벌화 말고 뭐 다른 대안이라도 있어? 없잖아! 그러면 받아들이라고 해!'라는 간단한 원칙은 국가에서 민주주의적으로 조직화된 양당제도, 정부와 야당의 변증법, 논거와 반증 등에 기초하여 인류의 미래를 고민하는 정치과정을 알지 못합니다. 나아가 TINA의 원칙은 흑백논리와 연동됩니다. 시장의 논리에 의해 현대화선진화하는 것은 '세계에 좋은 것Weltgut'이지만, 현대화에 반대하는 것은 '세계에 나쁜 것Weltböse'이라는 도덕적 흑백논리가 지배하게 됩니다.

세계시장의 메타권력은 확산적이고 분산적이지만, 집중적이거나 위임되어 있지는 않습니다. 우선, 세계시장의 메타권력은 신자유주의적 글로벌화의 담론적 헤게모니라는 의미에서, 즉 모든 국가, 종족, 종교, 성별, 계급, 공간, 시간의 경계를 넘어 담론이 작동한다는 의미에서 확산적입니다. 하지만 명령이나 복종과 같은 위계적 강요를 요구하지 않기 때문에 집중적이지 않습니다. 이와 동시에 권력이 어느 한 곳에 위임되어 있지 않고 분산되어 있습니다. 세계시장의 메타권력은 중심부가 부재하는 익명적 권력이고 책임소재가 분명하지 않습니다. 하지만 세계시장의 권력은 어느 누구로부터 위임받지 않고 스스로 창출한 권력이기 때문에 정당성 측면에서는 취약합니다. 국가, 지방정부와 단체, 시민사회는 이에 대해 이의를 제기하고 있습니다. 정당성의 부재와 더불어 9/11 테러와 같은 폭력과 국가의 폭력에 취약하다는 점도 세계시장의 메타권력이 지닌 약점입니다.

세계시장의 메타권력은 민족국가적 존재론에 의문을 제기합니다. 민족국가적 정치의 배제논리Exklusionslogik는 세계시장이 내재한 합리적 포용논리Inklusionslogik와 갈등을 일으킵니다. 글로벌 기업은 다양한 종족과 민족을 섞고 포용하는 노동정책을 실행함으로써 창의적 혁신과 이윤을 극대화합니다. 그들은 다양한 국가로부터 자본과 인적 자원을 충원하며, 모든 세계지역에서 일자리를 창출하며 이윤을 분배합니다. 세계시장의 메타권력은 다양한 배경을 지닌 사람들이 공존하게 하는 실험을 강행하고 있는 것입니다. 이러한 맥락에서 세계시장은 조세포탈의 현장이기도 하지만 세계시민주의의 학교로 기능하기도 합니다. 하지만 세계시장의 메타권력이 지배하는 공간에는 어두운 측면이 두드러집니다. 사회적 불평등이 심화되고, 승자가 독식하는 현상이 나타나며, 개인주의의 극단화로 가족, 사랑, 우정, 신뢰, 지역 결속, 사회자본이 파괴됩니다. 사람들은 더 많은 자유를 누리지만 비정착성으로 인해 우울함을 느끼며 살아갑니다."

지구시민사회의 메타권력
"메타게임에서 지구시민사회의 메타권력이란 무엇일까요?"

"앞에서도 말했듯이, 메타게임에서는 구시대의 규범과 새롭게 형성되는 규범이 혼재되어 있으며, 이와 동시에 권력과 대항권력이 서로 대립하며 힘의 변증법이 작동합니다. '모든 권력은 대항권력을 만들어 냅니다Alle Macht erzeugt Gegenmacht.' 세계시장은 출구옵션의 전략을 사용하며 국가로 하여금 시장과 자본의 이익에 맞추도록 요구하는 초법적translegal 통치를 구사하지만, 이러한 세계시장의 권력은 역풍을 맞게 되었습니다. 세계시장의 초법적 통치, 그 자체가 그에 대해 비판할 수 있는 정당성을 부여하고 있습니다. 지구시민사회가 세계시장을 비판하며 대항권력으로 부상했습니다.

세계시장에 대한 지구시민사회의 대항권력은 '정치적 소비자'의 존재에 기초합니다. 노동자에게는 기존의 주인-노예의 변증법이 여전히 작동합니다. 노동자는 고용주와 공간과 시간에 귀속되는 계약체결로 결합되어 있는 반면, 정치적 소비자는 주인-노예의 변증법의 건너편에서 영토적·지역적·계약적 조건에 구애받지 않고 언제든지 어디서나 소비를 거부할 수 있습니다. 정치적 소비자는 '비구입의 방패Waffe des Nichtkaufen'를 지니고 있는 셈입니다. 그의 태도는 경계를 알지 못한다는 점에서 초국가적입니다. 지구적 차원의 긴밀한 네트워크를 통해 특정 상품에 대한 구매를 거부할 수 있습니다. 소비자의 대항권력은 구매력이 없이는 소비자 권력도 존재할 수 없다는 한계를 지닙니다. 하지만 지구시민사회의 행위자로서 정치적 소비자는 권력과 대항권력의 게임에 연루되어 있으며, 지구적 가치와 규범을 형성시키고 관철시키는 데 커다란 역할을 수행합니다.

지구시민사회의 목표는 분명합니다. 시민사회와 국가를 다시 결합시키는 데 있습니다. 이는 국가성의 세계시민적 형태를 발전시키고 완성시키는 것을 의미합니다. 국가와 시장의 결합인 '신자유주의적 국가'는 자본의 이익을 극대화하며, 국가는 이를 정당화하는 수단으로 그칩니다. 반면, 시민사회와 국가가 결합된 '세계시민적 국가'는 국가와 시민사회가 협력하여 글로벌 시대의 문제들을 해결하고 새로운 지구적 질서를 모색하며 실현시키는 데 그 목적이 있습니다.

국가와 관련하여, 지구시민사회의 메타권력은, 국가가 그의 통치영역 내에서 그가 하고 싶은 바를 할 수 있다는 민족국가적 자명성에 대항하며 인권의 보편적 효력을 창출하는 데서 시작됩니다. 세계시장의 다국적 기업이 출구옵션을 통하여 국가주권을 상대화하고 대항하는 지점을 구성한다면, 지구시민사회는 세계시민성에 대한 규범적·법적·정치적 선취를 통해 민족국가의 독립성과 자치성에 의문을 제기하는 것입니다. 지구시민사회는 NGOs와 협력적 관계를 구축하면서, 나아가 UN과 같은 국제기구와 세계시민적 국가의 지원에 의해 성장해왔습니다. 지구시민사회가 연출하는 인권의 언어는 정당하며 권위 있는 권력담론을 개시하고 있습니다. 지구시민사회는 억압받고 위험에 처한 집단으로 하여금 그들의 기본 권리를 정당화할 수 있게 하며, 그들이 전개하는 국내적 투쟁을 외부로부터, 즉 세계여론, 세계시민적 국가의 정부, NGOs를 통해 지원하고 있습니다."

메타게임에서 국가의 상황
"메타게임에서 국가는 어떠한 상황에 놓여 있을까요?"

"신자유주의와 결합된 국가는 이중적 모순에 빠져 있습니다. 신자유주의에 따르면, 세계시장의 규범을 관철시키기 위해서 국가의 역할과 자치성은 최대한 축소되어야 합니다. 이는 세계시장에 일치하는 국가가 경쟁력이 있다는 논리에 기초합니다. 하지만 시장의 자유화와 공공부분의 민영화는 약한 국가에 의해 추진될 수 없습니다. 세계시장에 일치하는 법질서는 정부에 의해 집행되어야 하고 사회적 반대에도 관철되어야 하기 때문에 강한 국가가 요구됩니다. 그래서 신자유주의와 결합된 국가는 자신의 권력을 최소화하면서 극대화해야 하는 첫 번째 모순에 빠집니다. 이는 두 번째 모순을 유발합니다. 경계를 해체하는 글로벌화는 경계의 강화국경통제의 강화와 함께 진행될 수밖에 없기 때문입니다. 국가와 세계시장의 불안정한 공존인 〈신자유주의레짐〉은 이러한 두 가지 모순을 내재하며, 경제 위기가 오면, 국가의 보호주의적 조취로 인해 파손될 가능성이 높습니다.

신자유주의레짐은 기업의 〈분열과 지배divide et impera〉 전략에 취약합니다. 다국적 기업은 국가들이 서로 협력하지 않고 대결과 경쟁 구도로 몰아갈 수 있는 힘을 충분히 가지고 있습니다. 한 국가의 정치가 민족국가의 틀에 고정되어 경쟁만을 선호한다면, 이는 스스로 자박을 채우는 꼴이 됩니다. 국가가 전통적 주권에 정치와 힘을 고정시키면, 투자유치와 관련하여 다른 국가와 강도 높은 경쟁을 해야 하기 때문이며, 나아가 자본과 상품에 대한 세계시장의 독점체제가 형성되도록 도와주기 때문입니다. 세계시장의 메타권력이 구심점을 찾아 독점화된다면 이러한 세계경제의 중심부는 국가권력을 해체할 수 있는 막강한 권력을 소유하게 될 것입니다. 반면, 국가들이 민족국가적 자치성을 상대화시키면서 상호협약을 통해 경쟁을 줄여간다면, 세계시장에 대한 그들의 위치를 강화시킬 수 있습니다. 국가는 정치의 고유한 목표인 안전, 복지, 법치를 확보하기 위해서 자신의 주권을 상대화시켜 초국가적 협력구조를 구축해야 합니다.

기존의 세계질서를 해체하는 메타게임에서 국가는 세계시장과 지구시민사회의 협공을 받으며 딜레마 상태에 놓여 있습니다. 국가는 세계시장의 출구전략과 지구시민사회의 인권요구 사이에서 샌드위치가 되어 버렸습니다. 한편으로, 세계시장은 국가들이 전통적 주권체로 남아 있는 것을 이용하여 국가와 시장의 결합인 신자유주의레짐을 구축하고 국가들의 경쟁을 부추기며 세계정치에서의 메타권력을 증대시키고 있습니다. 다른 한편으로, 지구시민사회는 국제법에 우선하는 인권을 관철시키며 국가주권의 정통성을 압박하고 있습니다.

국가와 시장이 결합된 신자유주의레짐이 대세를 이루고 있는 상황에서, 결국 세계시장에 대하여 대항권력의 힘을 발휘하는 영역은 지구시민사회라고 볼 수 있습니다. 지구시민사회의 세계시민은 세계시민주의의 덕성에 기초하여 지구적 위험담론에서 성찰성을 발휘하면서 지구적 차원의 정치를 부활시키고 있으며, 정치적 소비자는 세계시장의 초법적 통치에 대항하고 있습니다. 나아가 지구시민사회의 운동은 국가가 신자유주의레짐과 결별하고 시민사회와 결합하는 〈인권레짐〉을 형성하기를 희망합니다. 국가가 세계시장 대신에 시민사회와 결합하면 이러한 결합체는 세계정치의 메타권력게임에서 세계시장의 메타권력을 더욱더 효과적으로 견제할 수 있기 때문입니다. 국가가 샌드위치의 상황에서 탈출하고 자신의 역량을 강화하기 위해서는 신자유주의레짐이 아니라 세계시민적 국가가 되어야 하며, 세계시민적 현실주의 전략을 구사해야 합니다."

세계시민적 국가

"세계시민적 국가란 무엇일까요?"

"메타게임에서 국가는 존재양식, 역할, 전략을 전환해야 합니다. 시민사회와 결합한 세계시민적 국가가 되어야 합니다. 그것이 대항권력을 확보하기 위한 최선의 카드입니다. 우선, 시각의 전환이 요구됩니다. 우리는 다음과 같은 과거의 시각에 머물러 있습니다. 첫째,

사회는 민족단위의 국가로 동일시된다. 둘째, 국가와 정부가 정치의 핵심이다. 셋째, 세계는 국가 단위로 배분되고, 국내적으로는 조직화된 국가가 국제적으로는 대립적 국제관계에 놓인다. 넷째, 경계짓기와 국가 간의 경쟁은 정치적인 것의 근본 원리이다. 다섯째, 민주주의는 국가의 틀에서만 실현될 수 있으므로 국가가 없으면 민주주의도 없다. 이러한 국가중심적 시각으로는 세계정치의 메타게임을 정확히 볼 수 없습니다. 세계시민적 시각으로의 전환은 국가적 시각이 지닌 한계를 극복할 수 있는 행위공간과 행위전략을 제공합니다.

세계시민적 국가는 세계시민적 시각과 연동되어 있습니다. 세계시민적 국가는 같음과 다름을 인정하는 보편적 인권에 기초하여 지구시민사회와 세계위험사회에서 성찰하는 세계시민의 존재를 인정합니다. 개인의 인권과 민족의 다양성을 인정하는 것입니다. 그래서 세계시민적 국가는 자신의 주권을 다음과 같이 사용합니다. 빠르게 가속화되는 지구적 상호의존성에 적응하는 데 사용하고, 지구적-국가적 문제를 해결하기 위해 사용합니다. 나아가 다양한 종족과 민족이 평화롭게 공존하도록 사용하고, 개인의 같음평등과 다름차이을 동시에 인정하며 이를 국내외적으로 법제화하는 데 사용합니다. 이러한 세계시민적 국가는 스스로에게 집중되어 있는 민족국가의 위험한 환상에 반대하고, 신자유주의레짐을 구성하는 최소국가의 이념에 반대하며, 세계국가에 대한 비현실적 유혹에 반대합니다. 세계의 중앙정부인 세계국가는 실현이 불가능한 이념에 불과하기 때문입니다."

세계시민적 현실주의
"세계시민적 현실주의란 무엇일까요?"

"세계시장, 다국적 기업, 세계여론, 국제사회, 개인, 지구시민사회, 세계위험사회, NGOs 등이 상호 연결된 초국가적 네트워크 안에 국가가 놓여 있습니다. 이것이 우리가 살아가는 시대의 '현실'이며, 여기에서 '정치'는 이러한 현실을 직시하는 마키아벨리즘이 되어야 합니다. 그러한 마키아벨리즘은 국가의 건재함, 초국가적 정치영역에서 빚어지는 메타게임, 복합적 네트워크를 직시한다는 의미에서 현실주의이며, 타자의 다름을 인정하는 정신을 견지한다는 의미에서 세계시민주의라고 볼 수 있습니다. 세계시민적 현실주의는 타자를 인정하는 세계시민주의와 현실을 직시하는 현실주의의 결합입니다.

세계시민적 현실주의자는 초국가적 네트워크에서 전개되는 초국가적 정치를 정확히 인식합니다. 초국가적 정치란 비공식적 차원에서 전개되는 국내, 외교, 국제관계, 하위정치subpolitics를 포함하며, 세계시장의 메타권력, 환경오염과 금융위기와 같은 세계위험, 다양한 인터넷 플랫폼에 의해 매개되는 세계여론, 테러, 지구시민사회의 NGOs 활동 등이 반영되어 있습니다. 초국가적 정치는 국가 간의 정치를 가로지르며 작동하지만 기존의 국제정치를 포함합니다.

세계시민적 시각이 부재한 국가는 반드시 보아야 하는 것을 보지 못하고blind, 국가를 부정하는 세계시민적 시각은 공허leer합니다. 세계시민적 현실주의는 다양한 역사적 지정학적 대립, 아시아, 유럽, 아프리카, 북미, 남미 등의 지역 문제를 직시합니다. 국가는 복합적인 네트워크와 초국가적 정치영역에서 기존의 역할을 초극하는 새로운 역할을 찾으며 권력을 획득, 유지, 확장해야 합니다. 다양한 행위자들이 서로 간섭하는 시스템으로 특징져지는 초국가적 정치는 고전적 국제법과 주권의 규칙을 따르지 않기 때문입니다."

세계시민적 국가의 전략

"세계시민적 국가는 어떠한 국가전략을 가져야 할까요?"

"세계시민적 국가는 지구시민사회와의 접속으로 형성됩니다. 민족의 특수성과 일체성보다는 문화적 다양성의 조건하에서 작동하는 국가입니다. 세계시민적 국가가 신자유주의레짐의 권력에 대항할 수 있는 전략적 장점은 무엇일까요? 우선, 세계시민적 시각을 제도화한 세계시민적 국가는 국가적 역량capacity을 확대시킬 수 있습니다. 협소한 민족국가적 시각을 포기하고 복합적 네트워크와 초국가적 정치영역에 접속됨으로써 자신의 활동공간을 확대시키기 때문입니다.

세계시민적 국가는 유럽연합EU의 회원국들이 한 것처럼 경제와 문화의 경계를 허물고 정치와 법을 초국가적으로 운영합니다. EU의 회원국은 주권이나 자치성이 아니라 세계위험사회의 지구적 문제와 위험을 예방 차원에서 통제하는 역량을 중요시합니다. 그들은 초국가적 네트워크, 국제협력, NGOs, 초국가적 제도, 기업 등과 협력하며 관계적 역량을 극대화합니다. 이에 대한 좋은 예시로서 세금도피, 이주, 군사적 안전, 기술적 위험, 환경오염, 금융위기에 대한 EU 회원국의 협력을 들 수 있습니다. 나아가 세계시민적 국가는 세계시민권과 민주주의를 지구적 차원에서 보호하기 위해 공유된 법주권을 활용하는 국가이기도 합니다. 법제화를 통해 민주주의, 인권, 자유, 문화적 다양성이 국내외적으로 보장되도록 지원하고 있습니다.

특히, 인권에 대한 보장과 실현은 세계시민적 국가의 권력 및 정당성의 기초가 됩니다. 상호적으로 촘촘히 연결된 시대의 초국가성은 자본의 측면과 국가의 측면에서 양쪽 모두에게 정당성의 결핍을 야기합니다. 그래서 인권레짐을 그들 정책과 전략의 기초로 삼으면 새로운 정당성의 원천을 확보하게 됩니다. 이러한 맥락에서 국가와 시민사회가 결합한 형태인 세계시민적 국가는 권력의 정당성 확보에 유리하다고 볼 수 있습니다. 폭력이 아닌 도덕이 권력의 원천이 되는 것입니다. 따라서 세계시민적 국가의 전략은 인권이라는 〈최소윤리 Minima Moralia〉를 실현하는 데 있다고 볼 수 있습니다."

"저는 지구촌에서 벌어지는 메타게임으로부터 시작하여, 그 게임의 행위자인 국가, 세계시장, 지구시민사회의 메타권력의 상호작용을 설명하고, 국가와 시장이 결합하는 기존의 신자유주의레짐보다는 국가와 시민사회가 결합하는 인권레짐, 즉 세계시민적 국가가 현재 우리가 살아가는 시대에 국가가 지향해야할 방향이라고 설명했습니다. 감사합니다. 이상으로 오늘 저의 특강을 마치도록 하겠습니다."

국제관계이론과 평화

우리는 레센니히 교수에게 인사를 하고 가려고 밖에서 잠깐 기다렸다. 레센니히 교수에게 박 신부님과 페터를 소개했다. 그는 신부, 기자, 학자의 친구 조합을 재미있게 여겼다. 잠깐 얘기를 나누고 서둘러 차가 주차되어 있는 곳으로 갔다. 10시 20분이었다.

요크베르크 등산

차에 타면서 신부님과 페터에게 물었다.

"예전에 우리 셋이서 같이 올라갔던 산에 가는 거 어때요?"

"요크베르크 Jochberg?" 페터가 다시 물었다.

"아무래도 그게 좋을 것 같아요. 저녁 7시 정도까지는 산에서 내려와야 하니까, 멀리는 못 갈 것 같아요. 요크베르크가 적당해요. 뮌헨에서 한 시간 거리이잖아요." 신부님이 말했다.

우리는 뮌헨 시내를 통과하여 남쪽으로 향했다. 해발 500m의 평지에 위치한 뮌헨은 독일 알프스 초입이다. 뮌헨에서 차를 타고 1시간 정도 가면 본격적인 알프스를 만끽할 수 있다. 뮌헨 남쪽에서 〈가르미쉬-파텐키르헨Garmisch-Patenkirchen〉으로 향하는 고속도로 A-95번에 진입했다. 해발 700m에 위치한 가르미쉬-파텐키르헨은 1978년에 동계올림픽이 열렸던 곳이다. 가르미쉬-파텐키르헨 부근 서남쪽에 독일에서 가장 높은 산인 해발 2,962m의 〈쭉슈피째Zugspitze〉가 있다. 언젠가 아내와 함께 올라간 적이 있었다. 보통 1박 2일 코스로 가는데, 하루에 다녀왔다. 1,000m 지점까지 차를 타고 가서, 그 지점에서 새벽 6시부터 오르기 시작했다. 저녁 8시에야 겨우 내려올 수 있었다. 아내와 나 둘 다 완전히 녹초가 되었던 등반이었다. 다시는 이런 힘든 등반을 하지 말자고 맹세했다.

A-95는 독일의 대표적인 속도 무제한 아우토반Autobahn이다. 신부님이 A-95에 진입하자마자 속도를 내기 시작했다. 신부님이 지내고

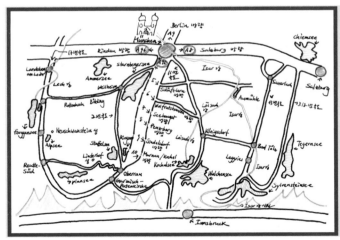

● ● ● 뮌헨 부근 도로지도

있는 수도원 공용차라고 했다. 2014년 식 아우디Audi SQ5였다. SQ5
는 화려하지 않고 단아한 모습의 자동차이지만 성능이 뛰어난 SUV차
량이다. 3년밖에 되지 않은 차여서 속도가 금방 200km까지 올라갔
다. 속도를 내는 신부님을 보고 페터가 농담을 했다.

"와우, 신부님 터프하시네요!"

"속도감이 전혀 느껴지지 않는데요."

"그런가요? 그래도 긴장하시는 것 같은데요?"

"200으로 달리고 있다고 생각하니 짜릿하네요. 하하."

"독일에서 가장 위계질서가 분명한 곳이 어디인지 아세요?"

"모르겠는데요."

"바로 신부님이 달리는 아우토반이에요. 하하."

"예?"

"신부님이 아우디 SQ5를 타고 200으로 달리니까 앞 차들이 예의
바르게 '휙휙' 오른쪽 2차선으로 비켜주잖아요."

"그건 그러네요. 하하."

"4차선은 화물차가 주로 다니고, 3차선과 2차선은 평범한 자동차
들이 다니며, 1차선은 주로 Forsche, Audi, Benz, BMW 같은 고급
차들이 달려요. 평범한 차들이 1차선으로 가다가도 고급차들이 오면
재빨리 비켜주지요. 웬만한 차가 아니면 1차선으로 가려고 하지도
않고요. 독일 아우토반의 규범이에요."

신부님이 슬쩍 속도를 늦추며 2차선으로 갔다. 빠른 속도로 가는
것이 조금 민망했나 보다. 페터가 다시 말했다.

"신부님, 괜찮아요. 우리는 아우디이잖아요."

나도 옆에서 듣고 있다가 웃으며 말했다.

"페터! 한국의 고속도로에선 200으로 달리는 것이 불가능해. 그
런데 마음만 먹으면 여기서는 20~30분 계속 200으로 달릴 수 있잖아.

나도 독일에서 운전하면 거의 반사적으로 속도를 낸다니까. 다른 차들과 속도도 맞추어야 하잖아."

"알았어. 아무튼 좋아. 정말 오랜만인 것 같아. 우리가 같이 학교에 다닐 때는 자주 왔었잖아. 네가 한국으로 가버리고 거의 등산을 하지 않았으니까, 5년 만에 요크베르크에 가는 것 같아."

"바로 코앞에 아름다운 알프스를 두고 뭐 하느라고?"

"기자 일이 원래 바쁘게 돌아가잖아. 단시간에 기사를 써 내야 하니까 스트레스도 많고. 주말이면 집에서 쉬면서 영화를 보거나, 공원에서 산책하는 것으로 만족했던 것 같아."

"하긴 뭐, 구태여 여기까지 오지 않아도 녹지가 많으니까."

"집에서 15분만 걸어가면 이자 강이 흐르는 공원도 있고."

"맞아. 이자 강이 바로 알프스에서 기원하니까. 알프스에 오지 않아도 알프스의 정취를 물을 통해 느낄 수 있었겠네 …"

"그런가? 하하."

차는 볼프라츠하우젠으로 빠지는 6번 출구를 지나치고 있었다. 볼프라츠하우젠은 로이자흐 강과 이자 강이 합류하는 지점이다. 로이자흐 강은 오스트리아 티롤 지방에서 발원하여 코헬 호수로 유입되면서 〈발헨 호수Walchensee〉에서 떨어지는 독일 알프스의 물과 합쳐지고, 그렇게 합쳐진 물이 코헬 호수의 북쪽으로 빠져나와 볼프라츠하우젠으로 흘러가서 이자 강과 만난다. 우리는 바로 로이자흐 강에 물줄기를 더해주는 발헨 호수 쪽으로 가고 있었다. 발헨 호수는 뮌헨으로부터 남쪽으로 75km 떨어진 호수이다. 호수 옆의 조그마한 마을인 〈우어펠트Urfeld〉가 우리의 목적지이다. 우어펠트에 차를 주차하고 점심을 먹고 요크베르크에 올라갈 것이다.

차는 A-95에서 10번 출구인 〈무르나우/코헬Murnau/Kochel〉 방향으로 빠져나왔다. 커브를 돌며 내려오자 좌·우 갈림길이 나왔다. 왼쪽 코헬로 향했다. 박 신부님이 아쉬운 표정을 하며 말했다.

"오른쪽으로 가면 무르나우이에요. 제가 독일에 왔을 때, 1년간 무르나우에 있는 괴테인스티튜트에서 독일어를 배웠어요. 독일어 수업이 끝나면, 친구들과 같이 〈슈타펠 호수Staffelsee〉로 산책을 다녔지요. 슈타펠 호수는 다른 호수와 다르게 겨울에도 물이 차갑지 않았어요. 부드럽고 따듯하며 아름다운 호수였어요. 20년 전이에요. 그곳에서 언어를 배우는 즐거움을 처음 느꼈어요."

"무르나우는 휴양지로도 유명한 곳이랍니다. 호수 주변에 숲길이 많아 산책하기에 좋고, 여름이면 호수의 물이 쉽게 따듯해져서 수영하기에도 안성맞춤이에요. 몸과 마음이 아픈 사람들이 와서 자연과 함께 쉬면서 몸을 회복하고 가는 곳이에요." 페터가 거들었다.

코헬 호수로 가는 11번 국도를 따라가다가 저 멀리 요크베르크와 산 위의 발헨 호수의 물이 흐르는 수로관이 눈에 들어왔다. 발헨 호수는 독일 알프스의 해발 800m에 위치한 자연 호수인데, 그 수심이 192m나 된다. 발헨 호수의 물은 200m 아래에 위치한 코헬 호수로

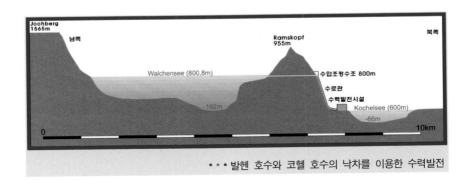

● ● ● 발헨 호수와 코헬 호수의 낙차를 이용한 수력발전

••• 요크베르크로 가는 길에 있는 전망대에서 본 코헬 호수

떨어지면서 낙차를 이용한 수력발전에 사용된다. 코헬 호수의 남쪽
으로부터 발헨 호수의 물이 유입되고, 서쪽으로부터 오스트리아 티롤
에서 발원하는 로이자흐 강이 유입된다. 그리고 호수의 북쪽 지점으
로부터 다시 로이자흐 강의 물줄기가 시작되어 볼프라츠하우젠으로
향하고, 그곳에서 이자 강과 합류하는 것이다.

조그마한 마을 〈코헬 암 제Kochel am See〉를 통과하면서 코헬 호
수가 오른쪽 시야에 들어왔다. 수력발전시설이 있는 곳부터 11번 국
도는 산 위를 올라가는 뱀 모양의 길이 되었다. 커브가 너무 심해서
박 신부님이 긴장하며 운전했다. 900m 높이에 있는 전망대에서 잠
깐 내려서 코헬 호수를 내려다 보았다. 나비모양을 한 코헬 호스와
그 뒤로 펼쳐진 평야, 크고 작은 호수들, 저 멀리 뮌헨이 한 눈에
들어왔다. 빨간 행글라이더 하나가 파란 하늘 아래에서 프러시안 블

루 터치의 코헬 호수 위를 평화롭게 날고 있었다.

우리는 다시 차를 타고 우어팰트로 향했다. 전망대가 900m 높이에 있기 때문에, 800m 높이에 있는 우어팰트까지는 약간 내리막길이었다. 내리막길의 커브도 심했다. 왼쪽으로 발헨 호수가 살짝 보였다. 조금 더 내려가자 우어팰트의 발헨 호수 박물관이 보였다. 우어팰트는 발헨 호수 북쪽 해변에 놓인 조그마한 마을이다.

〈제쉬튀베를 임비스 카페Seestüberl Imbis Cafe〉 맞은 편 길옆 주차 공간에 차를 세우고, 카페에 설치된 노천 식탁에 자리를 잡았다. 호수가 정면으로 보였다. 11시 40분이었다. 10시 20분에 출발했으니까, 1시간 20분 정도 걸린 셈이다. 전망대에서 있었던 시간까지 감안하면 빨리 왔다고 볼 수 있다.

비엔나소시지가 들어간 콩 스프와 카푸치노 한 잔씩을 시켰다. 얼른 먹고 길을 나섰다. 등산로 입구에 가려면 차로 온 길을 걸어서 되돌아가야 했다. 발헨 호수 박물관 앞에 코헬 호수와 발헨 호수를 보여주는 지도가 있었다.

파란 동그라미로 표시된 곳이 우리가 서 있는 해발 800m 지점이었다. 그래서 우리는 우선 11번

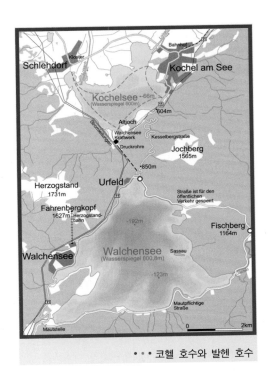

• • • 코헬 호수와 발헨 호수

••• 요크베르크 등산로

국도를 가로지르며 등산로 입구가 있는 해발 850m 지점까지 걸어서 올라갔다. 등산로 입구에 왔을 때 12시 40분이었다. 요크베르크 Jochberg의 높이가 1,565m이니까, 진입로로부터 715m을 올라가야 했다. 우리는 입구에 서서 등산 타임 스케줄에 대해 잠깐 얘기했다.

나는 지도를 꺼내어 페터와 박 신부님에게 보여주며 파란색 선을 따라 표시된 등산 경로를 설명했다.

"지금까지 경험상 천천히 올라가면, 2시간 정도, 그러니까 2시 40분에는 정상에 도달할 수 있어요. 정상에 있는 오두막집에서 시원한 밀맥주를 마시며 1시간 정도 쉬고, 4시부터 발헨 호수의 동쪽 해변 쪽으로 내려오는 데 걸리는 시간이 1시간 30분, 그러니까 호숫가에 오면 5시 30분 정도 될 거예요. 동쪽 해변을 따라 호수 바로 옆으로 난 산책길을 30분 정도 걸으면, 6시까지는 우리 차가 주차되어 있는 우어팰트에 도착할 수 있을 것 같아요."

올라가는 길은 숲길이어서 그늘이 졌고 바람도 조금 불어서 상쾌했다. 진한 나무 향은 머리를 맑게 했고 발걸음을 가볍게 만들어 주었다. 박 신부님이 기분이 좋은 듯 콧노래를 부르며 말했다.

"이것이 자연의 향기인 것 같아요. 나무에서 품어져 나오는 피톤치드Pitoncide 냄새이지요. 나무들이 스스로 보호하기 위해 만들어 내

••• 발헨 호수에서 본
요크베르크(Blick auf
den Walchensee
gegen Jochberg)
Wolfgang Wagner,
1993

는 물질인데, 공기정화와 살균효과도 있고 유익한 곤충을 유인하기
도 해요. 피톤치드는 대개 침엽수에서 만들어지는데, 우리가 지금 걷
고 있는 숲이 다 침엽수잖아요. 피톤치드는 우리의 면역력을 강화시
켜주고 피부에도 좋아요. 모두 기분이 좋지요?"

"그러네요. 벌써 제 피부가 촉촉해졌어요." 페터가 말했다.

"스트레스가 다 날아 가버린 것 같아요." 내가 말했다.

우리는 천천히 이런 저런 얘기를 하며 올라갔다. 숨이 차서 긴
얘기는 할 수 없었다. 1시간 20분 정도 지나자 왼쪽으로 코헬 호수가
보이는 테라스에 도달했다. 잠시 앉아서 쉬기로 했다. 물과 사과를
먹었다. 시야에 펼쳐진 코헬 호수는 너무나도 아름다웠다. 특히, 〈슈
타른베르크 호수Starnberger See〉와 볼프라츠하우젠 방향으로 빠져
나가는 로이자흐 강의 물줄기가 선명하게 보였다.

30분 정도 더 올라가자 숲길이 사라지고 시야가 트였다. 왼쪽으

로는 북쪽의 코헬 호수가, 오른 쪽으로는 남쪽의 발헨 호수가 펼쳐
졌다. 정상의 십자가가 보이기 시작했다. 10분 정도를 더 올라갔다.
우리는 정상의 십자가에 가서 서로 부둥켜안았다. 뿌듯했다. 우리는
말없이 남쪽으로 펼쳐진 거대한 산맥을 쳐다보았다. 정상에는 아무도
없었다. 우리 셋이 전부였다. 발헨 호수는 너무나 고요했다.

"요크베르크는 몇 번째니?" 페터가 나에게 물었다.
"셀 수 없을 거야. 매번 느끼는 거지만, 여기서 내려다보는 발헨
호수는 평화 그 자체야. 오늘은 날씨가 좋아서 저 멀리 오스트리아
알프스까지 다 보이네! 발헨 호수는 날씨, 시간, 계절에 따라 모습을
바꾸지. 천의 얼굴을 가진 호수야. 보는 각도에 따라 물빛도 바뀌고.
이렇게 위에서 보면 옥빛과 파란빛이 섞여 있지만, 아래에 내려가서
수평으로 보면 프러시안 블루 색감이 나기도 해. 아침, 점심, 저녁,
봄, 여름, 가을, 겨울에 따라 색깔이 모두 달라. 동서남북의 다른 방향
에서 보면 호수의 빛깔과 모습이 너무나도 다르게 보이지. 우리는
지금 북쪽에서 내려다보고 있잖아? 호수의 남쪽에서 바라보면 물빛과
호수의 형태가 완전히 다르다니까! 아마 천 번을 와도 발헨 호수는
새로운 느낌을 줄 거라고 생각해."

"발헨 호수에 대한 찬미가 대단하서. 하하." 페터가 웃었다.

"저도 예전에 발헨 호수에 자주 왔었는데, 올 때마다 새로웠어요. 고요하게 자신의 모습을 자연의 흐름에 따라 변화시키는 호수를 볼 때마다 신비로웠죠. 무엇보다 발헨 호수는 깨끗해요. 그래서 호수를 바라보고 있으면 자신도 정화되지요." 박 신부님이 말했다.

우리는 정상 아래에 있는 조그마한 오두막집으로 내려갔다. 그 곳에서는 맥주와 간단한 음식을 팔았다. 오두막집 앞에 있는 식탁과 의자에 앉았다. 주인이 밀맥주와 딱딱한 검은 빵을 가져왔다. 오두막집에서 정면으로 보이는 나무 한 그루를 가리키며 내가 말했다.

"근데, 저기 저 나무 신기하지 않아? 아래 부분을 제외하고 몸통이 없는데, 왼쪽 한 귀퉁이에서 나무가 자라나고 있잖아?"

"예전에는 없었던 것 같은데 … 언제부터 저 나무가 저렇게 됐지? 혹시 알아?" 페터가 물었다.

"2004년까지 내가 뮌헨에 있을 때 자주 왔었는데, 나도 보지 못했거든. 그런데 2009년에 와보니 저런 모양이야. 오두막집 주인에게 물어보았지. 2008년 여름 벼락을 맞아서 나무가 날아가고, 저런 모습이 되었다는 거야. 그러니까, 9년째 저런 모습으로 있는 거지."

박 신부님이 말했다.

"자연의 생명력은 대단해요. 나무를 보고 있으니까, 〈희망〉이라는 단어가 떠오르네요. 몸의 대부분을 잃어

••• 오두막집에서 보이는 나무

버리고도 푸르른 이파리와 가지를 유지하고 있으니 말이에요. 뿌리가 튼튼해서 그렇겠지만요. 살아남기 위해 뿌리에서 흡수한 모든 양분이 마지막으로 살아남은 왼쪽 가지에 집중적으로 공급되는 것 같아요. 포기하지 않고 자신을 유지하려는 의지와 희망이 깃들어 있는 것 같지 않아요?"

페터가 박 신부님의 말에 동의했다.

"그러네요. 사실 현실이 힘들 때 무엇인가 절실히 바라는 희망은 삶을 이끌어 주는 원동력이 되지요."

전통적 현실주의와 세계시민적 현실주의

나는 희망과 오전에 들었던 특강을 연결시켜보았다.

"희망은 행위를 결정하는 것 같아요. 내가 원하는 바에 따라 결정하고 실천하는 일련의 것들이 나의 모습을 구성하지요. 내가 무엇을 원하느냐에 따라 나의 모습이, 우리의 공동체가 무엇을 원하느냐에 따라 공동체의 모습이 만들어지는 것 같아요. 예컨대, 오전에 들었던 세계정치의 메타게임에서 살아남을 수 있는 세계시민적 국가는 백 교수와 레센니히 교수가 희망하는 국가의 모습이었어요. 국가가 시장과 결합하여 시장논리를 따르기보다는 시민사회와 결합하면서 보편적 인권을 실현하기 위해 노력하는 것이 국가의 새로운 역할이라고 했지요. 세계시민적 현실주의는 그에 대한 전략이었고요."

페터가 밀맥주를 시원하게 들이키며 말했다.

"세계시민적 현실주의는 우리가 알고 있었던 국제정치이론으로서 현실주의와 다른 것 같아. 〈전통적 현실주의classicasl realism〉의 핵심 키워드는 3S이잖아. 그러니까 현실주의는 국가주의statism, 생존survival, 자조self-help에 의해 국제정치를 관망하고 분석해. 즉, 현실주의에 따르면, 국제정치의 주요 행위자는 '국가'이며, 국가는 강제력을 지닌 세계정부가 존재하지 않은 '국제적 무정부상태'에서 생존하기 위해 힘에 기초한 '자조'의 정책을 입안하고 수행하는 거고. 여기에서 한 국가의 〈힘power〉이란 경제력과 문화적 매력에 해당하는 '소프트 파워soft power'와 군사력에 기초한 '하드 파워hard power'로 나눌 수 있지만, 요즘에는 이 두 가지 힘을 상황에 따라 적절히 결합시키는 '스마트 파워smart power'가 중요하지. 결국, 힘의 증대와 힘의 균형을 통해 자국의 이익을 증진시키는 것이 현실주의의 핵심으로 볼 수 있어. 현실주의에서 외교와 국제법은 힘의 증대와 힘의 균형을 달성하는 수단으로써 의미가 있고.

독일에서 철학과 국제법을 공부했지만, 히틀러를 피해 미국으로 가서 미국의 여러 대학에서 활동하면서 국제정치학자로 유명해진 모겐소Hans Morgenthau: 1904~1980가 바로 이러한 3S에 입각하여 국제관계를 보는 시각을 제시했고, 평화를 구축하는 방법으로 힘의 균형, 외교, 국제법을 말했잖아. 그치? 월츠Kenneth Waltz는 〈신현실주의Neorealism〉라는 이름으로 현실주의 전통을 따르며, 국가의 행위가 힘의 분배에 의해 구축된 '국제적 구조international structure'에 의해 영향을 받는다고 주장했고. 전체적인 힘의 구조가 개별 국가의 행위를 결정한다고 본 거지. 아무튼, 현실주의는 안보를 국가가 고려해야 할 최우선 가치로 여겨. 현실주의 안보전략으로는 특정 국가가 우월한 국력을 보유하지 못하도록 하는 '균형전략balancing,' 압도적 국력을 추구하는 '패권전략hegemony,' 위협적 국가와의 '타협전략accommodation'이 있고. 이러한 현실주의는 세계시민적 현실주의와 거리가 있는 것 같아."

현실주의, 자유주의, 구성주의를 내재한 세계시민적 현실주의
나는 공통점과 차이점을 좀 더 명확하게 설명하려고 시도했다.

"차이가 있긴 하지. 하지만 나는 세계시민적 현실주의도 국제정치
이론으로서의 현실주의와 맥락이 닿아 있다고 생각해.

국제정치를 바라보고 분석하는 기본 관점으로써 현실주의는 고
대 그리스 역사가인 투키디데스Thucydides: B.C. 454~396가 저술한 『펠
로폰네소스 전쟁사History of the Peloponnesian War』의 내용을 20세기
의 국제현실에 맞게 이론화한 것이 아닐까? 투키디데스는 아테네와
스파르타의 전쟁을 사실적으로 서술하며 힘과 관련된 균형정책, 패권
정책, 타협정책을 예시를 통해 구체적으로 묘사했어. 투키디데스와
그 이후 마키아벨리, 모겐소, 월츠의 현실주의는 모두 국제관계에서
힘의 변화에 주목했지. 힘의 향방을 정확히 포착하여 대응하는 것과
현실을 직시하는 것이 현실주의의 기본이야. 이러한 맥락에서 세계시
민적 현실주의도 현실주의의 전통을 따르고 있다고 볼 수 있지 않을
까? 우선, 세계시민적 현실주의는 복합적 네트워크 차원에서 펼쳐지
는 세계정치의 메타게임을 직시할 것을 요구하기 때문이며, 나아가
위협적인 세계시장의 메타권력에 대항하기 위해 시민사회와 결합하
는 균형전략balancing을 요구하고 있기 때문이야.

네가 느낀 것처럼, 세계시민적 현실주의는 국제정치의 현실주의
와 다른 점도 있어. 우선 무엇을 현실로 인식하느냐가 달라. 국제정
치의 현실주의는 국가와 국제기구로 구성된 국제사회를 현실로 인식
했지. 반면, 세계시민적 현실주의는 세계시장의 행위자인 다국적 기
업, 지구시민사회의 개인과 NGOs, 민족국가 등이 빚어내는 복합적
네트워크와 그 다양한 정치영역을 현실로 인식하고 있어. 나아가 세
계시장이 부추기는 국가 간의 경쟁보다는 국가 간의 협력적 네트워크
의 구축을 요청하고 있잖아. 이는 현실주의와는 다르게 국제관계가

법과 제도에 의해 관리될 수 있다고 보는 '자유주의liberalism'의 맥락을 반영하고 있다고 볼 수 있지. 마지막으로 세계시민적 현실주의는 '가치의 공유'를 지향하고 있어. 즉 국가는 세계시민주의라는 가치를 지향해야 한다고 보고, 그러한 가치의 공유에 입각한 세계시민적 국가들이 협력 네트워크를 구축해야 한다고 보는 거지. 이는 '구성주의constructivism'의 맥락을 반영한다고 볼 수 있어. 구성주의는 가치공유에 입각한 국제관계의 구조가 개별 국가의 행위에 영향을 주기도 하지만, 국가가 새로운 가치공유에 입각하여 새로운 국제관계의 구조를 형성시킬 수도 있다고 보잖아. 그치? 세계시민적 현실주의는 기존의 국제정치의 3대 이론적 소프트웨어인 현실주의, 자유주의, 구성주의를 투영시킨 국가전략이라고 평가할 수 있어.

페터가 우스갯소리를 했다.

"뭐야? 그러면, 세계시민적 현실주의는 국제정치이론의 종합세트인 거야? 하하. 예전에 벡 교수와 인터뷰를 한 적이 있어. 그때 그는 자신이 '칸트의 제자Student of Kant'라고 했어. 실천이성의 '요청'에 따라 행동이 필요하다는 칸트의 입장에 동의하는 거지. 요청은 강력한 희망을 의미하잖아. 세계시민적 현실주의는 인류의 안보와 평화를 위해 국가가 인권에 기초한 지구시민사회와 결합하여 인권레짐을 구축하고, 세계시민적 국가들이 서로 협력네트워크를 구축하여 세계위험을 극복하자는 실천이성의 요청인 것 같아."

박 신부님이 조심스럽게 자신의 의견을 말했다.

"저도 특강을 재미있게 들었어요. 메타게임은 글로벌 시대에 국가, 세계시장, 지구시민사회를 중심으로 전개되는 권력과 대항권력의 관계를 정확히 포착한 개념 같아요. 메타게임은 세계위험사회에서 세계시장, 지구시민사회, 민족국가가 진행하는 권력추구게임으로 규정되었고, 이러한 메타게임에서 살아남는 국가로서 세계시민적 국가가 제시되었죠. 세계시민적 국가는 시장과 국가가 결합된 신자유주의 레짐이 아니라 시민사회와 국가가 결합한 인권레짐의 성격을 지닌 국가였고. 제 생각에, 세계시민적 국가의 권력적 기초는 도덕성인 것 같아요. 시장의 이윤과 성장 극대화의 논리보다는 모든 개인의 자유와 평등이라는 인권적 도덕성에 기초하기 때문이지요. 세계시민적 국가가 글로벌 시대의 세계위험을 관리할 수 있다고 본 것이지요.

세계시민적 현실주의는 초국가적 메타게임을 직시할 수 있도록 해주는 시각이자 전략이었어요. 국가는 타인의 다름과 차이를 인정하는 세계시민적 시각과 결합된 현실주의를 통해 시장의 메타권력으로부터 자신의 영역과 권력을 지킬 수 있으며 세계위험을 관리할 수 있겠지요. 국가를 부정하기보다는 국가의 성격을 새롭게 규정함으로써 국가의 권력과 역할을 되찾아주고 있어요. 복잡한 네트워크로 연결된 세계정치의 역학구조에서 국가가 어떻게 하면 세계경제와 지구시민사회의 샌드위치에서 벗어날 수 있는지를 제시하고 있는 것이지요. 지금껏 한국이 신자유주의레짐을 구축해 왔다면, 앞으로는 인권레짐을 구축해야 생존할 수 있을 것 같다는 생각을 했어요. 이는 G20과 같은 국제협력의 틀에서 다른 국가와 서로 연결되며 지구적 문제를 해결하는 것을 의미하며, 나아가 지구시민사회와 협력하며 세계경제의 초국적 통치를 견제하는 것을 의미하지 않을까요?"

"그래요. 신부님. 한국이 인권레짐을 구현하는 '개념 있는 국가'가 되기를 희망하며 건배 한번 할까요?" 내가 건배를 '요청'했다.

"하하. 프로스트Prost: 건배!"

"하하. 프로스트!"

평화와 폭력사회

4시가 되었다. 이제 내려가야 했다. 우리는 숲길을 따라 발헨 호수의 동쪽 해변 쪽으로 내려왔다. 1시간 30분 정도 내려왔다. 우리가 호수 가에 왔을 때, 5시 30분이었다. 이제 어두워질 걱정은 안 해도 되었다. 호수에 다가가서 신발을 벗고 세수도 하고 발도 씻었다. 물이 얼음처럼 차가워서 수영은 하지 않기로 했다. 우리는 동쪽 해변을 따라 호수 바로 옆으로 난 산책길을 걸었다. 포장된 길이었지만 왼쪽의 호수와 오른쪽의 산 사이에 난 아름다운 길이었다. 산 쪽의 절벽은 덩굴들이 내려와 덮고 있었으며, 호수 쪽의 해변에는 다양한 모양의 나무들과 식물들이 우거져 있었다.

나무들 사이로 보이는 발헨 호수는 고요했다. 여전히 평화를 간직하고 있었다. 예전에도 나에게 평화가 필요하면 여기에 와서 느끼곤 했다. 멀리 보이는 산, 호수의 잔잔한 물결, 바람에 조금씩 흔들리

• • • 발헨 호수의 산책로

• • • 옆에서 본 발헨 호수

는 초록의 나무들, 따사로운 햇빛, 하늘과 호수가 간직한 깊은 프러시안 블루의 색감 등이 빚어내는 평화의 이미지였다. 발헨 호수는 내 안에서 꿈틀대는 수많은 욕구들을 잠재우고 복잡한 생각을 비워주는 평화가 있는 곳이었다. 자연의 아름다움이 주는 감동은 항상 내 마음의 질곡을 펴주고 건강하게 회복시켜주었다.

박 신부님이 걸음을 멈추고 호수 가를 보면서 말했다.
"여기 좀 보세요. 새끼 오리 좀 보세요. 엄마인 것 같아요."
"정말 귀엽네요. 셋이 줄을 맞추어 가고 있네." 페터가 말했다.
"평화란 저런 것이 아닐까요? 그 누구로부터 아무런 방해도 받지 않고, 풍요로운 자연 속에서 엄마는 새끼를 키우며, 새끼 오리는 편안한 마음으로 엄마와 함께 있고." 내가 말했다.

박 신부님은 다시 발걸음을 옮기며 평화에 대해 얘기했다.
"〈평화〉란 폭력이 없는 상태에요. 폭력은 인간으로서의 기본적 욕구가 충족되지 못하게 하는 행위랍니다. 모든 인간은 물질적으로는 의식주에 관련된 기본적 욕구를 충족시키고 싶어 해요. 정신적으로는 자유롭고, 평등하며, 인정받고 싶어 합니다. 어떤 사람, 문화, 관습, 전통, 언론, 시장, 분쟁, 전쟁 등이 이러한 인간의 물질적·정신적 욕구를 충족시키지 못하게 하면 그것이 바로 폭력이죠. 기본적으로 인간은 그러한 욕구를 충족시

··· 엄마 오리와 새끼 오리들

켜야 하는 존재에요. 그래서 그렇지 못하게 하면 인간에게 해를 주는 것이 되지요. 외부에서 가하는 그러한 폭력이 없어야 우리는 평화롭게 살 수 있어요."

내가 박 신부님의 말에 긍정하면서 얘기를 꺼냈다.

"평화를 그렇게 이해하면, 우리 사회는 정말 심각한 〈폭력사회〉인 것 같아요. 가정에서부터 사회에 이르기까지요. 한 인간은 태어나서 가정, 학교, 직장, 사회 등의 영역에서 사회화되는 과정을 거치게 되지요. 하지만 이러한 과정이 심각한 폭력에 노출되어 있어요.

빈곤한 가정에서 태어난 아이는 가정을 통해 물질적 욕구를 충족시키지 못해요. 정신적 욕구도 제대로 충족시키지 못할지도 몰라요. 부모가 맞벌이를 해도 빈곤하다면, 아이에게 정신적 편안함을 주지 못할 가능성이 크죠. 부모의 폭력에 노출될 가능성도 있어요. 그러한 아이들이 학교에서 다른 아이들과 같이 편안한 마음으로 학업에 집중하는 것은 매우 어려워요. 학습에 대한 동기도 낮고요. 사회에 나오면 시장논리에 의해 낮은 임금과 비정규직으로 내몰리면서 물질적 욕구 충족은 물론, 자유, 평등, 인정 등 정신적 가치도 충족되기 어렵죠. 요즘에는 가난에도 불구하고 모든 어려움을 극복하면서 공부를 잘해서 성공할 수 있는 확률은 매우 낮아요.

부유한 가정에서 태어난 아이들도 마찬가지에요. 물질적으로 의식주에 관련된 욕구는 충족될지 모르지만, 정신적으로는 이들이 행복할지 장담할 수 없어요. 부모가 경쟁을 준비시키거든요. 그것도 살벌하게요. 한국말도 잘 못하는 아이를 영어유치원에 보내요. 엄마가 계획한 스케줄에 의해 기계처럼 하루에 몇 개씩 학원을 다니고. 놀고 생각하고 친구를 사귈 여유가 없어요. 이는 아이에 대한 부모의 명백한 폭력이에요. 학교에서도 경쟁이라는 폭력에 놓이게 되고, 대학교를 졸업하고 마침내 시장의 폭력과 결혼의 폭력에 노출되지요. 어떤 일을 하며 만족하며 사는 것보다 돈을 얼마나 버느냐가 직장과 결혼의 기준이 되어버렸어요. 인간은 사라지고 돈의 폭력하에 살아가게 돼요. 돈은 유일무이한 보편적 개념이 되어 버렸어요. 모든 사람의 정신에 깊이 침투되어 있는 유일한 보편적인 개념이 된 거지요. 참 서글픈 현실이에요. 어쩌다가 이렇게 되었는지 …"

박 신부님이 다시 말했다.

"사회가 발전하기 위해서는 경쟁이 필요하겠지요. 인정해요. 하지만 '영혼이 없는 경쟁'은 매우 위험해요. 아이들이 자신에 대해, 나아가 타인에 대해 따뜻하게 대해줄 수 있는 영혼을 갖추지 않은 채로 경쟁만 시키면 그 경쟁은 곧바로 폭력이 되는 거예요. 〈학교폭력〉은 본래 아이들 책임이 아니랍니다. 부모의 책임이자, 선생님의 책임이며, 사회의 책임이에요. 우리가 모두 따뜻한 영혼이 없는 아이들을 만들어 경쟁시키니까, 아이들이 서로 치고 받고 왕따시키고 하는 것이지요. 그러한 학교폭력은 사회에 나와서도 반복될 수밖에 없어요. 학교의 모습은 미래의 사회를 비추는 거울이니까요.

아이들을 과도한 경쟁으로 몰아갈 필요가 없어요. 경쟁에 대한 집단적 광기를 완화시켜야 해요. 모두가 살벌한 경쟁으로 몰아가는 대신, 모두가 여유를 가질 필요가 있어요. 이는 인식의 전환으로 가능해요. 과도한 경쟁이 우리 모두를 폭력으로 내몰면서 불행하게 하는데, 구태여 그런 삶의 방식을 계속할 필요가 없잖아요? 학교에서는 자신의 욕구를 통제하고 성찰하며, 타인과의 갈등을 해결하며 조화롭게 살아갈 수 있는 인성을 길러주어야 해요. 최근 들어 학교에서는 도덕과 윤리에 대한 학습이 실종되었다면서요? 경쟁을 잘하려면 도덕성이 있어야 해요. 부모와 선생님은 학생이 좋아하고 최고로 잘할 수 있는 것을 발견하고 학생의 자질이 최대한 발휘될 수 있도록 지원해주어야 해요. 학생이 타인을 짓밟으면서 올라가는 잘못된 경쟁을 버리고, 타인과 공존하면서 자신이 좋아하는 분야에서 전문성과 창의성을 발휘하며 협력하도록 유도해야 합니다."

"한국에서는 요즘 학교폭력이 심각한가 봐?" 페터가 물었다.

"심각하지. 박 신부님이 잘 진단하셨어. 학교폭력뿐만이 아니야. 자신에게 가하는 최대의 폭력인 자살이 급증하고 있어. 매년 전국에서 100명이 넘는 학생들이 자살하고 있으니까. 자살하는 이유는 여러 가지야. 왕따와 구타와 같은 학교폭력에 노출되자 삶의 의미를 찾지 못해서, 학교 성적이 오르지 않아서, 대학교에서 요구하는 학업 능력을 따라가지 못해서 … 다양하지. 하지만 거시적 차원에서 보면, 과도한 경쟁사회가 만들어 낸 폭력의 희생자들이야."

페터가 말했다.

"독일이 요즘 한국을 따라가나 봐. 최근 들어 모든 분야에서 경쟁이 심해지고 있거든. 얘기를 들어보니 한국만큼은 아니지만 … 예전에는 그렇지 않았어. 하지만 요즘에 부모들이 아이들의 경쟁력을 향상시키기 위해 사교육을 시키고, 기업들은 효율성의 논리에 입각하여 비정규직을 늘이고 있는 추세야. 그나마 복지 차원에서 교육, 의료, 실업수당, 육아보조금 등이 있어서 불평등이 완화되고 있지. 그래도 아직까지는 사회적 연대의 가치가 남아 있어서 다행이야."

"어제도 잠깐 얘기했지만, 그래서 한국에서도 요즘 복지에 대해서 관심을 갖고 그에 대한 논의가 진행되고 있어." 내가 말했다.

분단 극복의 윤리적 근거

얘기를 하다가 어느덧 차가 주차되어 있는 곳에 왔다. 6시 30분이었다. 애초에 예상했던 것보다 30분 늦게 도착했다. 우리는 차를 타고 출발했다. 발헨 호수와 코헬 호수 사이에 있는 가파른 고개를

넘어 코헬 호수 옆을 지나는 도중에 왼쪽으로 호숫가에 놓여 있는
레스토랑이 눈에 들어왔다. 신부님에게 저녁을 먹자고 했다. 〈그라우
어 베어Grauer Bär〉라는 레스토랑이었다. 회색 곰이라는 뜻이었다.
우리는 레스토랑 옆에 있는 주차장에 차를 세웠다. 7시가 조금 넘은
시간이었다. 우리는 레스토랑 안으로 들어가지 않고 밖에 있는 테이
블에 앉았다. 깨끗한 코헬 호수에서 잡은 여러 가지 민물고기를 그릴로
구워 요리한 생선접시Fisch-Grillteller 하나, 돼지고기요리Schweinefilet
하나, 샐러드 하나, 밀맥주 세 잔을 주문했다. 저 멀리 해가 지면서
석양이 코헬 호수를 붉게 물들이고 있었다.

페터가 밀맥주를 마시며 박 신부님에게 물었다.
"한반도는 여전히 분단되어 있잖아요? 아까 걸어오면서 평화에

대해 얘기할 때 물어보려고 했는데 … 혹시, 분단의 상황이 한국 사회를 평화롭지 못한 사회로 나아가게 하는 것은 아닌가요? 독일에서도 북한이 핵실험을 하거나, 장거리 미사일을 쏘면 보도하거든요. 북한은 매우 호전적인 국가인 것 같아요. 호전적 국가와 국경을 맞대고 있으면 한국에서는 사람들이 항상 불안할 것 같은데요."

"페터가 생각하는 것이 맞아요. 분단은 우리에게 불안을 가져다주지요. 〈분단分斷-나누는 것-division〉은 윤리적으로 보았을 때 '선善-좋은 것-good thing'이 아니라 '악惡-나쁜 것-bad thing'이에요. 해악의 특징은 우리에게 해로움, 아픔, 불안, 고통을 준다는 데 있어요. 그런데 바로 분단이 우리에게 그러한 해로움, 아픔, 불안, 고통을 주고 있어요. 그래서 분단은 해악이지요. 윤리적 차원에서 보자면, 해악은 우리에게 고통을 안겨주기 때문에 극복되어야 할 대상이에요. 사실 분단은 우리가 원한 것도 아니었어요. 분단이 외부로부터 강요된 해악이기 때문에 극복되어야 한다는 점에서 우리는 바로 통일에 대한 윤리적 근거와 정당성을 찾을 수 있어요.

분단이라는 영어 단어인 '디비전division'에도 해악의 의미가 새겨져 있어요. 디비전divison은 디di와 비데레videre의 합성어인 라틴어 동사 '디비데레dividere'에서 기원한답니다. 본래 의미를 살펴볼 때, 디di는 불능화한다는 의미이며, 비데레videre는 본다를 뜻하지요. 이 두 단어를 결합하면, 디비데레는 '보지 못하게 하는 것'을 의미합니다. 본다는 것은 시각적으로 보는 것을 넘어, 눈에는 보이지 않지만 사유를 통해 인식한다는 의미도 가지고 있어요. 눈으로 사물을 잘 보고, 인식과 사유를 통해 보면서 현명하게 살아가는 것은 좋은 것이에요. 반면, 무엇인가가 우리로 하여금 눈으로 보지 못하게 하고 인식할 수도 없게 한다면 그것은 나쁜 것이랍니다. 인간에게 기본적으로 좋은 것을 못하게 하니까요. 단어의 기원이 말하는 것처럼 분할하는 것은 우리에게 좋은 것을 보지 못하게 해요.

　분단은 우리의 역사와 현실, 국제관계, 우리의 현재 모습과 미래전략, 우리가 추구해야 할 가치와 행복을 제대로 보지 못하게 합니다. 특히, 분단은 이념갈등을 유발하며 우리를 분열시키고 이성을 마비시키지요. 인간의 선은 이성이 잘 발휘되는 삶에서 발현된다고 봐요. 왜곡된 분단 구조에서 우리는 우리의 처지를 정확히 보지 못하고 현명한 결정도 내리지 못합니다. 분단이 주는 모순으로 인해 우리의 이성을 충분히 발휘하지 못하는 것이지요. 이성의 발현을 방해하는 분단은 극복되어야 합니다. 그래서 통일은 분단의 해악을 극복하고 한민족 공동체의 평화를 구축하는 윤리적 행위이지요."

칼 슈미트의 관점으로 본 한반도와 독일

분단 극복이 왜 윤리적으로 정당한가에 대한 박 신부님의 설명을 들으면서 생각이 복잡해졌다. 왜 우리는 구조적으로 분단을 지속할 수밖에 없을까? 통일은 할 수 없는 것인가? 무엇이 우리로 하여금 통일을 하지 못하도록 가로막고 있는가? 남북관계를 설명하는 데, 칼 슈미트가 개념화했던 〈정치적인 것〉이 적합할 것 같았다.

내가 페터에게 말했다.

"남북관계를 생각하면, 칼 슈미트가 남겼던 유명한 명제가 떠올라. '국가의 개념은 정치적인 것의 개념을 전제한다.' '보호하기에 구속한다protego ergo obligo.' 두 명제에는 통찰력이 담겨 있어."

페터가 내게 말했다.

"대충은 알겠는데 … 좀 알아듣게 설명해봐."

정치적인 것과 남북관계

"사람들이 흩어지고 모일 때, 그 집단화가 적과 동지의 구분에 도달하면, 그것은 '정치적인 것'이야. 적은 존재방식이 상이한 낯선 집단이고. 적대관계는 자신의 생존을 위해 상대의 존재방식을 부정할 때 생기지. 슈미트는 국가의 존재가 바로 이러한 정치적인 것에 기초한다고 보았어. 보호하기에 구속한다는 말은, 국제정치의 현실에서 보호와 복종이라는 관계없이는 어떠한 상하관계, 어떠한 합리적 정당성이나 합법성도 존재하지 않는다는 뜻이야. 보호하는 국가는 보호받는 국가의 적을 대신 규정하면서 구속하지. 국가 간의 동맹도 보호하기에 구속한다는 원리를 따르잖아. 나는 이러한 슈미트의 두 가지 통찰이 60년이 지나도록 지금까지 해체되지 않는 남북 분단의 구조를 어느 정도 설명할 수 있다고 생각해."

"어떻게?" 페터가 호기심어린 말투로 물었다.

"우선, 국가의 개념이 정치적인 것의 개념을 전제한다는 첫 번째 명제를 남북관계에 적용해보자! 한국과 북한은 서로 적으로 규정하고 있어. 특히, 북한은 슈미트의 명제를 비교적 명확히 적용할 수 있는 케이스야. 북한에게 한국은 생존방식을 위협하는 낯선 존재야. 민주주의와 자본주의 경제에 입각하여 높은 삶의 질과 자유를 누리는 한국 사람들의 생존방식은, 폐쇄적이고 자유를 제한하는 사회주의를 고수하는 북한 사람들에게 낯설고 위협적일 수밖에 없을 거야.

나아가 북한은 국제사회로부터 고립되어 있기 때문에 더욱더 정치적인 것을 부각시키면서 한국을 적으로 몰아갈 수밖에 없겠지. 북한의 경우, 국가의 유지는 정치적인 것이 존속할 때 가능할거야. 그래서 북한은 한국과 미국을 적으로 규정하고 핵실험, 미사일 발사, 무력 도발을 해서 주민이 전쟁상태의 긴장감을 느끼며 집단적으로 묶여 있도록 유도하고 있어. 권력을 쥐고 있는 북한 정치권은 3대 세습으로 인해 보수화되었고, 이들의 최대 관심사는 주민의 행복이 아니라 김정은으로 넘어온 3대 세습의 안정화와 유지에 있지.

한국의 경우, 선거철이 되면 보수를 중심으로 정치적인 것이 작동해. 보수는 북한을 명확하게 적으로 규정하지. 보수는 적인 북한을 대화의 대상으로 바라보는 국내의 정치세력까지 적으로 규정해버려. 빨갱이라고. 국가가 북한에 동조하는 세력에 의해 위협받고 있다고 느끼는 거지. 한국의 보수는 국가를 정치적인 것에 기초하여 이해하고 있어. 보수가 북한을 적으로 규정하며 국가를 느끼니까, 그들에게도 국가의 개념은 정치적인 것에 기초하고 있는 거야."

"그러니까, 남북관계에 정치적인 것이 작동하면서, 오히려 남북분단의 구조를 고착화시킨다는 말이야? 서로 적으로 규정하면서, 북한의 보수는 체제유지를, 한국의 보수는 결집력을 얻게 되지만, 결국 남과 북은 분단된 상태로 국가의 상태를 계속 유지하는 거네?"

"그렇다고 봐야지. 페터! 제법인걸. 다 알아들었네."

"쉽게 설명해주었잖아."

"그런가 … 하하."

"분단 지속의 책임은 북한과 한국의 보수에게 있는 거야?"

"쉽게 설명하니까, 어려운 질문을 하네."

"대답하기 곤란하면 하지 않아도 돼."

"분단의 지속은 정치적인 것이 규정하는 힘과 보수의 속성에 기초한다는 점을 말하고 싶었을 뿐인데 … 북한의 보수는 체제유지와 생존을 위해 정치적인 것을 부각시켰고, 한국의 보수는 북한의 위협에 대해 우리의 소중한 가치와 국가를 지켜내려 한 것도 있었겠지만 정치적인 것을 부추겨서 자신들의 권력을 유지하려고 했어. 한반도에서는 보수의 권력에 의해 정치적인 것이 작동하고 있는 셈이지."

"그럼 서로 적으로 규정하는 한, 분단은 극복될 수 없는 거야?"

"어렵다고 봐야지. 북한이 체제를 계속 유지하면서 한국을 적으로 규정하는 한, 한국의 보수도 북한을 적으로 규정하겠지. 북한과 한국의 보수는 정치적인 것을 매개로 공존하고 있는 거야. 한반도에서 보수의 공존이 계속된다고 가정할 때 한 가지 변수는 있어. 북한이 체제를 유지하지 못하고 내부적 모순 때문에 붕괴되고, 그러한 상황에 중국이 강력히 개입하지 않는다면, 서독이 동독을 흡수한 것과 비슷한 시나리오가 한반도에서 전개될 수도 있겠지."

"한국에는 정치적인 것의 콘셉트에 휘둘리지 않고 북한을 협력의 대상으로 보는 진보도 있잖아? 김대중 정부와 노무현 정부가 북한과의 교류를 추진했던 것으로 기억하는데?"

"1987년부터 2007년까지 10년간의 진보적 정부가 북한에 대해서 전향적인 접근을 했어. 남북의 적대 관계를 규정해왔던 정치적인 것을 해체시키려고 했으니까. 두 대통령은 각각 한 번씩 북한의 김정일 위원장을 만났고, 10년간 그동안의 적대관계가 완화되었어. 반면, 이명박 정부는 10년 전의 적대관계로 돌아가 버렸어. 10년간 북한을 도와주었지만 북한은 변하지 않았고, 경제적 교류 그 자체가 북한주민의 삶을 윤택하게 하는지 보장할 수 없다는 것이 이유였지. 남북교류는 북한 주민이 아닌, 북한 상류층과 북한군이 버틸 수 있는 경제력을 제공함으로써 북한체제가 유지될 수 있도록 도와주었다고 본것이지. 도와주지 않았으면 붕괴될 수도 있었다는 가정이 깔린 인식이야. 그래서 이명박 정부는 북한을 도와주지 않기로 한 거야. 그러자 북한은 한국을 적으로 규정하며 무력도발을 했고…"

보호하기에 구속한다와 독일통일외교
페터가 독일의 동방정책을 설명했다.

"우리의 경우, 빌리 브란트Willy Brandt: 1913~1992 총리가 70년대 초 〈동방정책Ostpolitik〉을 추진한 이후로 1990년 통일까지 약 20년간 그 정책은 유지되었어. 브란트 이후 같은 사민당SPD 출신인 헬무트 슈미트Helmut Schmitt 총리가 동방정책을 계승했고, 헬무트 콜 Helmut Kohl은 기민련/기사련CDU/CSU 소속의 총리임에도 불구하고 동방정책을 유지하며 동독과의 교류를 유지했지. 동방정책의 핵심 콘셉트는 '접근을 통한 변화'였잖아. 동방정책은 60년대까지 추진되었던 미국과 프랑스와의 관계에 중점을 두는 '서쪽으로의 통합정책'을 유지하면서 이와 동시에, 소련과 동구권 국가들과의 관계를 정상화시켰고, 동독을 압박하여 정상적인 국교를 수립하고 다양한 차원의 교류를 점차적으로 확대시켜 나갔지."

"맞아. 20년간 동방정책의 시행으로 동서독 간의 정치적인 것이 점차 해체되었다고 봐야지. 나아가 동방정책은 서독의 수출 시장을 소련, 폴란드, 체코슬로바키아, 헝가리 등 동구권으로 확대하는 경제적 효과도 있었고. 콜 총리는 냉전이 끝나고 소련이 해체되는 시점을 통일을 이룰 수 있는 최고의 역사적 타이밍이라고 보았던 것 같아. 콜 총리는 외교를 통해 슈미트가 말한 두 번째 명제, 그러니까 '보호하기에 구속한다.'라는 강대국의 논리를 냉철하게 인식하고 통일을 이루는데 거꾸로 이용했어. 콜 총리의 스마트한 외교였어."

"무슨 말이야?" 페터가 물었다.

"통일 이전에 미국은 서독을 보호하고 있었고, 소련은 동독을 보호하고 있었잖아. 그래서 미국과 소련은 서독과 동독을 정치적으로 구속할 수 있었고. 그 당시 동서독의 분단은 보호하기에 구속한다는 동맹체제로 구조화되어 있었어. 미국을 중심으로 한 '북대서양조약기구'와 소련을 중심으로 한 '바르샤바 조약'이라는 틀 안에서 서독과 동독의 운명이 구성되었다고 봐도 과언이 아니지.

그런데 냉전이 종식되는 80년대 말에 들어서, 소련은 스스로 해체되면서 동구권 국가를 더 이상 보호하면서 구속하려고 하지 않았어. 이는 동독의 경우에도 해당되었지. 고르바초프가 나서서 동독의 당서기였던 호네커Erich Honeker에게 변화를 주문할 정도였으니까. 그래서 동독 주민이 통일을 하자고 외치며 길거리로 나섰을 때 소련은 이에 개입하지 않았어. 더 이상 보호하지 않는데, 구속할 필요가 없었으니까. 고르바초프가 서독에게 원했던 것은 동독에 대한 개입이 아니라, 체제변환에 필요한 자본과 기술협력이었어. 콜 총리는 이를 재빨리 간파하고 차관과 기술을 소련에게 제공함으로써 통일에 찬성하도록 유도했지. 콜 총리는 영리하게 외교를 했어.

미국은 서독의 오래된 우방으로서 통일된 독일이 미국의 북대서양조약기구에 잔류할 경우 통일에 찬성한다는 입장이었어. 미국은 그들이 구상하는 세계전략상 통일된 독일을 계속 보호하고 구속하고 싶었던 거지. 콜 총리는 이러한 미국의 입장을 수용했고, 미국도 독일의 통일을 적극 지지하고 나섰어. 통일에 회의적이었던 프랑스에게도 독일은 스스로 구속당하겠다고 선언하며 프랑스를 설득시켰어. 그러니까 통일된 독일은 유럽연합의 틀 안에 있으면서 프랑스와 같이 유럽통합을 촉진시키는 역할을 계속하겠다고 약속했던 거지. 소련, 미국, 프랑스가 독일의 통일을 찬성하는데, 영국도 어쩔 수 없잖아. 따라올 수밖에. 콜 총리는 세계정치의 권력의 향배를 잘 읽었어. 그는 슈퍼파워 미국에게는 보호하기에 구속한다는 논리가 충족되도록 했고, 붕괴하는 소련에게는 그러한 논리를 펼칠 힘이 없다는 것을 간파하고 그들이 필요로 하는 돈을 충분히 제공했던 거지."

"분석이 재미있네. 그래서 콜 총리가 보호하기에 구속한다는 명제를 거꾸로 이용해서 독일 통일을 달성했다고 보는 거야?"

"그래. 강대국의 이해관계를 충족시켜 주면서 동독과 서독으로 나뉜 두 개의 주권을 하나의 주권으로 통합한 것이지. 통일과 관련한 콜의 외교정책은 그 당시 국제관계의 현실적 힘의 역학을 냉철하게 분석하고 이용하는 현실주의에 기초하고 있었다고 봐."

보호하기에 구속한다와 한반도의 평화구축

페터가 대화의 방향을 한국으로 돌렸다.

"그러면, '보호하기에 구속한다.'라는 명제로 한반도의 분단의 지속과 극복을 어떻게 설명할 수 있지?"

"현재 동아시아의 국제정치는 미국과 중국이 서로 주도권을 잡으려고 경쟁하고 있는 형국이야. 미국은 일본, 한국, 대만, 베트남으로 이어지는 동맹벨트를 구축하며 대국으로 성장하고 있는 중국의 힘을 제한하고 있어. 중국은 이러한 압박에 직면하여 북한과 러시아와 협력할 수밖에 없지. 중국은 미국의 압박을 풀고 동아시아에서 주도권을 가지려고 해. 예컨대, 미국은 한국을 군사적으로 보호하고 있고, 중국은 북한을 정치·경제적으로 보호하고 있어. 그래서 미국과 중국은 각각 한국과 북한을 구속할 수 있는 정당성을 지니게 되는 거야. 미국과 중국이 각각 한국과 북한을 '구속한다는' 것은 한국과 북한으로 나뉜 분단의 현실에 막강한 영향력을 행사한다는 의미야.

그러니까, '보호하기에 구속한다.'라는 슈미트의 명제는 미국과 중국이 각각 한국과 북한을 보호하기에 분단이 고착화되도록 구속한다고 해석할 수 있어. 한반도에서의 현재 분단구조는 미국과 중국의 국제정치적 이해관계와 상당 부분 일치하는 측면이 있지.

예컨대, 이명박 정부는 개성공단을 제외한 거의 모든 남북교류 사업을 중단시키고 북한과의 접촉을 끊었어. 그러니까, 북한은 한국을 다시 적으로 규정하며 중국과 가까워졌지. 북한은 김정은으로 이어지는 세습체제에 대한 중국의 정치적 인정과 경제적 원조가 필요했었어. 김정일 위원장이 김정은에게 권력을 세습하려고 했을 때 중국을 여러 번 방문하며 승인을 받은 그 자체가 중국이 북한을 구속하며 관리하고 있다는 것을 증명한다고 생각해. 냉정하게 말하면, 북한으로서는 현재 자기편을 들어줄 국가가 중국 밖에 없거든.

중국이 북한을 보호하고 구속하는 이유는 그들의 이해관계에 일치하기 때문이야. 북한이 붕괴하고 통일 국면이 펼쳐지면, 중국은 미국의 정치적·군사적 세력권 안에 있는 한국에게 흡수통일의 기회를 주는 것이고, 이는 곧 미국의 영향력이 자기들의 국경과 맞닿게 되는 상황을 감수해야 하는 것이지. 중국은 북한이라는 지리적 공간이 미국의 세력권을 38선 이남으로 국한시키는 완충제 역할을 한다는 것을 잘 인식하고 있기 때문에 북한을 보호하는 것 아니겠니?

반면, 미국은 한국과 북한의 대치 상태가 유지되면 그들의 정치적·군사적 영향력을 한국에게 계속 행사하면서 38선 이남을 관리할 수 있는 명분을 얻게 되는 것이지. 냉정하게 말하면, 미국에게 한국은 중국을 견제하기 위한 전략적 공간일 뿐이야. 분단이 그들의 전략을 자연스럽게 충족시키는데, 미국은 당연히 분단을 유지시키겠지. 북한이 한국에 적대감을 보이면 보일수록 미국은 한국에 주둔하면서 보호할 정당성을 가지게 돼. 북한이 체제를 유지할 수 없고 한국 주도의 통일 기회가 발생할 경우, 미국은 한국을 도와 한반도 전체를 자신들이 군사적으로 관리하는 영역으로 확보하려고 하겠지. 하지만 중국이 북한을 보호한다는 명목하에 통일 정국에 개입하면, 한반도에서 미·중이라는 두 강대국이 대치하는 상황이 연출될 수도 있어."

"서독은 통일 정국에서 슈퍼파워로 등극하는 미국을 우방으로 두었기 때문에 미국의 이해관계만 맞추어 주면 되었지만, 한국은 통일 정국이 오면 두 개의 슈퍼파워, 즉 중국과 미국의 첨예한 정치적 이해관계를 조절해야 하는 힘든 외교를 해야 하겠네?"

"미국과 중국이 주도해서 한반도의 분단을 극복하자고 하지는 않을 거야. 왜 그러겠어? 그들에게는 현재가 좋은데. 그리고 동아시아에서는 중국과 미국이 만들어 가고 있는 힘의 균형이 계속해서 유지될 거야. 그러면 한반도 통일은 더욱더 어려워지는 거지. 한반도 통일은 중국과 미국이 동의할 때 가능하겠지. 그런데 그냥 동의하겠어? 국제정치는 윤리적이지 않아. 살벌하게 냉정하지. 중국과 미국이 요구하는 그들 각자의 이익이 충족되지 않으면, 그들은 통일에 절대 동의하지 않을 거야. 지리적으로 보았을 때, 미국과 중국은 서로 경쟁하며 한반도에서 영향력을 유지하려고 하겠지. 서로 견제하기 위해서. 그래서 국제정치적인 관점에서 볼 때, 통일은 중국과 미국이 합의할 수 있는 조건과 환경을 만들어 나갈 때 가능하지 않겠어?"

"무슨 말이야?" 페터가 물었다.

"한반도가 미국과 중국이 개입하지 않는 정치적 중립지역으로 남으면, 미국과 중국의 이해관계가 최소한 충족되지 않을까? 둘 다에게 갖고 싶은 것을 똑같이 갖지 못하게 하는 전략이야. 둘 다 각자 가질 것을 가질 수 없으니 불만이 있겠지만, 둘 다 동등하게 갖지 않으니까 한반도의 정치적 중립화를 받아들일 수도 있지 않을까? 한반도가 정치적으로 중립화되면, 미국과 중국이 한반도를 보호하면서 구속할 수 있는 명분과 정당성이 사라지게 돼. 미국과 중국이 팽팽히 힘겨루기를 하며 경쟁하는 상황이 연출된다면, 두 강대국의 이해관계를 충족시킬 수 있는 방법은 한반도의 중립화 밖에 없어.

이러한 통일의 조건을 만들기 위해 한국 외교가 움직여야 한다고 생각해. 우선, '보호하기에 구속한다.'라는 명제를 북한에게 적용해야지. 북한과 교류하면서, 설령 북한 체제가 한국의 원조로 연명한다 하더라도 계속 북한을 지원해주어야 한다고 생각해. 우리가 북한을 보호해주는 거지. 그러한 역할을 중국에게 맡길 필요가 없잖아? 최근 2017년 2월에 나온 〈KDI 북한경제리뷰〉에 따르면, 2015년 중국을 방문한 북한 주민은 188,300명이야. 그중에서 절반이 외화벌이 일환으로 중국에 파견되었어. 북한은 중국에 사람을 수출해서 체제유지에 필요한 재원을 마련하고 있는 셈이지. 만약, 그 188,300명이 중국이 아닌 한국을 방문했다고 생각해봐! 그만큼 북한은 한국에 의존하게 되고 한국은 북한에 영향력을 행사할 수 있지 않을까?

한국도 경제력과 인구가 세계 7~8위권이야. 북한과 통일하려는 의지가 있다면, 북한을 원칙 있게 지원하면서 우리가 보호한다는 분위기와 신뢰를 장기적으로 만들어 나아가야 해. 그렇게 하면, 우리는 점차 북한을 구속할 수 있는 명분과 정당성을 지니게 되는 거야. 3대 세습과 불안정한 경제로 점철된 북한체제는 오래가지 않아. 머지않아 체제 위기를 맞을 수밖에 없어. 그때 북한 주민이 우리와의 통일을 원한다면, 우리는 정당하게 통일 국면을 맞이할 수 있겠지.

중국에게는 '보호하기에 구속한다.'는 빌미를 주지 말아야 해. 북한이 중국에 의존하게 할 필요가 없어. 한국의 외교는 이것을 방지해야 한다고 생각해. 북한이 한국을 의존하도록 만들어 놓아야, 향후 통일 정국이 다가왔을 때, 중국의 개입을 최소화하면서 우리가 정당하게 통일을 추진할 수 있는 힘과 지렛대를 가지게 되는 거지. 중국과는 FTA 무역협정의 테두리 안에서 경제적으로 시나브로 하나의 공동시장을 만들어 나가고, 미국과의 우호관계도 돈독하게 유지해야 해. 미국은 여전히 슈퍼파워이기 때문에 한반도에서 그들의 이해관계가 충족되도록 하는 것도 중요해. 한국 외교는 미국과의 신뢰를 구축하면서, 미국 입장에서 보았을 때 최선은 아니지만 최악의 상황을 피하는 차선책으로서 한반도의 중립화를 받아들이도록 설득해야겠지. 미국이 먼저 중립화 옵션을 받아들이면, 중국도 그 옵션을 받아들

일 가능성이 크지 않을까? 중국으로서는 한반도 전역이 미국의 영향
권에 놓이는 것을 피할 수 있는 차선책이기 때문이지 …"

노자의 은미한 밝음과 미명외교

박 신부님이 대북정책과 관련해서 말을 꺼냈다.

『노자백서老子帛書』80장에 보면 노자가 이런 말을 했어요. '오므
라들게 하려면 반드시 먼저 펴주어야만 한다. 약하게 하려면 반드시
먼저 강하게 해주어야만 한다. 제거하려고 한다면 반드시 먼저 높여
야만 한다. 빼앗으려고 하면 반드시 먼저 주어야만 한다. 이것을 〈은
미한 밝음微明〉이라고 한다. 유연하고 약한 것이 강한 것을 이기는
법이다.' 북한과 관련에서 노자의 접근이 필요하다고 봐요. 북한을
변화시키면서 통일의 과정으로 이끌기 위해서는 우리가 장기적으로

먼저 주어야 하지 않을까요? 통일이 되면 들어갈 자본을 미리 조금씩 풀어주면서, 설령 그 원조가 북한 주민에게 온전히 돌아가지 않는다 하더라도, 북한체제가 우리를 신뢰하고 의존할 수 있게 만드는 것이 대북정책에서 은미한 밝음이라고 봐요."

내가 말했다. "미명외교 …"

페터가 박 신부님과 나의 말에 맞장구를 쳤다.

"독일 통일이 한국에 주는 교훈도 바로 그 지점에 있는 것 같아요. 독일은 처음부터 통일을 외치지 않았어요. 20년간 분단이 주는 폭력 상황을 평화의 상태로 전환하기 위해 동독에 대해 '접근을 통한 변화' 정책을 수행하다가, 세계 역사가 제공한 우연적 상황에서 통일을 적극적으로 성취했어요. 통일이 목표가 아니라, 평화 구축이 외교정책의 목표였지요. 동방정책을 유지하며 20년간 평화를 정착시켰고, 그러한 노력이 통일의 기회를 가져다 주었으며, 통일이 된 후에는 20년간 꾸준히 사회통합을 위해 노력했어요. 요즘에는 동독 주민의 생활 수준이 서독 주민의 80% 정도까지 올라왔으니까 어느 정도 사회통합이 되었다고 봐야죠. 결국, 분단 극복과 평화 정착에 약 40년의 세월이 필요했던 것이지요. 한국도 북한을 향해 장기간에 걸쳐 지속적인 접근을 하면서 북한이 변화할 수 있도록 유도해야 할 것 같아요. 북한과의 교류와 북한에 제공하는 재화는 한반도에서의 평화와 사회통합을 위한 장기적인 투자로 인식할 필요가 있어요."

9시가 조금 넘었다. 한반도에 평화를 구축하는 문제는 참 어려운 것 같았다. 박 신부님 말처럼, 한국 외교가 '은미한 밝음의 미명외교'를 해야 통일과 평화를 얻을 수 있을 거라고 생각했다. 우리는 차를 타고 뮌헨으로 돌아왔다. 내가 묵고 있는 파징 역 부근에 왔을 때, 10시 20분이었다. 페터와 나는 차에서 내렸다. 페터는 에스반을 타고

집에 갔고, 박 신부님도 신부님의 숙소로 돌아갔다. 충만한 하루였다. 특강을 들으며 세계시민적 현실주의에 대해 생각에 보았고, 내가 좋아하는 산을 오르며 평화, 통일, 외교 등에 대해 대화를 나누었다. 정신은 행복했지만, 몸은 무척이나 피곤했다. 호텔로 와서 시원하게 샤워를 하고 나니까 11시였다. 곧바로 잠자리에 들었다.

제**6**장

분권과 정치
―정치는 본래 아름다운가?
독일과 스위스의 지방자치분권과
직접민주주의

이야기의 흐름

문화와 정치

*

핸드폰 벨 소리에 잠이 깼다.

"여보세요."

"저예요. 서하라!"

"아, 서 기자."

"비행기에서 홍 기자를 만났다면서요?"

"만났지. 오늘 이쪽으로 온다고 들었는데…"

"조금 있다가 뮌헨으로 출발하려고요. 저녁 식사나 같이 해요!"

"그러지."

"근데… 부탁할 일이 하나 있어요."

"무엇인데?"

"스위스에 오면서 한국에서 리서치를 조금 해 보았더니, 선배가
스위스 직접민주주의에 대해 논문을 썼더라고요. 그렇지요?"

"쓴 적이 있지."

• • • 김선형: Garden Blue, 2014년

　　"마침 선배가 뮌헨에 있으니, 잘되었지 뭐에요. 저녁에 밥 먹을 때 스위스의 직접민주주의에 대한 설명 좀 부탁해요. 이틀간 스위스 취재로는 감이 잡히지 않아요. 전문가의 설명이 필요해요."

　　"그러지 뭐."

　　"혹시 노트북에 스위스 자료 가져온 것 있으면, 부탁해요."

　　"찾아볼게. 도착하면 연락하고～"

　　전화를 끊고 시계를 보았다. 벌써 9시였다. 어제 피곤했었나 보다. 9시 30뿐까지 아침식사 시간이었다. 서둘러 식당으로 내려갔다. 과일, 카푸치노, 셈멜, 치즈, 잼 등을 접시에 담아서 식탁에 앉았다. 몇 사람이 아침식사를 하고 있어서, 천천히 먹을 수 있었다. 아침을 먹고 방으로 올라왔다. 발이 부어 있었고, 온몸이 쑤셨다. 오랜만에 등산을 해서 그런가 보았다. 화장실에 다녀와서, 다시 침대에 누었다. 조금 더 쉬고 싶었다. 1시간쯤 잠을 더 잤다.

뮌헨조형예술대학

노트북을 가방에 넣고 호텔에서 나왔을 때 12시쯤 되었다. 파징역으로 가서 뮌헨 시내로 가는 에스반에 올랐다. 〈마리엔플라츠〉에서 지하철 6호선 U6로 갈아탔다. 〈대학〉역에서 내렸다. 〈개선문 Sigestor〉을 바라보며 걸어갔다. 개선문 왼쪽으로 난 〈아카데미거리 Akademiestraße〉에 위치한 〈뮌헨조형예술대학Akademie für die bildenden Künste München〉으로 들어갔다. 예술대학에서 학생들은 그림을 비롯한 다양한 형태의 조형예술을 실험하고 만들어 낸다. 히틀러Adolf Hitler: 1889~1945는 1914년 25살 청춘의 나이로 뮌헨에 왔을 때 화가의 꿈을 실현하기 위해 이 예술대학에 입학하고자 했지만, 입학 허가를 받지 못했다. 그 후 그는 군대에 입대하여 군인이 되었다. 역사적 가정을 해보았다. 만약 히틀러가 이 대학에 입학해서 화가의 길을 갔어도 2차 세계대전이 일어났을까?

나는 예술대학 내에 있는 조그마한 카페테리아를 좋아한다. 조형예술을 공부하는 학생들이 와서 점심식사도 하고 커피를 마시는 장소이다. 점심에는 거의 항상 스파게티가 있다. 가격도 저렴하고 맛이 있다. 그래서 그 옛날 유학시절 여기에 와서 점심을 먹곤 했다. 오늘도 여전히 스파게티가 있었다. 계산하는 여자가 여기에 다니는 학생이냐고 물었다. 이제 나도 나이가 들어 보이나 보다고 생각했다. 예전에는 그런 질문을 받지 않았는데 말이다. 메뉴판에 하얀 분필로 써 있는 음식가격이 학생에게만 해당된다는 것을 잊어버리고 있었다. 오늘 그런 질문을 받으니, 당황스러웠지만 솔직히 말했다. 맛이 있어서 먹으러 왔다고. 그녀가 웃으며 물었다.

"그러면 뮌헨대학 학생인가요?"

"제가 학생으로 보이나 봐요. 고마워요. 오래전에 뮌헨대학을 다

넜어요. 그때는 정말 자주 왔었는데 …”

"뮌헨대학을 다녔다고 하니까 학생가격으로 계산할게요. 하하."

"그런데, 내가 여기 학생이 아닌 것은 어떻게 알았나요?"

"옷에 페인트나 물감이 묻어 있지 않잖아요."

"그러네요. 하하. 아무튼 고마워요."

스파게티와 카푸치노를 받아 들고 자리에 가서 앉았다. 1시가 조금 넘었다. 토요일이라서 그런지 몰라도 학생들이 별로 없었다. 한 테이블에서만 학생 셋이 앉아서 얘기를 하며 스파게티를 먹고 있었다. 나는 여기 예술대학 학생들에게서 자유로운 정신을 보고 느꼈다. 그들의 옷차림과 헤어스타일, 말투 등에서는 물질적 조건에 구속되지 않은 히피의 자유가 배어 나왔다. 그들은 끊임없이 인간과 대상에 대해 깊이 느끼려고 하고, 그 느낌을 자기 자신만의 아이디어로 표현하려고 했다. 나는 그러한 인간 최고의 창조 활동을 좋아했다.

뮌헨 시의 주민투표

스파게티를 먹고 카푸치노를 마시는데 옆 자리에 놓인 신문에 시선이 갔다. 깊은 색감의 골든 블루 물감이 묻어 있었다. 누군가 작업실에서 가져왔을 거라고 생각했다. 그 색감을 워낙 좋아해서 신문을 집어 들었는데 예전 기사가 눈에 들어왔다. 6월 18일 월요일 남독신문SZ의 1면 기사였다. 〈주민투표: 뮌헨 시민, 뮌헨국제공항 제3의 이착륙장 건설에 반대〉. 아침에 서 기자가 전화로 부탁한 것이 떠올랐다. 스위스의 직접민주주의에 대해서 기사를 쓴다고 했다. 서 기자에게 독일의 경우를 설명하는 데 도움이 될 것 같아 읽어보았다.

5년 전 2012년 6월 17일 일요일 뮌헨에서 실시되었던 〈주민투표 Bürgerentscheid〉에 관한 기사였다. 주민투표는 뮌헨국제공항에 제3의 이착륙장을 추가로 건설할 것이냐에 대한 사안이었다. 주민투표에는 세 가지 안건이 올라왔었다. 뮌헨 주민은 세 가지 안건에 대해 투표를 해야 했다. 첫째는 뮌헨 시의회Stadtrat가 주도해서 주민투표에 붙인 '시의회요구Ratbegehren'였다. 공항 확대의 '찬성'에 대한 시민의 입장을 묻는 내용이었다. 둘째는 주민이 서명을 모아 제출한 '주민요구Bürgerbegehren'였다. 공항 확대의 '반대'에 대한 시민의 입장을 묻는 내용이었다. 셋째는 시의회요구와 시민요구가 각각 한쪽은 찬성, 다른 한쪽은 반대가 나와서 승패를 가릴 수 없을 때 결정하기 위한 '추가 질문Stichfrage'이었다. 건설할 것인가, 건설하지 않을 것인가에 대한 질문을 담고 있었다.

시의회요구가 표결에 부친 '건설찬성안Ja zur 3. Statbahn'에 대해 46.8%가 찬성, 53.2%가 반대한 반면, 시민요구가 표결에 부친 '건설반대안 Nein zur 3. Startbahn'에 대해 55.7%가 찬성, 44.3%가 반대했다. 추가 질문의 표결에서는 45.6%가 건설한다고 답했고 54.4%가

건설하지 않는다고 답했다. 뮌헨 시민은 뮌헨 시의회의 의도에 반대 의사를 표시했고, 공항 확대에 반대하는 주민요구에 찬성 의사를 표시했으며, 추가 질문에도 명백히 건설 반대를 표시했던 셈이다. 결국, 경제적 이익을 이유로 뮌헨 시의회가 뮌헨국제공항과 같이 추진하려고 했던 제3의 이착륙장은 환경 및 생태계 파괴, 소음 발생을 우려했던 주민들의 의사에 의해 좌절되었던 것이다.

정치인들이 단독으로 결정하기에 민감한 사안에 대하여 다시 시민들에게 묻는 방식과, 시민들이 주도하여 정책 제안을 하여 정치권이 받아들이게 하는 방식이, 뮌헨 시가 시행하는 주민투표의 개념이다. 정책을 가지고 시민과 정치인이 서로 소통하는 것이다. 나아가 민주주의에서 정치는 타협을 요구한다. 하지만 특정 사안에 대한 타협이 가능하지 않을 경우, 표결로 다수의 의견을 묻고 그 결과에 승복하는 것이 중요하다. 그렇지 않을 경우 정치공동체는 한 곳으로 나아갈 수 없기 때문이다. 더욱이 정치적 갈등이 해결되지 않고 계속 쌓이게 되면 분열된 공동체로 남기 마련이다. 뮌헨의 주민투표는 자치단체에서 정치인, 기업, 시민, 노조 등의 정치적 행위자들이 승복할 수 있는 문화를 만들어 주는 현명한 제도라고 볼 수 있다.

● ● ● 뮌헨 주민투표 용지

알테 피나코텍의 〈퐁파두르〉

뮌헨조형예술대학에서 나왔을 때 2시가 넘었다. 정면의 〈아말리엔거리Amalienstraße〉를 따라 걸었다. 15분쯤 걸었을 때 아말리엔거리와 교차되면서 좌우로 난 〈테레지엔거리Theresienstraße〉가 나왔다. 우측으로 테레지엔거리를 따라 5분쯤 걸어갔다. 테레지엔거리의 양쪽에 〈알테 피나코텍Alte Pinakothek〉, 〈노이에 피나코텍Neue Pinakothek〉, 〈피나코텍 데어 모데르네Pinakothek der Moderne〉가 있다. 알테 피나코텍은 중세부터 18세기 중엽까지의 회화를 전시한다. 노이에 피나코텍은 19세기부터 20세기 초반까지 회화를 모아둔 미술관이다. 피나코텍 데어 모데르네는 20세기 이후 현대까지의 회화, 그래픽, 디자인, 건축, 조형물을 전시한다. 세 군데 다 갈 수 있는 입장표를 사서 우선 알테 피나코텍에 들어갔다.

예전에도 한 번 본적이 있지만 다시 보고 싶은 그림이 있었다. 퐁파두르 부인Marquise de Pompadour: 1721~1764의 초상화였다. 로코코 회화 양식을 대표하는 프랑수아 부셰François Boucher: 1703~1770

· · · 뮌헨 알테 피나코텍

는 퐁파두르 부인의 초상화를 7점 그렸는데, 내 생각에 가장 아름다운 것이 바로 알테 피나코텍에 있다. 1756년 작품이니까, 53세의 부세가 35세의 완숙한 퐁파두르 부인을 그린 것이다.

퐁파두르 부인은 옅은 파란 빛을 머금은 옥빛 드레스를 입고 있다. 내가 좋아하는 이자 강의 물빛과 같은 색깔이다. 다갈색 머리의 헤어스타일은 땋아서 뒤로 올렸다. 드레스의 레이스에는 옅은 분홍 빛 장미 모양이 장식되어 있다. 가슴의 레이스에는 여러 겹의 분홍 리본이 달려 있고, 팔 끝의 레이스에는 아이보리 투명 망사에 분홍 리본이 달려 있다. 목에도 분홍 리본을 하고, 머리핀도 분홍과 옥빛의 꽃 장식이 달려 있다. 전체적으로 드레스의 파란옥빛 blaugrün, 피부의 아이보리, 리본과 장미 장식의 연분홍이 조화롭게 안배되어 있다. 양 옆으로 쳐진 황금색 커튼은 이러한 색의 안배를 더욱더 드러내게 한다. 양 팔목의 진주 팔지는 피부색과 같아서 화려하게 드러나지 않지만, 세련되고 우아하다. 오른 손에는 책을 들고 있다. 뒤의 배경은 큰 거울인데, 퐁파두르 부인의 뒤 모습이 살짝 드러난다.

볼과 입술은 리본과 장미의 색감처럼 분홍빛을 띤다. 로코코의 양식처럼 화려하지만, 그 화려함 속에는 단아함이 담겨 있다. 퐁파두르 부인은 회화, 문학, 공예품, 철학을 좋아했던 18세기 계몽된 여성이었다. 그녀는 계몽주의 사상가를 지원하기도 했다. 그녀는 루이 15세 Louis XV: 1710~1774가 가까이 두고 사랑했던 여성이었다. 그녀는 미모와 지성을 갖추고 있으면서도 예술과 정치를 이해하는 귀족 여성으로서 루이 15세 곁에서 1745년부터 1764년 사망하기까지 20년간 프랑스 정치와 인사에 막강한 영향력을 행사하기도 했다.

유럽 역사에서 프랑스와 독일

프랑스 전성시대에 균열이 생기면서 영국으로의 세력전이가 일어나는 시점에, 퐁파두르 부인은 프랑스 정치에 참여하고 있었다. 잠시 프랑스 전성시대와 그 이후 세계 역사의 흐름을 생각해 보았다.

그레베 Wilhelm Grewe, 1911~2000에 따르면, 역사적으로 스페인 전성시대 1494~1648, 프랑스 전성시대 1648~1815, 영국 전성시대 1815~1919, 1~2차 세계대전 사이의 시대 1914~1944, 미국과 소련의 경쟁시대 1945~1990가 있고, 각 시대마다 각 패권국이 지향했던 가치와 규범이 반영된 국제법이 있다. 16세기에서 17세기 중반까지 패권국이었던 스페인에 대해 프랑스, 네덜란드, 영국이 대항했다. 17세기 중반, 프랑스가 패권국으로 부상하며 스페인 중심의 유럽체제가 해체되었으며, 18세기 후반까지 합스부르크가와 영국이 프랑스의 패권에 투쟁했다. 19세기 초반, 영국이 패권국으로 부상하면서, 19세기는 유럽과 세계에서 영국의 거대한 힘이 관철되는 시기였다. 이러한 전성시대는 각각 고유한 국제법 질서를 형성시켰다. 각각의 전성시대에 형성된 시대별 국제법 질서의 내용은 그 본질적 구조에서 각각 패권국가의 정치 스타일과 정신적 신조에 의해 결정되었다.

근대의 유럽 국가들이 관철하고자 했던 모든 국제법적 원칙은 자국의 팽창 이념을 반영하고 있었다. 한 국가의 지배적 위상이 강하면 강할수록 그 국가는 자신의 정신과 개념을 관철시키며 시대정신을 각인시켰다. 패권국은 자신의 팽창 이념이 보편적·절대적 구속력을 지닐 수 있도록 힘으로 뒷받침했기 때문이다. 하지만 각 전성시대에 형성된 국제법 개념이 각각 스페인, 프랑스, 영국만의 정치를 위한 수단이었던 것은 아니다. 국제법은 상반된 개념의 상호작용으로 형성되었던 '변증법적 개념dialektische Begriffe'이었기 때문이다. 예컨대, 스페인 전성시대에 프랑스, 네덜란드, 영국의 국제법적 원칙은 스페인의 국제법적 원칙과 거의 비슷한 비중을 지니고 있었다. 스페인 전성시대에 가장 중요한 국제법 이론가가 네덜란드인 그로티우스였다는 점은 이를 입증한다. 하나의 시대에포헤: Epoche를 국제법의 스페인 전성시대라고 정의하는 것은 바로 스페인에 대항하여 투쟁하는 국가들의 정신도 스페인이 관철하고자 하는 정신과 개념의 틀 안에 갇혀 있었기 때문이다. 지배적인 개념을 비판하고 대안을 제시하는 것도 지배적 시대정신에 영향을 받을 수밖에 없다.

프랑스 전성시대에도 국제법을 규정하는 고유한 개념이 있었다. 18세기 국제법은 "드로와 푸블릭 데로프Droit public de l'Europe = European public law = 유럽공법"로 개념화되었다. 드로와 푸블릭 데로프는 프랑스 전성시대의 국제법 개념으로서, 기독교적 자연법으로부터 벗어나 당대의 시대정신을 투영시키는 새로운 국제법 질서를 형성했다. 스페인 전성시대의 국제법에 속하지 않았고 영국 전성시대의 국제법에도 속하지 않을 원칙, 규칙, 관습이 첨가되었다. 예컨대, 왕조의 승계질서, 혼인조약, 궁정예절 등이 여기에 해당된다. 세력균형도 프랑스 전성시대에 국제법의 원칙으로 인식되었다.

프랑스 전성시대가 시작되는 17세기 중반은 1648년 베스트팔렌 조약의 체결로 인해 신성로마제국이 해체되기 시작했지만 신성로마제국 내에서 여전히 작동하고 있던 신성로마제국의 법질서와 유럽 강대국들의 국제법 사이의 밀접한 연계성이 프랑스 전성시대의 국제법 개념화에 많은 영향을 주었다. 프랑스 전성시대에 국제법은 독일에서 우선적으로 학습되고 연구되었는데, 그것은 국제법이 신성로마제국에서 적용되었던 공법의 결과물이었기 때문이었다.

어쨌든, 태양왕 루이 14세Louis XIV: 1638~1715의 프랑스 전성기를 뒤로 하고 18세기 중후반의 루이 15세는 영국에게 해외 식민지 패권을 상실하고 있었으며, 유럽 대륙에서 프로이센과 패권을 놓고 경쟁해야 하는 처지에 놓이게 되었다. 특히, 프로이센의 세력 확대를 견제하기 위해 오스트리아와 러시아와 동맹을 구축하여 프로이센과 전쟁을 벌였지만 패함으로써 패권 전이의 흐름이 가속화되었다. 프로이센은 영국의 지지를 얻어 이에 맞섰다. 전쟁은 7년 동안 계속되었기 때문에 이 전쟁을 〈7년 전쟁1756~1763〉이라고 한다.

7년 전쟁에는 다른 유럽 국가들이 개입했고, 해외까지 확대되어 프랑스와 영국의 식민지 쟁탈전이 벌어졌다. 하지만 프랑스는 이 전쟁에서 패배했다. 프랑스는 1763년 파리 조약에 의해 캐나다의 왼쪽은 영국에게, 오른쪽은 에스파냐에게 양도할 수밖에 없었다. 영국은 북아메리카와 인도에서 압도적인 우위를 장악했지만, 프랑스는 겨우

설탕산지인 서인도 제도를 보유했다. 7년 전쟁에 의해 프로이센은 유럽의 강국으로 급격히 부상했고, 영국은 세계제국으로서의 지위를 확보했으며, 프랑스는 루이 14세 시대의 영광을 상실하게 되었다.

이 전쟁으로 유럽의 국제정치 지형은 확연히 변경되었다. 다가올 19~20세기의 유럽정치를 예고하고 있었던 것이다. 영국은 세계를 호령하는 패권국으로 거듭났고, 영국의 유럽정책은 프랑스와 프로이센이 힘의 균형balance of power 상태를 유지하도록 유도하는 데 있었다. 하지만, 약 100년이 지난 후 프로이센의 비스마르크Bismarc: 1815~1898는 1871년 보불전쟁에서 승리하면서 오스트리아 지역을 제외한 통일된 독일제국을 수립했다. 독일의 부상은 유럽의 힘의 균형을 변화시켰다. 독일제국의 빌헬름 2세Wilhelm II: 1859~1941가 패권을 꿈꾸면서 1차 세계대전의 시발점이 되었지만 프랑스, 영국, 미국의 연합군에 패했으며, 이를 교정하고자 히틀러가 2차 세계대전의 도화선을 당겼으나 역시 프랑스, 영국, 미국, 소련의 연합군에 패했다. 독일은 연합국에 의해 분단되었지만, 소련이 붕괴되는 1990년의 상황에서 통일을 성취하면서 완전한 주권국가가 될 수 있었다.

세계 역사는 서로 긴밀히 연결되어 있다는 생각이 들었다. 1945년 독일이 2차 세계대전에서 일본과 같이 패망하면서 우리나라는 일본의 식민지 상태에서 해방될 수 있었다. 해방의 기쁨도 잠깐이었다. 왜 일본은 독일처럼 분단되지 않았을까? 왜 일본 대신 우리나라가 분단된 것일까? 일본이 분단되어야 하지 않았을까? 일본을 분할하는 대신에 미국과 소련이 38선을 경계로 한반도를 분할하여 점령하였으며, 남과 북은 1950년에 한국전쟁을 겪고 그 이후 분단을 고착화하였다. 독일은 통일이 되었는데, 우리나라는 분단 상태가 계속되고 있다. 우리의 책임일까? 강대국의 책임일까? 퐁파두르 부인의 초상화를 보다가 생각이 여기까지 이르자 답답해졌다. 밖으로 나왔다.

노이에 피나코텍의 〈아크로폴리스〉

3시 30분이었다. 맞은편에 있는 노이에 피나코텍으로 가기 전에 잠시 담배 한 대를 피웠다. 서 기자가 뮌헨에 왔다고 전화가 왔다. 뮌헨에 도착한 날 저녁에 나와 홍 기자와 함께 갔던 기젤라거리의 〈돈 루카Don Luca〉에서 6시경에 보기로 했다.

노이에 피나코텍으로 들어가서 회랑을 따라 걷다가 눈에 들어오는 그림이 있었다. 전에는 보지 못했던 유화였다. 레오 폰 클렌쩨 Leo von Klenze: 1784~1864의 작품이었다. 고대 그리스 아테네의 성 Akropolis 을 너무나도 선명하게 묘사하고 있었다.

••• 아테네의 성(Die Akropolis von Athen)
Leo von Klenze, 1846 / 소장지: München Neue Pinakothek

유화를 보면, 시민들이 아고라에 모여 있다. 앞에서 누군가 연설을 하고, 시민들은 서서 듣고 있다. 이렇게 함께 얘기하고 함께 행동하는 과정이 아테네 시민이 '발견'한 인간 고유의 정치였다. 인류의 역사가 시작된 이래로 정치는 다양한 형태로 존재했다. 인간이 인간에 의해 통치될 때, 권력이 집중될 때, 전쟁과 평화, 적과 동지, 명령과 복종, 정통성에 대한 믿음과 순응이 있었던 때면 시간을 초월해 정치는 언제나 인간 옆에 있었다. 하지만 수준 높은 정치를 말한다면 정치는 그리스인으로부터 시작되었다고 할 수 있을 것이다.

정치를 발견한 그리스인의 포용문화

그리스인은 처음으로 정치의 고유한 의미를 근거지웠다. 그들은 공동체적 삶에서 인간으로서 무엇인가 행동할 수 있는 능력, 책임성, 선거자유, 주체성 등을 '발견'하였기 때문이다. 정치가 〈같이 행동하기〉로 이루어지고, 정치가 〈같이 얘기하기〉로 된다는 것은 오늘날 너무나도 자명한 사실이다. 2010년에 서거한 김대중 대통령도 '행동하는 양심'을 정치의 핵심으로 보지 않았던가? 이처럼 정치가 같이 행동하기와 같이 얘기하기에 기초한다는 것은 자연스러운 사실이지만 처음부터 그렇지는 않았다. 오히려 그것은 '발견'되어야 했다.

인간이 아니라 신이나 운명에 책임을 돌리는 한, 어떤 진정한 정치적 결정과 선택도 있을 수 없다. 나아가 정치가 단지 명령과 복종으로만 이루어진다면 어떠한 공동 결정도, 어떠한 공동 책임성도 있을 수 없다. 그리스인은 〈로고스이성〉, 〈연설〉, 〈서로 얘기하기〉를 소중하게 여겼기 때문에 정의와 부정의의 개념을 정치의 토대로 만들 수 있었다. 정치는 처음으로 시민의 평등성에 기초했으며, 성과와 탁월함에 대한 인정으로 규정되며 유지되었던 것이다.

그리스인은 다른 문화와 접촉하면서 독특한 문화를 발전시켰다. 그들의 포용적 문화가 정치의 발견을 가능하게 했던 것이다. 즉, 그들이 지녔던 인간적인 종교, 경쟁 문화, 존재에 대한 진실성, 중용과 자기분수파악 등이 '정치의 발견'을 가능하게 했던 문화적 요소였다.

우선, 그리스인은 '스스로 행동할 수 있는 능력'을 발견했다. 스스로 행동할 수 있는 능력은 선택과 결단을 전제한다. 예컨대, 호메로스 Homer: B.C. 8세기는 『일리아드』와 『오디세이아』에서 신들의 꼭두각시가 아닌 스스로 선택하고 결단하는 영웅의 모습을 묘사했고, 솔론 Solon: B.C. 638~558은 정치개혁을 단행하면서 정치적 책임성은 보여주었으며, 투키디데스는 『펠로폰네소스 전쟁사』에서 인간 본성에 대한 깊은 성찰과 전쟁의 원인과 결과를 따지는 행위합리성을 보여주었다. 그리스 비극도 인간이 스스로 행동할 수 있는 잠재력을 일깨웠다. 비극에서 인간은 숙명적으로 일어나는 것과 실행가능성의 한계에 직면하여 자신의 재량권의 여지를 재어보면서 스스로 책임지는 선택을 한다. 소크라테스, 플라톤, 아리스토텔레스는 행동할 수 있는 인간의 능력을 철학적 사유 대상으로 격상시켰다.

그리스인이 발견한 인간의 스스로 행위할 수 있는 능력은 인간이 스스로 결단하지 않고 하늘과 세계의 질서에 따르는, 즉 신화적이고 종교의식적인 행동하기와 구분된다. 그리스인의 폴리스가 형성되기 이전에 존재했던 왕국들에서는 스스로 행동할 수 있는 능력이 발견되지 않았었다. 예컨대, 이집트의 파라오는 조화로운 질서원칙인 '마아트'를 보존하는 임무를 지니고 있었다. 그는 무질서 앞에서 질서를 보존하기 위해 종교의식에 따라 행동했다. 그는 예식을 거행하며 조화로운 리듬을 유지했으나, 스스로 선택하고 결단하지는 않았다. 이기고 지는 것과 상관없이 파라오의 적은 항상 제거되어야만 했다.

〈행동하기〉의 발견은 〈같이 행동하기〉로 이어졌다. 누군가 명령하고 이에 복종하는 양식, 누군가 시작하고 단순히 이를 따라하는 양식과 구별되는, 삶의 양식을 발견한 것이다. B.C. 8~7세기부터 점차적으로 귀족제적 사회가 소멸되면서 그리스인은 공동체의식을 경험하게 되었는데, 바로 이러한 경험이 〈같이 행동할 수 있는 능력〉을 발견하는 토대가 되었다. 같이 행동하기는 공동체를 같이 가꾸어 나간다는 의식에 기초했다. 공동체의식은 공동의 것에 대한 의식과 모두가 자기 행위의 주인이라는 평등성에 대한 인정을 필요로 했다.

〈같이 행동하기〉는 새로운 유행이나 군중심리에 의한 대중적 집단행동을 의미하지 않는다. 같이 행동하기 위해서는 서로 간의 긴밀한 조정이 필요하다. 조정을 위한 가장 중요한 수단은 주로 언어적으로 매개되는 의사소통이다. 그래서 정치는 〈같이 얘기하기〉가 될 수밖에 없다. 이러한 맥락에서 그리스인은 같이 행동하기와 얘기하기라는 정치의 공식을 발견하게 된 것이다. 정치는 명령과 강제로 되는 것이 아니다. 상의하고 협의하는 정치에는 강제와 폭력과는 상반되는 의사소통적 원칙이 담겨 있다. 그래서 그리스인은 연설, 설득, 반론, 토의, 합의 등의 의사소통을 진행시킬 공공장소를 만들었던 것이다. 나아가 설득이 중요했기 때문에 전문적인 연설 기법도 발전하게 되었다. 유명한 그리스인의 수사학은 그렇게 탄생했던 것이다.

그리스인은 공적인 사안에 대한 논의를 불변하는 진리에 대한 논의와는 다르게 보았다. 움직일 수 없는 진리에 대해서는 토론할 수 없지만 의견들에 대해서는 얼마든지 토론할 수 있었던 것이다. 그리스인에게 신정정치는 없었다. 정치적 공직과 종교적 관직은 분리되었다. 정치는 진리와 다르게 항상 논쟁거리를 동반하며 자신의 입장을 관철하기 위해서는 강한 논리가 필요하다는 것을 알았던 것이다. 그래서 그들은 정치의 수사학적 토대를 구축할 수 있었다.

그리스인의 종교도 정치의 발견에 막대한 영향을 주었다. 그들의 종교는 유대교 및 기독교와 확연히 구분되었다. 다신주의와 제식의 다양성이 존재했고, 인간과 신들 간의 거리가 유대교와 기독교보다 훨씬 가까웠다. 원죄와 몰락의 의식, 죄의식 등은 그리스적인 것이 아니었다. 그리스인은 인간과 신은 같은 뿌리에서 나왔다고 보았다. 신은 더 위대하고 더 강할 뿐이었다. 신은 인간보다 더 크지만 완전히 다르지는 않았다. 신은 인간적인 용모로 묘사되고 이해되었다.

인간에게 친숙한 신의 개념은 어떤 초월적 신에 근거한 정치신학과 이와 일치하는 초월적 군주제가 발달하지 못하게 했다. 제우스는 올림포스의 가장 높은 신이었지만, 호메로스가 그려내고 있는 것처럼 많은 신들 중에서 제1인자primus inter pares에 지나지 않았다. 신은 많은 것을 할 수 있었지만 모든 것을 할 수는 없었다. 그들은 무에서 유를 창조하는 세계의 창조자가 아니었다. 그들은 모든 것을 알지 못했으며 전능하지도 않았다. 그들조차 운명과 힘겨루기를 해야 했다. 죽을 수밖에 없는 운명 앞에서 그들도 어쩔 수 없었다. 그리스인에게서는 절대적 위엄과 완벽성에 기초하여 주권적 군주를 합리화시켰던 근대적 정치신학 같은 것은 찾아볼 수 없다.

나아가 탁월함을 인정하는 경쟁 문화도 정치의 발견에 일조하였다. 부르크하르트Jacob Burckhardt: 1918~1897는 그의 저작 『그리스 문화사Griechische Kulturgeschichte』에서 최고의 탁월함을 중요하게 여겼던 경쟁 문화가 그리스 문화를 이해하는 첩경이라고 말했다. 예컨대, 호메로스가 웅장한 서사시에서 그려내고 있는 영웅들은 누가 '최고aritos'인지 서로 경쟁하고 있다. 아킬레스의 좌우명은 '항상 첫 번째가 되고 다른 사람보다 앞서는 것'이었다. 경쟁과 최고의 성취를 이루려는 의지, 탁월함에 대한 인정은 비극작가 간의 경쟁, 연설가 간의 경쟁, 올림픽 선수 간의 경쟁 등으로 그리스 문화를 각인시켰던 것이다. 그리스적인 삶의 방식윤리, ethos의 기저에 놓여 있는 가치로써 〈아레테arete〉는 경쟁적 문화에서 기원했다. 아레테는 도덕성이 기보다는 '자질과 노력에 의해 무엇인가를 잘 할 수 있는 역량 Könnerschaft: 탁월한 기량'이라고 볼 수 있다. 그래서 아레테는 서구 문화에서 성취를 의미하는 최초의 개념이 되었다.

그리스 문화가 내재한 탁월함에 대한 인정은 시민적이고 민주주의적인 세계와 잘 어울렸다. 적절한 경쟁 문화는 민주주의에 생동감, 긴장감, 자극을 줄 수 있었다. 경쟁은 그리스인에게 탁월함을 갖춘 뛰어난 정치적 지도자를 교육하기 위해 필요했던 요소이기도 했다.

그리스 문화의 발전은 귀족이 견지했던 '경쟁 문화'와 시민이 평등성에 기초하여 견지했던 '협력 문화'의 결합으로 가능했다. 경쟁 문화가 협력 문화를 상쇄시켜버린 것이 아니라, 경쟁과 협력은 대립 쌍으로 공존하는 데 성공했던 것이다. 경쟁과 협력의 조화는 그리스 문화의 특징이었다. 그리스 문화는 탁월성에 대한 의지와 협력에의 의지를 결합시켰고, 성취에 대한 의지를 평등성에 대한 존중과 결합시켰으며, 시민교육을 통해 정치에 참여하는 평범한 시민의 덕성과 정치지도자의 탁월성을 결합시켰던 것이다. 적절히 균형 잡힌 경쟁, 성취, 기량을 인정하지 않는 민주주의는 자극과 역동성이 없다. 이러한 민주주의는 평준화와 무차별주의로 나가고 말 것이다. 그리스인의 민주주의는 경쟁과 협력의 대립쌍을 하나로 묶는 예술작품을 완성하였다. 이 점이 바로 모든 민주주의에 대해 모범적 상이 된다.

경쟁 문화가 오만으로 치닫지 않기 위해서는 인간은 스스로 제어할 수 있는 덕성을 지니고 있어야 했다. 그리스인은 경쟁 문화를 제어할 수 있는 두 가지 덕성을 추구했다. 하나는 '존재에 대한 진지함'이었고, 다른 하나는 '도에 넘치지 않은 중용과 겸손'이었다.

그리스인은 인간 존재의 아픔과 고통을 아주 특별한 방법으로 보살폈다. 그들은 삶에서 경험하는 존재의 아픔과 고통을 과소평가하지도 않았고, 합리화를 통해 없애버리지도 않았으며, 신이나 운명을 탓하려 하지도 않았다. 그리스인의 〈진지한 태도〉는 아픔과 고통을 동반하는 우리의 삶 그 자체를 인정하는 데 있었다. 완벽하고 기계적인 도덕성을 요구하지도 않았다. 그리스 비극은 죄와 고통 사이의 괴리, 단순한 간과와 실수가 가져오는 엄청난 결과 사이에 발생하는 괴리를 보여 준다. 인간은 그가 획득한 것을 유지하지 못한다. 존재하는 무엇이 가치가 있지만 언젠가 그것은 없어지고 만다. 유한성을 인식하고 표현하는 진지한 비극에는 염세주의가 아니라 인간 본질에 대한 깊은 성찰이 담겨 있다. 그렇다고 이러한 진지함이 항상 우울하지는 않다. 진지함이 유머나 유희적인 요소를 동반하기 때문이며, 긴장상태를 유지하며 행동하려고 하기 때문이다. 스스로 결박되어 더 이상 움직이지 못하는 프로메테우스는 제우스에게 맞설 때 위풍당당하다. 고통과 아픔을 어떻게 맞이하는 것이 문제가 된다. 이러한 진지한 태도는 우연과 개연성을 인정했다. 하지만 우연성에 대한 관용이 체념과는 결합되지 않았다. 인간은 설령 세상이 합리적으로 명료하게 이해되지 않더라도 세상과 살아갈 수 있다고 보았던 것이다.

존재에 대한 진지한 태도와 더불어, 그리스인은 〈도에 넘치지 않는 덕성Maß〉을 중요시했다. 신에 대항하여 자신을 주장하는 자부심, 경쟁을 통해 탁월함을 지향하는 태도는 이를 제어하는 윤리적 수단이 없었으면 지속될 수 없었을 것이다. 제어 수단은 자기 분수에 입각한 중용과 겸손의 덕성이었다. 오만에 대한 유혹, 즉 자기의식의 확대로 생겨날 수 있는 오만이 있었으며, 아리스토텔레스의 중용 윤리와 같은 오만에 대한 경고가 있었던 것이다. 도에 넘치지 않는 덕성은 그리스인이 존재를 이해하는 진지함에 입각해 있었다.

그리스인의 건축물과 조각품도 도에 넘치지 않음과 균형·비례에 대한 애정을 그대로 보여 준다. '도를 넘지 마라Nichts zu sehr=mēden agan'는 그리스 속담도 있다. 델포이 신전의 오라클의 문구인 '너 자신을 알라'는 너 자신이 영원히 사는 신이 아닌 결국 죽을 수밖에 없는 유한한 존재라는 것을 알아야 한다는 것을 의미했다. 모든 비극은 하나의 경고인데, 죽을 수밖에 없는 이의 존재에 대한 경고와 시간에 종속되어 있는 존재에 대한 경고를 담고 있다.

그리스인에게 도덕성의 원칙은 오만을 제어하는 데 있었다. 부끄러움aidōs, 공정하게 나누는 정의dikē, 성찰하고 절제하면서 자족하는 태도를 뜻하는 소프로지네sōphrosynē, 겸손, 중용 등은 바로 도에 넘치는 것을 제어하는 도덕성을 말하고 있었다. 소프로지네는 원래 스스로를 제어할 수 있는 귀족을 일컫는 말이었는데, 플라톤은 이를 공동체 전체의 사회통합을 위해 생산자 계층을 포함한 공동체의 모든 구성원이 지녀야 하는 일반적 도덕성으로 제시했다.

정치의 본질과 정치인의 상

정치의 본질은 소통에 있다. 함께 행동하고, 함께 얘기하는 것이 정치의 본래적 개념이다. 정치는 소통의 자연스러운 과정인 것이다. 권력을 획득하고 유지하며 확대하는 과정으로서의 정치, 상황에 따라 유연성을 발휘하는 정치, 도덕성을 가진 것처럼 보여야 하지만 때로는 악한 것을 행할 수 있는 정치, 대중에게 사랑받기보다는 두려움의 대상이 되는 정치, 이러한 '마키아벨리식의 정치'도 현실에서 중요한 정치의 요소이다. 하지만, 정치인은 공동체를 특정한 방향으로 이끌고자 하는 비전과 '신념윤리'를 가져야 하고, 자신이 선택한 정책을 설득을 통해 구현하며 그 결과에 책임을 지는 '책임윤리'를 가져야 한다. 나아가 공적인 사안에 관해 주변의 정치인, 시민, 행정부처와 소통하면서 문제를 해결할 수 있는 '소통의 리더십'을 가져야 하며, 사적인 이익과 거리를 두며 권력이 주는 오만을 통제하면서 공적 사안을 공평하게 처리할 수 있는 '도덕성'을 지녀야 한다.

이것이 그리스인이 정치를 발견할 당시 정치의 개념에 새겨졌던 본래 아름다운 정치의 모습이 아닐까? 그래서 정치가 자신의 본래적 모습에서 이탈할 때마다, 정치의 개념 안에 깃든 개념의 정신이 작동하여 그러한 이탈을 변증법적으로 지양하면서 본래의 의미로 회기하지 않았을까? 김대중 전 대통령은 정치가 변화무쌍하게 자꾸 변해서 정치를 가늠할 수 없는 생물이라고 했지만 … 어쨌든 '정치는 생물이다.' 정치는 그 개념 안에 내재된 개념의 정신에 의해 끊임없이 본래의 의미로 회복하려는 변증법적 운동을 진행하기 때문이다.

▌피나코텍 데어 모데르네의 〈여인과 만돌린〉

시계를 보았다. 4시 30분이었다. 노이에 피나코텍을 나와 테레지엔거리를 건너 피나코텍 데어 모데르네로 갔다. 1층 입구 맞은편에 간결한 산업디자인을 표현한 설치예술이 눈에 들어왔다. 자동차의 프레임, 의자, 자전거, 오디오 등이 설치되어 있었다. 독일의 혁신예술학교였던 〈바우하우스Bauhaus〉의 디자인 스타일이었다. 필요 없는 부분을 제거한 심플하고 실용적인 디자인이 돋보였다.

　　바우하우스는 혁신적인 마인드를 가진 예술인들의 주도로 1919년
튀링엔Thüringen 주의 바이바르Weimar에서 개교한 국립예술학교였
다. 바우하우스의 마이스터Meister: 장인들이 정치적으로 좌파의 성향
을 보이자 튀링엔 주는 바우하우스에 대한 지원을 축소했다. 그래서
바우하우스는 1926년 작센–안할트Sachen-Anhalt 주에 속하는 데사우
Dessau로 이전하였다. 공업도시였던 데사우는 전통적으로 사민당SPD
이 우세했기 때문에 바우하우스를 지원했다. 데사우에 새로 건축한
바우하우스는 향후 현대적 건물의 모델이 될 만큼 혁신적이고 실용적
이었다. 데사우의 바우하우스는 간결함, 실용성, 아방가르드를 주도했
던 건축물로 유명하다. 하지만, 1931년 데사우 시의회도 히틀러의
'민족사회노동자당NSDAP'이 다수를 차지하면서 정치적 압력을 가했
기 때문에, 바우하우스는 1932년에 베를린으로 이전했다. 결국, 1933
년 정치적 압력으로 해체되었다. 바우하우스의 마이스터들은 히틀러
를 피해 해외로 이주하면서 바우하우스의 실험적이고 실용적인 산업
디자인을 세계로 널리 알렸다.

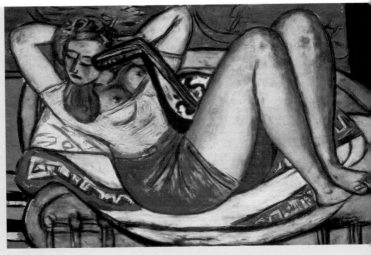

● ● ● 여인과 만돌린(Frau mit Mandoline)
Max Beckmann, 1950

    2층으로 올라갔다. '여성FRAUEN'을 주제로 하는 전시관이 있었다. 피카소Pablo Picasso: 1881~1973, 베크만Max Beckmann: 1884~1950, 코닝Willem de Kooning: 1904~1997이 그린 여성의 모습 여섯 점이 전시되어 있었다. 베크만이 1950년에 그렸던 〈여인과 만돌린Frau mit Mandoline〉이라는 작품이 눈에 들어왔다.

    베크만은 독일 라이프치히Leipzig 출생의 화가이다. 바이바르, 파리, 피렌체 등지에서 공부했고, 1925년 41살의 나이로 프랑크푸르트Frankfurt의 쉬테델 미술학교Städelschule 교수로 부임했으며, 그 이후 히틀러가 등장할 때까지 독일 최고의 화가로 성장했다. 하지만 히틀러가 가장 싫어하는 예술가로 지목되어 1933년 교수직을 잃고 1937년부터 암스테르담에서 망명 생활을 하다가 1947년 미국으로 이주했다. 1949년에 뉴욕의 부르클린 미술관 부속 예술학교의 교수로 부임했으나, 1950년 센트럴 파크에서 갑자기 심장마비로 사망했다. 그는 상형적象形的 표현주의 회화의 대표 주자였다.

그는 눈에 보이는 '현실Realität' 뒤에 숨어 있는 '이상적인 것 Idealität'을 표현하고자 했다. 그는 눈에 보이지 않는 것을 파악하기 위해 보이는 것을 더욱더 자세히 보았다. 주어진 현재에서 보이지 않는 것을 이어주는 다리를 찾고자 했던 것이다. 현실의 마력을 파악하고 화폭에 담아내는 것, 즉 현실을 통해 보이지 않는 이상을 보이게 만드는 것이 그의 작업이었다. 패러독스처럼 들릴지 모르지만, 그는 존재의 신비로움을 보여주는 현실을 진짜 현실로 보았다.

여인과 함께 있는 만돌린은 이탈리아 튜트족이 사용하던 악기로 나폴리식 만돌린이 클래식 만돌린으로 인정된다. 일반적으로 만돌린은 그 길이가 60센티 정도 되어서 귀엽고 앙증맞다. 맑고 청명한 소리를 내는데, 그 소리의 파장이 높지만 길지 않으며, 소리의 두께가 얇아서 경쾌함을 자아낸다. 그래서 소박한 즐거움을 표현하기에 적합하다. 비발디Antonio Vivaldi: 1678~1741 의 '안단테Andante'를 만돌린으로 연주하는 것을 들어보면 만돌린이 가진 음의 매력을 알 수 있다. 2개로 구성된 복줄 4개를 상하로 빨리 반복하여 튕겨서 나오는 만돌린 특유의 트레몰로를 들으면 마음이 가벼워진다.

여인이 소파 위에 누워 있다. 고개는 옆으로 돌리고 눈은 감고 있다. 양팔을 들어 머리 뒤로 괸 채로… 반쯤 노출된 가슴이 도드라진다. 다리는 세우고 있고, 만돌린은 여인의 배 위에 올려 있다. 일단, 세 개의 긴장된 대비가 눈에 들어온다. 첫째, 여인의 몸이 커서 만돌린은 상대적으로 작아 보인다. 둘째, 소파도 여인의 육중한 몸에 비해 턱없이 작다. 셋째, 여인이 입은 옷의 색깔에도 긴장감이 돈다. 상의에는 타는 듯한 빨강과 순결한 하얀 색이 갈등하고, 하의에도 역시 타는 듯한 빨강과 차가운 파랑연두blaugrün가 갈등한다.

옷에 투영된 두 가지 색감, 여인과 만돌린의 크기, 여인과 소파의 크기 등 극적으로 표현된 요소가 긴장감과 대비를 내비친다. 아마도 그러한 즉물적 대비가 내 시선을 끌었으리라. 베크만은 눈에 보이는 것을 통해 눈에 보이지 않은 진실을 표현하고자 했다. 그렇다면, 그는 눈에 보이는 이러한 즉물적 대비를 통해 눈을 감고 있는 여인의 마음에서 일어나고 있는 긴장과 갈등을 표현한 것은 아닐까? 여인을 다시 찬찬히 바라보니, 만돌린의 머리 부분이 그녀의 얼굴을 향하는 것에 대해, 그녀의 외면이 수줍음인지, 새침함인지, 무심함인지 구분이 잘 가지 않는다. 어쨌든 고개를 돌린 외면은 바로 여인의 마음에서 일어나고 있는 긴장과 갈등을 보여주는 주요 모티브인 것 같다.

여인의 마음에서는 어떤 갈등이 일어나고 있을까? 만돌린을 어떻게 해석하느냐에 따라 그 갈등의 내용이 달라진다. 만돌린은 상징이다. 앙증맞고 경쾌하며 청명한 소리를 내는 작은 만돌린은 여성을 상징하기도 하고, 그리스 신화에서 나오는 백조로 변신한 남성 제우스를 상징하기도 한다. 전자로 해석할 경우, 그림 속의 여인은 만돌린이 상징하는 여성상과 자신만의 여성 정체성 사이에서 갈등한다고 볼 수 있다. 후자로 해석할 경우, 그림 속의 여인은 그리스 신화에 나오는 레다가 현대적으로 그려진 모습일 것이다. 레다는 그 자체로 여성이지만 제우스라는 남성을 상징하는 만돌린과 함께 있다. 만돌린을 '여성 속의 남성적 요소animus'이라고 가정한다면, 여인은 자기 안의 남성적 요소와 갈등하고 있음을 알 수 있다. 나아가 아니무스를 좀 더 확대하여 해석하면, 그림 속의 여인은 자기 안의 남성적 요소를 넘어 남성을 외면하는 여성으로도 이해할 수 있다.

문득, 이런 생각이 들었다. '그림 속의 여인은 내면의 아니무스를 자신의 정체성에 통합시키는 것을 외면하고 있는가? 나아가, 자기 밖의 현실의 남성을 외면하는 여인인가? 그런 것이 아니면, 사회 관습에 대한 태도로서, 사회에서 요구되는 여성의 역할 정체성을 외면하고 있는 것일까? 나도 남성으로서 여성적 요소anima를 지니고 있다. 나의 아니마는 나의 자기의식, 즉 정체성에 잘 통합되어 있을까? 그래서 여성을 잘 받아들이며 조화롭게 지내는가? 사실, 지구촌 어디든지 남성과 여성이 서로의 차이점을 잘 이해하지 못해서 서로 외면하고 갈등 속에서 힘들게 살아가는 측면이 있다.' 베크만이 따뜻한 시선으로 만돌린을 바라보고 있는 여성을 그렸으면 더 좋았을 거라는 생각이 들었다. 남녀는 서로 따뜻하게 대해주어야 하니까…

코스모폴리턴 시티 뮌헨

5시 20분이었다. 상상의 세계에서 나와야 했다. 서 기자와 약속한 장소인 기젤라거리까지는 걸어서 30분 정도 걸리기 때문이다. 천천히 밖으로 나왔다. 소나기가 내렸었나 보다. 시원했다. 왔던 길을 되돌아갔다. 뮌헨조형예술대학까지 다시 와서 〈개선문Siegestor〉으로 나와 왼쪽으로 레오폴트거리를 따라 걸어갔다. 길게 뻗은 포플러 가로수 나무들이 비를 맞아서 그런지 좋은 향

· · · 개선문

기를 품어내고 있었다.

　돈 루카Don Luca 앞에 서 기자와 홍 기자가 서 있었다. 우리는
돈 루카의 노천 테이블에 앉았다. 포플러 나무 아래에 놓여 있는 테이
블이었다. 나무 향내가 좋았다. 6시가 조금 넘었다. 우선 시원한 밀맥
주를 시켰다. 식사는 큰 샐러드 접시 두 개와 고기 요리 한 접시를
시켰다. 뮌헨에서의 만남을 기뻐하며 건배를 했다.

　목으로 넘어가는 밀맥주의 질감이 좋았다. 서 기자를 보며 말했다.
　"수요일 저녁, 뮌헨에 도착에서 온 곳이야. 괜찮지?"
　"좋은데요. 맥주 맛도 좋고, 지나가는 뮌헨 사람들도 보고."
　"그거 알아? 뮌헨 주민의 4명 중 1명이 외국인이야."
　"뮌헨 시 인구가 얼만데?"
　"2017년 금년 기준으로 약 155만 명."
　"약 39만 명이 외국인이라는 말이네."
　"그렇지."
　"다문화사회인데 … 사회통합은 잘 되는지 모르겠네."
　"뮌헨은 다문화사회의 사회통합을 잘 하는 모범적인 도시야. 타
문화에 대한 존중과 배려, 독일어 습득 지원을 통한 독일 문화로의
통합, 둘 다 뮌헨 시가 학교교육과 시민교육 차원에서 지원하며 실현
하고 있어. 그래서 외국인이라면 일자리를 구하러 뮌헨으로 오려고
하지. 뮌헨은 일자리, 자연, 현대성, 전통, 삶의 질이 보장된 〈코스모
폴리턴 시티cosmopolitan city〉로 거듭나고 있지."
　홍 기자가 물었다.
　"뮌헨에 일자리가 많나요?"
　"우선, BMW와 Simens의 본사와 공장이 있지요. BMW는 우리나

라에서 많이 팔리는 자동차죠. 자동차산업은 종합산업이에요. BMW에 자동차 부품을 공급하는 수많은 제조업체가 있으며, 그 밖에 IT, 생명공학, 의료기계를 이끄는 수많은 중소업체들이 있어요. 뮌헨은 독일의 실리콘밸리라고 볼 수 있어요. 바이에른 왕국이 남긴 문화적 유산이 많기 때문에 관광업을 비롯한 서비스 업종도 많고요. 뮌헨대학과 뮌헨공과대학을 중심으로 R&D가 집중적으로 육성된답니다.

하지만 사람들은 일자리만 많다고 어떤 도시에 오지 않아요. 삶의 질이 보장되어야 해요. 뮌헨은 세계에서 가장 살기 좋은 도시 중의 하나죠. 우선 도시를 둘러싼 자연 환경이 좋아요. 뮌헨은 해발 500M에 놓인 도시에요. 알프스가 시작되는 곳이지요. 그래서 오염되지 않은 알프스로부터 깨끗한 공기와 물을 공급받고 있고, 도심에 시민이 휴식을 취할 수 있는 공원도 많아요. 언제든지 알프스로 가서 산악 스포츠를 즐길 수 있는 대도시가 뮌헨이죠. 주변에 아름다운 자연 호수도 많고요. 더욱더 재미있는 사실은 바이에른 주가 보수적인 기사련CSU에 의해 통치되고 있는 반면, 바이에른 주도인 뮌헨은 전통적으로 사민당SPD 출신의 시장이 집권했고, 현재도 그렇다는 사실이에요. 사민당은 사회적 연대, 복지, 교육 등을 중시해요. 그래서 외국인이 살기 좋은 사회적 환경을 만들었던 거지요."

자치분권국가와 직접민주주의

연방국가 독일의 선거제도

서 기자가 말을 이었다.

"유럽은 우리나라와 비교해서 정치와 선거제도가 너무 다른 것 같아요. 스위스도 그렇고. 우리나라는 대통령제이잖아요. 대통령을 선출하는 대선이 있고, 국회의원을 선출하는 총선이 있으며, 광역단체와 기초단체의 장과 의원을 선출하는 지방선거가 있죠."

홍 기자가 맥주를 한 모금 마시며 서 기자의 말을 이었다.

"이번에 스위스에 가서 보니까, 선거방식도 많이 다르던데요. 그리고 다른 나라와 비교해서 우리나라 기초단체의 평균 주민 수가 너무 많은 것 같았어요. 평균 20만 명이니까요. 예컨대, 미국 6,623명, 일본 38,442명, 독일 5,452명에 비해 규모가 너무 큰 거지요. 주민의 민주적 참여와 자치를 촉진하기보다는 중앙정부의 통제와 자치단체의 행정효율을 중시하는 방향으로 조직화되어 있는 것 같아요."

내가 말했다.

"맞아요. 우리나라는 독일과 스위스와 비교할 때 기초단체가 너무 커요. 그래서 주민자치가 어렵죠. 중앙정부의 광역단체와 기초단체에 대한 통제도 심하고요. 무엇보다 재정자립도 면에서 우리나라의 경우에는 광역단체와 기초단체가 자치를 할 수 없는 구조예요.

이러한 차이는 완전히 다른 정치제도에서 생기는 것 같아요. 우리나라는 지방자치를 실시하고 있음에도 불구하고 여전히 중앙집권적 구조를 가지고 있죠. 독일과 스위스는 〈연방제 federalism〉를 실시하고 있어요. 연방제란 중앙이 우선이 아니라 지방이 우선이라는 입장에서 출발해요. 정치의 기초가 지방에 있는 셈이지요.

독일의 경우, 16개의 독립된 주가 먼저 있었고, 그 16개의 주가 합의해서 연방을 구성한 거예요. 정치의 기초는 연방정부가 아니라 주와 자치단체이지요. 독일에서 정치의 단위는 세 차원으로 구성되어 있어요. 첫 번째는 연방정치 차원이에요. 정치는 연방하원, 연방상원, 내각, 연방행정부처, 대통령 등을 통해 이루어지지요. 두 번째는 주정치 차원이에요. 정치는 16개의 독립된 자치주 Land에서 각각 주지사, 주의회, 주의 행정부처를 중심으로 구현되지요. 세 번째는 지방자치단체 차원이에요. 정치는 323개 군 Landkreis, 군에 속하지 않는 116개 자치시 Stadt, 12,631개 게마인데 Gemeinde: 독일과 스위스의 행정구역상, 가장 작은 지방자치 단위에 해당에서 뷔르거마이스터 Bürgermeister: 자치단체장와 자치단체의회를 중심으로 행해지지요. 예컨대, 뮌헨이 속하는 바이에른 주는 71개의 군, 25개의 자치시, 2,056개의 게마인데로 구성되어 있지요.

세 가지 선거가 중요해요. 연방의회선거 Bundestagswahl는 연방의 정치지형을, 주의회선거 Landtagswahl는 주의 정치지형을, 자치단체선거 Kommunalwahl는 군, 시, 게마인데의 자치단체의 정치지형을 결정하는 것이지요. 각 주마다 주선거의 일자가 다르고, 각 자치단체마다 자치단체선거일이 달라요. 우리나라처럼 전국적으로 같은 날에 지방선거를 치르지 않지요. 총선은 4년, 주선거는 5년 주기로 치르고, 자치단체선거는 지역에 따라 5년에서 8년 주기로 치르지요. 자치단체장의 임기가 지역마다 다르니까요. 자치단체의회의 의원은 대부분 세비를 받지 않는 명예의원으로 선출되어요. 물론 그들은 세금혜택을 받죠. 독일은 정당민주주의라고 불릴 만큼 정당이 잘 발달한 나라에요. 기민련CDU/기사련CSU, 사민당SPD, 녹색당Grüne, 좌파당Linkspartei, 독일대안정당AfD, 해적당Piraten 등의 정당이 세 선거에서 체계적으로 정치인을 배출하고 있어요.

우리나라의 경우 국민이 낸 세금이 약 8:2의 비율로 자치단체에 비해 중앙정부에 집중되도록 세수가 짜여 있는 반면, 독일은 연방, 주, 자치단체의 세수 비율이 약 4:4:2이에요. 그래서 주와 자치단체의 재정 자립도와 자치성이 높은 편이죠. 연방에서는 주의 고유 업무에 관여하지 않아요. 주도 자치단체의 고유 업무를 존중하고요. 우리나라에서 행해지는 지방자치단체에 대한 중앙정부의 감사는 없다고 봐야 해요. 주 차원에서 자체로 독립적으로 감사하니까요. 독일처럼 지방자치를 제대로 하면, 우리나라도 중앙과 지방의 양극화를 극복하면서 전 국토가 균형적으로 발전할 수 있을 거예요."

독일 자치단체의 선거제도
홍 기자가 자치단체선거에 대해서 물어보았다.
"뮌헨 시는 어떤 방식으로 시장과 시의원을 선출하지요?"
"독일에는 주가 16개 있다고 했잖아요?"
"그렇지요."

"그중에 베를린, 브레멘, 함부르크는 하나의 시이자 주에요. 특별한 위상을 가지고 있지요. 이 세 도시는 주의회선거의 방식을 따르지요. 주의회선거는 주마다 차이가 있지만 일반적으로 연방의회선거와 비슷해요. 1인 2표제로 진행되지요. 유권자는 2개의 표를 행사해요. 제1표는 지역구의 후보자에게 투표하고, 제2표는 정당에 투표하지요. 제2표가 중요해요. 정당이 의회에 보낼 의원 수를 결정하니까요. 특정 정당이 과반을 차지하지 못하기 때문에 일반적으로 다른 정당과 연정을 해서 과반을 형성해서 집권하지요. 지역구 의원과 비례대표 의석수 비율은 5:5이거나 6:4 정도 되지요. 그런데, 자치단체선거는 총선과 주선거와 그 선거방식이 달라요."

"어떻게 다른데요?" 홍 기자가 다시 물었다.

"연방의회선거와 주의회선거에서 총리와 주지사는 연방하원과 주의회에서 과반수를 차지하는 당에서, 또는 연정을 통해 과반수를 확보한 2~3개의 당 중에서 득표율이 가장 많은 당에서 선출되지요. 선거를 할 때 개별 정당이 작성한 비례대표 리스트에서 '맨 위에 놓여 있는 후보자Spitzenkandidat'가 총리와 주지사가 되는 것이지요. 시민이 총리와 주지사를 직접 선출하는 별도의 선거가 없어요. 반면, 뮌헨 시와 같은 자치단체에서는 시장이 별도로 선출되어요. 뮌헨에서는 시장을 오버뷔르거마이스터Oberbürgermeister라고 해요. 자치단체선거의 특징은 '인물본위투표'라는 점에 있어요. 시장과 시의원의 후보자를 직접 선택할 수 있도록 하는 것이지요.

뮌헨 시의 유권자는 노란색과 분홍색의 투표용지를 받아요. 노란색 투표용지에는 시장 후보자가 기입되어 있는데, 자신이 선호하는 후보자를 체크해서 제출하지요. 분홍색 투표용지는 굉장히 커요. 각 당이 시의회 의석수인 80명과 동일한 숫자로 제시한 80명의 정당명부가 제시되어 있기 때문이지요. 선거에 참여한 당이 5개라면 400명의 후보자가 적혀 있어요. 직사각형 박스box 안에 당명과 80명의 후보자 리스트가 위에서 아래로 순번으로 제시되어요. 각 박스 안에 80명으로 구성된 정당명부가 있는 셈이죠. 분홍색 투표용지에는 이러한 정당명부가 5개 제시되어 있어요. 유권자는 총 80표를 줄 수 있어요. 우선 당명에 체크하고, 당에서 제시한 정당명부의 후보자에게 표를 주는 것이지요. 한 후보자에게 최대 3표까지 줄 수 있어요. 여러 당의 여러 후보자에게 자신의 80표를 골고루 나누어 주는 것이지요. 개표 시, 각 당이 얻은 득표율로 시의회에 보낼 수 있는 각 당의 의석 수가 정해지고, 정당명부에 올라와 있던 후보자의 득표수에 따라 선출될 순번이 정해지는 것이죠. 약간 복합한 비례대표제로 시의원을 선출한다고 보면 된답니다."

"노란색 투표용지는 간단한 것 같은데… 분홍색 투표용지는 약간 복잡한 것이 아닌데요. 이해하기 어려워요." 홍 기자가 말했다.

"홍 기자님이 분홍색 투표용지를 받았다고 가정해보죠. 하나의 용지에요. 거기에 400명의 이름이 적혀져 있어요. A당 80명, B당 80명, C당 80명, D당 80명, E당 80명. 기자님은 A당을 최고로 지지하고 B당을 그 다음으로 지지해요. A당과 B당이 같이 연정을 하면 좋겠다고 생각하지요. 그러면, 기자님은 A당의 박스에 적힌 당명에 체크를 하고 1번 후보에 3라고 적어요. 3표를 주는 것이죠. 그다음 2번부터 10번까지의 후보자에게 2라고 적고, 11번부터 30번까지 후보자에게 1이라고 적어요. 기자님은 여기까지 몇 표를 사용했죠?"

"잠깐, 계산해볼게요. 41표. 그런데, 교수님이 말한 것처럼 그렇게 꼭 표를 분배해야 하는 것은 아니지요? 그러니까 표를 배분할 때, 내 마음대로 A당의 2번 후보에게 3표를 줄 수도 있는 거지요?"

"그래요. 마음대로 하셔도 되요. 하하."

"하하."

"좋아요. 39표가 남았어요. B당에도 A당에 주었던 방식대로 25표를 분산해서 주었다고 가정해보죠. 그러면, 14표가 남잖아요?"

"그렇지요."

"어떻게 하실 것 같아요?"

"내가 호감을 가지고 있는 정당의 후보자에게 나누어 줄 것 같은데 … D당의 후보자에게 10표, E당의 후보자에게 5표를 줄 거예요."

"좋아요. 하하. 재미있지요? 유권자는 자신의 기호와 선호도에 따라 정당의 후보자에게 표를 분산하면서 투표하는 것이지요."

"각 당의 의석수는 어떻게 결정되지요?" 홍 기자가 물었다.

"그러니까, 시의원의 의석수가 80명인데, 사민당SPD이 39.8%의 득표율을 기록했다면, 80명의 39.8%에 해당하는 33명의 의석수를 확보하는 것이 되며, 사민당이 제시한 80명의 정당명부 리스트에서 득표한 순서대로 33명까지 시의원이 되는 것이지요. 각 유권자가 행사하는 80표가 각 당의 정당명부 리스트에서 순위를 결정한 것이지요. 별도로 선출된 뮌헨 시장은 시의회의 의장이 되고 시행정부의 장이 되지요. 일반적으로 시장의 후보자는 분홍색 투표용지의 각 당의 정당명부 리스트에서 첫 번째로 올라와 있거든요. 그래서 시장도 시의원으로서 시의장의 역할도 수행하는 것이죠. 뮌헨에서 시장과 시의원의 임기는 모두 6년이에요."

서 기자가 물었다.

"이제 조금 알겠네요. 현재 뮌헨 시장은 누구지요?"

"사민당의 라이터Dieter Reiter이에요. 2014년에 56.7%의 득표로 당선되었어. 시의회 선거에서는 사민당이 40.4%의 득표율로 제1당이었지만 과반을 차지하지 못해 기사련과 같이 연정을 하고 있어. 제1부시장은 기사련CSU의 요제프 슈미트Josef Schmid이며, 제2부시장은 사민당의 스트로블Christine Strobl이야. 뮌헨 시청의 행정부처 중에서

14개의 부처에 사민당과 기사련의 시의원이 담당하고 있지. 시장, 제1부시장, 제2부시장, 14개 부처를 담당하는 시의원은 세비를 받는 정치인이지만, 그 외 66명의 시의원은 세비를 받지 않는 명예직이야. 세금혜택은 받지만 세비는 받지 않는 거지."

"자치단체 선거가 흥미로운데요." 홍 기자가 말했다.

"그렇지요? 우리하고 많이 달라요."

나는 스마트폰에서 사진 한 장을 보여주며 말을 이었다.

"6년 전에 뫼들라로이트Mödlareuth에 간 적이 있어요. 50명이 사는 조그마한 마을이었어요. 베를린으로부터 남쪽으로 300km, 뮌헨으로부터도 북쪽으로 300km 떨어진 곳에 위치하지요. 행정구역상, 뫼들라로이트 북쪽은 튀링엔 주의 게펠Gefell이라는 시에 속하고, 뫼들라로이트 남쪽은 바이에른 주의 퇴펜Töpen이라는 게마인데에 속하고요. 작은 실개천이 뫼들라로이트를 남북으로 가르며 흐르는데, 개천이 튀링엔 주의 게펠과 바이에른 주의 퇴펜으로 나누는 셈이에요. 그래서 게펠에 속하는 뫼들라로이트와 퇴펜에 속하는 뫼들라로이트 주민은 다른 우편번호를 사용하고 있답니다.

퇴펜의 주민은 1,200명이에요. 바이에른 주의 자치법에 따르면, 2,500명 미만의 게마인데는 월급을 받는 직업 뷔르거마이스터를 선출하지 않고, 명예 뷔르거마이스터를 게마인데위원회Gemeinderat에서 선출하지요. 본래 직업상 변호사인 그륀츠너Klaus Grünzner: CSU가 세제해택을 받는 퇴펜의 명예 뷔르거마이스터였어요. 반면, 게펠의 주민은 2,700명이에요. 튀링엔 주의 자치법에 따르면, 2,500명 이상의 인구를 가진 게마인데는 월급을 받는 직업 뷔르거마이스터를 선출할 수 있죠. 게펠에 기반을 둔 지역 정당인 '불만족한 시민연합VUB' 소속의 차프Marcel Zapf가 인구 2,700명을 대표하는 게펠 시의 뷔르거마

Grenzsignal- und Sperrzaun-II   5-km-Sperrzone

500-m-Schutzstreifen

vorgelagertes
Hoheitsgebiet"
Mauer   Metallgitterzaun   Beobachtungsturm

Grenzverlauf

Grenzzaun

Mödlareuth - "Klein Berlin" 198

• • • 뫼들라로이트(리틀 베를린)

이스터였어요. 이렇게 5,000명 미만의 게마인데에서 거주하는 주민
은 독일 인구의 16.2% 정도 되지요.

  뫼들라로이트는 지방자치라는 측면에서도 재미있는 케이스이지
만, 독일 분단과 통일의 상징성을 가지고 있지요. 여기 사진에서 보는
것처럼, 뫼들라로이트는 '리틀 베를린Little Berlin'이라고 불리면서 동
독 지역과 서독 지역으로 분단되어 있었어요. 베를린은 동독 지역이
었던 브란덴부르크Brandenburg 주의 한가운데 위치하면서, 동·서 베
를린으로 분할되어 있었기 때문에 독일이 통일될 때까지 독일 분단의
상징이었지요. 그래서 독일 통일은 동·서 베를린을 나누었던 브란덴
부르크 문의 장벽이 붕괴되면서 성취되었고요. 반면, 뫼들라로이트는
남·북으로 나뉘었어요. 뫼들라로이트를 관통하는 개천을 중심으로
남쪽은 바이에른 주의 퇴펜에, 북쪽은 튀링엔 주의 게펠에 속하게

되면서 분단되었고, 개천을 따라 양쪽으로 장벽이 세워졌지요. 통일 후 철거되고 일부만 남아 있어요.

통일 이후 뵈들라로이트 양쪽 주민들은 주민 투표를 통해 행정구역을 통일 이전과 동일하게 유지하기로 하고 장벽의 일부는 다음 세대가 분단의 아픔을 기억할 수 있도록 유지하도록 결정했지요. 그래서 뵈들라로이트에는 분단과 장벽을 기록하는 박물관과 더불어 개천을 따라 장벽의 일부가 남아 있는 것이지요. 행정구역상으로도 남쪽의 퇴펜과 북쪽의 게펠로 나뉜 채로 유지되면서, 현재는 바이에른 주와 튀링엔 주의 경계 지역이 되었지요."

"슬프고도 재미있는 이야기이네요." 서 기자가 말했다.

"그렇지." 내가 서 기자의 말에 맞장구를 쳤다.

"그렇게 아픈 과거를 보존하면서 미래를 준비하는 것을 보니 독일 사람들이 현명하다는 생각이 드네요." 홍 기자가 거들었다.

내가 다시 말했다. "독일의 회고문화Erinnerungskultur에요."

연방국가 스위스의 선거제도

밀맥주를 한 잔씩 더 시켰다. 내가 홍 기자에게 물었다.

"스위스 연방제를 취재해보니까 어땠어요?"

홍 기자가 스위스의 연방제에 대해 설명했다.

"스위스의 연방주의는 다음과 같은 정치적 공식으로 표현되고 있었어요. 〈2715 plus 26 equal 1〉. 2715 더하기 26은 1이에요. 2715개의 게마인데가 26개의 칸톤Konton: 스위스 연방을 구성하는 자치주에 해당에 귀속되고 이러한 26개의 독립된 칸톤들이 결속과 동맹을 통하여 하나의 연방국가를 구성하죠. 그러니까 교수님이 말씀하신 것처럼, 스위스도 독일처럼 정치의 출발 지점이 연방이 아니라, 칸톤과 게마인데인 셈이죠. 인구는 2016년 기준으로 약 8백37만8,372,000이고요. 이들은 다양한 민족, 언어, 종교로 나뉘어져 있죠. 예컨대, 독일어를 사용하는 인구는 63.7%, 프랑스어를 사용하는 인구는 20.4%, 이탈리아어를 사용하는 인구는 6.4%, 레토로망어를 사용하는 인구는 0.5%, 기타 언어를 사용하는 인구는 9.0%이에요. 이러한 언어적 다양성에도 불구하고 1848년 이후 스위스는 정치적 공동의사에 기초하여 연방국가를 구성하고 있지요. 세계적으로 23개의 연방국가가 존재하고 있는데, 스위스는 미국 다음으로 두 번째로 오래된 연방국가의 역사를 지니고 있어요."

"꼼꼼히 조사했네요." 내가 말했다.

"제가 원래 조금 철저해요. 호호."

홍 기자가 메모 수첩을 보며 다시 설명했다.

"스위스 연방이 구축된 역사를 간략하게 살펴보면 다음과 같아요. 1291년 8월 우리Uri, 스위츠Schwyz, 운터발덴Unterwalden의 세 지역이 외세의 침략에 맞서 권리와 재산을 보호하기 위해 결성한 이후 몇 세기를 거치면서 스위스 연방은 확대되었죠. 1499년 슈바벤전쟁 이후 신성로마제국독일제국으로부터 독립했지만, 1789년 프랑스의 나폴레옹에 의해 점령당하기도 했어요. 1847년 구교지역과 신교지역 간의 내전 이후에 구교지역이 항복함에 따라 1848년 현대적 의미의 연방국가가 수립되었어요. 칸톤의 주권 권한이었던 군사, 관세, 우편, 화폐의 영역이 연방 차원으로 귀속되었으며, 시민에게 일반 투표권과 선거권이 주어졌어요. 1874년에 연방헌법의 개정을 통하여 국민투표권right to referendum이 시행되었으며, 1891년에는 국민발안popular initiative이 시행되었어요.

2,715개의 게마인데 중에서 시를 포함한 1/5은 선거를 통하여 선출된 의원으로 구성된 독자적인 주민의회를 가지고 있지만, 4/5는

18세 이상 성인인 시민이 직접 참석하는 "게마인데집회communal assembly"에서 직접민주주의의 형식으로 의사결정을 하지요. 그러니까, 543개의 게마인데에서만 주민의회의 의원선출을 통한 대의정치가 이루어지고, 2,172개의 게마인데에서는 대의보다는 시민들이 직접 모여 공적인 사안에 대하여 서로 대화하고 결정하지요. 게마인데는 주민명부의 작성과 시민방어조직의 유지와 더불어 시민권부여, 학교제도, 사회제도와 관련된 사안은 물론 에너지 확보, 도로건설, 지역개발, 세금 등의 사안과 관련해서도 독자적인 결정을 내릴 수 있는 권한이 있어요. 게마인데의 자치성은 그 게마인데가 속한 칸톤의 헌법이 규정하고 있기 때문에 칸톤마다 차이가 나고요.

26개의 칸톤은 1848년 이후 주권의 일부를 이양하면서 스위스 연방을 형성한 주체라고 볼 수 있죠. 칸톤의회의 규모는 의원수를 기준으로 하면 가장 작은 의회는 58명으로 구성되어 있으며, 최대 규모의 의회는 180명으로 구성되어 있어요. 각 칸톤의 의회는 대부분 비례대표제system of propotional representation로 선출되지요. 5~7명으로 구성되는 칸톤정부의 각료도 별도의 선거를 통해 대부분 다수대표제simple majority system에 의해 선출되지요. 칸톤정부의 주지사는 5~7명으로 구성되는 각료들이 1년씩 윤번제로 맡고 있어요. 개별 칸톤에는 상당한 자치권한이 부여되어 있죠. 칸톤은 건강보험제도, 교육제도, 문화정책 등에 관련한 권한을 소유하고 있어요. 예컨대, 스위스에는 연방 수준의 국가경찰과 교육부가 존재하지 않아요. 경찰과 교육에 관련된 사안은 칸톤의 고유권한이기 때문이죠. 나아가 개별 칸톤은 고유의 헌법, 의회, 정부, 법원을 지니고 있어요. 이와 같은 칸톤의 막강한 자치권은 스위스 연방헌법 3조에 근거하고 있답니다. 연방은 주로 외교 및 안보정책, 관세와 화폐, 스위스 전역에 효력을 지닌 법의 집행, 국방 등의 사안을 다루고 있죠. 이외에 명확하게

	행정	입법		사법
연방 수준	연방정부: 연방상원과 연방하원으로 구성된 연방의회에서 선출되는 7명의 각료로 구성	연방하원: 200명의 의원으로 구성― 칸톤에 할당된 의석 수는 칸톤의 인구와 비례	연방상원: 46명의 의원으로 구성― full canton은 2석씩, half canton은 1석씩 공평하게 할당	연방법원: 41명의 전일제 연방재판관과 41명의 비전일제 연방재판관으로 구성, 연방상원과 연방하원으로 구성된 연방의회에서 선출
칸톤 수준	칸톤정부: 별도의 선거로 선출되는 5~7명으로 구성	칸톤의회: 선거에 의해 선출된 58명에서 최대 180명의 의원으로 구성		칸톤법원: 칸톤정부 또는 칸톤의회에 의해 선출
게마인데 수준	게마인데 정부 or 시 정부: 각료는 별도의 선거로 선출	게마인데주민의회(규모가 큰 시): 의원은 선거에 의해 선출 게마인데집회(작은 게마인데): 집회의 참석자(시민)가 직접 공적 사안에 대하여 결정		게마인데관할법원: 해당 칸톤의 행정당국 또는 시민에 의해 선출

연방의 사안이 아닌 경우에는 일반적으로 칸톤의 사안으로 간주되지요. 연방에는 연방상원, 연방하원, 연방정부, 36,000명이 근무하는 연방행정부처 등이 있어요. 여기 제가 표로 만들어본 스위스 연방 정치구조를 한번 보세요."

"와. 정말 간결하게 정리했네요. 한눈에 쏙 들어와요."
"그런가요? 호호."

서 기자가 말했다.
"선배, 질문이 하나 있어요. 연방하원과 연방상원의 의원 선출 방식에 대해 설명해 줄래요? 칸톤과 게마인데에 집중해서 취재하다 보니 연방하원과 상원에 대한 정보가 부족해요. 스위스 정치제도에 대해 연구한 적이 있잖아요?"

나는 표를 보며 스위스의 하원과 상원에 대한 기억을 되살렸다.

"연방하원은 스위스 국민 전체를 대표하고, 연방상원은 개별 칸톤을 대표해. 연방하원의 선출 시 인구비례에 따라 각 칸톤에 의원수를 할당하지만, 칸톤에 최소한 한 명의 연방하원의원을 보장하는 연방헌법의 원칙에 따라 단지 1,500명의 주민을 가진 아펜첼 인너호덴Appenzell Innerrhoden 칸톤에도 1명의 하원의원이 선출되지. 아펜첼 아우서호덴Appenzell Ausserrhoden, 옵발덴Obwalden, 니드발덴Nidwalden, 우리Uri, 그라루스Glarus 칸톤에서도 아펜첼 인너호덴 칸톤과 비슷한 경우로 1명의 하원이 선출되고. 반면, 인구가 가장 많은 취리히 칸톤은 34명의 의원을 보낼 수 있어. 연방하원 의원은 비례대표제로 선출돼. 정당은 각 칸톤에서 획득한 득표수에 따라 의원을 연방하원에 보내지. 예컨대, 인구 규모에 따라 10명의 의원을 보낼 수 있는 루체른Luzern 칸톤에서 스위스 국민당SVP이 50%를 득표했다면 SVP는 선거를 위해 작성한 정당명부에서 대략 상위 5명까지 연방하원에 보낼 수 있어. 그래서 독일처럼 정당지지율이 절대적으로 중요해. 이와 반면에 연방하원에 보낼 수 있는 의원이 1명만 할당된 칸톤에서는 비례대표제가 의미가 없기 때문에 다수대표제로 가장 많은 득표로 얻은 후보자가 선출되지.

연방상원에 보낼 의원을 선출하는 연방상원 선거는 개별 칸톤에서 실시되는데 다수대표제에 의해 가장 많이 득표한 후보자가 선출돼. 흥미로운 것은 20개의 칸톤full canton은 각각 2명의 상원의원을 선출할 수 있는데, 예전에 하나의 칸톤이었다가 분리되어 새롭게 독립된 6개의 칸톤half canton은 1명의 상원의원만을 선출할 수 있다는 점이야. 아펜첼 인너호덴과 아펜첼 아우서호덴은 원래 하나의 칸톤이었다가 1597년 구교와 신교의 갈등으로 두 개로 분리되어 독립된 칸톤이 되었어. 바젤 시Basel Stadt와 바젤 란트샤프트Basel Landschaft, 옵발덴과 니드발덴도 마찬가지고. 이러한 칸톤은 1명의 상원의원만 보낼 수 있으며, 연방헌법의 개정에도 1표가 아니라 반쪽0.5의 투표권만 행사할 수 있어.

더 재미있는 건, 연방하원과 연방상원의 의원은 직업정치인이 아니라는 거지. 의원들은 다른 직업 활동을 하면서 자신의 전체 노동시간에서 약 60%만 의정활동을 해. 1년에 4번, 봄2008년 기준 3월 3~20일, 여름5월 26일~6월 13일, 가을9월 15일~10월 3일, 겨울12월 1~19일 연방하원과 연방상원이 열리는데, 상원과 하원의 의원들은 이 기간에 의회에 등원하여 국정활동을 하며 세비를 일당으로 받아. 연방하원과 연방상원의 의원과는 다르게 연방정부의 각료들은 직업정치인이지. 연방정부는 연방상원과 연방하원의 의원 246명으로 구성된 연방의회에서 4년 임기로 7명이 선출되어 구성되고. 연방대통령은 각료 7명 중에서 1년의 임기로 선출되는데 … 연방정부는 일반적으로 1주일에 한 번 정기회의를 열고 각 연방부처와 연방사무국에서 준비된 정치적 사안에 대하여 결정하지."

옆에서 가만히 듣고 있던 홍 기자가 깜짝 놀라며 물었다.

"아니, 그러면 18일씩 4번, 72일 일하고, 72일에 해당하는 세비만 받는다고요? 그거 우리나라에 적용하면 대박이겠는걸요. 우리나라 국회의원은 일은 안 하고 세비만 받아가잖아요. 물론 열심히 의정활동하는 의원도 있지만, 거저먹는 국회의원들이 너무 많아요."

"하지만 한국에 적용하는 것은 신중하게 접근할 필요가 있어요. 좋다고 무조건 적용하는 것은 한국의 현실을 무시하는 거예요. 스위스의 사례는 우리나라에 귀감이 돼요. 우리나라 국회의원은 각성해야 해요. 하지만, 스위스에는 국회의원이 의정활동을 그렇게 많이 할 필요가 없는 중요한 요소가 있어요. 아마도 두 분이 취재하신 부분이 바로 그 요소일 거예요."

서 기자가 웃으며 말했다.

"선배 특기 나왔네. 퍼즐 내는 거. 하하."

"그런가? 하하."

"무엇인가요?" 홍 기자가 물었다.

"국민투표Volksabstimmung에요." 내가 말했다.

스위스에서 국민투표가 의회에 미치는 영향

홍 기자가 맥주를 마시며 말을 꺼냈다.

"생각해 보니까, 국민투표로 인해 연방하원과 연방상원의 업무가 상당 부분 감소될 것 같아요. 이번 취재에서 알게 된 것인데, 스위스인은 4년에 한 번 연방하원과 연방상원 선거에서 투표권을 행사하지만, 이와 더불어 1년에 4번, 즉 3개월에 한 번씩 국민투표라는 형식으로 투표권을 행사하고 있더군요. 연방행정부의 기관인 연방사무국Bundeskanzlei에서 국민투표의 사안을 모아서 3개월에 한 번씩 투표에 부치고 있었어요. 연방사무국은 연방 차원의 사안을 모아 국민투표에 회부하지만 이와 동시에 칸톤행정부의 기관인 칸톤사무국Staatskanzlei과 게마인데 행정당국은 칸톤과 게마인데의 사안을 모아 국민투표에 회부하지요. 연방사무국과 개별 칸톤사무국의 협조하에 연방 수준의 국민투표와 칸톤 수준의 국민투표가 동시에 진행되는 것이죠. 투표기간은 국민투표에 회부된 날부터 시작하여 3개월간이었어요. 스위스 시민들은 우편으로 투표하거나 직접 투표소에서 투표를 하지요. 통계에 따르면, 스위스인의 약 70%가 우편으로 투표한대요. '6월 1일 국민투표'라고 하면, 그것은 이미 3개월 전에 시작된 국민투표이고, 6월 1일은 투표일의 마지막 날이자 개표일을 의미했어요. 6월 1일은 아침부터 각 투표장에서 투표와 개표가 동시에 진행되며, 저녁이 되면 스위스 전역에서 투표결과가 나온다네요. 투표기간이 3개월이라니 … 놀랐어요. 우리는 투표일 하루를 정해서 투표를 끝내잖아요."

"그렇게 놀랐어요?"

"우리랑 완전히 마인드가 다르니까요."

"그건 그래요. 아무튼, 3개월에 한 번씩 연방, 칸톤, 게마인데의 사안을 모아서 국민투표를 하면서 법과 정책을 결정하고 수정하기 때문에 연방하원 및 상원 의원의 할 일이 그렇게 많지 않겠지요. 분기별 연방상원과 하원이 열리는 시기를 보면 국민투표가 끝나는 시점과 맞닿아 있어요. 국민투표가 입법과 정책을 결정하니까, 당연히 연방하원과 상원은 국민투표 후에 처리해야 할 일이 많지 않겠어요? 그런데, 우리나라에서는 국민투표가 거의 없잖아요. 자치단체 차원에서만 주민투표를 일부 시행하고 있을 뿐이죠. 사실, 우리나라 국회의원은 그 역할을 제대로 인식하면, 할 일이 엄청 많아요. 그래서 세비를 주는 것이에요. 세비가 아깝지 않은 것이죠. 1년에 1억이 넘는 세비를 받으면, 주어진 입법과 정책에 관한 업무를 성실하게 수행하는 것이 국회의원의 도리라고 봐요."

대의민주주의와 직접민주주의

우리는 서로 아무 말 없이 잠시 레오폴트 거리를 지나는 뮌헨 사람들을 지켜보았다. 내가 홍 기자에게 물었다.

"그런데 … 스위스에서의 직접민주주의에 대한 인상은 어때요?"

홍 기자가 말을 꺼냈다.

"스위스에서는 두 가지 민주주의가 하나로 결합되어 있었어요. 정치인은 정기적으로 실시되는 선거에 의해 선출되고대의민주주의, 그 정치인의 정책결정도 국민투표에 의해 견제되며, 연방과 칸톤의 헌법도 국민발안에 의해 수정·보안되기 때문이죠^{직접민주주의}. 스위스에서 대의민주주의와 직접민주주의는 서로 견제하며 하나가 되고 있었어요. 하지만 대의민주주의가 민주주의의 전부로 인식되는 한국에서는 국민투표와 국민발안으로 상징화되는 직접민주주의가 생소해요. 어떤 정치인은 방송에 출연하여 직접민주주의의 폐단 때문에 대의민주주의가 생겨났다고 말하고 있는 상황이니까요. 직접민주주의는 극복의 대상이고 민주주의에 반하는 제도라는 것이죠. 스위스, 독일, 미국에서는 그렇지 않잖아요. 그곳에서는 직접민주주의와 대의민주주의가 하나의 민주주의로 결합되어 있어요."

서 기자가 말을 이었다.

"한국은 대의민주주의를 추진해왔지만 반쪽의 민주주의만을 보고 달려온 것 같아요. 하지만 우리는 현재 직접민주주의의 필요성에 직면하고 있어요. 우리가 추진해온 반쪽의 제도가 정상적으로 작동하지 않기 때문이죠. 정치권에서도 작년 촛불혁명에서 표출된 시민의 정치 참여 의지도 고려해야겠지요. 원래 민주주의는 그리스 아테네의 직접민주주의에서 기원하고, 그 원형을 인구와 영토 면에서 폴리스보다 큰 국가에서 실현하려는 노력으로부터 대의민주주의가 고안되었잖아요? 대의민주주의는 직접민주주의를 실현시키기 위한 다른 형태인거지요. 그러니까, 민주주의는 대의정치와 직접정치를 아우르는 정치제도인거죠. 그래서 대의민주주의만을 고집하고 이에 머물러 있을 경우 민주주의는 성숙할 수가 없어요. 대의정치는 시민의 직접정치와의 소통을 통하여 온전한 제도로 거듭날 수 있어요. 대의민주주의는 국회의원 선거나 대통령 선거 후에 국민들로 하여금 정치에 무관심하게 만들고 있죠. 이는 정부정책과 국회입법에 대한 민심이 전달될 수 있는 제도적 장치의 부재에서 기원해요."

내가 거들었다.

"맞는 말이야. 직접민주주의는 두 가지 의미로 이해되는 것 같아. 하나는 정치적 통치의 특별한 형태로, 다른 하나는 정치적 의사결정 과정으로. 전자는 정치권력이 한 사람이나 소수의 대표자 또는 공직자에 의해서가 아니라 투표권한이 있는 모든 시민에 의해 '직접적으로' 구속력 있게 행사되는 방식을 말하지만, 후자는 인물을 선출하는 선거와 상관없이 시민이 국민투표 및 주민투표 절차를 통해 정치적 사안에 대해 독립적으로 결정하는 과정을 말하지. 전자는 대의민주주의와 대립되지만, 후자는 대의민주주의와 상충되지 않아. 후자는 오히려 대의민주주의에서 시민의 정치적 참여를 확대하여 공적 사안을 규정짓는 헌법, 법률, 정책의 정당성legitimacy을 높여줘.

민주주의가 정부의 정책과 시민의 요구를 일치시키는 제도라면, 후자의 의미에서 직접민주주의의 실현은 정부정책, 의회입법, 시민요구를 하나로 일치시키기 때문에 가장 민주주의에 가깝다고 볼 수 있어. 대의민주주의에서는 정기적인 선거에 의해 입법부와 행정부의 대표가 선출되고 말아. 인물 선거는 "정책에 대한 일괄투표package voting of Policy"의 성격이 강하기 때문에 시민이 가지는 개별적 정치적 사안에 대한 "직접투표direct voting"에 대한 욕구를 충족시켜주지 못해. 하지만 직접민주주의는 "정책, 사안, 법률에 대한 개별 투표individual votes on policy and law"를 가능하게 하지. 정부의 개별 정책에 대해 행사되는 직접투표로 시민의 선호도가 정확하게 반영되게 하는 거야. 직접민주주의의 핵심인 개별 사안에 대한 직접투표는 정당, 정부, 입법부의 기능을 각성시키고 매개하며 시민의 참여와 토의를 진작시켜 민주주의적 시민덕성시민성을 강화시키지."

스위스의 직접민주주의

스위스 국민투표의 형태

홍 기자가 스위스 연방사무국에 방문한 얘기를 꺼냈다.

"이번에 베른Bern에 위치한 연방사무국을 방문했어요. 국민투표를 관장하는 선거국Election Office의 국장인 한스-우르스 빌리Hans-Urs Wili를 만나 인터뷰를 했죠. 비용에 대해 물었어요. 3개월에 한 번 치르는 국민투표에 연방에서 드는 비용이 시민 1인당 약 1프랑 정도래요. 유권자를 약 500만으로 추정하면 연방사무국은 3개월 한 번 500만 프랑5,000,000프랑×1,000원=50억 원을 지출하고 있는 셈이었어요. 1년에 4번이니까, 200억 정도가 되는 거죠.

스위스에서 국민투표는 3가지 형태로 시행되고 있다고 하더군요. 첫 번째 형태는 〈의무적 레퍼렌덤mandatory referendum〉이며, 두 번째 형태는 〈선택적 레퍼렌덤optional referendum〉이며, 세 번째 형태는 〈국민발안popular initiatives〉이었어요.

솔직히 레퍼렌덤의 의미를 알지 못했거든요. 그런데, 빌리 국장이 명쾌하게 설명해주었어요. 레퍼렌덤이라는 용어는 라틴어에서 기원하는데 '다시 짊어지고 오다'라는 뜻이래요. 그 의미는 현재의 레퍼렌덤의 의미와 상통하고요. 그러니까 국민의 의사를 묻고 투표에 따른 다수 의견을 '다시' 정책과 법률에 반영시키는 것이 레퍼렌덤의 핵심적 의미라고 하더군요. 의무적 레퍼렌덤은 연방정부와 연방의회연방상원과 연방하원가 의무적으로 국민투표에 회부하는 형태래요. 연방정부와 연방의회는 연방헌법의 전면적 수정이나 특정한 국제기구의 가입 등에 관련된 사안에 대하여 의무적으로 국민투표를 실시해야 한대요. 여기에는 이중다수가 요구되는데, 투표자의 다수와 칸톤의 다수가 찬성해야 연방정부와 연방의회가 의도하는 전면적 헌법 개정이나 특정한 국제기구에 가입할 수 있다고 했어요.

선택적 레퍼렌덤은 연방의회가 통과시킨 새 법안 내지는 연방정부에 집행시키려는 정책, 나아가 체결하려는 특정한 국제법적 조약에 관련하여, 시민들이 100일 안에특정 법안과 국제조약에 대하여 연방의회의 공지가 나온 시점으로부터 5만 명의 서명을 받아 연방사무국에 제출하여, 연방사무국이 국민투표 회부에 찬성하면 국민투표에 부치는 방식이라고 하더군요. 즉, 선택적 레퍼렌덤은 아래로부터, 그러니까 시민들에 의해 조직되어 연방의 대의정치에 대해 행사되는 통제방식인 셈이지요. 자동차의 브레이크를 밟는 것처럼 말이에요. 선택적 레퍼렌덤에서는 투표자의 다수만으로 결정된대요. 이러한 의무적·선택적 레퍼렌덤이 마무리되면 연방의회와 연방정부는 투표결과를 헌법수정, 정책과 법안, 국제조약 등에 반영해야 하고요. 대의민주주의가 직접민주주의와 환상적으로 결합되는 거지요.

국민발안은 레퍼렌덤과 그 성격이 상이했어요. 레퍼렌덤이 연방정부 및 연방의회가 시행하려는 헌법수정 및 법안통과에 대하여 국민이 브레이크를 거는 형식이라면, 국민발안은 국민이 주체가 되어서 연방 수준에서는 연방헌법을, 칸톤 수준에서는 칸톤헌법을 개정하거나 보완하기 위한 안을 상정하여 국민투표에 회부시키는 방법이었거든요. 연방헌법의 개정을 위한 국민발안의 경우, 발안의 주체가 사안을 연방사무국에 제출한 이후 18개월간 10만 명의 서명을 모아야 하며, 연방사무국의 허가로 발안사안에 대한 투표가 실시된대요. 나아가 연방정부와 연방의회에서는 시민의 국민발안에 대하여 역제안 counter-proposal을 할 수 있으며, 역제안은 국민발안의 내용과 같이 국민투표에 부쳐질 수 있대요. 국민발안 사안과 행정당국의 역제안에 대해 이중찬성double yes이 나올 경우, 국민발안의 원안과 역제안을 둘 다 인정하여 추진한대요."

"세부적인 사안까지 정확히 알아내셨네요."

서 기자가 홍 기자를 보며 말했다.

"이번에 홍 기자가 너무 열심히 해서… 저도 놀랐어요."

홍 기자가 서 기자를 보며 말했다.

"재미있더라고. 시민들이 주도해서 입법부와 행정부의 정책에 비토veto를 놓기도 하고 새로운 정책을 제안하기도 하는 시스템이 너무 새로웠거든. 인물에 대해 투표하는 것은 있어도, 국민 전체가 '정책에 대해 투표하는 제도'는 우리나라에 없잖아. 안 그래?"

연방 차원의 국민투표 예시

나는 노트북을 켜면서 홍 기자에게 말했다.

"〈정책에 대한 투표〉가 스위스 민주주의의 가장 큰 특징이에요. 제가 통계 하나 보여드릴게요. 여기 이 표 좀 보세요. 2008년까지 연방 차원의 레퍼렌덤과 국민발안에 대한 통계에요."

Ergebnisse von Volksinitiativen, fakultativen und obligatorischen Referenden: 레퍼렌덤과 국민발안 결과(1848~2008)

| 기간 | 의무적 레퍼렌덤 | | 선택적 레퍼렌덤 | | 국민발안 | | 역제안과 동시에 상정된 국민발안 | | | | Total | | Total |
| | | | | | | | 발안 | | 역제안 | | | | 국민투표 |
	A	V	A	V	A	V	A	V	A	V	A	V	
Total	153	54	89	73	13	137	2	13	6	9	263	286	534
1848~1870	2	8									2	8	10
1871~1880	2	2	3	5							5	7	12
1881~1890	3	1	2	6							5	7	12
1891~1900	6	3	3	7	1	4					10	14	24
1901~1910	4	1	3	1	1	2					8	4	12
1911~1920	8		2	1	1	1	1			1	12	3	14
1921~1930	7	2	1	4	2	10		1	1		11	17	27
1931~1940	7		2	7		5		1	1		10	13	22
1941~1950	4	3	4	3	1	6					9	12	21
1951~1960	13	7	4	7		7		2	1	1	18	24	40
1961~1970	12	2	4	4		7					16	13	29
1971~1980	33	8	11	7		16		6	3	3	47	40	81
1981~1990	18	5	6	6	2	25	1	1		2	27	39	64
1991~2000	28	7	25	11	2	31		1		1	55	51	105
2001~2008	6	5	19	4	3	23		1		1	28	34	61

A = Angenommen = accepted
V = Verworfen = rejected

출처: http://www.bfs.admin.ch/bfs/portal/de/index/themen/17/03/blank/key/eidg__volksini tiativen.html

　　"이것은 2008년 6월 1일에 작성된 스위스 연방통계청 자료예요. 이 통계를 보면, 의무적, 선택적 레퍼렌덤과 국민발안은 1848년 이후 총 534건이 시행되었고, 채택된 것이 263건이며, 거부되어 폐기된 것이 286건이에요. 찬성과 거부가 거의 비슷하지만 거부된 사례가 23건 더 많아요. 연방정부 및 연방의회의 주도로 의무적으로 시행된 의무적 레퍼렌덤은 153건 대 54건으로 찬성이 거부보다 훨씬 많으며, 연방정부 및 연방의회의 법안과 정책에 반대를 묻는 선택적 레퍼렌덤은 89건 대 73건으로 16건 더 많이 '찬성'하여 연방정부 및 연방의회의 법안과 정책에 브레이크를 거는 효과를 내었어요. 국민에 의해 주도된 국민발안은 13건 대 137건으로 거부의 사례가 찬성의 사례보다 훨씬 많다고 볼 수 있어요. 행정당국의 역제안과 동시에 실시된 국민발안은 총 15건이 있었는데, 15개의 국민발안 중에서 2개만이 채택되었고 13개는 폐기되었으며 15개의 역제안 중에서 6개가 채택되고 9개가 폐기되었어요. 1991~2000년의 10년 동안 다른 기간보다 국민투표가 많이 실시되었는데, 냉전 이후 국제정세의 변화, 글로벌화, 유럽연합의 가입, 환경, 복지 등의 문제에 대한 해결책을 찾는 스위스인의 노력이 투영된 것이죠."

"의외로 국민발안에 대한 반대가 많았네요." 홍 기자가 말했다.

"그렇지요. 필요에 따라 시민단체, 정당, 시민들이 국민발안을 내어 국민투표에 부쳤지만 스위스 전체 시민의 지지를 받은 것은 별로 안 돼요. 예컨대, 2008년 6월 1일에 시행된 국민투표에서 세 가지 연방 수준의 투표 사안이 있었어요. 1번 사안은 '국민발안인 〈민주적 시민권 부여를 위하여〉를 받아들이겠습니까?'이었어요. 2번 사안은 '국민발안인 〈행정당국선전 대신에 국민주권〉을 받아들이겠습니까?'이었고요. 3번 사안은 국민발안인 〈기본보험에서 더 낮은 건강보험료를 위하여〉에 대한 연방의회의 역제안으로서 '헌법 조항인 〈건강보험의 질과 효율성을 위하여〉를 받아들이겠습니까?'이었어요. 스위스 전역에서 시민은 자신이 받은 투표용지에 '예ja=yes' 또는 '아니오nein=no'를 직접 써서 제출했지요. 세 개의 질문에 대해 결과가 어떻게 나왔을 것 같아요?"

"반대했을 것 같아요." 홍 기자가 대답했다.

"맞아요. 스위스 시민은 세 개의 투표 질문에 다 명확히 거부의사를 밝혔어요. 국민발안에 대한 스위스인의 전형적인 투표형태가 있어요. 일반적으로 초반에는 찬성표가 많다가 후반으로 갈수록 반대표가 증가하는 것이 스위스인의 전형적 투표형태에요. 시민들이 투표 기간인 3개월 동안 더 많은 정보에 노출되고 찬반의 논점이 분명해지면서 비판적이고 성찰적 입장을 취하는 것이지요."

"투표기간이 3개월인 것이 이유가 있네요. 스위스 시민, 정당, 의회, 매체가 정책에 대해 심의할 수 있는 기간을 주는 거네요."

"그렇지요."

"1~3번까지 투표 사안에 대해 조금 더 설명해주시겠어요?"

"〈민주적 시민권 부여를 위하여〉 국민발안은 2004년 이후 우파정당인 스위스국민당SVP이 주도했어요. 게마인데가 외국인에게 주는 시민권을 결정할 수 있게 하자는 내용이에요. 〈행정당국선전 대신에 국민주권〉 국민발안은 종교적·정치적 중립을 표방하며 2002년 6월에 조직화된 〈시민을 위한 시민〉라는 단체에 의하여 2004년 이후 주도되었지요. 시민의 자유로운 선택을 위해 연방정부에서 제작하는 홍보책자에 연방정부와 연방의회의 입장을 밝히는 것을 제한하자는 내용이에요. 3번 사안과 관련하여, 스위스국민당은 2004년 이후 〈기본보험에서 더 낮은 건강보험료를 위하여〉라는 국민발안을 주도했죠. 하지만 연방의회가 이를 표결로 거부하고 역제안하면서 스위스국민당은 국민발안을 스스로 철회했어요. 그래서 연방의회의 역제안만 선택적 레퍼렌덤의 형태로 국민투표에 붙여진 거지요. 역제안에는 연방이 향후 건강보험서비스의 질과 효율성을 위해 기본적 원칙과 틀을 새롭게 마련한다는 내용이 들어 있었죠. 연방의회는 일반적으로 모든 레퍼렌덤과 국민발안 사안에 대하여 상원과 하원 내에서 표결을 하여 그들의 입장을 밝힌답니다. 하지만, 레퍼렌덤과 국민발안의 주체가 철회하지 않는 이상 법률적 요건을 충족시킨 레퍼렌덤과 국민발안은 국민투표에 부쳐져요.

연방정부는 유권자에게 투표용지와 같이 홍보 소책자를 배부해요. 거기에는 국민투표 사안에 대한 연방의회의 표결결과가 명시되어 있어요. 연방정부는 이 표결에 근거하여 국민에게 각 사안별로 찬성과 반대를 권유하지요. 예컨대, 1번 사안에 대하여 연방하원은 127 대 67로 국민발안의 내용에 반대했으며 연방상원도 34 대 7, 기권 2로 반대했어요. 2번 사안에 대하여 연방하원은 134 대 61로 국민발안의 내용에 반대했으며, 연방상원도 38 대 2, 기권 3으로 반대했고요. 3번 사안에 대하여 연방하원은 133 대 63, 기권 2로 찬성했으며, 연방상원도 29 대 13, 기권 1로 찬성했지요. 그래서 연방정부는 연방의회의 표결결과에 따라 1번과 2번 사안에 대하여 국민들에게 반대를 권유했지만, 3번의 사안, 즉 국민발안에 대한 연방의회의 역제안에 대하여 찬성을 권유했던 것이지요."

"국민투표로 스위스국민당은 굉장한 타격을 받았겠는데?"

"역시, 서 기자는 정치적 감각이 뛰어나. 금방 이해하네."

홍 기자가 기자 수업을 뒤적이며 말했다.

"스위스에는 4개의 주요 정당과 8개의 군소 정당이 있었던 것 같은데 … 잠깐만요. 4개의 주요 정당은 스위스사회민주당SP, 기독교민주국민당CVP, 자유민주당FDP, 스위스국민당SVP이죠. 8개의 군소정당으로는 스위스녹색당GPS, 스위스녹색민주당GLP, 스위스자유당LPS, 스위스개신교국민당EVP, 기독교사회당CSP, 연방민주연합EDU, 티시노리그Lega, 노동당PdA 등이 있었어요."

"자유와 평등의 기준에 따라 주요 정당을 좌left와 우right로 분류하면, SVP는 우파, FDP는 중도우파, CVP는 중도좌파, SP는 좌파라고 볼 수 있어요. 2008년 6월 국민투표를 통하여 시민들이 1~3번의 사안에 대하여 모두 거부의사를 밝힘으로써 연방정치의 구도에 막대한 영향을 미쳤어요. 정치구도에 변화를 가져올 소용돌이의 핵은 우파정당인 스위스국민당이었죠. 스위스국민당은 2007년 연방선거에서 29%의 지지를 얻어 연방하원에서 69명의 의원을 확보한 최대 정당이었지만, 1번과 2번의 사안에 대하여 연방의회가 반대하는 상황에서 '야당 역할'을 자임하며 1번의 국민발안을 주도했으며, 2번의 국민발안에 대해서도 지지를 표명했었어요. 3번의 사안은 스위스국민당이 주도하여 제출한 국민발안에 대하여 연방의회가 역제안한 내용이기 때문에 이것도 스위스국민당이 지지한 사안이었고요."

칸톤 차원의 국민투표 예시

홍 기자가 호기심에 찬 목소리로 물었다.

"2008년 6월 국민투표에서 칸톤 차원에서도 국민투표 사안이 있었겠지요? 칸톤 차원의 사안이 궁금하네요."

핸드폰에서 아르가우 칸톤의 아라우 시 사진을 보여주며 말했다.

"아르가우Aargau 칸톤의 예를 들어 설명할게요. 아르가우는 인구 58만 명이고 유권자 약 38만 명으로 스위스에서 네 번째로 큰 칸톤이지만 가장 큰 경제규모를 가진 칸톤이기도 해요. 아르가우 칸톤은 229개의 게마인데로 구성되어 있으며, 칸톤의 수도는 인구 16,000명, 유권자 11,237명을 가진 아라우Aarau 시이죠."

"아름답네요. 자연과 도시가 하나가 된 느낌이 나네요."
"생태도시로도 유명해요. 아르가우 칸톤의 수도이니까, 아라우 시

에는 칸톤의회Grosser Rat와 칸톤정부Regierungsrat가 있어요. 칸톤의회는 140명의 의원으로 구성되어 있고요. 칸톤정부는 5명의 각료로 구성되는데, 이 5명의 각료도 4년 임기로 다수대표제 선거에 의해 선출되어요. 아라우 시를 보면, 시 주민의회Einwohnerrat는 칸톤의회와 같은 시기에 치러지는 선거를 통하여 50명의 의원으로 구성되어 있어요. 아라우 시정부Stadtrat의 각료는 7명으로 구성되는데, 별도의 다수대표제선거를 통하여 4년 임기로 선출된답니다.

예컨대, 2008년 6월 1일 국민투표에서 아르가우 칸톤 주민은 방금 말했던 연방 차원의 1~3번 사안과 더불어 칸톤 차원의 두 개 사안에 투표를 했지요. 이를 4번 사안과 5번 사안이라고 해봅시다. 4번과 5번은 칸톤 헌법의 보완과 개정에 관련된 사항이었어요. 둘 다 칸톤의회와 정부가 실시하는 의무적 레퍼렌덤의 경우였지요.

아르가우 칸톤헌법의 62조는 의무적 레퍼렌덤을, 63조는 선택적 레퍼렌덤을, 64~65조는 국민발안을 칸톤 차원에서 규정하고 있어요.

62조에 따르면, 헌법의 부분 개정이나 전면 개정 사안, 칸톤의회에서 다수로 통과되지 못한 법안에 대하여 의원의 25%가 찬성할 경우에 칸톤의회와 칸톤정부는 의무적 레퍼렌덤을 실시해야 해요. 63조에 따르면, 칸톤의회가 집행하려는 법안, 국제조약, 칸톤 간의 조약, 한 번에 5백만 프랑50억 원이 드는 공사, 매년 50만 프랑5억 원이 소요되는 공사를 칸톤이 결정하여 집행하려 할 경우, 칸톤 시민은 3,000명의 서명을 모아 선택적 레퍼렌덤을 실시할 수 있죠. 나아가 64~65조에 따르면, 칸톤 시민은 칸톤헌법의 전면 개정, 부분적 개정·보안·폐지의 사안, 칸톤의회에서 통과된 법률의 개정·보안·폐지의 사안에 대하여 3,000명의 서명을 모아 국민발안을 신청할 수 있어요. 칸톤의회는 국민발안 사안이 연방헌법과 충돌하지 않는지 등을 검토하고 법적 요건을 충족하면 국민투표에 부친답니다.

4번 사안은 칸톤헌법 조항 20조 1항의 단어 하나를 변경하는 것과 관련되어 있었어요. 질문은 '2007년 12월 4일 결의된 아르가우 칸톤 헌법20조 1항의 변경 〈경제자유 의미의 연방헌법에 합치〉을 받아들이겠습니까?'이었어요. 이 개정 사안은 2007년 12월 4일 칸톤의회에서 74 대 29의 표결로 통과되었죠. 칸톤의회는 이 사안이 헌법 개정사안이기 때문에 의무적 레퍼렌덤의 차원에서 국민투표에 부쳤던 것이죠. 칸톤의회가 20조 1항을 개정한 이유는 그 조항이 직업선택의 자유와 경제활동의 자유 등을 보장하는 경제자유를 '스위스인'에 한정하여 부여하는 것이 아니라 국적과 성별에 상관이 없는 '자연인'에 보장하는 연방헌법 27조 1항과 94에 합치하지 않는다고 판단했기 때문이었죠. 그래서 칸톤헌법 20조 1항의 단어인 '스위스인'을 '자연인'으로 변경한다는 내용을 국민투표에 부친 겁니다.

5번 사안은 2005년 제출되었던 국민발안 〈중소기업에 대한 행정부담 완화조치〉의 내용에 의거하여 중소기업에 유리한 경제 환경을 조성하기 위해 칸톤헌법을 개정하는 내용이었어요. 개정사안은 칸톤 의회에서 110 대 14의 표결로 통과되었죠. 질문은 '2007년 12월 4일 결의된 아르가우 칸톤헌법50조 2항의 변경 〈기업에 대한 행정부담 완화조치〉을 받아들이겠습니까?'이었어요. 4번과 5번에 대한 투표 결과 아르가우 칸톤 주민은 압도적으로 찬성했어요."

"칸톤 차원에서도 연방 차원에서와 같이 의무적, 선택적 레퍼렌덤과 국민발안이 있는 셈이네요." 홍 기자가 말했다.

"그렇지요. 칸톤의 자치가 최대한으로 보장되는 것이지요."

독일의 직접민주주의

스위스와 다른 독일의 직접민주주의
가만히 듣고 있던 서 기자가 말을 꺼냈다.

"스위스 직접민주주의는 90년대 이후 유럽과 세계에서 점차 대안적 정치모델로 주목받고 있는 것 같아요. 직접민주주의 모델이 전 세계로 수출되고 있다는 느낌까지 들어요. 제도 수출이요."

"맞아. 스위스 직접민주주의는 대의민주주의를 운영하고 있던 독일에 많은 영향을 주었어. 1990년 통일 국면에서 연방에 새롭게 편입되는 5개의 구동독 주에 직접민주주의 제도를 도입했고, 그 이후 모든 연방주와 자치단체는 국민투표와 주민투표를 도입하여 활발히 실시하고 있지. 하지만 독일 기본법은 연방 수준에서 실시하는 선택적 레퍼렌덤이나 국민발안에 대한 조항을 두지 않고 있어. 직접민주주의의 현대적 완결판이라고 볼 수 있는 스위스 모델이 연방과 칸톤 수준에서 레퍼렌덤과 국민발안을 시행하고 자치단체 수준에서 주민투표를 실시한다면, 이러한 스위스 모델에서 연방 차원의 레퍼렌덤과 국민발안을 제외한 것이 독일 직접민주주의의 특징이야."

홍 기자가 말했다.

"그게 혹시 독일의 역사적 경험과 관련 있는 거 아니에요? 독일에 오기 전에 조사를 해보았는데, 히틀러가 1933년 국민투표법을 제정하여 자신의 통치를 정당화하는 데 국민투표를 악용했다고 하더군요. 독일 기본법이 제정될 당시, 독일 지식인들은 히틀러의 경험 때문에 국민투표와 같은 직접민주주의의 도입에 비판적이었다고 하던데요. 예컨대, 1949년부터 1959년까지 독일 초대 대통령을 지낸 테오도르 호이스Theodor Heuss는 1948/49년 제헌위원회에서 바이마르 공화국의 경험에 비추어 직접민주주의를 '모든 선동자를 장려하는 제도 Prämie für jeden Demagogen'라며 비난하며 기본법에 연방 차원의 직접민주주의 제도를 도입하는 것을 반대했고요."

"그렇지요. 그 당시 법안과 정부조치에 대해서 정부주도로 국민투표를 실시할 수 있는 법이 있었어요. 플레비사이트가 있었던 거죠. 1933년 독일의 국제연맹탈퇴 여부, 1934년 제국 대통령과 제국 수상의 권한을 합친 국가총통제 도입 여부, 1936년 라인란트점령의 정당성 여부, 1938년 오스트리아 합병 여부에 대해 국민투표가 실시되었죠. 국민투표 참여율은 95.7%에서 99.7% 사이였고, 찬성률은 88.1%에서 99%였답니다. 이는 정부 주도의 국민투표가 정치선전과 결합될 경우 전체주의의 도구로 사용될 수 있다는 점을 보여줍니다.

하지만, 독일연방공화국서독의 설립 당시, 주의 헌법 제정자들은 다른 입장을 취했어요. 그들의 다른 경험이 주헌법 제정에 반영되었던 것이지요. 예컨대, 바이에른 헌법 제정을 주도했던 법학자 한스 나비아스키Hans Nawiasky와 주지사 빌헬름 훼그너Wilhelm Hoegner는 자신들이 스위스 망명시절에 경험했던 직접민주주의의 소중한 가치와 제도를 바이에른 주헌법에 반영했어요. 이러한 맥락에서 통일 이전 서독의 10개의 주는 모두 주 수준에서의 직접민주주의적인 국민투표를 허용하고 있었죠. 반면, 기초자치단체의 주민투표는 대부분 통일 이후 시민의 요구에 따라 90년대에 도입되었답니다. 1990년 이후 독일에서는 정치혐오, 정당과 관료주의에 대한 실망을 극복하려는 시민사회 운동이 전개되었고, 그 핵심에는 자치단체 수준에서 주민투표의 도입과 그 활발한 활용이 자리 잡고 있었어요."

서 기자가 말했다.

"독일 시민은 연방 차원에서도 국민투표를 도입해야 한다고 생각하고 있는 것 같아요. 최근 여론조사를 보니까, 2013년 3월 Emnid가 실시한 여론조사에서 국민투표 도입에 대해 84%가 찬성했고, 2015년 1월 Forsa가 실시한 여론조사에서는 72%가 찬성했던데요."

"방금 전에 말했듯이, 독일 기본법에는 연방 수준에서 실시되는 선택적 레퍼렌덤이나 시민입법에 대한 규정이 없어. 기본법 76조 1항에 따르면, 입법권Gesetzesinitiative은 연방정부, 연방하원, 연방상원에 부여되어 있지. 기본법 77조 1항도 연방 수준에서 구속력이 있는 연방법Bundesgesetz은 연방하원에서 의결된다고 규정하고 있어. 따라서 시민입법의 형태인 국민발안과 선택적 레퍼렌덤을 연방 수준에서 도입하려면 기본법 개정이 선행되어야 해. 여론조사에서도 반영되어 있듯이, 독일 시민은 기본법을 개정해서라도 국민투표의 도입에 찬성하는 입장이야. 정치학자 쉴러Theo Schiller에 따르면, 이미 70년대 전국 설문조사를 보면 답변자의 약 50%가 국민투표의 도입에 찬성했으며 그 이후 실시된 설문조사를 통해서도 찬성 비율이 증가했는데, 직접민주주의 제도의 연방 차원 도입에 대한 찬성비율의 증가는 정치적 의사형성을 주도한 기존의 정당국가체제나 의회정치구조에 대한 신뢰가 감소했다는 것을 의미하지."

홍 기자가 설명했다.

"제 조사에 따르면, 정치권에서도 그와 같은 민의를 반영하고
자 두 번에 걸쳐 기본법 개정을 시도했어요. 첫 시도로 통일 이후
1992년 직접민주주의적 시민입법 제도를 연방 차원에 도입하는 헌법
개정안이 공동헌법위원회에 제출되었지만 과반을 얻지 못해 의회표
결에 상정되지 못했죠. 나아가 1998년 사민당-녹색당 연립정부가 출
범하고 2002년 국민발안Volksinitiative , 국민요구Volksbegehren , 국민
결정Volksentscheid 등 연방 차원에서 실시되는 직접민주주의적 국민
투표제도를 담은 헌법개정안이 법사위를 통과하여 연방의회 표결에
상정되었지만 재적의원 2/3 찬성의 벽을 넘지 못했어요. 기민련CDU
이 반대했기 때문이죠. 기민련 소속 의원의 다수가 기본법에 적시된
대의민주주의적 정치질서를 선호하고 있다고 들었어요."

내가 말했다.

"학계의 직접민주주의에 대한 입장도 찬반으로 갈려요. 연방 차원
의 직접민주주의 도입을 반대하는 입장에 따르면, 우선 정당국가
Parteienstaat 와 의회민주주의의 정치질서가 훼손될 수 있어요. 나아가
교육수준과 소득이 낮은 소시민보다 교육수준이 높고 부유한 시민의
이해관계가 시민입법에 반영될 수 있죠. 또한 다수의 횡포로 현명한
소수의견이 무시될 수 있으며, 정치지도자가 정치선동을 할 경우 정
보의 부족으로 인해 대중은 잘못된 결정을 할 수도 있답니다. 반면,
직접민주주의의 확대를 찬성하는 입장에 따르면, 우선 시민은 연방
차원에서 4년에 한 번 총선이 치러지는 제도로 인해 다음 총선까지
4년 동안 정치에 참여할 기회를 가지지 못하는 민주주의 결핍상태를
경험하게 되는데, 이를 보완할 제도로 직접민주주의가 필요해요. 나
아가 직접민주주의는 정당으로 하여금 친시민적인 정책개발에 더욱
더 매진하게 하여 정책정당으로 거듭나게 하고, 시민에게 공적 사안

에 대한 공론화과정과 참여기회를 제공하여 사회통합의 효과를 내며, 시민덕성을 강화하여 현명한 결정을 내리게 합니다."

홍 기자가 찬성의 입장에서 말했다.

"연방 차원에서 선택적 레퍼렌덤이 가능할 경우, 야당은 헌법재판소로의 제소 또는 연방상원에서의 거부권 행사 등의 액션을 취하지 않고 시민의 의견에 입각해서 정책 및 법률을 결정할 수 있는 기회를 가질 수 있고, 여당은 국민투표의 결과에 자신이 있을 경우 그들이 제시한 법률을 국민들에게 다시 한번 인정받아 야당의 반대를 무력화할 수 있는 정당성을 확보할 수 있지 않을까요? 나아가 정당경쟁이 대중영합주의보다는 미래세대 및 생활영역의 문제를 다루는 생활정치정당으로 나아가게 하지 않을까요? 정책 비전이 없는 정당은 직접민주주의에서 살아남지 못하니까요."

"그렇죠. 직접민주주의는 정당의 기능을 강화시켜요."

독일의 개별 주 단위에서 활발히 실시되는 주민투표

잠시 대화가 중단되었다. 거리의 악사가 카페로 들어와서 바이올린을 연주했기 때문이다. 노르웨이 민요였다. 〈Leg Ser Deg Sote Lam: 당신 옆의 소중한 사람〉. 잔잔하고 애절한 멜로디였다. '소중한 사람에 대한 마음은 항상 애절한 것일까?' 세 사람 모두 아무 말이 없었다. 악사는 바이올린을 켜며 노래까지 불렀다. 헬레네 피셔 Helene Fischer가 불렀던 〈당신은 내 마음으로 들어 와버렸어요Du hast mein Herz berührt〉라는 곡이었다. 연인으로부터 마지막 편지를 받고 갑자기 가슴 깊은 곳에서 올라오는, 그래서 거부할 수 없다는 사랑의 감정을 표현하는 노래였다. 아름다운 목소리였다. 노래가 끝나고 악사는 모자를 들고 테이블을 돌아다녔다. 홍 기자와 서 기자도 깜짝 미니 콘서트에 만족한 듯 모자에 동전을 넣었다.

내가 둘에게 물었다. "좋았어요?"

홍 기자가 말했다. "예. 사라지는 것에 대한 슬픔을 표현하는 것 같았어요. 특히, 첫 번째 바이올린 연주곡이 그랬어요."

서 기자가 덧붙였다. "저도 그런 것을 느꼈어요."

내가 물었다. "내일 두 분은 뭘 취재할 계획이에요?"

서 기자가 말했다. "주민투표요."

"기초자치단체 차원에서 활발히 실시되고 있는 주민투표?"

"예. 다른 주보다 바이에른 주에서 주민투표의 실시 요건이 쉽고 주민투표의 사안이 매우 포괄적이어서 활발히 실시된다고 해서요."

"2015년까지 독일 전역에서 5,788개의 주민투표절차 중에서 바이에른 주에서만 2,727개가 실시되었지. 전체의 40%에 해당해. 도입된 1995년부터 2015년까지 20년 동안 매년 평균 134개가 실시되었던 셈이야. 자치단체에 의한 주민투표 시민요구안의 불허 비율은 단지 16%에 그쳤고. 서 기자, 여전히 담배를 피우지? 예컨대, 2010년에 바이에른 주 차원에서 '비흡연자보호'에 관련된 주민투표가 실시되었어. 찬성이 62%, 반대가 38%로 나와서 음식점, 공공장소, 디스코텍 같은 데에서 담배를 피울 수 없도록 법이 제정되었지. 실내에서는 흡연금지야. 우리야 뭐, 밖에 앉았으니까 피워도 되지. 하하."

"그런가? 다행이네. 하하." 서 기자가 웃으며 담배를 꺼냈다.

홍 기자가 물었다.

"주로 어떤 사안이 주민투표에 부쳐지나요?"

"경제적 사안이 18.9%, 공공사회시설 및 교육시설에 관한 사안이 18.3%, 교통에 대한 사안이 16.6%로 가장 많아요."

"그렇군요. 주민투표 절차는 어떻게 되지요?"

"16개의 각 주는 자치단체법에 주민요구 Bürgerbegehren와 주민결정 Bürgerentscheid에 대한 구체적인 규정을 두고 있어요. 예컨대, 각 주의 자치단체법에는 주민요구의 대상이 되는 사안과 허용되지 않는 사안, 연서작성자의 조건 등이 상세히 제시되어 있죠."

"주민요구와 주민결정이 뭐죠?"

"주민요구는 주민결정을 실시하도록 자치단체의회에 신청하는 절차고, 주민결정은 자치단체의 정치적 사안에 대한 주민투표 절차죠.

각 주마다 주민요구와 주민결정에 대한 규정이 다르지만 각 자치단체에서 시행되고 있는 주민요구와 주민결정은 다음과 같은 공통점을 지닌답니다. 첫째, 주민요구는 연서로 제출되고, 연서에는 표결에 부칠 사안 Sachfrage = question of issue에 대한 근거가 제시되어야 하며, 재정 문제를 해결할 수 있는 방안이 제시되어야 해요 바이에른과 함부르크에서는 재정수립방안을 적지 않음. 둘째, 주민요구는 유권자 대비 최소 서명인원을 충족시켜야 하고, 모든 서명용지에는 투표사안, 투표를 해야 하는 이유, 재정수립방안이 제시되어 있어야 하죠. 셋째, 서명자 대표 3명이 적시되어야 해요. 넷째, 주민요구가 자치단체의회의 결정에 반대하는 것이라면 자치단체의회의 결정이 공포된 이후 특정한 기간 내에 주민요구의 연서가 제출되어야 합니다. 자치단체의 중요한 사안에 대한 결정이 미루어져서는 안 되기 때문이죠. 다섯째, 주민요구의 연서가 자치단체에 접수되면 자치단체의회는 이를 심의하여 허용된 분야에서 신청되었는지를 검토해요. 즉, '금지·허용카탈로그'에 기초하여 주민요구가 자치단체의 소관인지 주민요구의 사안인지를 검토하는 것이죠. 자치단체의회는 검토 후에 주민결정의 실시 또는 거부를 결정해요. 주민결정이 허용되면 주민투표가 실시되고요. 주민투표용지는 예와 아니오 ja oder nein로 답하도록 작성되지요. 여섯째, 주민결정은 투표자의 다수결로 결정됩니다. 다수결제도는 각 자치단체마다 다양하게 규정되어 있는데, 대체로 찬성다수가 유권자의 일정한 비율에 일치하도록 정해져 있어요. 예컨대, 찬성정족수가 유권자 10%에 일치되도록 규정되어 있고 유권자 100명에 투표자 20명으로 11명이 찬성했다면, 11명의 찬성다수는 유권자 10%를 상회하기 때문에 통과되는 거죠. 성공한 주민결정은 자치단체의회결정과 같은 효력을 지닌답니다. 일곱째, 주민결정이 좌절되었어도 몇 개의 주에서는 그것으로 끝나버리지만 바덴뷔르템베르크를 포함한 8개의 주에서는 자치단체의회에서 다시 한번 좌절된 주민결정 사안에 대해 의결하도록 하고 있어요. 실패로 끝난 주민결정 사안은 2~3년간 같은 사안으로 주민요구를 통해 재신청할 수 없답니다. 여덟째, 통과된 주민결정은 함부로 변경되어서는 안 돼요. 자치단체는 주민결정을 1~3년간 무효화할 수 없어요."

서 기자가 물었다.

"바이에른 주에서는 주민투표의 찬성정족수가 어떻게 되지요?"

"우선 주민요구가 성립하려면 유권자 대비 서명인원 비율이 기초단체의 크기에 따라 3~10%야. 찬성정족수란, 주민결정의 주민투표에서 얻은 과반수가 정해진 유권자비율과 일치해야 하는 것을 말하는데 … 그게 내 기억에는, 약 10~20% 정도인 것 같아. 자치단체의 인구에 따라 50,000명까지는 20%, 50,001명에서 100,000명까지는 15%, 100,000명 이상은 10%로 정해져 있지."

"찬성정족수에 미달되어 주민결정이 좌절된 경우도 있나요?"

"바이에른에서 1999년 이후 실시된 주민투표 1,195개 중에서 94개가 과반찬성을 얻고도 찬성정족수를 채우지 못해 좌절되었지. 94개 중에서 86개가 의결정족수 20%가 적용되는 50,000명 이하의 자치단체에서 발생했어."

"투표율은 어때요?"

"2015년 기준으로 보면, 주민투표에서 평균투표율이 52.2%이지만, 10,000명 이하의 자치단체에서는 60%로 평균보다 높고, 10,001명에서 50,000명까지의 자치단체에서는 43%로 평균 이하로 떨어지며, 50,001명에서 500,000명까지의 자치단체에서는 31%로, 500,000명 이상의 자치단체에서는 28.4%로 확연히 낮아져."

"자치단체가 클수록 시민요구의 수가 많나요?"

"아니야, 그 반대야. 10,000명 이하의 자치단체에서 신청된 시민요구는 전체 시민요구의 약 60% 정도였던 것 같아. 50,000명 이하의 자치단체를 기준으로 보면, 신청된 시민요구는 전체 시민요구 수의 약 85%까지 차지해."

"그러니까 인구가 적은 자치단체에서 시민요구와 시민결정이 많이 실시되었다는 것과 작은 자치단체일수록 시민참여가 많았다는 것을 의미하네요. 또한, 소규모 자치단체의 주민투표에서 시민참여도가 높아도 찬성정족수가 충족되지 못해 좌절된 사례도 있었고요."

"그렇지."

홍 기자가 말했다.

"주민투표는 '민주주의의 학교School of Democracy'의 역할을 하는 것 같아요. 아마도 자치단체에서는 지역의 사회적 관계가 잘 드러나고 사안의 문제도 잘 파악되어 시민이 결정절차에 직접적으로 영향력을 미칠 수 있지 않을까요?"

"사실, 시민은 개인적으로도 자치단체의 정치적 결정을 더 민감하게 느낄 수밖에 없는데, 주민요구 및 주민결정의 절차는 공공시설의 사용 및 교통시스템 결정 등과 같은 자치단체의 중요한 사안에 대해 직접적으로 '같이 얘기할 수 있는 권한Mitspracherecht'을 제공하고 있죠. 토론과 소통으로 진행되는 직접민주주의적 참여과정에서 시민은 시민의식을 성숙시키게 되며, 정치인으로 성장할 수 있는 기초를 다지기도 한답니다. 나아가 자치단체의회도 시민친화적 정치를 할 수밖에 없겠지요. 즉, 주민투표를 통해 민의와 생활밀착형 정책을 수립하고 주민과 소통하는 정치가 실현되는 것이죠."

독일과 스위스의 직접민주주의가 한국에 주는 함의

자리에 앉은 지 2시간이 훌쩍 지나가버렸다. 서 기자가 담배를 피우며 무엇인가를 생각하더니 말을 꺼냈다.

"그런데요 … 직접민주주의가 민주적 안정성을 훼손시킨다는 주장이 제기되어 왔잖아요. 이에 대한 주장으로 세 가지 정도가 있는 것 같아요. 첫째, 국회의원 선거나 대통령 선거와 같은 일반 선거는 시민이 대안적 차원에서 정부와 정책을 선택하도록 하기 때문에 직접민주주의에서 실행되는 개별 정책에 대한 직접투표는 필요하지 않다. 둘째, 일반 시민은 올바른 정치적 결단을 위한 전문성과 정책에 대하여 사유할 수 있는 시간적 여유와 능력을 지니고 있지 않다. 셋째, 직접민주주의는 정당을 포함한 매개적 제도를 훼손시키며, 다수의 횡포에 길을 열어 준다. 직접민주주의에 의해 정당, 입법기관, 정부 등의 매개적 제도가 제대로 작동하지 않을 경우 안정적이고 장기적인 정책이 수립되기 힘들다. 이러한 세 가지 주장에 대해 선배 생각은 어때요? 이러한 주장에 반론이 가능할까요?"

나는 맥주를 한 번 들이마시고 반론을 제시해보았다.

"세 가지 주장에 대해 모두 반론이 가능할 것 같은데. 첫 번째 주장은 일반적으로 극단적인 대의민주주의자가 하는 주장이야. 사실, 정치적 이슈는 많은 부분 일반 선거에서 토의되지 않아. 그래서 시민은 개별적 정치적 사안에 대하여 직접적으로 투표할 필요성을 느끼지. 인물만 선출하는 선거 후에 시민은 4~5년 동안 정치인만 바라보고 있어야 해. 공동체의 사안에 참여할 기회가 없는 거지. 그래서 정치인이 잘못할 때 속수무책 답답할 뿐이야. 우리나라의 경우, 국회의원 선거와 대통령 선거 이후 특히 그렇지.

두 번째 주장과 관련해서, 정치인이라고 꼭 전문성을 지니고 있는 것이 아니며, 참여는 시민의 자질을 향상시켜. 참여하면서 배우고 성찰하며 성숙해지는 거지. 시민은 시간을 들여 대중매체를 통해 정치적 사안을 이해하려고 노력하고 있어. 시민은 우리가 생각하는 것보다 상당히 전문적이야. 예컨대, 아리스토텔레스는 시민의 집단적 판단과 결정이 정치인의 그것 보다 이성적이고 합리적이라고 보았어. 나아가, 전문성도 중요하지만 전문적이라고 해서 꼭 완벽하지는 않아. 전문가의 의견이 대중의 결정에 영향을 주지만, 현대 대의민주주의에서 전문가의 의견은 대중의 참여에 방해가 되는 측면도 있어. 세 번째 주장과 관련하여, 직접민주주의는 무매개적이지만 정치적 현실에서는 매개되지. 정당과 정부가 투표의 사안에 개입하니까.

예컨대, 정책에 대한 개별투표가 정당기능을 약화시키기 때문에 직접민주주의가 민주적이지 않다는 주장은 설득력이 없어. 유럽 기관의 조사를 보면, 직접투표가 매개적 기능을 하는 정당이나 국회의 토론기능, 통제기능, 의제결정능력을 약화시키기보다 오히려, 정당기능을 강화시키는 것으로 나타나거든. 스위스에서 레퍼렌덤과 국민발안도 실제로 정당의 새로운 역학관계를 형성시키기도 하고 정부의 실책을 교정하기도 하면서 정당기능을 강화시키고 있어.

실제 많은 경우 직접민주주의에서 직접투표는 매개되지 않는 것이 아니라 매개되지. 정당과 단체는 투표안건의 형성에 참여하고 여론이 자신들에게 유리한 방향으로 형성되도록 조직화하니까. 법정, 정부, 입법부 등도 투표문건을 결정하는 데 참여하며 선거방식에 대한 규칙을 정하고. 그래서 직접민주주의 무매개성에 대하여 비판하는 것은 설득력이 없다고 봐. 직접민주주의는 정당정치에 역행하지 않아. 오히려, 정당을 포함한 다양한 정치제도에 의해 매개되고 있지. 정당정치의 메카인 독일의 경우에도 주 차원에서는 활발히 직접민주주의를 실시하고 있잖아. 주민참여와 정당기능을 강화시키면서 지방 차원의 민주적 자치를 실현할 수 있기 때문이지.

스위스에서는 특정 정당이 연방선거나 칸톤선거에서 다수의 지지를 받아 연방의회와 칸톤의회를 장악했다 하더라도, 그 정당이 연방의회와 칸톤의회에서 입안하고 집행하는 모든 정책이 다 관철되지는 않아. 모든 정당은 1년에 몇 차례씩 치러지는 선택적, 의무적 레퍼렌덤은 물론 국민발안의 사안에 직·간접적으로 연관되어 있어. 국민투표의 결과는 현재 어떤 당이 민심을 올바르게 반영하며 정치를 하고 있는지에 대한 바로미터가 되고 말아.

스위스 시민은 연방과 칸톤 수준에서 4년 임기로 선출된 정부와 의회에 공적 사안에 대한 결정을 맡겨버리는 것대의정치에 위임하는 것이 아니라, 연방의회와 칸톤의회를 가·부의 국민투표로 견제를 하고 있어. 국민발안은 연방의회나 칸톤의회가 실행하지 않는 사안에 대하여 시민단체, 정당, 이익단체, 시민이 주도하여 새로운 정책을 제안하여 그 제안의 실행에 가·부를 묻는 제도잖아? 그치? 국민발안에 대하여 연방과 칸톤은 의회표결을 통해 입장을 밝히고 국민투표의 결과가 찬성으로 나오면 수용하게 되는 거고."

"대의민주주의에 직접민주주의가 결합되어야 민주주의가 건강해질 수 있다는 거군요. 스위스와 독일에서처럼." 서 기자가 말했다.

"그렇지 않을까?" 내가 반문했다.

홍 기자가 말했다. "스위스가 연방주의를 통하여 다층적으로 권력을 분산시키고 있지만, 스위스 시민을 하나로 묶고 한 방향으로 나아가게 하는 것은 레퍼렌덤과 국민발안에 대하여 실시되는 국민투표의 힘이 아닐까 하는 생각을 하게 되네요. 국민을 하나로 통합할 수 있다면 1년에 200억 원의 비용도 아깝지 않을 것 같아요."

"맞아요. 국민은 저절로 통합되지 않아요. 심리학적인 차원에서 국민투표는 찬성한 이에게나 반대한 이에게도 카타르시스를 경험하게 함으로써 국민을 하나로 통합하는 기능을 하죠. 그래서 스위스 정치인은 국민투표의 비용을 자연스럽게 받아들여요. 국민투표가 진행되는 3개월간 정부, 의회, 시민단체, 언론, 시민들이 서로 자신의 입장을 표명하고 토론하며 상대를 설득하는 논리를 찾아가지요. 항상 설득하는 최상의 논리가 투표에서 결국 승리하게 되고요.

이러한 의사소통의 과정에서 시민은 좀 더 성숙해지고, 정치적 갈등은 해소되는 것이죠. 국민투표와 관련한 이러한 일련의 과정은 하버마스가 이론화한 〈양면적 토의정치〉를 의미한다고 볼 수 있어요. 양면적 토의정치에 따르면, 정치적 영역을 의회의 밖과 안으로 구분하여 보았을 때 의회의 밖에서 시민사회의 토론이 진행되고 의회의 내에서는 공적 토론이 진행되지요. 의회 안과 밖의 토론은 정당이나 언론매체를 통하여 서로 교차하면서 소통하게 되지요. 이러한 소통의 과정에서 시민의 의견이 형성되고 그 의견이 국민투표의 결과로서 나타나는 것이죠. 스위스의 국민투표 과정은 이러한 양면적 토의정치를 모범적으로 보여주는 사례이지요."

홍 기자가 나의 말을 긍정하면서 말을 이었다.

"조사를 해보니까, 최근 들어 정부의 개별 정책 사안에 대한 직접투표가 증가하고 있는 추세이던데요. 정부의 정책 사안에 더 많은 직접투표가 행해지고 있다는 사실은 더 많은 세계의 시민들이 양질의 교육을 받으면서 자의식이 높아가고 있다는 사실을 고려하면 자연스러운 현상인 것 같아요. 그러니까, 직접민주주의를 실시하고 있는 국가에서는 민주주의 본질인 정부정책과 시민의 이해관계 간의 일치가 이루어지면서 민주주의가 강화되고 있는 것이죠."

서 기자가 한국의 현실을 꼬집어 말했다.

"지방자치법과 주민투표법의 제정 주체가 우리나라에서는 대한민국 국회이지만 독일에서는 각 주의회라는 사실이 중요할 것 같아요. 우리나라에는 하나의 지방자치법과 주민투표법이 동일하게 각 지자체에 적용 및 실시되지만, 독일에서는 각 주별로 자치단체법을 제정하여 주민투표를 실시하죠. 자치분권이라는 측면에서 보았을 때, 독일에서는 법제정부터 자치분권이 실현되고 있는 반면, 우리나라에서는 법제정부터 중앙에 귀속되어 있죠."

"맞아. 독일에서는 기본법 28조에 의해 각 주와 자치단체의 자치권이 보장되면서 자치분권이 실현되는 반면, 우리 헌법에는 그러한 조항이 없어. 헌법조항의 부재가 지방자치법과 주민투표법이 지방자치단체에 의해서가 아니라 중앙정부와 국회에 의해서 제정되는 가장 큰 이유가 되지. 헌법에서 지방자치는 중앙정부와 국회가 통제하는 지방행정의 관점에서 규정되고 있어. 117조 1항에 따르면, 지방자치단체는 주민의 복리에 관한 사무를 처리하고 재산을 관리하며, 법령의 범위 안에서 자치에 관한 규정을 제정해. 자치단체는 중앙에서 정해주는 법률에 따라 자치조례만 제정할 수 있을 뿐이야. 2항에 따라 지방자치단체의 종류도 국회의 '법률'로 정해져. 118조 1항에 따라 지자체는 의회를 두지만, 2항에 따라 지방의회의 조직·권한·의원선거와 지방자치단체의 장의 선임방법 기타 지방자치단체의 조직과 운영에 관한 사항은 법률로 정하지. 지자체에 관한 이러한 헌법 규정은 자치분권을 실현하도록 유도하는 것이 아니라 단지 정부와 국회에 의해 입안된 법률로 통제하는 내용이야. 헌법 40조와 52조에 따라, 법률에 대한 입법권은 국회에 속하며 국회의원과 정부만이 법률안을 제출할 수 있어. 독일기본법 76조 1항에 따라 주가 연방법의 제정에 참여할 수 있도록 보장되어 있는 것과 달리 우리에게는 자치단체가 입법절차에 참여하는 절차도 헌법에 규정되어 있지 않아."

홍 기자가 이어서 말했다.

"우리나라에서 '인물'을 선출하는 선거가 아닌 공동체의 공적 '사안'에 대해 직접 투표하는 경우는 세 가지뿐이에요. 첫째는 헌법 128~130조에 따라 국회재적의원 과반수나 대통령의 발의로 시작되는 헌법 개정의 절차에서 실시되는 의무적 레퍼렌덤이고, 둘째는 헌법 72조에 따라 대통령의 결정으로 '외교·국방·통일 기타 국가안위'의 중요정책에 대해 실시할 수 있는 플레비사이트이며, 셋째는 주민투표법에 따라 지자체에서 실시하는 주민투표이죠. 1948년 이후 9회의 헌법 개정이 있었는데, 1954년 2차 헌법 개정으로 도입된 국민투표는 여섯 차례헌법 개정의 의무적 레퍼렌덤은 5회, 헌법에 대한 찬반과 대통령의 신임을 묻는 플레비사이트 1회 실시되었고, 주민투표는 2004년 도입 이후 현재까지 12년 동안 8회 밖에 실시되지 않았어요. 조사해보니까, 독일에서는 1949년 이후 2015년까지 60번의 헌법 개정이 있었고, 주 차원에서 시민이 능동적으로 발의한 시민입법에 관한 국민투표도 22번 실시되었으며, 자치단체의 주민투표제도가 우리보다 10년 먼저 도입되었을 뿐인데도 주민결정의 주민투표는 3,491번이나 실시되었죠. 모든 시민이 매년 서너 차례의 통합국민투표에 참여하는 스위스에 비해 독일이 뒤떨어져 있지만 그러한 독일에 비해서도 우리나라 시민의 시민자치의 경험은 일천할 뿐이에요."

서 기자의 목소리가 높아졌다.

"전국의 시민이 참여하는 국민투표는 논외로 하더라도 도입된 지

12년이 지난 주민투표가 8회 밖에 실시되지 않았다는 것은 민주주의의 질적 차원에서 보았을 때 심각한 문제가 아닐 수 없어요. 대의민주주의를 실시하는 국가에서는 대의민주주의의 결함을 보완하기 위해서 직접민주주의적 정치제도를 도입하여 주민이 공적 사안에 활발히 참여할 수 있도록 유도하는 것은 자연스러운 정치적 흐름인데 말이죠. 미국과 독일 등 유럽의 선진국들이 이러한 흐름을 따르고 있어요. 우리나라도 이러한 세계적 흐름을 따라 지방자치법과 주민투표법 등을 제정했지만, 독일과 같은 국가와 비교해보았을 때 그 실현 정도가 현저하게 낮아요. 그 이유는 도대체 무엇일까요?"

나는 평소의 생각을 말했다.

"우리의 주민투표는 주민이 쉽게 시작하도록 설계되어 있지 않아. 주민투표법 9조 2항과 24조 1~2항의 규정으로 인해 주민이 주민투표를 발의하기 어려워. 우선, 주민투표가 실시되기 위해서는 주민의 서명을 받아야 하는데 제출해야 할 서명인원이 많아. 9조 2항에 따르면, 지자체별로 서명인원이 5~20%이야. 이는 독일의 지방자치단체 서명인원의 수준인 2~10%와 비교했을 때 매우 높다고 볼 수 있어. 서울시의 경우 5%인데, 2011년 무상급식 주민투표가 성립하기 위한 최소서명인원은 41만 8,000명이었어. 24조 1~2항에 따르면, 유권자의 3분의 1 이상이 투표에 참여해야 하며 전체 투표수가 유권자 총수의 3분의 1에 미달되면 개표하지 않아. 서울시 무상급식 주민투표의 경우, 투표율이 25.7%로 개표요건이 충족되지 못해서 51만 명의 서명을 받아 주민투표가 실시되었음에도 불구하고 개표되지 못했잖아. 그렇지? 하지만 독일의 경우, 주민투표에서 우리나라와 같이 33%가 넘는 참여요건과 개표요건은 없어. 단지 찬성정족수가 있을 뿐이야. 찬성정족수는 찬성하는 과반수가 정해진 유권자비율에 일치해야 하는 규정이야. 독일의 주민투표에서 찬성정족수는 8~25% 정도지. 함부르크의 주민투표에서는 찬성정족수가 없고 투표자의 다수결로만 결정해. 나아가 독일에서는 모든 주민투표가 일단 개표돼. 개표 후 찬성다수가 찬성정족수를 충족하지 못했을 경우 주민투표의 구속력이 상실될 뿐이야. 좌절된 주민투표도 자치단체의회에 의해 다시 한번 심의되어 새로운 법안으로 만들어지지."

내가 맥주를 마시며 말을 멈추자, 홍 기자도 우리나라에서 직접민주주의의 실현도가 낮은 이유를 생각해 보았는지 말을 이었다.

"나아가, 주민투표법에 따르면 주민투표는 주민의 의지보다는 중앙정부의 의지에 의해 실시되도록 설계되어 있어요. 주민투표가 중앙정부의 의지를 정당화하는 데 이용된다면 직접민주주의에 기초한 지방자치와 시민참여는 요원하겠지요. 주민투표법 8조에 따르면, 중앙행정기관의 장은 지방자치단체의 폐치·분합 또는 구역변경, 주요시설의 설치 등 국가정책의 수립에 관하여 주민의 의견을 듣기 위하여 필요하다고 인정하는 때에는 주민투표의 실시구역을 정하여 관계 지방단체의 장에게 주민투표의 실시를 요구할 수 있어요_{주민투표법 2016,} _{8조}. 예컨대, 2005년 9월 29일 실시된 청주시-청원군 통합과 2005년 11월 2일 실시된 중·저준위 방사성 폐기물 처분시설 유치_{군산시, 포항} _{시, 경주시, 영덕군 실시} 등은 단지 중앙정부의 정책적 의도를 확인하고 관철하는 수단으로 활용되었을 뿐이에요. 단지 주민의 의견을 알아보는 탐색적 주민투표였어요. 중앙정부는 주민투표를 통해 국가정책에 대해 주민의 의견을 물어볼 수는 있지만 주민투표의 결과를 시행할 법적 의무가 없도록 규정되어 있는 거죠. 독일의 경우, 우선 연방정부의 의지에 의해 실시되는 주민투표는 없는 걸로 알고 있어요. 주민투표는 83%가 주민요구연서로, 단지 17%만 자치단체의회요구안으로 시작되었더군요. 즉, 주민투표의 절대 다수는 자치단체의회에 의해서가 아니라 주민의 생활에서 나오는 직접적 요구에 의해 상정되었고 자치단체는 그 결과를 수용했던 거죠. 우리나라에서도 중앙정부가 국가정책에 대한 주민투표 결과를 수용하도록 주민투표법이 개정되어야 지방자치분권이 실현될 수 있어요."

서 기자도 자신의 생각을 말했다.

"주민투표 사안의 범위가 협소하며 순수하게 자치단체의 사안으로 규정되어 있지 않은 것도 문제죠. 우리나라의 주민투표법에 7조와 8조에 의하면, 주민투표 사안은 지방자치단체의 주요결정사항으로서 그 지방자치단체의 조례로 정하는 사항과 중앙정부의 요구에 의한 국가정책의 사항이에요. 우선, '주요결정사항'이라는 표현이 모호해요. 7조 1항에 따르면 주요결정사항은 '주민에게 과도한 부담을 주거나 중대한 영향을 미치는 사항'이죠. 9조 1항에 의해 주요결정사항의 여부는 자치단체의 장이 결정해요. 자치단체장의 주관적·임의적 판단에 의해 중요한 사안이 중요하지 않은 사안으로, 중요하지 않은 사안이 중요한 사안으로 인식될 수 있는 개연성이 존재할 수밖에 없죠. 나아가 국가정책과 관련해서도 그 사안이 자치단체의 주민에게 과도한 부담을 주거나 중대한 영향을 미치는 국가정책일 경우, 지방자치단체의 장은 국가의 요구라는 임의적 판단에 의해 주민투표의 요구를 거부할 수 있으며 설령 그가 주민투표를 실시하더라도 그 주민투표는 법적으로 성립하지 않은 주민투표가 될 수밖에 없어요. 특히, 세금 및 예산과 관련된 사안을 주민투표의 대상에서 제외시키고 있어서 주민투표의 사안이 별로 없어요. 주민투표의 사안은 대부분 주민생활과 관련된 세금 및 예산과 관련될 수밖에 없잖아요?"

서 기자의 말에 내가 맞장구를 쳤다.

"그렇지! 바이에른 주의 자치단체법Gemeindeordung 18조a (1)항에 따르면 '자기가 속한 자치단체 안에서 효력을 미치는 사안 Angelegenheit des eigenen Wirkungskreises der Gemeinde'이 주민투표의 사안이야. 독일의 자치단체법에는 우리나라 주민투표법의 지방자치단체의 '주요결정사항'과 같은 불분명한 표현은 등장하지 않아. 바이에른의 자치단체법은 불허사항을 제외한 자치단체의 모든 사안이 주민투표의 대상이 될 수 있도록 열려 있어. 불허사항은 단지 행정권에 대한 자율성과 내부적 기본사항을 보호하기 위한 조치일 뿐이야. 자치단체의회는 주민요구가 이러한 불허사항에 해당되는지 검토하여 결정하는 거지. 우리의 주민투표법도 주민의 삶과 관련이 있는 예산

우리나라 주민투표법 7조 2항:
"다음 각 호의 사항은 이를 주민투표에 부칠 수 없다. 1. 법령에 위반되거나 재판중인 사항 2. 국가 또는 다른 지방자치단체의 권한 또는 사무에 속한 사항 3. 지방자치단체의 예산·회계·계약 및 재산관리에 관한 사항과 지방세·사용료·수수료·분담금 등 각종 공과금의 부과 또는 감면에 관한 사항 4. 행정기구의 설치·변경에 관한 사항과 공무원의 인사·정원 등 신분과 보수에 관한 사항 5. 다른 법률에 의하여 주민대표가 직접 의사결정주체로서 참여할 수 있는 공공시설의 설치에 관한 사항. 다만, 제9조제5항의 규정에 의하여 지방의회가 주민투표를 실시하는 경우에는 그러하지 아니하다. 6. 동일한 사항에 대하여 주민투표가 실시된 후 2년이 경과되지 아니한 사항."

바이에른 자치단체법 18조a:
"주민요구와 주민결정 (1) 자치단체주민은 자기가 속한 자치단체 안에서 효력을 미치는 사안에 대해 주민결정을 신청할 수 있다(주민요구). (2) 자치단체의회는 자기가 속한 자치단체 안에서 효력을 미치는 사안에 대해 주민결정의 실시여부를 결정한다. (3) 주민결정은 다음과 같은 사안에 대해서는 실시하지 않는다. 시장의 기본적인 의무사항, 자치단체행정의 내부조직에 관한 사안, 자치단체의회의원의 법적 지위, 시장의 법적 지위, 지방공무원의 법적 지위, 예산규정."

의 사용, 세금의 부여 및 감면의 문제, 교육·문화·복지·교통·건설 정책 등이 주민투표의 대상이 될 수 있도록 개정해야 해."

"그게 바로 제 생각이에요. 선배. 저희들이 대화하면서 드는 생각이 있었는데, 취재 기사 말미에 한 가지 제안을 하려고 해요."

"무엇일까? 국민투표와 주민투표를 활성화하자고?"

"눈치가 빠르다니까. 향후 양극화를 해소하고 복지를 추진하기 위해서는 국민의 직접적인 동의가 필요하지 않겠어요? 그래야 강력하게 추진할 수 있지요. 대기업에 대한 통제도 마찬가지고요. 국민투표로 국민들에게 물어보아서 세금 인상을 해도 된다고 하면, 행정부는 강력하게 복지정책을 추진할 수 있다고 봐요. 국민들의 진심이 무엇인지 알아보는 좋은 계기도 될 것이고요. 중소기업을 더욱더 효율적으로 지원하는 것에 대한 찬반도 물어보는 것도 좋을 것 같아요. 이러한 것이 어느 정도 정리되면, 지방자치 강화에 대한 국민의 의사도 국민투표를 통해 물어보는 것이 좋을 것 같아요."

"좋은 생각이야. 정치의 정당성은 항상 민의로부터 나오는 것이니까. 국민투표를 통해 정확히 민의를 파악하는 것도 중요해. 여론 조사로는 미흡하니까. 〈복지의 확대를 위해 세금을 인상해야 하는가?〉, 〈대기업의 지배구조를 개선해야 하는가?〉, 〈지방자치를 강화하기 위해 광역단체와 기초단체의 재정적 권한을 강화해야 하는가?〉, 〈아이의 미래역량을 키워주기 위해 현행 입시제도인 수능을 폐지해야 하는가?〉 이러한 질문을 담은 국민투표의 실시는 한국의 정치, 경제, 교육 지형을 획기적으로 변화시킬 수 있다고 생각해.

우리나라 헌법 제72조에 따르면, 대통령은 자신의 판단에 따라 외교·국방·통일 기타 국가안위에 대한 중요정책에 국민투표를 부칠 수 있어. 향후 대통령 4년 중임제와 자치분권강화와 같은 헌법 개정

사안을 이유로 제130조 제2항에 따라 국민투표를 실시할 때, 국민투표 사안의 확대도 함께 넣어 개헌할 수도 있을 거야. 헌법상 국민투표의 사안이 확대되면 복지개혁, 경제민주화, 지방자치분권, 교육개혁과 관련된 정책에 대해 국민투표를 실시할 수 있겠지."

"한 술 더 뜨네." 서 기자가 웃었다.

홍 기자가 말을 이었다. "민의를 정확히 묻고, 민의에 따라 이성적으로 판단하며 정책을 실시하는 것도 지난 수요일 저녁에 교수님이 말했던 '개념정치'에 속하겠지요."

내가 말했다. "그렇죠, 본래 아름다운 정치의 모습이죠."

9시 30분이었다. 우리는 자리에서 일어나 슈바빙 거리의 가로등 불빛을 따라 걸었다. 포플러 가로수가 뿜어내는 향내가 좋았다. 레오폴트거리를 따라 개선문까지 가로수 거리는 〈루드비히거리〉로 이어졌다. 남쪽으로 계속 걸어갔다. 루드비히거리의 끝자락에 〈오데온스플라츠Odeonsplatz〉가 나왔다. 광장의 오른쪽으로 〈테아티너교회Theatinerkirche〉가 신비로운 노란색 자태를 드러내고 있었다.

테아티너교회가 있는 오데온스플라츠로부터 뮌헨 시청이 있는 〈마리엔플라츠Marienplatz〉까지 쇼핑거리가 펼쳐졌다. 즐비한 가게들이 진열대에 조명을 켜 놓아 아이쇼핑을 하기에 좋았다. 우리는 마리엔플라츠의 뮌헨 시청을 지나 중앙역까지, 걸었다.

제**7**장

교육과 정치
―교육은 어떻게 바꿔야 하나?
교육의 현실, 교육의 기본,
교육개혁의 방향

이야기의 흐름

한국 교육의 현실

*

동굴의 비유와 교육의 현실

꿈을 꾸었다. 지하에 동굴이 하나 있다. 들어가는 입구의 규모로 안쪽까지 뻗어 있는 동굴이다. 동굴 끝 쪽에서 동굴 벽면을 바라보고 있는 아이들이 있다. 아이들은 동굴 끝 벽면만 바라보도록 사지와 목이 결박되어 있다. 그들 뒤쪽으로 동굴을 가로질러 담장이 세워져 있다. 담장 뒤에는 담장을 따라 가로로 하나의 길이 나 있다. 나는 온갖 사물을 담장보다 높이 위로 쳐들고 담 옆길을 따라 걸어 다니며 아이들이 듣도록 사물에 대해 설명한다. 나의 뒤에는 불빛이 타오르고 있다. 불빛은 동굴 벽면에 사물의 그림자를 만들어 낸다. 맨 끝에 있는 동굴 벽으로부터 동굴의 입구까지 동굴은 이렇게 구조화되어 있다: 동굴 벽 → 결박된 아이들 → 담장 → 담장 옆길과 그 길에서 사물을 들고 설명하는 나 → 불빛 → 동굴 입구 → 동굴 밖.

이렇게 구조화된 동굴에서는 동굴 끝의 벽면에 그림자가 만들어

••• 김선형: Garden Blue, 2014년

진다. 타오르는 불빛이 내가 든 사물의 그림자를 만들어 내기 때문이다. 결박된 아이들은 동굴 벽의 그림자만을 보고 있으며, 나는 뒤에서 아이들에게 그 그림자의 이름을 암기하도록 강요한다. 아이들은 대체로 얌전하다. 나의 지시에 따라 암기한다. 내가 어떤 아이에게 말한다. '네가 가장 잘 외우는구나. 자, 여기 사탕 하나…' 아이가 좋아한다. 갑자기 어떤 아이가 결박으로부터 풀려나서 뒤를 돌아본다. 나는 몹시 당황한다. '어떻게 해야 하지?' 그 아이를 지켜본다. 결박에서 풀린 아이는 자신의 시선을 그림자로부터 불빛 쪽으로 돌린다. 아이는 불빛 때문에 눈이 부셔서 잠시 동안 아무것도 볼 수 없다. 하지만 얼마의 시간이 지나자 그 아이는 불빛에 의해 만들어진 동굴 벽의 그림자와 진짜 사물이 다르다는 것을 인지한다. 아이가 나에게 묻는다. '무엇이 진짜인가요?' 나는 나 자신을 속인다. '그림자가 진짜야.' 아이는 아무 말도 하지 않고 동굴 밖으로 나간다.

내가 괴로워하면서도 사물을 들고 담장 옆을 오가고 있는데, 아이

는 다시 동굴 안으로 돌아온다. 아이는 동굴이 어두워서 보지 못하지만, 어둠에 다시 익숙해지며 동굴의 상황을 본다. 그가 내게 다가와 밝은 얼굴로 설명한다. "동굴 밖에 나갔는데 처음에는 아무 것도 볼 수 없었어요. 눈이 너무 부셨거든요. 하지만 차츰 세상을 볼 수 있었어요. 호수가 아름답더군요. 태양이 모든 것의 근원이었어요. 태양빛으로 인해 모든 것이 보였으니까요. 여기는 여전히 어둡고, 아이들은 묶여서 동굴 벽에 비친 그림자만 보고 있네요. 불쌍해요." 나는 얼굴이 빨개지면서 거짓을 가르치는 것이 부끄럽게 느껴진다.

잠에서 깨었다. 창문을 열어 신선한 공기가 방으로 들어오게 했다. 침대에 누워 방금 꾼 꿈에 대해 생각했다. 결박에서 풀려난 아이와 여전히 결박에 묶여서 그림자만 보고 있는 아이, 그림자가 사실이라고 설명하는 나, 동굴 밖에서 실재하는 사물, 자연, 세상의 본질을 깨닫고 다시 동굴 안으로 돌아와 동굴 세계에 있는 아이가 불쌍하다고 말하는 아이, 그러한 상황에서 양심의 가책을 느끼는 나…

본래, 〈동굴의 비유〉는 플라톤의 『폴리테이아politeia : 국가·정체政體』의 7권에 나오는 이야기이다. 꿈에 등장한 동굴의 모습과 상황은 플라톤의 이야기와 동일하다. 내가 그림자에 관한 지식을 전달하는 사람으로 등장하고 있다는 점만 달랐다. 움직이지 못하게 결박당한 아이들이 그림자를 믿도록 설득하는 것이 나의 역할이었다.

플라톤은 동굴로 귀환한 사람에 대해 이렇게 설명한다. 동굴 바깥에서 사물의 본질^{이데아: idea}을 인식하게 된 사람은 그곳에 머물러 있지 않는다. 지적으로 고양된 이후 하강한다. 그는 다시 동굴로 내려간다. 그가 동굴로 내려가는 것은 동굴 밖으로 나왔던 과정처럼 고통스럽다. 빛에 익숙해진 그의 눈이 동굴 안의 사물을 잘 볼 수 없기 때문이다. 그는 동굴의 어둠에 아직 익숙하지 않아서 동굴 안에서 그림자에 대하여 잘 아는 그림자 전문가에 의해 '개념 없는 사람'으로 규정된다. 동굴 안에 결박된 자들은 그에 대해 "그가 위로 올라가더니 눈을 버려 가지고 왔다고 하면서, 올라가려고 애쓸 가치조차 없다고" 비웃는다. 나아가 그들은 "자기들을 풀어 주고서는, 위로 인도해 가려고 꾀하는 자를 자신들의 손으로 어떻게든 붙잡아서 죽일 수만 있다면, 그를 죽이려고" 한다(Platon, 517a). 동굴 밖에서 이데아를 보고 동굴로 귀환한 '개념 있는 사람'은 동굴의 무지한 자들로부터 '개념 없는 사람'으로 규정되며 처형당하는 역설이 발생한다.

플라톤이 들려주는 동굴의 비유에 담긴 수수께끼는 동굴 바깥으로 올라가 이데아를 보고 깨달은 '개념 있는 사람'이 왜 죽음을 무릅쓰고 다시 동굴로 내려가느냐이다. 사실, 그는 이데아를 보면서 동굴 밖에서 행복하게 지낼 수 있기 때문에 구태여 동굴로 내려가서 그림자를 붙잡고 살아가는 사람들과 섞이면서 고통스러워할 필요가 없다. 플라톤은 '개념 있는 사람'이라도 공동체에 의해 양육되었기 때문에 공동체에 대한 의무와 책임을 져야 한다고 보았다(Platon, 520b). '개념 있는 사람'은 자발적으로 내려와 결박당한 자들을 자유와 이데아로 이끌어주려고 하지만, 동굴 안에 머물러 있는 '개념 없는 사람'은 동굴 밖으로 나오지 않고 여전히 그곳에 머물러 있고자 한다.

플라톤의 철학에서, 동굴의 비유는 시선_{사유}의 전환 내지는 혼의 전환이 철학의 진정한 본질이라는 것을 시사하며, 나아가 그것은 이데아_{개념}를 향해 등정하는 과정을 보여준다(Platon, 521c). '개념 있는 사람'의 시선은 의견에서 인식으로, 그림자에서 실재하는 사물로, 감각의 세계에서 지성과 사유의 세계로 전환된다. 이러한 전환은 고통스럽다. 하지만 이 전환은 인간을 인간으로 만들어 주는 참된 교육의 과정으로 이해될 수 있다. 교육자는 우선 자기 스스로가 혼의 전환을 통하여 '개념 있는 사람'이 되어야 한다. 지성과 성찰의 능력을 갖춘 교육자는 교실이라는 동굴에 갇혀 그림자를 진실로 알고 지적으로 자유롭지 않은 아이들을 설득과 소통을 통해 '개념 있는 사람'으로 이끌어 주어야 한다. 그것이 바로 진정한 교육이다.

꿈속의 나는 〈그림자 교육〉 그 자체로 상징화되어 있었다. 교육은 어두운 동굴 안에 있는 아이들을 밝은 세상으로 이끌어 주어야 한다. 교육은 아이들이 지닌 잘못된 선입관, 자신을 욕망의 노예로 만드는 습관, 자기와 타인에 대해 책임감이 없는 가벼움, 낮은 수준의 인식능력, 무지_{개념}, 사물, 자연, 세계, 역사, 사회, 인간에 대해 아는 것처럼 보이지만 실제로는 정확히 알지 못하고 있는 의식의 상태 — 예컨대, 아이들은 '행복이 무엇인지' 아는 것 같지만 실제로는 알지 못함 등을 깨닫게 해주어야 한다. 플라톤이 동굴의 비유를 통해 들추어내는 교육의 역할은 아이들이 바라보는 시각을 전환시켜주는 것이다. 아이들의 시선은 대체로 자신이 평상시 습관적으로 보는 것을 향해 묶여 있다. 마치 동굴 속에서 사람들이 벽을 보도록 묶여 있는 것처럼 말이다. 교육은 꿈속의 나처럼 아이들을 방관하고 있다. 결박당한 아이들이 노예처럼 '경쟁과 성공의 그림자'만 보고 살도록 가르치는 것이다. 결박에서 풀려난 아이가 스스로 자유롭게 되는 것도 무시한다. 경쟁과 성공의 집단적 주술로 결박해서 어두운 동굴 안으로 몰아넣고 그림자를 배우도록 강요하며 그림자 암기 성적으로 사회적 위치를 서열화하는 교육, 그림자 암기에 엄청난 사교육비를 투자하는 부모, 난이도만 높아서 학습 흥미를 떨어뜨리고 실생활에 별로 도움이 안 되는 영어, 수학, 과학 중심의 교과운영, 교육현장을 무시하는 권위적 탁상행정과 교육정책으로 교육을 비교육으로 만든 교육부, 이것이 우리가 만든 어두운 현실이다.

"인간은 교육을 통해 사람이 된다." 헤겔의 말이다. 교육은 우리에게 사람의 길을 가게 한다. '사람의 길'은 인간의 본성, 자질, 자유, 꿈, 정의, 행복이 실현되는 과정이다. 교육이 사람의 길에 공평한 기회와 양질의 학습을 제공하면, '교육의 길'은 사람을 성장시키며 행복하게 한다. 하지만 교육이 불평등, 특권, 차별을 추동하는 자본에 종속되면, 사람은 교육에 의해 성장할 수 없다. 오히려 교육은 사람을 시장의 불행한 노예가 되게 한다. 이 경우 교육은 사람의 길을 열어주는 좋은 교육이기보다는 '자본의 길'에 예속시키는 나쁜 교육이 된다. 꿈속에서 '나'로 드러난 우리의 교육은 아이를 결박시킨 채로 자본의 길에 예속시키는 나쁜 교육이며, 〈동굴 교육〉이다.

교육에 대해 이런 생각을 하다 보니 시간이 많이 흘렀다. 9시가 되었다. 샤워를 하고 식당으로 내려갔다. 칼이 기다렸다는 눈치였다.

"저녁마다 어디를 쏘다니는 거야? 어제 저녁에도 방에 전화를 해보니 없던데? 맥주 한잔 하려고 했거든."

"미안해. 한국에서 온 기자들과 한잔 했어."

"오늘은 뭐 할 거야?"

"기차 타고 인스부르크 갈 예정인데."

"약속이 있어?"

"인스부르크에 PHT Pädagogische Hochschule Tirol라는 교원양성대학이 있는데, 부총장이 특강을 요청해서 간다고 했거든."

"특강 주제는 뭐야?"

"양심과 교육."

"재미있겠네. 그런데 몇 시야?"

"5시. 중앙역에 가서 적당한 시간에 기차를 타야지."

"일요일이라서 사람이 많을 텐데 … 그러지 말고, 나랑 같이 가."

"시간 있어?"

"시간이야 내면 되지. 점심 먹고 2시쯤 출발하면 될 거야."

"고마워."

"부총장 이름이 이르미Immi인데, 아주 친절한 분이야. 내가 초대해서 한국에 온 적도 있고, 한국에 대해서 관심이 많아. 저녁에 같이 식사하자. 나 없을 때 가끔씩 만나고."

"그것도 좋겠는데."

"그런데 부총장은 어떻게 만났어?"

"PHT는 내가 우리 학교 교육연구원장을 할 때 교류협정을 맺은 학교야. 서로 학술교류하면서 만났어. 에라스무스Erasmus라는 학술교류 프로그램이 있는데, 학생도 양쪽 학교에서 교류하면서 수업을 듣고, 교수도 양쪽 학교에서 교류하면서 수업을 하지. 아마 금년 10월에도 1주일간 PHT에 와서 강의를 하게 될 것 같아."

"에라스무스 프로그램은 유럽의 대학끼리만 하는 줄 알았는데, 유럽의 대학과 아시아의 대학 간에도 하는구나."

"나도 그전에는 그렇게 알고 있었는데, 그게 아니더라고."

"암튼, 10월에 또 보겠네."

"자주 보면 좋잖아."

"그래. 자주 봐야지. 좀 쉬다가 2시에 내려와."

"고마워."

한국과 독일의 교육제도 비교

칼과 함께 인스부르크로 향했다. 밖의 풍경을 바라보다가 아침에 꾼 꿈을 다시 생각하게 되었고, 몇 년 전에 만났던 뮌헨의 한 초등학교 선생님과의 대화가 떠올랐다. 파울루스Paulus 선생님이었다. 독일의 초등학교 교과과정에 대해 현장 연구를 했을 때였다.

독일의 교육 편제는 한국과 많이 다르다. 한국의 초등학교는 6년제이지만, 독일의 초등학교Grundschule는 4년제이다. 학생은 초등학교 이후 중등교육과정인 김나지움Gymnasium: 대학 진학을 목표로 하는 중등학교, 레알슐레Realschule: 직업을 준비시키는 중등학교, 하우프트슐레Hauptschule: 실용적 스킬을 길러주는 중등학교로 진학한다. 초등 4학년에 학생의 진로가 결정되는 것이다.

초등학교 제도를 보면, 베를린 주의 6년제 초등학교와 자란트 주의 5년제 초등학교를 제외하고 14개 주에서는 4년제 초등학교가 운영된다. 초등 4학년에 학생의 진로가 결정되는데, 주에 따라 최종 결정권을 가진 주체가 다르다. 바이에른, 튀링엔, 작센, 작센안할트, 브란덴부르크, 바덴뷔르템베르크 등의 6개 주에서는 선생님이 학생의 성적과 적성에 따라 진학 유형을 결정하지만, 브레멘, 슐레스비히-홀슈타인, 함부르크, 멕클렌부르크포르포먼, 베를린, 자란트, 라인란트팔츠, 헤센, 노르트라인 베스트팔렌, 니더작센 등의 10개 주에서는 4학년 담임선생님과 협의를 통해 학부모가 최종적으로 결정한다.

뮌헨은 구룬트슐레, 레알슐레, 미텔슐레, 김나지움에 기초한 초등과 중등의 교육이 가장 고전적으로 실시되고 있는 지역이다. 초등학교는 4년제이며 상급학교로의 진학은 4학년의 시기에 철저하게 선생님이 평가한 아이의 성적과 적성에 근거한다. 평가시험을 내는 기관은 없으며, 4학년 담임선생님이 1년에 세 번에 걸쳐 개별 평가 과목을 서술형으로 출제하고 채점한다. 개별 평가 과목에 대한 세 번의 시험에서 얻은 점수의 평균값, 즉 평균 점수가 진로를 결정한다.

　독일에서는 초등학교 4학년 담임선생님이 가장 중요하고, 학생과 학부모에게 가장 영향력 있는 교사라고 파울루스 선생님이 말했다. 그녀는 학생의 진로를 결정하는 만큼 자신의 역할이 힘들지만 자부심을 느낀다고 했다. 그리고 학생과 학부모는 선생님의 평가와 채점을 신뢰하고 평가에 따른 진학 결정을 따라준다고 했다. 예컨대, 학생의 35%가 김나지움에, 35%가 레알슐레, 30%가 하우프트슐레에 진학한다고 했다. 10살의 나이에 진로를 결정하고 어떤 아이는 대학진학을 위한 김나지움으로, 어떤 아이는 실용적인 직업교육을 위한 레알슐레와 하우프트슐레로 가는, 독일 교육 시스템이 생소했다.

　2010년 이후 중등교육기관의 개혁은 레알슐레와 하우프트슐레를 개혁하는 방향으로 추진되었다. 예컨대, 튀링엔 주는 두 학교의 유형을 레겔슐레Regelschule 로 통합했고, 바덴뷔르템베르크 주는 하우프트슐레를 공업기술학교인 베르크레알슐레Werkrealschule 로 개편했다. 베를린 주는 하우프트슐레, 레알슐레, 게잠트슐레를 통합하여 제쿤다르슐레Sekundarschule 라는 하나의 체제로 운영하고 있으며, 바이에른 주는 하우프트슐레를 서비스, 경제, 사회복지 분야에서 직업 교육을 시키는 미텔슐레Mittelschule 로 개편했다. 2015년 기준으로, 독일에서는 약 800만 명의 학생들이 약 80만 명의 교사와 초등학교 15,578곳, 중등학교 10,255곳에서 학습하고 있다.

　2017년 독일통계청Statistisches Bundesamt 이 발표한 통계에 따르면, 독일에는 426개의 고등교육기관Hochschulen 이 있다. 106개의 종합대학, 6개의 교육대학, 16개의 신학대학, 52개의 예술대학, 216개의 전문기술대학, 30개의 행정전문대학으로 구성되어 있다. 대부분의 고등교육기관은 16개의 주가 관할하는 국립대학이다. 2017년 기준으로, 426개의 대학교에 약 50만 명의 신입생이 입학하고, 약 280만 명의 재학생이 있으며, 280만 명의 재학생 중에서 종합대학의 재학생은 170만 명이다. 중등학교의 졸업자 중에서 대학에 진학하는 비율은 약 35% 정도 된다. 주로 김나지움의 학생이 대학에 진학하지만, 레알슐레와 하우프트슐레의 학생들도 1년간 대학예비교육을 받고 대학입학자격증Abitur에 합격하면 대학교에 진학할 수 있다. 2015년 인구 기준으로 최종 학력을 보면, 하우프트슐레 졸업자가 32.9%, 레알슐레 졸업자가 22.7%, 대학 졸업자가 29.5%이다. 그러니까, 독일에서는 중등교육과정을 마친 학생 중에서 약 35%만 대학에 진학하고, 66% 는 실용적인 직업 교육을 받는다는 말이다.

우리나라의 경우, 교육부와 한국교육개발원에 의해 발행된 〈2015 교육통계 주요지표 포켓북〉에 따르면, 총 579,730명유초중고 교원 4,89,515 명+대학 교원 90,215명의 교원이 있다. 이들로부터 전국의 10,427,998명유초중고 학생 6,819,927명+대학생 3,274,593명+대학원생 333,478명 등 총 10,427,998명이 교육을 받고 있다. 대학진학률을 살펴보면, 2009년 77.8%로써 정점을 찍고 난 이후 점차 낮아져서 2016년 기준으로 중등교육과정을 마친 학생의 69.8%가 대학에 진학했다. 총 45개의 국립대22.4%와 156개의 사립대77.6% 등 4년제 대학이 201개 있으며, 145개의 2년제 대학을 포함해서 총 346개의 대학이 있다. 대학원생을 포함해서 우리나라 대학생은 약 360만 명이고, 독일의 대학생 재적인원이 280만 명이니까, 한국에는 독일보다 80만 명 더 많은 대학생이 있는 셈이다. 독일의 인구는 약 8,267만 명으로 5,125만 명의 한국보다 약 1.6배 정도 많다.

2015년 교육예산을 비교해보면, 독일은 약 1,951억 유로약 293조

원=1유로를 1,500원으로 계산한 경우로 GDP의 6.4%였지만, 한국은 약 55
조 원으로 GDP의 3.5%정도 밖에 되지 않는다. 교육예산의 단순 비
교로 보면, 독일은 우리의 5배가 넘는 재정을 지출하며, GDP의 비율
로 보았을 때도 약 2배가 넘는 재정을 지출한다. 고등교육예산을 살
펴보면, 독일의 고등교육의 예산이 500억 유로75조 원이지만, 우리나
라의 고등교육 예산은 약 9조밖에 되지 않는다. 독일의 고등교육 예
산도 우리의 8배가 넘는다. 독일에서는 매년 280만 명의 대학생이
무상교육과 생활비 지원의 혜택까지 받지만, 한국에서 사립대의 학생
은 매년 1,000만 원에 가까운 등록금을 내야 하고, 국립대의 학생은
사립대의 반값 정도 등록금을 내야 한다. 독일과 다르게 한국에서는
국가가 고등교육을 공교육으로써 책임지지 않으니까, 학부모가 등골
빠지며 자식들의 대학등록금을 마련해야 한다.

2015년 기준으로 우리나라의 4년제 대학취업률이 64.4%이므로,
35.6%는 직장을 구하지 못하고 있거나, 대학에서의 전공과 상관없는
일을 한다. 사회적으로 보면, 이러한 고비용 구조는 너무 고통스러운
상황이라고 볼 수 있다. 독일에서도 대학을 나온다고 해서 다 취업하
는 것은 아니지만, 대학진학률이 35%이고 직업 교육을 받는 학생비

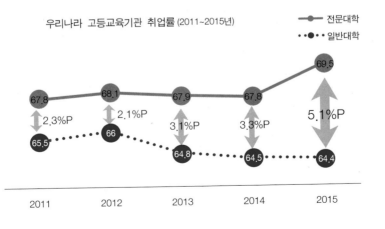

우리나라 고등교육기관 취업률 (2011~2015년)

● 전문대학
••●•• 일반대학

율이 65%이라는 점을 상기하면, 독일에서는 고등교육을 받고 직장을 구하지 못하는 비율은 우리나라보다 훨씬 낮다고 볼 수 있다.

우리의 수능과 독일의 아비투어

운전에 집중하고 있는 칼에게 물었다.

"랄프는 요즘 열심히 졸업 논문을 쓴다고 했지?"

"그래."

"취직 걱정은 없어?"

"생명정보학Bioinformatik이 전공이라 별 문제 없을 거야."

"랄프가 대학갈 때 어떻게 갔는지 기억나?"

"무슨 말이야?"

"아비투어Abitur 말이야."

"대학수학자격시험?"

"응, 고등학교 졸업시험이자 고등교육기관에서 수학할 수 있는 역량이 있는지를 확인해주는 시험."

"맞아. 아비투어는 대학에서 수학할 수 있는 자격증이지."

"주로 김나지움에 다니는 학생이 보는 시험이고."

"랄프도 김나지움에 다녔으니까."

"김나지움 진학은 초등학교 4학년 때 결정되었지?"

"응. 좀 이른 감도 있었지만, 그때 벌써 대학에 가서 학문을 할 아이와 실용적인 직업 스킬을 배울 아이로 구분하는 거지."

"교육과정에서 아이의 인생은 두 번에 걸쳐 결정되는 거네? 초등 4학년 때와 중등 8학년 또는 9학년에 보는 아비투어로 말이야."

"꼭 그렇지도 않아. 대학에 진학해서도 열심히 공부해야 졸업할 수 있으니까. 그리고 대학에 진학하지 않고 직업학교에서 전문기술을 배워도 행복하게 잘 살아. 꼭 대학에 갈 절실한 이유는 없어."

"아무튼 초등학교에서 대학에 갈 아이가 한 번 걸러지니까 대학 진학을 위한 경쟁과 병목 현상은 우리나라보다 덜한 것 같아."

"너희는 대학에 진학하는 학생들이 많아?"

"거의 다 대학을 가려고 하지. 요즘 중등교육과정을 마친 아이들의 약 70%가 대학에 진학해. 높았을 때는 약 80%까지 올랐었어."

"취업현장에서 대학졸업자를 다 수용해?"

"아니, 취업률이 낮아. 요즘엔 졸업생의 60%도 안 돼."

"그러면, 대학졸업자의 10명에 4명이 실업자야?"

"응. 요즘 한국에서는 청년실업이 사회 문제가 되고 있어."

"그렇군."

"그나저나, 아비투어 얘기 좀 해줘. 독일의 아비투어라는 게, 일종의 '국제 바칼로레아International Baccalaureate 자격시험'이나 '고등 배치 시험Advanced Placement tests'과 비슷한 것 같아."

"아비투어는 프랑스에서 대학입학자격시험으로 보는 바칼로레아와 비슷하지. 바칼로레아는 구두시험이 없는데, 우리는 있어. 최소 1과목은 구두시험을 보게끔 되어 있지. 물론 주마다 구두시험의 수는 다르지만, 아비투어는 필기시험이 주된 시험이야. 각 학생의 답안지를 두 명의 선생님이 채점을 해서 최종 점수를 결정해."

"서술형 필기시험으로 보는 거잖아?"

"서술형이 아닌 시험도 있어?"

"우리의 대학수학능력시험은 객관식이야. 오지선다."

"헉. 모든 과목을? 객관식이면 정답을 찾는 시험인데 … 정답이 정해져 있는 것만 테스트하는 거네. 그건 그냥 암기하는 거잖아. 그렇게 해서 아이들의 논리력과 창의력을 평가할 수 있어?"

"2017학년도 수능시험에 약 60만 명이 응시했어. 60만 명이 작년

11월 17일에 국어, 영어, 수학, 사회탐구, 과학탐구, 직업탐구, 한국사, 제2외국어와 한문 등 약 700개의 문항으로 구성된 동일한 시험을 봤어. 학생은 국어, 영어, 수학, 한국사 등 필수 과목의 140문항을 포함해서 선택 과목에 따라 총 210문항 정도를 풀어야 해."

"210문항을 하루에 다 본다고? 60만 명이 동일한 시험 문제로?"

"응."

"그게 가능해?"

"가능하지."

"신기하네. 수능 문제는 어떻게 출제하는데?"

"한국교육과정평가원이라는 국가기관이 있는데, 평가원의 주관으로 대학교 교수와 고등학교 선생님이 한 달 정도 같이 합숙하며 문제를 출제하지. 출제 문제를 검토하는 선생님까지 합치면 수백 명의 인원이 투입되는 거지. 한 달 동안 외부와의 연락이 전혀 안 되는 엄격한 통제 시스템으로 운영되고 있어. 수능시험이 끝나는 날 학생들이 시험을 다 본 후에야 출제자와 검토자는 자유롭게 풀려나."

"그게 가능해? 자유로운 자연인을 그렇게 통제하는 것이?"

"보안을 위해서 그래. 60만 명이 보는 한꺼번에 보는 시험이야. 공정성을 확보하기 위해서는 철저한 보안이 필요한 거지."

"우리나라에서는 그렇게 못해."

"아비투어 시험은 어떻게 내는데?"

"각 주의 교육부에서 주관하지. 필기시험만. 예컨대, 여기 바이에른 주에서는 주 교육담당 부서가 김나지움의 교사들에게 문제를 의뢰해서 받은 후에 몇 차례 전문가와 문제를 다듬고 각 과목에서 아비투어 문제를 확정해. 이러한 아비투어 문제 확정 방식도 철저히 비밀에 부쳐져. 참여한 교사와 전문가도 보안을 철저히 지키고. 동일한 답안지에 대해 채점도 두 번 하는데, 한번은 학생의 학교 교사가 하고,

다른 한번은 다른 학교의 교사가 해. 주의 아비투어관리위원회가 두 번의 채점 점수를 모아서 최종 점수를 결정하게 돼."

"그러면, 16개의 주별로 아비투어 시험문제가 다르겠네."

"그렇지. 아비투어는 주 교육부에서 관리해. 하지만 라인란트-팔츠 주에서는 이러한 방식이 아니라 문제의 출제와 채점을 각 학교별로 실시하고 있어. 그곳도 관리가 철저한 것은 마찬가지야."

"구두시험은?"

"학교별로 다양한 주제로 보는 거지."

"아비투어 시험문제 예시를 하나 들어줄래?"

"2017년 독일어 아비투어 시험문제가 생각나는데 … 신문에 났었거든. 시가 두 개 제시되었지. 괴테Johann Wolfgang Goethe 의 〈새로운 사랑, 새로운 삶Neue Liebe, Neues Leben〉이라는 시와 야콥스Steffen Jacobs 의 〈만남Begegung〉이라는 시였어. 학생이 서술해야 하는 문제는 두 개였어. 첫 번째 문제는 괴테의 시를 해석하라는 문제였고, 두 번째 문제는 두 개의 시에 나타난 사랑의 경험을 언어적·내용적 차원에서 비교하고 분석하라는 문제였어."

"쓰는 데 시간은 어느 정도 주는데?"

"180분이니까, 3시간."

"우리 아이들은 수능의 국어 시험에서 45문항 푸는 데 1시간 20분밖에 주지 않는데 … 읽어야 하는 텍스트도 엄청 길고, 어려워서 독해 자체가 안 되는 지문도 많아. 그걸 짧은 시간 안에 읽고 정답을 골라야 해. 괴테의 시와 야콥스의 시는 분량이 어느 정도였어?"

"짧았지. 괴테는 24줄, 야콥스는 12줄."

"정말 국어다운 시험이네. 우리 수능 국어 시험에는 대학교 교수도 이해하기 어려운 자연과학 지문도 많아. 학생이 풀기에 너무 어려운 지문이야. 난해한 지문을 읽으면 국어를 싫어하게 돼. 국어가 혐오스러워지는 거지. 하지만 독일 학생들은 아름다운 사랑과 만남의 시에 대해 깊이 생각해보고 해석하는 방식으로 시험과제가 주어지니까 모국어인 독일어를 더욱더 좋아하고 사랑하게 될 것 같아."

"너희는 심각한가 보구나."

"어두운 동굴 속에서 결박당한 채로 끊임없이 쓸데없는 지식을 암기하도록 강요당하는 교육의 정점에 수능시험이 있어. 거의 모든 아이들이 암기식 공부의 노예가 되어 버렸어. 수능시험에서 점수를 잘 얻으려고. 학교에서 협력이 아니라 경쟁을 내면화시키는 거지."

"살 떨린다. 학교란 친구를 사귀는 곳인데 … 본래 자유Freiheit 는 우리말로 친구Freund라는 뜻에서 왔어. 그러니까, 마음을 나눌 수 있고 서로 챙겨줄 수 있는 친구가 있어야 진정한 자유를 느끼는 거지. 학교에서 진정한 친구를 사귀지 못하면 자유를 느낄 수 없어. 경쟁해서 이기는 것만 내면화하면 협력하며 나누는 친구를 사귈 수 없겠네. 따라서 아이들은 학창시절 진정한 자유를 느끼지 못하고 …"

"더 심각한 것은 아이들이 학교에서 불행하다는 거야. 마음의 여유가 없어. 낡은 지식을 끊임없이 머릿속에 집어넣어야 하고, 수능을 보고 나면 다 잊어버려. 대학에 진학하면 더 이상 공부에 대한 흥미를 느끼지 않아. 억지로 공부했으니까, 지적 노화가 일찍 오는 거지. 스스로 호기심에 입각해서 평생토록 끊임없이 새로운 지식을 배우고 체계화하는 내적 동력을 잃어버린 거야. 우리의 교육은 아이를 성장시키는 것이 아니라 아이를 죽이고 있는 거지. 교육의 비극이야."

"심각하네."

개념 없는 정치의 예시: 학제개편 공약

칼이 말문이 막혔나보다. 아무 말 없이 운전 모드로 돌입했다.

교육과 관련하여, 나도 말문이 막혔던 적이 많았다. 예컨대, 안철수 캠프가 제시했던 학제개편 공약을 접하고서 그랬다. 나는 작년 10월부터 금년 대선까지 문재인 캠프에서 교육정책을 설계했다. 누군가 '복지는 돈이 없어서 못하고, 교육은 답이 없어서 못한다.'고 했다. 하지만 우리는 학교의 교육과정, 교육방식, 평가방법을 바꾸면서 교육의 국가적 책임과 기회의 공정성을 실현하는 쪽으로 가닥을 잡았다.

안철수 캠프는 학제개편이라는 카드를 들고 나왔다. '관종' 전략이었을까? 교육의 근본적 문제, 재정적 비용, 학생과 학부모의 심리적 고통은 고려하지 않은 채, 단지 시선을 끄는 신기루 같은 공약이었기 때문이다. 학제개편은 실제로 국민의 관심을 끌었다. 그만큼 현재 우리가 직면하고 있는 교육에 대하여 국민의 불만이 컸기 때문이었다. 물론, 학제개편에 대한 국민의 관심과 호응이 2012년 새정치를 내세우며 안철수 현상을 만들었던 때만큼 높지는 않았다.

학제개편안에 따르면, 만 6세부터 시작하여 초등학교 6년, 중학교 3년, 고등학교 3년으로 구성되는 현행의 6-3-3 학제는 폐지되고, 만 5세부터 시작해 초등학교 5년, 중학교 5년, 진로탐색학교와 직업학교 성격의 고등학교 2년으로 구성된 새로운 5-2-2 학제가 도입된다. 초등학교 취학연령을 1년 낮추고, 초등학교와 중학교를 각각 5년씩으로 개편하며, 중학교 이후 입학하는 고등학교의 경우 자유롭게 진로를 탐색하고 직업교육을 받는 2년제로 변경하자는 거였다.

사실, 안철수 캠프의 학제개편은 번지수를 잘못 잡은 공약이었다. 우리의 교육이 직면하고 있는 과열 경쟁, 사교육, 주입식 교육, 교사와 학생의 낮은 자율성은 학제로부터 생긴 문제가 아니었다. '자본의 길'을 따르며 우리의 아이를 시장이라는 동굴 안에 결박시킨 채 그림자만 외우는 노예로 길들여 왔던 학교와 교육부로부터 비롯된 문제였다. 그래서 학교와 교육부가 '사람의 길'을 걷도록 하는, 즉 그림자 공부를 잘하는 소수의 아이를 집중적으로 지원하는 방식이 아니라 한 아이 한 아이를 결박으로부터 풀어주면서 모든 아이가 본성, 자질, 자유, 행복을 실현할 수 있도록 하는, 다시 말해서 학교가 아니라 아이를 중심에 놓는, 〈사람중심교육〉이 필요했다. 그렇게 하려면 교육의 방식, 내용, 평가가 새롭게 바뀌어야 했다. 하지만 안철수 캠프는 엉뚱하게도 문제해결과 상관없는 학제개편을 들고 나왔던 것이다. 내가 보기에 그것은 개념 없는 정치의 좋은 예시였다. 역설적으로, 학제개편에 대한 국민의 관심은 교육 문제의 근본적 해결을 바라고 있는 국민의 절실한 마음이 잘못 투영된 현상이었던 것이다.

교육혁신은 교육의 내용을 구성하는 교육방식, 교과내용, 평가방법을 바꾸어야 실현된다. 교육에 걸치는 옷만 바꿔 입는다고 교육이 바뀌는 것은 아니다. 더구나 신기루 같은 학제개편은 천문학적 심리적·재정적 비용이 소요된다. 교육계의 '4대강사업'을 하자는 거였다.

초등과 중등 간의 교원의 호환이 불가능한 상황에서 교사수급에 드는 비용, 새로운 학급학교시설에 투자하는 비용, 15년 이상 소요되는 학제개편 기간에 해당 학생과 학부모가 겪게 될 심리적 고통은 엄청나다. 나아가 이러한 엄청난 희생을 치루면서 학제개편을 했다 하더라도 교육 문제가 근본적으로 해결되리라는 보장이 없다. 물의 흐름을 바꾸는 4대강 사업으로 녹조가 생기고 강이 죽었듯, 인위적 학제개편으로 교육생태계가 파괴되고 수많은 부작용이 생길 것이다.

예컨대, 초등학교 취학 시기를 6개월간 단축하는 '9월 신학기제'의 실시와 관련해서도, 2016년의 한국교육개발원KEDI 보고서에 따르면, 10년간 배증된 신입생 문제로 인한 학급 증설, 교원 증원 등에 따라 2028년까지 14조 8억 원이 소요되는 것으로 예측되었다. 이러한 경미한 학제개편으로도 특정 세대는 초등부터 대입까지, 나아가 취업까지 다른 세대보다 두 배의 경쟁을 치르며 삶을 살아가야 한다. 아이와 부모가 '학제개편의 마루타'가 될 수 없는 것은 자명하다. 마루타 실험에 14조가 넘는 재원을 투입하려고 하는 것, 그 자체가 정신 나간 '개념 없는 정치'가 아닐까? 2016년의 KEDI 보고서에 담긴 9월 학기제 도입에 대한 설문조사에서도 학부모, 교사, 대학 관계자가 각각 66%, 64.9%, 55.2%나 반대하는 것으로 나타났다.

무엇보다 5-5-2 학제개편이 취학연령과 대입연령을 각각 1년 앞당긴다는 점은 교육의 정신에 맞지 않았다. 만 5세에 초등학교에 입학하면 만 17세에 2년제 고등학교를 졸업한다. OECD 평균 취학연령은 만 6세이며, 핀란드와 스웨덴은 우리보다 늦은 만 7세이다. 9월학기제임을 감안해도 우리보다 6개월이 늦다. 발달심리학적 관점에서 보아도, 이른 나이에 교육시스템으로 편입되면 부모와의 교감과 관계성 증진이 왜곡될 소지가 커진다. 아이는 취학 전 부모와의 애착관계가 더 필요하다. 현재, 우리나라에서도 법적으로 아이를 만 5세에 취학시킬 수 있다. 하지만 부모가 그렇게 하지 않는다. 아이가 힘들어할 것을 알기 때문이다. 나아가 2년제 직업탐색 고등학교는 단지 대입 준비기간으로 정착될 가능성이 크며, 대학에 진학하지 않은 약 30%의 학생은 만 18세의 이른 나이에 사회에 진출한다. 지금이 40년 전에 그랬던 것처럼 이른 나이의 산업인력을 필요한 시기도 아니다. 아이를 사회에 일찍 진출시켜야 할 이유가 없는 것이다.

교육의 기본: 양심의 활성화

인스부르크의 풍경과 삼색정치

차가 인스부르크에 초입에 도달했다. 인구 13만의 인스부르크는 오스트리아 티롤Tirol 주의 주도이다. 인스부르크는 이탈리아로 넘어가는 계곡 아래 평지에 그림처럼 놓여 있는 도시다. 괴테도 이탈리아로 여행할 때 인스부르크를 지나갔다. 연푸른 인Inn 강이 도시를 가로질러 흐른다. 한때 유럽을 호령했던 합스부르크Habsburg 왕가가 자리 잡았던 고도였기에 유럽 문화가 살아 있는 도시이다.

인스부르크는 1964년과 1976년, 두 번에 걸쳐 동계올림픽을 개최한 도시이다. 우리는 바로 1976년 동계올림픽에서 사용되었던 스키 점프가 있는 곳으로 향했다. PHT가 바로 그 옆에 있었기 때문이었다. 시내의 다리를 통과하면서 연푸른 색깔의 인 강을 건넜다. 인 강 건너편에 인스부르크의 유명한 건축물이 보였다. 강 옆으로 다닥다닥 붙

어 있는 다양한 색깔의 건축물로서, 그 채색이 흐르는 강의 색감과
잘 어울려서 인스부르크를 방문하는 사람들에게 인기가 있다. 저녁에
조명이 켜지면 더 아름다운 색깔의 조화가 펼쳐진다.

오스트리아 알프스의 파랑 색, 건축물의 노랑 색과 빨강 색을 보면
서, 얼마 전 한국에서 박영범 대표가 한 말이 떠올랐다. '학자의 색은
파랑, 정치인의 색은 빨강, 관료의 색은 노랑이야. 이 세 가지 색을
막 섞으면 어떤 색이 될까? 검은 색. 그렇게 어두운 검은 색이 되지
않도록, 각자가 자신의 색깔을 유지하면서 조화롭게 되는 것이 삼색
정치가 아닐까? 파랑처럼 학자는 정책을 개발하고, 빨강처럼 정치인
은 개혁을 하며, 노랑처럼 관료는 정책과 개혁을 잘 실현하면서 국민
에게 희망을 주면 되겠지. 하지만 현재의 빨강은 그렇지 않아. 빨강
안에 파랑, 노랑의 독특한 색을 유지하지 않고 막 섞어버려. 그래서

정치판은 검은 색이 되어 버렸어. 어두워 …' 자연의 푸른빛과 어우러지면서 다양하고 고유한 색깔로 다닥다닥 붙어 있는 풍경은 아름다웠다. 박 대표가 말한 삼색정치란 바로 이런 것이 아닐까?

PHT에 도착했다. 4시 40분이었다. 칼과 함께 안에 있는 조그마한 카페테리아로 갔다. 에스프레소 마끼아또 두 잔과 탄산수 1병, 컵 두 잔을 들고 카페테리아의 안뜰인 호프로 나왔다. 칼과 나는 물을 나누어 한입에 마신 후 천천히 에스프레소 마끼아또를 음미하며 담배를 피웠다. 칼도 운전하며 생긴 긴장을 풀고 있었다. 시간이 되자 우리는 특강이 있는 큰 강의실로 갔다. 이르미가 와서 기다리고 있었다. 서로 포옹하며 반가워했다. 이르미 말에 따르면, 청중은 주로 선생님이라고 했다. 물 한 병을 들고 강의실 앞으로 나갔다. 이르미가 나를 청중에게 소개했다. PPT를 띄우고 강의를 시작했다.

내 마음 속의 하얀 나비: 양심

"안녕하세요. 오늘은 여러분에게 〈양심〉에 대해 말하려고 합니다. 교육이란 무엇일까요? 아이가 바라보는 시각_생각의 방식_을 전환시켜주는 것입니다. 아이의 시선은 대체로 자신이 평상시 습관적으로 보는 것을 향해 묶여 있습니다. 마치 동굴 속에서 아이가 벽을 보며 묶여 있는 것처럼 말입니다. 아이를 묶고 있는 것은 아이 자신의 다양한 욕망 혹은 탐욕이 아닐까요? 아이는 자신의 이기적인 욕망에 치우친 나머지 보아야 할 것을 보지 못하는 것은 아닐까요? 교사는 무엇부터 해야 할까요? 우선적으로 교사는 욕망에 묶여 있는 아이에게 모든 사람 안에 있는 〈하얀 나비〉에 대해 말해주어야 합니다."

"이렇게 말입니다."

"얘들아, 너희 안에 있는데, 너희가 평소에 보지 못하는 게 있단다. 그걸 보지 못해서 사귀기에 불편한 친구가 있고, 그걸 보고도 따르지 않아 가책을 느끼는 친구도 있지. 그걸 보고 따라 해서 올바르고 자유로우며 행복한 친구도 있어. 그게 무엇일까? 하얀 나비, 너희 안에서 팔랑거리며 날아다니는 하얀 나비. 그 하얀 나비가 양심이란다. 하얀 나비는 항상 선善이라는 꽃을 향해 날아가지."

"교사가 아이의 양심을 일깨우고자 할 때, '착한_선한_ 마음'이 양심이라고 간단히 설명하면 아이들은 이해하기 어렵습니다. 양심은 죄를 짓고 난 후 느끼는 '죄책감' 그 자체 또는 양심적 병역거부처럼 자신의 자유의지에 입각한 '개인의 신념' 그 자체라기보다는, 죄책감과 신념을 가능하게 하는_느끼게 해주는_ 착한 마음입니다.

양심은 어떤 사람은 가지고 있고 어떤 사람은 가지고 있지 않은 그런 것이 아닙니다. 선을 지향하는 양심은 인간이라면 누구에게나 있습니다. 단지 우리가 마음 안에 욕망을 가득 채워 살아가기에 우리

안의 하얀 나비가 선을 향해 날갯짓을 하지 못해서 없는 것처럼 느껴질 뿐이며, 우리의 자유의지가 이기적 욕망을 따르기 위해 하얀 나비의 날갯짓을 외면할 뿐입니다. 교사는 아이의 마음속에 꽉 찬 이기적 욕망을 걷어내어 양심이라는 하얀 나비가 날아다닐 수 있는 공간이 생기게 해 주어야 합니다. 〈교육〉은 이성, 지혜, 지식, 상황인식능력, 소통능력으로 구성된 아이의 정신적 종합판단능력이 하얀 나비의 선을 향한 운동을 직시하고 따르도록 이끄는 것입니다.

교육이 길러주어야 할 핵심 역량으로 언급되는 공감, 소통, 배려, 참여, 협력 등은 사실 본질적인 것이 아닙니다. 공감, 소통, 배려, 참여, 협력은 밖으로 드러나는 역량에 불과합니다. 그러한 사회적 역량이 어떠한 방향으로 사용될지는 모릅니다. 우리의 아이들이 공감, 소통, 배려, 참여, 협력만 잘하면 될까요? 예컨대, 은행을 털기 위해 다섯 명의 사람들이 한자리에 모였다고 가정해 봅시다. 은행에서 돈을 훔치기 위해 다섯 명은 서로 공감하고 소통하며 배려하고 참여하며 협력합니다. 이러한 다섯 명의 사람들도 나쁜 일을 위해 공감, 소통, 배려, 참여, 협력의 역량을 발휘합니다. 사실, 우리는 살아가면서 자신의 목표를 달성하기 위해 사회적 역량을 사용합니다. 하지만 보다 근본적인 역량은 공감, 소통, 배려, 참여, 협력 등이 아니라, 그러한 역량에 방향을 제시하는 〈양심良心〉이라고 볼 수 있습니다.

교육이 양심의 존재를 일깨워주는 데서 시작된다는 입장을 견지한다면, 교사는 양심을 하얀 나비라고 이미지화해서 아이에게 깨닫게 해주는 단계를 넘어 스스로 양심에 대한 깊은 통찰을 지니고 있어야 합니다. 이러한 맥락에서 오늘 특강에서는 철학자인 아퀴나스Thomas Aquinas: 1227~1247가 성찰했던 양심에 대해 살펴보도록 하겠습니다."

토마스 아퀴나스의 양심

"아퀴나스는 십자군 전쟁이 한창이던 13세기에 이탈리아와 프랑스에서 활동했던 신학자였습니다. 그는 아리스토텔레스 철학에 입각하여 '의식consientia'과 구분되는 '양심synderesi'을 다음과 같이 규정했습니다. 『진리론』에서 발췌한 것인데 한번 들어보세요."

> "욕망(fomes)은 항상 악에로 기울고, 양심(synderesi)은 항상 선에로 기운다. 따라서 이 둘은 직접적으로 대립한다. 욕망은 하나의 습성 〈…〉 사실상 욕망은 구체적으로 말해 탐욕이다. 〈…〉 탐욕은 어린이들에게는 습관적인 것이며, 어른들에게는 있어서는 현실적인 것이다. 〈…〉 양심은 운동의 원리이며, 〈…〉 습성을 갖춘 능력이다. 〈…〉 인간 행위의 영역에서 어떤 견고함이 있다고 말하고자 한다면, 여기에는 필연적으로 견고한 올바름으로부터 존재하는 지속적인 원리가 있어야 한다. 이 견고함을 통해서 다른 모든 인간적인 행위들이 검토될 수 있으며, 그 결과 이 동일한 지속적인 원리를 가지고 모든 악에는 저항하고 모든 선에는 '예'라고 말하는 것이다. 바로 이러한 원리가 양심인데, 양심의 역할은 모든 악에 저항하며 선을 부추기는 것이다"(아퀴나스 2012, 29, 34, 35, 44).

"우선, 욕망은 습성이며 양심은 습성을 갖춘 능력이라는 말이 있는데, 이 말은 무엇을 의미할까요? 능력은 라틴어로 'potentia'입니다. 가능성과 잠재력을 뜻합니다. 포텐시아는 항상 현실적으로 작용하는 것이 아니라 의지의 작용으로만 행위악투스actus: 현실적인 것가 됩니다. 라틴어로 '하비투스habitus'인 습성은 포텐시아와 악투스라는 두 축을 전제로 하여 그 사이 어딘가에 위치합니다. 습성은 항상 가능성에 머물러 있는 것도 아니며 항상 행위로 이행되는 것도 아닙니다. 습성은 포텐시아로 남을 수도 있고, 악투스로도 전환될 수도 있으며, 악투스로의 전환이 반복되면 강화됩니다. 따라서 습성은 평소에 사용

• 아퀴나스가 아리스토텔레스의 철학을 가톨릭 신학에 적용한 신학대전(summa theologica) 1265년부터 1274년까지 집필

하지 않으면 완전히 소멸되지는 않겠지만 거의 소멸될 수 있으며, 보다 많이 사용할수록 활성화되는 특성을 보입니다.

　이러한 의미에서 욕망과 양심은 생득적이고 자연적인 것으로 인간이 태어나면서부터 지니는 습성입니다. '자연적'이라는 개념은 '어떤 것의 본성으로부터 저절로 파생되어 나오는', '본성 그 자체에 포함된 어떤 것'을 의미합니다. 예컨대, 이성적으로 사유하는 능력, 아름다움을 추구하는 습성, 선한 것을 원하는 습성 등이 여기에 속합니다. 즉, 자연적인 것이란, 인간이라는 이유만으로 자연적으로 가지게 되는 것, 인간성 그 자체로부터 발생하는 것을 말합니다. 자연적인 습성으로서 양심이 반복적으로 의식의 종합적 판단에 적용되어 강화되면 '제2의 본성'처럼 고착화되는데 그 상태가 바로 '습성을 갖춘 능력'이 됩니다. 즉, 습성이 잘 활성화되어 하나의 역량이 되었다는 뜻입니다. 제2의 본성습관화에 의해 굳어진 본성적인 경향성처럼 된 양심은 경험과 무관하게선험적으로 선을 지향하는 확고한 '현실적 능력'이 되는 것입니다(아퀴나스 2012, 149, 151, 153).

　정리하면, 양심이 자연적 습성이라는 말은 양심이 '습성의 특성'을 지닌다는 것을 의미합니다. 인간은 자연적으로 습성을 가지고 태어나는데, 습성의 특성은 사용하면 강화되고 사용하지 않으면 약화되는 데 있습니다. 그러한 습성의 특성을 보이는 것이 바로 양심입니다. 양심의 포텐시아가 반복적으로 악투스로 전환되면 양심은 활성화^{현실}적인 역량되지만, 양심의 포텐시아가 악투스로 전환되지 않으면 양심은 단지 포텐시아잠재적인 능력로 남게 됩니다."

　"나아가 양심은 선을 향해 기우는 운동으로서 도덕적인 경험을 가능하게 하는 제일원리최초의 근거입니다. 즉, 양심은 메타적 선험성을 내재합니다. 도덕적 경험을 가능하게 하니까요. 그렇다면 선과 악은 무엇일까요? 선善은 라틴어로 'bonum'이라고 하는데, '좋은 것'을 의미합니다. '좋은 것'이란 일반적으로 우리가 '바랄 만한 것원하는 것'입니다. 예컨대, 경제적으로 풍요로워서 좋은 것, 건강 그 자체 또는 건강에 좋은 것, 보아서 좋은 것, 느껴서 좋은 것, 함께 나누어서 좋은 것, 유용한 지식을 알아서 좋은 것, 자신의 의무를 다해서 윤리·도덕적으로 좋은 것 등, 물질적·정서적·정신적 차원에서, 우리가 바라고 원하는 것으로서, '좋은 것'이 있습니다. 아퀴나스가 보기에 모든 인간은 살고자 '바라기' 때문에 인간 그 자체는 선합니다. 즉, 존재하는 것은 존재하기를 지속한다는 그 자체만으로 좋으며 선합니다. 선은 존재의 가장 중요한 속성입니다. 그 자체로 선한 인간은, 따라서 자신 안에 포텐시아로 내재하고 있는 선을 발현시킨 만큼 선의 정도도 확보하게 됩니다(이명곤 2013b, 42-43, 45).

　반면, 아퀴나스는 어떠한 것도 그 자체로 악한 것은 없다는 입장에서, 즉 존재하는 것은 무엇이나 존재하는 만큼 선하다는 입장에서,

악malum이 선의 부족에서 발생한다고 봅니다. 있어야 할 선이 부족할 때 악이 되며, 각자에게 적합한 행위가 부족한 상태에 있을 때 악이 된다는 것입니다. 예컨대, 정치가 본래의 괘도에서 벗어나면 악이 되고, 교육이 아이를 개념시민으로 길러내지 못하면 악이 됩니다. 나아가 선의 결핍을 악이라 보기 때문에, 범죄자도 여전히 선의 포텐시아를 지니고 있다고 보아서 처벌보다는 교정의 대상이 됩니다.

양심은 항상 선을 향해 기우는 운동이자 항상 우리를 선으로 이끄는 '손'입니다. 이러한 '보이지 않는 손'은 개별적인 판단들의 제일원리이기에 선천적일 수밖에 없습니다. 아퀴나스는 일체의 경험된 사실을 판단하는 원리는 경험을 통해 발생할 수 없다고 보았습니다. 즉, 양심은 구체적인 도덕적 법칙을 이끌어 내는 데 최초의 근거, 즉 선험적인 제일원리가 됩니다. 이러한 관점에서 보면, 양심은 경험적으로 도덕적 앎을 통해서 형성된 것이 아니며, 도덕적 앎은 이미 주어져 있는 자신의 양심에 의해 형성되었거나 최소한 양심에 의해서 기초 지워진 것이라고 볼 수 있습니다(이명곤 2013a, 119-121). 예컨대, '타인을 해치는 것은 나쁘다'라는 구체적인 도덕법칙은 양심이라는 제일원리로부터 이끌어 낸 것입니다. 나아가 양심은 항상 선을 지향한다는 원리, 즉 양심의 동일한 운동을 가정하지 않으면 악에 저항하는 인간의 지속적인 도덕적 행위는 가능하지 않습니다."

"간단히 정리해볼까요. 양심은 모든 사람이 지닌 선천적인 것입니다. 하지만 질적인 측면에서 사람에 따라 다른 것은 양심이 습성이기 때문입니다. 습성이란 습관적으로 행해진 것이 본성처럼 굳어진 어떤 성향을 의미합니다. 습성으로서 양심은 항상 행위로 전환되지는 않지만 윤리·도덕적 행위에 있어 판단의 첫 번째 근거가 되며, 우리로 하여금 습관적으로 선을 지향하도록 합니다(이명곤 2013a, 136). 즉,

양심은 판단의 근원이지만 판단하는 주체는 아니며, 판단의 주체는 의식입니다. 따라서 선험적 원리인 양심은 오류가 없지만, 판단의 주체로서 의식은 오류를 일으킬 수 있습니다. 양심의 타락이 발생하는 것은 양심 그 자체에서가 아니라 의식 안에서입니다."

양심과 의식의 관계

"의식conscientia은 무엇일까요? 다시 아퀴나스의 『진리론』에서 발췌한 인용을 읽어드릴게요. 일단 편안 마음으로 들어보세요."

> "의식은 오직 행위만을 지칭할 수 있으며, 〈…〉 다양한 습성이나 능력과 관계하는 하나의 행위, 〈…〉 어떤 것에 대한 앎에 적용되는 행위를 지칭한다. 이것은 마치 '의식하는 행위conscire'가 '동시적인 앎(복합적인 앎)simul scire'의 행위를 지칭하는 것과 같은 것이다. 〈…〉 양심의 타락이 발생하는 것은 양심 그 자체에서가 아니라 의식 안에서이다. 의식과 자유의지의 판단은 한편으로는 다르며, 다른 한편으로는 서로 일치하고 있다. 이 둘은 모두 구체적인 개별적인 행위에 적용된다는 점에서 서로 일치하고 있다(판단이라는 검토를 과정을 거친다는 점에서 일치). 이러한 점에서 이들은 양심의 운동과 서로 구별된다. 다른 한편 의식과 자유의지의 판단은, 의식의 판단이 순수한 앎으로부터 발생하는 반면, 선택의 행위를 의미하는 자유의지의 판단은 앎을 정감적인 운동에 적용하는 것이라는 점에서 서로 다른 것이다"(아퀴나스 2012, 63, 64, 67, 68).

"우선, 의식이 행위라는 것은 마치 목수가 망치를 사용하는 것과 같습니다. 목수가 망치를 가지고 어떤 행위를 하는 것처럼, 내가 어떤 것을 의식한다는 것은 앎을 특정한 사태에 적용하는 것을 의미합니다 (아퀴나스 2012, 164). 어떤 사태에 직면하여 의식은 오감, 이성논리적으로 추론하는 능력이자 습성, 지성지혜와 전문지식, 양심 등 다양한 습성과 능력과 관계하면서 동시적-복합적으로 인지하고 판단합니다. 의식은 대상을 그와 관련된 다른 것들과의 관계 속에서 이해하고 종합적으로 판단하는 행위입니다(이명곤 2013a, 105).

의식은 사태에 직면하였을 때 다양한 습성양심, 이성, 지혜, 지식에 의거하여 추론·검토·숙고·반성하며 질책·찬성·정당화합니다. 이러한 의식의 종합적 판단의 과정에는 모든 습성이 사용될 수도 있고, 양심의 습성이 빠진 채혹은 지혜, 지식, 이성의 습성이 빠진 채 다른 습성만 사용될 수도 있습니다(이명곤 2013a, 125-127). 따라서 양심은 오류에 빠질 수 없으며, 오류에 빠지는 것은 의식입니다. 의식이 양심의 소리를 외면할 때 오류에 빠지며 악 또는 죄가 발생합니다. 즉, 오류에 빠진 의식은 악을 범하는 원인이 됩니다. 나아가 의식이 느끼는 '수치심'은 자신의 어떤 기억이 양심에 비추어보았을 때 도덕적인 잘못을 범했다는 판단에서 오는 부끄러운 감정입니다."

"의식이 오류를 범하지 않아도 우리는 도덕적 악 또는 죄를 범할 수 있습니다. 우리 안에 있는 '자유의지'의 판단 때문입니다. 즉, 양심에는 오류가 있을 수 없지만, 의식의 판단과 자유의지의 판단에서 오류가 발생할 수 있다는 말입니다. 아퀴나스에 따르면, 의식의 검토와 숙고는 전체적으로 자연적인 판단력에 달려 있습니다(아퀴나스 2012, 69). 양심은 '보편적으로' 선한 것을 지시하지만, 의식은 '구체적인' 사태에 직면하여 양심의 소리를 고려할 수도 있고 고려하지 않을 수도 있습니다. 나아가 의식과 자유의지는 둘 다 구체적인 행위에 적용되지만, 의식의 판단은 순수한 앎에서 발생하며, 자유의지의 판단은 앎을 정감적인 운동에 적용하며 선택합니다. 따라서 '죄의 행위는 우리의 자유의지가 탐욕으로 인해 상황에 대한 이성의 합리화가 끼어들고 그에 따라 의식이 자유의지로부터 멀어지면서 올바른 자유의지를 사용하지 못해서 발생하게' 됩니다(아퀴나스 2012, 165). 정리하자면, 양심과 의식이 결합되어 도출된 도덕적 판단일지라도 선한 것을 따르지 않고 욕구와 탐욕을 따르는 자유의지 앞에서는 의미가 없으며, 악과 죄가 행해질 수 있습니다. 따라서 인간의 자유의지가 양심과 의식의 윤리적 판단을 받아들이도록 습관화하는 것이 중요합니다."

의식과 감정의 관계

"의식과 감정의 관계를 〈분노〉의 사례에 기초하여 살펴보겠습니다. 인간이 감정을 느끼는 이유는 다양합니다. 진화심리학에서는 생존과 번식에 도움이 되어서 감정을 느낀다고 보고, 생리학자는 감정은 몸의 느낌이라고 보며, 인지주의 심리학자는 생각 때문에 감정을 느낀다고 봅니다. 아퀴나스는 감정passio을 'passio수용한다'의 본래 의미에 기초하여 '외부세계에 대한 반응'으로 이해했습니다. 외부의 자극을 수용할 때 반복을 통해 고착화된 수용의 패턴이 형성되고, 그러한 패턴에 따라 반응하는 것이 감정이라고 본 것입니다.

아퀴나스에 따르면, 인간의 영혼에는 〈사랑〉과 같은 '호의적 욕구'가 있는 반면, 〈분노〉와 같은 '적대적 욕구'가 있습니다. 분노는 상대가 나에게 잘못악을 저지른 사태에 직면하여따라서 분노의 원인은 상대가 저지른 악한 행동에 있음 당한 만큼의 처벌과 보복을 바라는 '적대적 욕구'에서 이끌어지며, 심장이 격렬하게 뛰어 혼란스럽게 되는 신체적 변화를 동반합니다. 나아가 분노는 상대가 저지른 악만큼 응징하려는 감정이기 때문에 분노에 싸인 의식은 이성의 습성을 적용하여 악을 판단하고 이에 상응하는 처벌을 이끌어 냅니다. 따라서 분노는 이성의 습성을 사용하는 의식의 평가와 추론이 있어야 일어나는 감정이기도 합니다"(서병창 2010, 51, 55).

　"우리는 타자가 어떤 종류의 악을 저지를 때 분노를 느끼는 걸까요? 아퀴나스는 '나에 대한 상대방의 경시'가 나를 분노하게 하는 악이라고 보았습니다. 악의적 소문을 내는 것, 좋아서 하는 것을 막는 것, 타인의 불행을 즐거워하는 것, 타인의 자유의지를 방해하는 것내가 자발적으로 의지를 행사하는 것을 방해하는 경멸적 취급, 오만불손하거나 무례한 행위 등이 경시라고 볼 수 있습니다. 누군가 나를 정의롭지 않게 경시한다면 그의 의식 안에는 지식의 습성이 결여되어 있을 수도 있고, 흥분해 있을 수도 있으며, 의식의 검토와 숙고에 따라 의도적으로 경시라는 악을 선택했을 수도 있습니다(서병창 2010, 57-58). 따라서 그의 의식과 자유의지는 오류에 빠진 상태라고 볼 수 있습니다. 오류에 빠진 의식과 자유의식에 의해 유발되는 경시는 타자를 향하며, 경시를 당하는 사람은 분노의 양태빠르게 일어나는 격분, 불의에 대한 원한, 응징을 향한 멈추지 않는 앙심를 느끼게 됩니다. 분노는 심장, 얼굴, 눈동자에 변화를 가져오고, 의식과 감각의 사용에 장애를 가져옵니다. 즉, 의식의 종합판단능력이 제대로 작동하지 않는 것입니다. 이러한 경우 경시를 당해 분노를 느끼는 사람도 의식의 오류에 빠져 불의를 과장하게 되고 상대에게 지나친 복수를 함으로써, 즉 과도한 폭력을 사용함으로써 악과 죄를 저지르게 됩니다(서병창 2010, 60, 62-63).
　분노를 유발한 갑은 물론 분노를 느낀 을의 의식도 오류를 범하게 되는 것입니다. 특히, 을의 의식은 격분으로 인해 양심의 목소리를 듣지 못하고, 이성의 습성도 작동시키지 못하며, 자유의지는 적대적 감정에 휘둘리게 됩니다. 그래서 을은 갑과 동일한 악을 저지르고 맙니다. 따라서 여러분은 우리의 아이들이 분노의 감정으로 인해 생기는 이러한 비극적 상황에 빠져들지 않도록 교육해야 합니다. 우선,

타자를 경시하는 대신 존중하도록 가르쳐야 하고, 평소에 지나친 감정이 생기지 않도록 이성적 절제를 통해 감정을 조절하고 통제하는 연습을 하도록 유도하며, 아이가 분노를 이미 분출해버렸다면 사후에 여러분과 같이 의식의 검토를 통해 분노가 가져온 결과를 인식하고 반성하는 성찰의 시간을 갖도록 해야 합니다. 나아가 아이가 자신의 분노를 상대에게 차분히 설명할 수 있는 기회를 만들어 주고, 화를 나게 한 상대도 그 말을 진지하게 듣도록 해야 합니다.

경시가 분노를 일으키고, 분노가 의식의 종합적 판단활동에 부정적 영향을 줍니다. 따라서 여러분은 아이들에게 인간관계에서 피해야 할 경시가 무엇인지 정확히 알려주어야 합니다. 나쁘고 악한 것이 무엇인지 알아야 선을 지향할 수 있기 때문입니다. 일상생활에서 경시는 존중과 배려의 반대 개념으로 사용됩니다. 존중과 배려는 '인정'의 한 형태라고 볼 수 있습니다. 우리가 누군가를 인정한다는 것은 그의 존재를 인식하면서perceive 받아들인다accept는 의미입니다. 따라서 인정은 누군가를 인식하는 것과 동시에 긍정적으로 받아들이는 행위입니다. 누군가를 보고인식하고 그의 존재를 적극적으로 받아들이는 것이 인정입니다. 이러한 맥락에서 경시는 이러한 인정이 인간관계의 상호주관적인 차원에서 성립하지 않는 경우를 말합니다(Pollmann 2010, 156-157). 모멸감주기, 비방·음해, 멸시와 굴욕감주기, 모빙집단괴롭힘, 따돌림, 왕따 등이 경시입니다."

"지금까지 아퀴나스가 통찰한 양심, 의식, 감정의 개념과 그 상관관계를 살펴보았습니다. 아퀴나스에 따르면, 그 자체로 항상 선으로 기우는 양심은 의식이 선과 악을 판단하는 데 있어 최초의 근거로 작용하면서 우리에게 선을 행하도록 부추기는 자연적인본성적인, 선천적인, 생득적인 습성입니다. 습성으로서 양심은 의식의 판단과 자유의지의 선택에 의해 강화될 수도 있고 약화될 수도 있습니다. 이는 의식의 종합적 판단 안에 반복적으로 양심이 반영되고 나아가 그 판단을 자유의지가 반복적으로 선택했을 때 우리의 양심이 강화될 수 있다는 것을 의미합니다. 어떤 사태에 직면하여 의식은 이성, 양심, 지혜, 지식을 동원하여 행위를 위한 종합적 판단을 시도하며, 자유의지는 이러한 판단과 내면적 욕구와 감정을 고려하여 선택합니다.

의식이 양심이 배제된 상태에서 단지 도구적 이성과 유용한 지식만을 동원하여 판단하고, 자유의지가 그에 따라 선택하면, 그 행위는 단지 〈합리적 선택rational choice〉이 됩니다. 나아가 의식이 양심의 목소리를 외면하고 단지 이기적 욕심의 현실화를 위한 근거를 마련하는 탐욕적 이성에 지배되어 판단하고, 자유의지가 그에 따라 선택하면, 이 선택에 따른 행위는 〈악행bad action〉이 될 것입니다. 하지만 성찰적 이성이 주도하는 의식과 자유의지가 양심이라는 하얀 나비의 선을 향한 날개 짓을 보며 판단하고 선택하여 행위로 이어지면 이는 〈도덕적, 윤리적 행위ethical act〉가 됩니다.

의식이 양심이라는 하얀 나비의 날개 짓을 보고 따라가려고 해도 의식 안의 이성, 지혜, 지식, 상황판단의 습성이 제대로 작동하지 않고 그 능력이 발휘되지 못하면 오류에 빠져서 악을 행하게 됩니다. 따라서 하얀 나비를 잘 보고 따라가려고 하는 자유의지도 중요하지만, 이와 동시에 이성, 지혜, 지식, 상황판단의 습성을 강화시키는 교육도 중요합니다. 이와 더불어 의식의 판단을 흐리게 할 수 있는 격한 감정도 통제되어야 합니다. 예컨대, 다양한 경시의 형태로부터 유발되는 분노는 우리의 의식을 마비시켜 우리로 하여금 순식간에 악행으로 치닫게 하는 가능성을 높입니다. 따라서 여러분은 아이들에게 모멸감주기, 굴욕감주기, 멸시, 비방, 음해, 모빙 집단 괴롭힘, 따돌림, 왕따 등의 악행이 무엇인지, 나아가 왜 나쁜지 정확히 이해시켜서 타자를 경시하지 않고 존중·인정하도록 교육해야 합니다."

맹자의 양심

나는 여기까지 설명하고 질문을 받기로 했다.

"자, 저희 강의는 여기까지 하겠습니다. 혹시 질문이 있나요?"

어떤 남자 선생님이 손을 들어 질문했다.

"재미있게 잘 들었습니다. 양심이 의식, 자유의지, 감정과 연결된다는 것을 알게 되었습니다. 말씀하신 것처럼 양심을 활성화시키는 것은 교육의 기본인 것 같습니다. 한국에서 오셨으니, 동양에서 양심을 어떻게 보는지 설명해주시면 감사하겠습니다."

나는 물을 한 모금 마시고 맹자B.C. 372~289에 대해 말했다.

"고대 동양의 맹자Mencius가 말한 양심에 대해 조금 설명하겠습니다. 맹자는 동양에서 양심이라는 개념을 처음 사용했습니다. 아퀴나스가 양심을 인간이 본래적·자연적·선천적으로 누구나 지니고 있는 내적 기제라고 말했던 것처럼, 맹자도 양심을 생득적인 것으로 보았답니다. 나아가 아퀴나스와 맹자는 모두 양심이 인간 안에 본래적으로 있지만 자꾸 확충해야사용해야 그 기능이 발휘될 수 있다고 보았습니다. 선천적으로 타고난 선으로 기우는 경향성인 '양심'이 습관을 통해 '습속의 능력'으로 전환되도록 하고 '의식'의 판단 과정과 '자유의식'의 선택 과정에 반영되도록 하는 것이 중요하다고 본 아퀴나스와 비슷하게, 맹자도 인의지심仁義之心이라는 타고난 양심良心을 꾸준히 확충해야 군자가 될 수 있다고 보았습니다. 원문을 한번 들어보시기 바랍니다. 인용은 양심에 대한 맹자의 설명입니다."

"하늘로부터 타고난 바탕으로 본다면 선하다고 할 수 있으니, 이것이 내가 말하는 본성은 선하다는 것이다. 선하지 않게 되는 것은 타고난 재질의 잘못이 아니다. 측은지심(惻隱之心)은 사람마다 다 가지고 있고, 수오지심(羞惡之心)은 사람마다 다 가지고 있고, 공경지심(恭敬之心)은 사람마다 다 가지고 있고, 시비지심(是非之心)은 사람마다 다 가지고 있다. 측은지심은 인(仁)에 속하고, 수오지심은 의(義)에 속하고, 공경지심은 예(禮)에 속하고, 시비지심은 지(智)에 속한다. 이러한 인, 의, 예, 지는 다른 사람이 나에게 줄 수 있는 것이 아니라, 내가 본래부터 지니고 있는 것이지만, 단지 사람들이 생각하지 못할 뿐이다. 〈…〉 우산의 나무〈牛山之木〉가 일찍이 매우 무성하였는데, 대도시의 교외에 있었기 때문에 늘 도끼로 베어지니, 어떻게 무성할 수 있겠는가? 당연히 그것이 밤낮으로 성장하니 비와 이슬이 적셔주어 새싹이 나와 자라지 않음이 없지만, 또 계속하여 소와 양을 방목하니, 이 때문에 저와 같이 민둥산으로 변한 것이다. 사람들은 그 초목이 없는 모양만 보고 일찍이 이 산에는 큰 나무가 있은 적이 없었다고 생각하니, 이것이 어찌 산의 본성이겠는가? 사람에게 보존된 것에 어찌 **인의의 마음**이 없겠는가〈豈無仁義之心哉 — 기무인의지심재〉? 그 **양심**을 잃어버려〈其所以放其良心者 — 기소이방기양심자〉 또한 도끼로 나무를 하는 것처럼 매일매일 베는데 어떻게 아름다워질 수 있겠는가? 〈…〉 사람들은 짐승 같은 행실만 보고 그는 일찍이 선량한 재질을 가진 적이 없었다고 생각하니, 이것이 어찌 그 사람의 본성이겠는가? 그러므로 만일 잘 기르면 잘 자라지 않는 물건이 없고, 만일 기르지 않으면 사라지지 않는 물건이 없다. 공자께서 말씀하시기를 '잡으면 보존되고, 놓으면 잃어버리며, 나가고 들어옴에 정해진 시간이 없고, 또한 어디로 가는지 알 수 없다'고 하셨으니, 바로 사람의 마음을 가리켜 말한 것이다"(맹자 2013, 고자상구 상 11-6, 11-8, 721-735).

"맹자도 사람의 본성이 선하다고 보았습니다. 그는 선하고 맑으며 밝은 본성에 단초가 되는 측은지심, 수오지심, 공경지심, 시비지심이 본래적으로 인간에게 있으며, 이러한 단초를 길러내면 인의예지의 덕이 된다고 보았던 것입니다. 양심은 사단 중에서 측은지심과 수오지심과 관련됩니다. 맹자에 따르면, 자신과 타자를 사랑하는 마음과 악행을 부끄러워하는 마음이 양심입니다. 양심은 두 가지 상이한 감정의 느낌을 수반합니다. 양심에 따라 행동하면 자긍심, 자부심, 떳떳함을 의미하는 호연지기浩然之氣를 느낄 수 있으나 양심에 따라 행동하지 않으면 부끄러움과 수치심을 느끼기 때문입니다.

우산지목牛山之木의 비유는, 산에 나무가 없는 것처럼 보이지만 실제로는 나무가 있었던 것처럼, 인간의 마음에 양심이 없는 것처럼 보이지만 실제로는 양심이 있다는 것을 말해줍니다. 단지 나무를 마구잡이로 베어서, 나아가 소와 양을 풀어 방목해서, 즉 인간의 탐욕으로 인해 양심이 자라나지 않고 보존되지 않았을 따름입니다. 탐욕을 따르는 자는 양심을 잃어버려放心 放心 양심을 느끼지 못하지만 본래 그도 양심을 가지고 있다는 것이 맹자의 입장입니다."

아까 손을 들었던 선생님이 다시 말했다.

"그러한 맹자의 탐욕에 대한 사유는 욕망이 항상 악으로 기운다는 아퀴나스의 입장과도 유사하다고 볼 수 있을까요?"

"그렇습니다."

이제 강의를 마무리할 시간이 되었다.

"정리하겠습니다. 양심은 행위 전에 올바른 것이 무엇인가에 대해 지시하고 행위 후에 떳떳함과 부끄러움이라는 상반된 감정을 유발하는 정신적 기제입니다. 아퀴나스와 맹자는 양심을 타고난 능력이라고 보았습니다. 물론, 그렇게 타고난 능력을 개발하고 확충해야 그 기능이 퇴화하지 않고 제대로 작동할 수 있습니다. 즉, 양심의 활성화와 작동 여부와 관련하여 맹자와 아퀴나스 둘 다 후천적 노력이 필요하

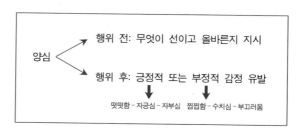

다는 점을 확인시켜주었습니다. 현대의 뇌과학적 관점에서도, 우리의 감정과 사고를 가능하게 하는 뇌신경세포가 그렇듯 양심이라는 하얀 나비가 잘 날게 하는 뇌신경세포도 활성화시켜야 합니다."

"양심의 활성화는 교육의 기본입니다. 아이들이 미래역량으로 지녀야 할 창의, 배려, 소통, 협력은 다양한 경험을 통해, 즉 음악, 체육, 체험, 여행, 독서, 대화, 봉사를 통해 개발됩니다. 하지만 그러한 역량은 양심이라는 보다 근본적인 능력 위에 세워질 수 있는 기둥과 같습니다. 양심이라는 기초가 없이는 창의, 배려, 소통, 협력의 기둥을 세울 수 없습니다. 집을 지을 때 땅을 파서 기초놓기를 견고하게 하지 않고 그 위에 기둥을 세우면 무너지듯이 교육도 마찬가지입니다. 교육에도 기초놓기가 있습니다. 그것이 바로 아이들의 양심을 길러주는 것입니다. 양심이란 모든 아이에게 본래 있는 것으로 교사와 부모에 의해 활성화되고 길러내어져야 하는 내적 역량입니다."

강의를 마치자, 칼과 이르미가 내게 다가왔다. 이르미가 말했다.
"수고했어요."
"고마워요. 이르미, 여기는 내 친구 칼이에요."
"칼입니다."
"이르미에요."

셋이 천천히 걸어서 하이몬가세Haymongasse 거리에 있는 〈리제
하이몬Riese Haymon〉이라는 식당으로 갔다. 내가 오면 이르미가 항
상 가는 곳이다. 인스부르크에서 유일하게 뮌헨에서 가장 맛있는 맥
주인 〈아우구스티너 헬레스Augustiner Helles〉를 파는 곳이고 음식도
좋기 때문이다. 나는 칼을 보면서 아쉬워하며 말했다.

"칼, 운전 때문에 헬레스를 많이 못 마시겠네. 어쩌지?"

"한 잔 정도는 마실 수 있어. 괜찮아."

이르미가 말했다.

"대신 음식을 많이 드세요. 음식 맛이 괜찮아요."

"하하. 그럴까요?"

교육의 기본: 공감능력의 향상

오페라 루살카 이야기

리제 하이몬으로 들어갔다. 예약된 자리도 갔다. 음식과 헬레스를 시켰다. 헬레스가 금방 나왔다. 얼른 한 모금 마셨다. 헬레스는 맑은 색의 맥주로 깔끔하고 담백하다. 헬레스는 보리, 호프, 효모, 물로 만드는데, 보리를 담백한 맛이 나도록 볶아 잘 여과시켜 찌꺼기가 없게 만든 맥주이다. 반면, 우리가 밀맥주wheat beer로 알고 있는 바이스비어Weissbier는 밀, 호프, 효모, 물로 만든다. 밀의 걸쭉한 맛이 살아 있는 맥주이다. 바이스비어는 비타빈 B가 많아서 여성의 피부에도 좋고, 남자의 탈모방지에도 효과가 뛰어나다. 독일의 맥주는 다른 화학 물질을 섞지 않고 순수하게 물, 효모, 호프, 보리, 밀로만 만들고, 각 맥주의 맛을 살릴 수 있는 잔에 서비스되며, 유통기간이 잘 지켜진다. 그래서 맛있다. 너무 많이 마시지 않고 적당히 2~3잔을 천천히 마시면 다음 날 아침에 숙취가 전혀 없다.

● ● ● 루살카(Rusalka) 악보 첫장   ● ● ● 헬레스(Augustiner Helles)

나는 왼쪽 벽면을 보면서 이르미에게 물었다.

"저게 뭐죠. 오페라 루살카에 관련된 것 같은데"

"아, 그거요, 드보르작이 처음 썼던 루살카 악보의 첫 장이에요."

"여기 주인이 루살카를 좋아하나 보네요."

"그런가 봐요."

칼이 말했다.

"루살카 … 비극의 주인공이죠. 물의 요정이었던 루살카가 한 왕자를 사랑하게 되었어요. 그녀는 마녀의 힘을 빌려 인간이 되었죠. 왕자에게 가려고요. 하지만 그러한 마법으로 그녀는 말 못하는 벙어리가 되었고, 차후에 왕자가 배신할 경우, 루살카와 왕자 둘 다 저주를 받을 것이라는 운명의 조건이 붙었어요. 루살카는 왕자의 신부가 되었지만, 그는 루살카를 배신해요. 다른 공주에게 가버려요. 그래서 루살카는 강의 심연에 머무르며 인간을 죽음으로 이끌 때만 등장하는 블루디카죽음의 영가 되고 말지요. 나중에 왕자가 후회하며 루살카를 찾아와 잘못을 뉘우치며 키스를 원해요. 하지만 그녀는 자신이 블루

디카여서 거부해요. 왕자가 완강히 원하자, 그녀와 왕자는 키스를 하고 왕자는 죽죠. 루살카가 슬픔 속에서도 한 인간을 사랑한 운명에 감사하며 강 아래로 내려가는 것으로 이야기는 끝나요."

이르미가 소프라노 목소리를 흉내 내며 마녀인 예지바바의 유명한 대사를 흥얼거렸다.

"사랑은 짧았고, 슬픔은 지속되겠구나."

내가 응수했다.

"루살카가 인간이 되고자 했을 때, 예지바바는 이렇게 경고했죠. '인간은 죄악으로 가득 차 있다.' 그러자 루살카는 이렇게 말했어요. '아니에요. 인간은 사랑으로 가득 차 있어요.' 사랑으로 가득 찬 인간을 사랑하게 된 루살카의 사랑은 짧았고, 슬픔만 남게 된 거죠."

칼이 눈을 감으며 말했다.

"1막의 〈달에게 바치는 노래song to the moon〉라는 아름다운 아리아가 생각나. 잔잔한 하프 연주로 시작되는 곡이었어. 루살카가 달에게 소원을 말하는 내용이었지. 사람들 사는 곳을 돌아보다 왕자를 비추게 되면 자기가 이곳에서 기다리고 있다고 제발 그에게 알려 달라고 노래했던 루살카의 애절한 목소리를 잊을 수 없어."

내가 칼의 감상에 젖은 분위기를 깼다.

"사랑을 하고 싶은데 서로간의 차이로 인해 사랑할 수 없는 루살카는 인간의 모습이기도 해. 우리는 사랑을 갈구하잖아. 그런데 사랑할 수 없어. 결국, 차이를 극복하지 못하거든. 사랑은 우리 삶의 모순을 여지없이 드러나게 하지. 슬프게도…"

이르미가 말했다.

"사랑으로 가득 찬 인간, 죄악으로 가득 찬 인간, 극명한 대립이네요. 해결되지 않을 갈등… 그게 비극을 만들어 내요. 결국, 한쪽이 무너져 내리며 슬픔이 생기는 거고요. 비극의 원리에요."

칼이 말을 이었다.

"죄악으로 가득 찬 인간이라는 말을 들으니까, 특강에서 들었던 양심의 의미를 다시 생각하게 되네요. 양심이 잘 작동하면, 죄악으로 가득차지 않을 것 같은데 … 무엇이 잘 작동하면, 우리는 사랑으로 가득 찬 인간이 될 수 있을까요?

공감능력

헬레스를 마시던 이르미가 말했다.

"공감능력이 아닐까요?"

나는 이르미의 말에 동의했다.

"저도 그렇게 생각해요. 청소년은 초등 및 중등 교육 과정, 즉 성장기의 교육 과정에서 적어도 세 가지 능력을 습득해야 한다고 봐요. 첫째, 아이는 자아라는 개념과 자존감을 가질 수 있어야 해요. 둘째, 아이는 타자와 사귀고 관계를 맺을 수 있는 능력을 키워야 하고요. 셋째, 아이는 직업인이 될 수 있는 능력을 길러야 해요. 첫째와 둘째는 인성과 관련되고, 셋째는 전문지식의 습득과 관련돼요. 양심과 더불어 공감능력의 활성화는 교육의 기본이에요. 아이들은 양심과 공감능력이라는 두 축을 통해 건강한 자아 정체성과 사회적 인간관계를 형성할 수 있어요. 양심의 회복이 자신에 대한 자긍심과 자존감을 향상시켜준다면, 공감능력의 활성화는 타자의 감정, 생각, 느낌 등을 이해하도록 하여 건강한 관계 맺기를 가능하게 하기 때문이지요. 교육을 통해 이러한 두 가지 역량이 아이의 인성에 뿌리내리면, 개인 차원의 지속적인 행위안정성, 사회적 신뢰, 타자에 대한 사랑이 형성되면서 사랑이 가득 찬 인간이 되지 않을까요?"

이르미가 말을 이었다.

"맞아요. 학교의 교육은 양심과 공감능력의 활성화에 초점이 맞추어져야 해요. 그래야 좋은 시민으로 성장할 수 있어요."

"저는 그러한 좋은 시민을 개념 있는 시민, 즉 '개념시민'이라고 불러요. 양심과 공감능력이 잘 활성화가 돼서 상황과 역할에 맞게 적절히 행동할 수 있고, 자신의 정신 안에 돈이라는 개념뿐만 아니라, 자유, 연대, 책임, 정의 등 중요한 개념이 스며들어 있어, 개념들 간의 균형을 맞추며 실천하며 살아가는 사람이 개념시민이에요."

"저도 그렇게 아이들의 정신에 중요한 개념을 침투시켜서 좋은 시민, 그러니까 개념시민으로 살게 하는 것이 교육이라고 봐요."

칼이 이르미에게 물었다.

"공감능력이란 정확히 어떤 역량이지요?"

이르미가 잠시 생각하더니 공감능력에 대해 차분히 설명했다.

"공감共感이라는 개념은 본래 독일어에서 기원해요. 19세기 독일의 문학자이자 헤겔주의 철학자Hegelian였던 프리드리히 테오도르 비쉬Friedrich Theodor Vischer: 1807~1887는 '안으로 들어가서 느끼다ein: 안으로 들어가서, -fühlen: 느끼다'라는 의미로 '공감Einfühlung'이라는 용어를 처음으로 사용했어요. 그 후 미학자였던 그의 아들 로버트 비쉬 Robert Vischer: 1847~1933가 '공감'을 미학적 개념으로 발전시켰어요. 그는 대상과 타자의 안으로 들어가 느끼는 '공감'을 하나의 미학적 체험이라고 보았어요. 공감은 영어로 empathyen: 안에서, pathos: 느끼는 감정이나 고통로 번역되었죠. 공감이란 일상생활에서 우리가 '아 그럴 수 있겠네요', '이해가 되네요', '그래요, 그게 뭔지 알겠어요.'라고 표현할 때 느끼는 간주관적 감정이에요. 즉, 우리가 타자의 느낌, 감정, 사고 등을 직감적으로순간적으로 미처 완전히 의식하지 못한 채로 이해하고 그것을 타자와 소통하는 역량이 공감능력이에요(최현석 2014, 246).

이러한 공감능력으로 우리는 의식적인 판단 이전에 느낌으로 타인의 감정과 의도를 알아낼 수 있어요. 사실 우리가 스스로 의식하지 못한 사이에 우리의 뇌는 항상 타인의 시선에 주목하고, 그에 따라 순간적으로 반응하며, 타인의 표정, 시선, 몸짓, 행동, 태도 등을 보고 앞으로 어떤 일이 일어날지 아주 짧은 순간에 예측하도록 하지요. 예컨대, 누군가 우리에게 미소를 지으면 스스로 의식하지 못하는 사이에 미소 짓는 상대방에게 자신도 덩달아 미소를 지었던 경험을 누구나 해보았을 거예요. 칼도 그런 경험이 있겠지요?

"있죠. 무의식적으로 그런 것 같아요."

"다른 사람의 뇌에서 만들어지는 다양한 감정이나 생각을 나의 뇌에서도 동일하게 느낄 수 있는 역량으로서 공감능력은 우리가 사회적 관계 안에서 살아가는 데 꼭 필요한 것이에요. 우리는 분노, 공포, 슬픔, 기쁨 등과 같은 기본 감정들이나 통증과 같은 감각뿐만 아니라 좀 더 복잡한 감정인 죄책감, 당황, 사랑 등도 공감할 수 있죠.

이러한 다양한 감정에 공감할 수 있기 때문에 우리가 타인을 해치지 않고 이타적이고 도덕적인 행동을 하도록 동기가 부여된답니다. 예컨대, 공감할 수 있기 때문에 부모와 자식 간에 애착관계가 생기고, 배우자 사이에 사랑과 유대감이 생기며, 사회에서 타자와의 관계에서 친밀감과 신뢰가 생기는 거죠(최현석 2014, 236-237, 247). 공감능력이 발휘되지 않으면 우리는 공동체 안에서 건강하게 살아갈 수 없어요. 존재론적으로 바꾸어 말하면, 공감능력이 있기 때문에 우리는 간주관적으로 의미를 교환하며 존재할 수 있는 거랍니다."

거울신경

나는 조금 더 논의를 확장시켜보기로 했다.

"뇌과학적으로 보면, 공감은 뇌의 거울신경이 작동해야 일어나요. 거울신경은 우리가 타인의 행동을 보는 것만으로도 자신이 그 행동을 하는 것처럼 느끼게 해주어요. 이때 활성화되는 뇌의 신경세포는 관찰자가 관찰된 행동을 똑같이 직접 할 때 활성화되는 뇌의 신경세포와 동일하며, 관찰자의 의지나 생각과는 상관없이 자동적으로 활성화된답니다. 거울신경으로 인해, 어떤 행동에 대한 관찰뿐만 아니라 어떤 행동이 일어난 이야기만 들어도, 자신이 그 이야기 속의 행동을 직접 하면서 사용하게 될 뇌의 신경세포가 활성화되고, 단지 행동의 일부를 보거나 들어도 행동의 전체를 가늠할 수 있답니다(최현석 2014, 238). 행동의 부분을 인지하는 것만으로도 이미 행동의 결말을 예견하게 해주는 거죠. 경험을 통해 정보를 축적하고 있는 거울신경은 관찰한 행동을 즉시 자신의 체험으로 이해시켜주며, 관찰한 부분을 보완하여 전체 과정으로 보여주지요(바우어 2012, 32)."

칼이 물었다.

"예컨대, 손끝을 바늘로 찔리는 고통을 당해본 사람은 그 고통이 뇌에 기록되어, 자기가 아닌 다른 사람의 손끝이 바늘로 찔리는 것을 보아도 거울신경의 작용으로 같은 고통을 느끼는 거야?"

"그렇지. 공감은 타자를 자신 안에 비추어보고 그의 의도와 느낌을 감지하는 거야. 즉, 다른 사람의 감정이 우리 안에 들어온다는 말은 상대가 감지하는 느낌이 우리 뇌의 다양한 감정신경체계의 거울 반응으로 인해 자동적으로, 즉각적으로 재구성된다는 것을 의미해.

인간의 삶은 선천적으로 거울신경이라는 유전적 장치가 작동하며 시작되지. 유아는 거울신경에 기초하여 관찰에 따른 모방을 하게 되고, 모방을 통해 주변 사람들과 인간관계를 발전시키고 학습해. 성장하면서 아이의 뇌는 관찰과 모방에 따라 학습하면서 다양한 행동 프로그램을 저장하지. 행동의 시작과 완성, 행동 결과가 주는 감정과 느낌 등을 기록하는 거야. 즉, 거울신경의 작동으로 우리는 자신에 대한 상상과 다른 사람에 대한 그림을 지니게 되며, 이에 기초하여 우리 자신과 타자를 인지해. 그러니까 우리는 타자에게 일어나는 어떤 것을 우리 안에서 똑같이 활성화시킴으로써 타자를 체험하는 거지. 예컨대, 우리가 기쁨, 슬픔, 공포, 두려움, 불안 등의 감정을 느끼면 거울신경이 활성화되는데, 타자가 이와 같은 감정을 느끼는 모습을 볼 때 우리 뇌에서도 동일한 거울신경이 작동해. 그래서 옆 사람의 기분이 좋거나 나쁜 것을 느끼거나 보게 되면 우리의 기분도 덩달아 바뀌는 거야(바우어 2012, 44, 46, 49, 56, 67-68, 9)."

"거울신경이 활성화되어야 공감능력이 있겠네?"

"응. 나아가 거울신경은 개인들 사이의 〈의미와 소통의 공간〉을 만들어줘. 거울신경에는 공동체에 살고 있는 구성원이 보편적으로 보이는 행동, 감정, 태도에 대한 정보가 들어 있기 때문이야. 내가 느끼고 생각하는 것을 타자도 느끼고 생각한다는 경험, 타자가 느끼고 생각하는 것을 내가 느끼고 생각한다는 경험을 통해 우리는 자기와 타자가 근본적으로 같은 인간이라는 점을 알게 돼. 공감을 얻지 못하면, 그러니까, 왕따와 경시의 상황에 지속적으로 노출되면, 이는 의미와 소통의 공간으로부터 배척당하는 것과 같아. 그럴 경우, 생리적으로는 고통과 통증을 완화시켜주는 내인성 오피오이드opioide와 옥시토신oxytocin의 분비가 억제되면서 불안해지며, 육체적으로는 병이 들고 말아(바우어 2012, 104, 111-114). 그래서 교사는 항상 학급이라는 공동체에서 어떤 학생들도 소외되지 않고 모두가 참여할 수 있는 활동을 제공하여 아이들이 상호적 거울반응을 통해 서로간에 간주관적 공감과 인정을 느낄 수 있도록 유도해야 해."

이르미가 나와 칼을 보며 말했다.

"거울신경과 관련하여 논문을 읽은 적이 있는데, 이런 말이 있었어요. 실험을 해보면, 거울신경은 공포, 두려움, 스트레스, 경쟁의 상황에서 잘 활성화되지 않는대요. 그런 분위기가 조성되면 자동적으로 거울신경이 위축되면서 감정이입 능력, 타자의 생각과 의도를 인지하는 능력, 모방에 입각한 학습능력이 떨어진대요. 그래서 교사는 교실에서 공포분위기를 조성해서는 안 되겠지요. 교사는 항상 부모의 마음으로 아이의 생각, 태도, 감정에 반응하며 소통해야 합니다.

나아가 거울신경은 관찰된 행동을 모방하도록 준비시킨다고 하더군요. 예컨대, 아이가 매체를 통해 폭력적인 장면을 볼수록 폭력을 행사할 확률이 높아지는 거죠. 교사는 아이에게 폭력적인 장면보다는 아름다운 장면을 보여주어야 합니다. 이와 더불어, 거울반응은 좋은 경험뿐만 아니라 폭력과 같은 나쁜 경험에 대해서도 일어난대요. 예컨대, 폭력을 당한 희생자의 거울신경은 복수하는 프로그램을 활성화하지 않고 그 대신 폭력 가해자의 행동 프로그램을 활성화하여 무의식적으로 폭력을 자신에게 가한다는 거예요. 끔찍하죠. 피해자의 자살은 그래서 일어나는 거예요"(바우어 2012, 35-40, 122).

우리는 공감능력에 대해 이런 저런 얘기를 하다가 자리를 파하기로 했다. 너무 늦기 전에 뮌헨으로 가야 했기 때문이다. 우리는 천천히 걸어서 PHT 주차장으로 돌아왔다. 이르미하고는 10월에 다시 보자며 작별인사를 했다. 칼과 나는 뮌헨으로 출발했다.

교육개혁의 방향

운전을 하며 칼이 흐뭇한 표정으로 말했다.

"오늘 같이 오길 잘한 거 같아."

"좋았어?"

"교육의 기본에 대해 생각해 볼 수 있는 기회가 되었어. 양심과 공감능력을 활성화시켜 주는 게 교육의 기본이라는 말에 동의해."

"재미있는 신화 하나 들려줄까?"

"당연히 해줘야지. 내가 졸지 않게. 하하."

"플라톤Plato의 저작 『프로타고라스』에 나오는 이야기야. 인간은 본래 프로메테우스와 에피메테우스의 불완전한 합작품이었어. 태초의 인간은 공동체생활을 하지 못했지. 서로 다투면서 힘든 생활을 했어. 그걸 본 제우스가 헤르메스에게 시켜서 모든 사람의 마음에 '정의justice'와 '염치shame'를 심어주었어. 비로소 인간은 올바름정의에 기초하여 부끄러움염치을 느낄 줄 알게 되었고, 공동의 선을 추구하면서 '협력'할 수 있는 정치적 본성을 갖게 되었어.

신화이니까 믿거나 말거나 … 나는 이 신화가 우리에게 많은 함의를 준다고 생각해. 이미 우리 안에 올바름을 향하는 양심이 있다는 말이잖아. 양심은 모든 사람의 정신에 침투되어 있는 보편성으로써, 즉 개념으로써 우리 정신에 있는 거지. 그걸 잘 활성화시켜야 해. 그래야 공동체가 살기 좋고, 아름다운 공동체가 되는 거지. 현재 우리 사회에서는 양심이 아니라 돈이 모든 사람의 정신에 하나의 개념으로 침투되어 있어. 그래서 양심이 아니라 돈의 논리에 따라 사는 사람이 개념 있는 사람으로 인정되지. 하지만 나는 그렇게 생각하지 않아. 양심도 이미 개념으로써 우리 안에 본성으로 스며들어 있어. 활성화가 관건이야. 개념으로 작동할 수 있도록 해주어야 해. 그래야 돈의 개념과 양심의 개념이 서로 균형이 맞춰지지. 그 역할을 누가 하겠어? 현실에서는 맞벌이 부부가 많아. 부모가 못하면 교사가 해주어야 해. 그렇지 않으면 세상을 갈수록 살기 힘든 곳이 될 거야."

"그래서 나도 교사의 역할이 중요하다고 생각해."

"교사의 수준은 교육의 수준을 결정하고, 교육의 수준은 정치의 수준을 결정하며, 정치의 수준은 국가의 운명을 결정하지."

"멋있는 말이야. 그러니까, 논리의 흐름을 따르면, 교사의 수준은 국가의 운명을 결정하는 거네."

"그렇지. 교사를 잘 양성해야 좋은 나라가 되지."

▌「눈먼 자들의 도시」에서 개념 있는 리더십
▌칼이 담배를 꺼내 피우면서 천천히 말했다.

"너의 얘기를 듣다 보니까, 얼마 전에 읽은 주제 사라마구Jose Saramago: 1922~2010의 소설 『눈먼 자들의 도시Blindness』가 생각나.

읽는 동안에도 마음이 불편했고, 읽고 나서도 그랬어. 보고 싶지 않은 인간 본성을 노골적으로 보여주기 때문인 것 같아. 우리는 보고 싶은 것만 보잖아. 그래서 눈을 뜨고 있어도 보지 못하는 것이 많아. 예컨 대, 생존 본능에 따른 이기적 욕망의 표출은 시장의 경쟁에서 자연스 럽게 인정되기 때문에 간과되지. 우리 안에 있어도 보지 못해. 우리 안에 은밀하게 들어 앉은 어두운 본성이기에 보고 싶지 않을 수도 있어. 우리는 보고 싶지 않은 것을 대개 감추려 하잖아. 그래서 눈을 떠 감춰진 것을 보게 되면 고통스럽고 불편하지.

사라마구는 보고 싶지 않고 인정하고 싶지 않은 우리의 실체를 보여줘. 그래서 소설의 제목과는 달리 우리의 눈을 뜨게 만들어 주지. 사라마구는 한 여인의 눈을 통해 인간의 발가벗은 모습을 처절하게 보여주고 있어. 소설에서, 한 여인만이 시력을 유지하고, 다른 사람들 은 실명이 되지. 눈에 사물은 보이지 않고 하얀 색만 보이는 백색 실명의 전염병으로 사람들은 자신의 인간성을 잃어버리고 동물의 수 준으로 하락하며, 시력이 회복될 때까지 동물적 삶을 살아가."

예전에 읽었던 그 책을 떠올리며 칼이 얘기하는 것을 들었다.
"보는 자와 보지 못하는 자들. 그들 사이에 힘power의 간극은 현 격하게 벌어져 있었어. 갑작스럽게 눈이 먼 250명이 정신병동에 감금 당했어. 그 사람들의 무리에서 '의사 부인'만이 정상적으로 시력을 유지하고, 나머지 사람들은 실명 상태에 놓이게 돼. 이러한 상황에서, 볼 수 있는 능력은 신과 같은 절대적 힘을 보유한 것과 같았어. 의사 부인은 자신이 볼 수 있다는 사실을 전혀 알리지 않고 실명자들을 돌보아. 그녀는 정신병동에 감금된 실명자들이 '눈먼 짐승'으로 변하 지 않게끔 올바름에 기초한 양심을 끊임없이 얘기하고 실천했어. 내 가 보기에, 그녀는 교사의 역할을 잘 해내었던 거지.

세상이 그렇듯, 의사 부인이 있는 우 병동 1호실과는 다르게 좌 병동 3호실에서는 '눈먼 짐승'이 지배하게 돼. 총을 소지한 한 '눈먼 악당'이 실명에 이미 익숙해져 있었던 장님의 도움을 받아 병동으로 들어오는 음식을 가로채고 모든 사람에게 공평하게 분배되어야 할 음식을 돈을 받고 팔기 시작한 거야. 그것도 모자라 음식을 받으려면 여성의 몸을 바치라고 요구하고. 좌 병동 3호실 남자들은 '눈먼 악당'을 따르며 '눈먼 짐승'이 되어버리지. 눈먼 악당의 리더십은 총과 폭력에 기초하여 사람들을 예속시키는 전제적 리더십이었으며, 그 아래에서 사람들은 인간성과 양심을 완전히 상실해버려.

의사 부인을 포함하여 정신병동의 여성들은 음식을 받기 위해 '눈먼 짐승'의 요구에 따를 수밖에 없었어. 강간당하는 여성의 고통을 목도한 의사 부인은 두목인 눈먼 악당을 가위로 찔러 죽였지. 의사 부인은 보이는 눈을 이용해 악당들의 두목을 살해하고, 눈먼 자들에게 자유를 되찾아 주었어. 누구에게도 자의적으로 예속당하지 않을 자유, 노예상태로부터의 자유, 그러한 인간 본연의 자유가 회복되었어. 그녀의 행위로 병동에 있는 사람들은 악당에 대항하여 투쟁하게 되고 투쟁의 과정에서 어떤 여자가 악당들이 있었던 좌병동 3호실에 방화를 하여 정신병동 전체가 불에 타고 사람들은 밖으로 나오게 돼. 시간이 지나 사람들이 시력을 회복하면서 이야기는 끝나."

"줄거리를 들으니까, 예전에 읽었던 내용이 기억나는데."

"읽어 봤어?"

"아주 오래전이라 … 재미있게 읽었던 것 같아. 칼! 그 후속편도 있어. 『눈뜬 자들의 도시』"

"그래?"

"『눈먼 자들의 도시』에서는 정부가 취한 조치는 눈먼 사람들을 수용소에 가두는 것 밖에 없었잖아. 정치가 전혀 소용이 없었지. 『눈뜬 자들의 도시』에서는 백색 실명이 아니라, 백색 투표가 일어나. 사람들이 선거의 투표에서 아무 것도 표기하지 않고 백색으로 투표용지를 제출한 거지. 의사부인은 백색 투표의 주동자로 몰리게 되고."

"재미있겠다."

"『눈먼 자들의 도시』에서처럼 강렬하지는 않지만 읽을 만해."

어두운 밖을 보며 이런 생각을 해 보았다. 눈뜬 부인 의사의 리더십은 〈개념 있는 리더십: 눈뜬 자의 리더십〉이며, 눈먼 악당 두목의 리더십은 〈개념 없는 리더십: 눈먼 자의 리더십〉이 아닐까? 눈뜬 자의 리더십은 우월한 힘에 기초하지만 인간성humanity과 존엄성dignity을 보존하려는 철학을 통해 펼쳐지고 사람들을 진정한 자유의 상태로 이끌어 준다. 이와 다르게, 눈먼 자의 리더십은 우월한 힘에 기초하지만 이기적 욕심을 채우려는 탐욕에 의해 펼쳐지고 인간성과 존엄성을 파괴하면서 사람들을 노예와 같은 예속의 상태로 이끈다. 힘, 철학, 자유가 〈눈뜬 자의 개념 있는 리더십〉을 구성한다면, 힘, 탐욕, 예속은 〈눈먼 자의 개념 없는 리더십〉을 구성한다.

눈먼 자들의 도시에서 〈개념 있는 리더십〉과 〈개념 없는 리더십〉을 관찰할 수 있듯이 우리의 학교에서도 그러한 두 종류의 리더십을 목격할 수 있다. 아이를 자유로 이끄는 리더십이 있는가 하면, 노예로 만드는 리더십이 있다. 학교는 시력이 있으면서도 보지 못하는 '눈먼 자들의 학교'와 같다. 학교와 교육부는 볼 수 있고 생각할 수 있으면서도 공교육의 진정한 개념과 의미를 보지 못하고 성찰하지 못한다. 학교는 '죽은 시인의 사회'가 되어버렸다. 학부모, 학생, 선생님, 교육행정가, 정치인이 총체적으로 교육이 무엇인지 보지 못하는 사태가 발생한 것이다. 그들에게 교육은 좋은 대학을 가기 위한 지식의 습득이자, 학벌과 경쟁력의 수단일 뿐이다. 모두가 합심해서 아이들을 자본에 예속되는 노예상태로 이끌어 가고 있다.

최근 학교 폭력을 통해 여실히 드러나고 있는 아이의 모습은 '눈 먼 교사와 부모의 개념 없는 리더십'이 빚어낸 결과이다. 아이는 자율을 모른다. 진정한 자유로 이끌지 않았기 때문이다. 평등도 모른다. 정의로 이끌지 않았기 때문이다. 자신이 원하는 것도 모른다. 자기 자신을 알도록 이끌지 않았기 때문이다. 공부를 왜 해야 하는지도 모른다. 지식을 암기하도록 이끌었기 때문이다. 행복도 모른다. 내적 충만함과 감사함으로 이끌지 못했기 때문이다. 자신만 알고 남의 고통에 즐거워한다. 공감과 연대로 이끌지 못했기 때문이다. 진지하게 대화할 줄도 모른다. 소통으로 이끌지 못했기 때문이다. 감정을 통제할 줄도 모른다. 자신의 감정을 차분히 성찰하며 자기를 관리하는 습관을 길러주지 못했기 때문이다. 좋아하는 것과 싫어하는 것만 알고, 올바른 것과 올바르지 않은 것이 무엇인지 모른다. 양심과 공감능력에 기초한 시민교육과 윤리교육을 경시했기 때문이다.

이와 반대로, 아이들은 경쟁을 너무 잘 안다. 야만적 경쟁으로 이끌었기 때문이다. 폭력도 너무 잘 안다. 폭력을 방관했기 때문이다. 돈을 최고로 알며 행복의 원천으로 인식한다. 돈의 논리로 이끌었기 때문이다. 이러한 돈, 폭력, 경쟁과 관련된 태도가 결합되어 내적 가치관으로 굳어지면 결과는 참담하다. 그들이 성장하여 시민이 되면, 자유, 정의, 행복, 협력, 연대, 소통, 자기통제에는 눈이 멀어 버린다. 그들의 눈에는 돈 밖에 보이지 않는다. 돈과 관련해서만 개념 있는 사람이 되어 버리는 것이다. 그들은 다른 사람은 아랑곳 하지 않고 자신의 탐욕만을 충족시키기 위해 폭력까지 행사하고 차가운 경쟁을 하면서 돈을 번다. 하지만 서로에게 남긴 상처로 아파하고 불행하게 된다. 교사와 부모의 개념 없는 리더십의 결과는 불행이다.

교육 문제의 근원: 대학과 교육부

뮌헨에 도착했다. 10시가 조금 넘었다. 칼이 맥주 한잔을 더 하자고 했다. 칼도 이제야 마음껏 마실 수 있을 것 같았다. 인스부르크에서는 운전 때문에 헬레스 한 잔으로 홀짝거렸다. 그런 칼을 보며 내마음도 편하지 않았다. 칼은 안내 데스크에 잠깐 들렀고, 나는 바로호텔의 바로 갔다. 칼이 오자 바이스비어가 나왔고, 칼은 한 번에거의 잔을 다 비워버렸다. 칼이 머뭇거리며 나에게 말했다.

"뮌헨으로 돌아오면서 차에서 물어보려고 했는데 … 혹시 네가 기분이 상할까봐 물어보지 못한 게 하나 있어."

"뭔데?"

"한국 교육 문제의 근원이 뭐야?"

"정작 그렇게 물어보니까 어떻게 대답해야 할지 잘 모르겠어. 모든 게 엮이고 섞여서 … 여러 갈래로 엉킨 매듭을 풀어야 가장 밑에깔린 문제의 근원이 무엇인지 알 수 있을 텐데."

"지금 내 앞에서 한번 풀어봐, 할 수 있으면 …"

"우선, 문제의 핵심은 대학입시를 위한 암기 위주의 주입식 교육이 여전히 교육의 일상이라는 점이야. 대학입시는 '대학의 서열 체제'에서 상위 대학에 진입하려는 게임이야. 대학의 서열화로 학벌주의가심각해. 대학의 서열 체제는 대학을 중심으로 대학 아래의 중등교육기관을 서열화하는 것은 물론 학교에 재학하는 약 1,000만 명의 학생들까지 서열화해. 나아가 대학 이후의 취업과 사회적 지위까지도 서열화하지. 대학이 사회 전체의 서열화에 영향을 주는 거지. 현대판계급사회의 정 중앙에 대학이 위치하고 있어. 그러니까 좋은 대학에진학하기 위한 '만인에 대한 만인의 투쟁'이 전개되는 거지.

우선, 대학의 서열 체제는 고등학교의 서열화에는 물론 중학교의서열화에까지 영향을 줘. 아이가 경험하는 학교 교육의 과정 전체가 서열화되는 거지. 그러니까, 명문 중학교에 가야 명문 고등학교에 갈 수 있고, 명문 고등학교에 가야 명문 대학교에 갈 수 있어. 이러한 상황에서 대학 진학을 위한 '입시'가 폭력적인 방식으로 학교의 모든 교육방식, 교과내용, 평가방법을 결정해버리는 거야. 나아가 대학의 서열 체제를 유지시키기 위해, 모든 교과를 암기해서 보는 오지선다의 일제식 수능평가로 전국의 모든 학생을 1등부터 60만등까지 서열화하지. 10%인 6만등을 넘어가면 인생의 낙오자가 되어버려. 대체로 6만 명 정도가 좋은 대학에 입학하니까. 54만 명은 상위 6만 명의 우수한 아이들의 확고한 위치를 위해 자신을 희생하는 불행한 액세서리고. 수능시험은 대학의 서열 체제를 유지하는 최고의 도구야.

더 심각한 건, 서열을 가리기 위해서, 교과내용이 너무 어렵게 구성되어 있어. 교과내용의 높은 난이도로 인해 아이들은 스스로 호기심에 입각해서 배우려는 학습동기를 잃어버리고 억지로 외워서 성적만 잘 받으려고 해. 그래서 대학에 들어가면 더 이상 학습하지 않아. 취업을 하고 나면 더욱더 배우려고 하지 않지. 암기하는 데 너무 지쳐서 그래. 그래서 우리나라 사람은 스스로 배우는 평생 학습의 태도와 능력이 OECD 국가 중에서 최하위권이야. 나이가 들수록 경쟁력이 없어지는 거지. 미래 사회에서는 평생토록 주도적으로 학습할 수 있는 역량이 요구되는데, 우리의 교육은 이에 매우 취약해.

대학의 서열 체제에서, 대학 아래로 매년 60만 명의 아이들이 이런 상태로 중등교육과정을 마치고 고등교육과정을 거쳐 사회로 나간다고 생각해봐. 사회적 불평등이 심화되는 것은 당연해. 대학의 서열화는 취업의 서열화를 낳고, 취업의 서열화는 소득의 서열화를 낳지. 소득의 서열화는 다시 가정에 따라 소득의 격차를 가져오고, 이는 교육의 격차를 발생시켜서 사회적 불평등이 다시 심화돼. 대학의 서열 체제를 중심으로 한 악순환으로 계급 사회가 고착되어버려.

사느냐 죽느냐의 전쟁 상황과 같은 고등학교 학생의 살벌한 점수 경쟁과 부모가 연간 18조에서 40조 원까지 지출하는 사교육비로 대학의 서열 체제가 견고하게 유지된다는 사실이 참 슬퍼. 거대한 사회적 비용을 희생시키면서 결국 남는 게 대학의 서열 체제고, 그 서열 체제가 다시 사회에서 학벌 중시 고용구조로 연결되며 계층 고착화와 사회적 불평등으로 귀결된다는 사실이 안타까울 뿐이야. 암기식 공부 이외에 다양한 잠재능력을 가지고 있을 다수의 아이가 대학의 서열 체제에 의해 대학 입학부터 서열화된 불평등 구조에 유입되는 거지. 한 명, 한 명 아이가 소중한 시대에 한 명, 한 명의 아이를 깊은 패배감에 빠뜨리는 꼴이야. 이러한 의미에서 대학은 교육을 황폐화시키는 근원이자 사회적 불평등의 근원이라고 볼 수 있어.

　모든 엄마는 자기 자식이 60만 명 중에 6만 명 안에 들어가길 바라면서 비인간적이고 비교육적인 사교육 시장으로 아이를 내몰아. 사교육은 부모의 삶은 물론, 아이의 삶까지도 파괴하고 말아. 공부를 잘해야 '좋은 삶'을 살 수 있다는 부모의 믿음은 거의 종교에 가까워. 그 믿음이 요즘 시대에 꼭 실현된다고는 볼 수 없어. 하지만 그러한 확증편향적 믿음이 '엄마'의 모성애와 결합되면 강력한 추동력을 얻지. '엄마'는 자신의 욕망을 담아 자식의 생애를 설계해. '엄마'는 아이가 공부를 통해 성공신화의 길을 가기를 기대하지. 공부를 잘해야 좋은 대학에 가고, 좋은 대학을 가야 좋은 직장, 좋은 평판, 좋은 혼인, 좋은 주거가 보장된다고 생각하는 거야. 그래서 '엄마'는 생활비를 아끼며 아이의 사교육에 '묻지 마 투자'를 실행해. 사실, 모든 '엄마'의 자연스러운 모습이기도 해. 하지만 이러한 '묻지 마 투자'가 아이와 엄마를 행복으로 이끄는지 성찰해보아야 해. 나아가 우리가 직면하는 〈위험사회〉와 〈4차 산업혁명〉의 시대에도 공부를 잘해야 '좋은 삶'을 살아갈 수 있는지에 대해서도 점검해 봐야 하고.

우리나라에서 공부를 잘한다는 것은 정확히 말해서 지식 암기를 잘해서 선다형문제를 잘 푸는 것을 의미해. 이러한 암기위주의 공부를 잘하면 좋은 대학에 진학하지. 학생에게는 엄청난 반복훈련으로 시험문제의 패턴을 암기하고 신속하고 정확하게 답을 찾는 능력이 요구되고. 공교육과 사교육은 단지 학생의 이러한 공부 능력을 극대화시켜주는 과정일 뿐이야. 대학전형 중의 하나인 수능전형은 이러한 공부스타일에 최적화된 시험형태야. 그런데 과연 이러한 방식으로 공부를 잘해서 창의력 없이 시험만 잘 보는 아이가 디지털 시대에서 요청되는 미래역량을 갖추고 '좋은 삶'을 살 수 있을까? 가장 심각한 건, 그렇게 살벌한 경쟁 속에서 공부를 했음에도 대학교 졸업생이 취직을 못한다는 점이야. 취직을 해도 절반 이상이 비정규직이고. 미래가 보장된 안정된 직장이 너무 적어. 그럼 무슨 문제가 생기는지 알아? 두 가지 문제가 발생해. 하나는 대학이 취업기관으로 역할을 하면서 대학 본연의 역할을 못한다는 점이야. 다른 하나는 많은 학생이 공무원 시험을 보려고 고시촌으로 향해. 공무원이라는 게 그렇게 창의적인 직업은 아니잖아. 젊은이들은 도전하려고 해야 하는데, 도전하지 않아. 안전한 것만 찾으려고 하지. 그러면 사회는 정체되는 거지. 더 이상 발전 동력이 없어. 악순환이야."

가만히 듣고 있던 칼이 진지하게 말했다.

"그렇게 하나씩 얘기를 들어보니까, 한국이라는 나라는, 교육이 불평등을 야기하는 나라, 부모가 공교육비를 부담하는 나라, 사교육이 삶의 질을 떨어뜨리는 나라, 성적이 아니라 학습이 필요한 나라인데 … 그렇게 만드는 문제의 주범이 대학이라는 말이네."

"그렇지. 대학은 서열 체제 안에 안주하며 자신의 본질과 역할을 잃어버렸어. 한 아이, 한 아이의 미래역량을 길러주기 위한 공교육의 과정은 초등학교에서 시작되어 대학교에서 완결되잖아. 그치? 물론, 그렇다고 해서 배움의 길이 대학에서 끝나는 것은 아니야. 미래 사회에서는 오히려 대학을 졸업하고도 평생토록 '학습역량'을 발휘하며 배워야 하니까. 하지만 대학교는 공교육의 마지막 단계라는 점에서 공교육이 추구했던 인재상이 최종적으로 만들어지는 지점이기도 해. 개인의 특수한 직업역량_{자신의 전문 분야에서 상상력을 발휘하여 창의적 융합을 극대화하는 역량}에 보편적인 학습역량_{호기심에 따라 자유롭게 탐색하고 학습하며 지속적으로 지식을 체계화하는 역량}, 사회역량_{타자와 공감하면서 소통, 성찰, 참여, 협력할 수 있는 역량}, 윤리역량_{양심과 도덕에 따라 자신을 통제하며 욕구와 욕망을 충족시킬 수 있는 역량}이 견고하게 최고 형태로 아름답게 빚어지는 단계가 고등교육과정이라고 볼 수 있어. 한 명, 한 명의 학생이 지닌 특수성과 보편성이 교육을 통해 최종적으로 조합되는 단계가 고등교육과정인 거지. 대학교를 졸업했다면, 자신이 전공한 분야에서 지속적으로 학습할 수 있는 역량과 더불어 국가와 세계의 시민으로서, 회사의 직장인으로서, 가정의 일원으로서, 도덕성과 책임감에 기초하여 소통하고 참여하며 협력할 수 있는 '자유인'이 되어 있어야 해.

'대학다운 대학'은 이렇게 한 학생, 한 학생의 미래역량_{직업역량, 학습역량, 사회역량, 윤리역량}이 탁월한 수준까지 이르도록 이끌어 주어야 하지. 이것이 대학의 본질적 기능이고, 대학이 존립하는 근거야. 대학이 취직률, 연구업적, 사업수주실적 등 가시적으로 보이는 성과에 집착한 나머지 본래 수행해야 할 본질적 기능을 수행하지 않으면 그 존립의 근거는 사라지고 말아. 대학은 최고 단계의 〈성찰적, 협력적, 창의적 사람〉을 길러내야 곳이야. 하지만 지난 10년간 대학은 '대학다움'을 잃어버렸어. 대학은 교육부가 재정지원을 미끼로 추진했던 상업주의적 고등교육정책으로 시장의 노예로 추락하고 말았지. 학문 연구의 상아탑의 이미지를 잃어버렸으며, 사회 불평등을 해소하면서 사회통합을 견인하는 공공성까지 상실해버렸어. 그렇다고 학생을 잘 길러냈다고 볼 수도 없고, 장기적으로 국가의 경쟁력에 도움이 되는 의미 있는 연구를 수행했다고도 볼 수 없어. 그래서 우리 대학의 경쟁력은 스위스국제경영개발원IMD의 2014년 발표에 따르면 비교 대상이었던 60개국 중에서 53위밖에 되지 않아."

"교육부가 대학을 시장의 노예로 만들고 말았다고?"
"그래. 시장의 논리와 결합된 교육부의 정치에 고등교육은 물론 모든 교육이 망가졌어. 예컨대, 시장과 정부가 협력해서 국립대학의 법인화를 추진했어. 우리나라의 최고 국립대학인 서울대가 법인화되었지만, 다른 국립대는 법인화정책에 저항했지. 그러자 교육부는 막가파 식으로 대응했어. 상호 약탈 방식의 성과연봉제를 도입했고, 총장 직선제를 폐지했으며, 평가와 재정 지원 사업으로 대학의 학문 자유와 자치를 말살해버렸어. 교육부가 대학을 '대학 아닌 대학'으로 만들어버린 거지. '대학 아닌 대학'은 사회의 서열 체제를 고착화시키는 단순한 입시기관과 취업기관으로 변질되어, 비판과 창의에 기초하여 꿈을 꿀 수 있는 공간으로서의 대학은 사라져버렸어. 결국, 정치, 경제, 사회, 문화, 과학 등 사회의 모든 영역에서 발전을 선도해야 하는 사회적 책무도 더 이상 기대할 수 없게 되어버린 거야.
교육부의 의사결정방식은 일방적이고, 다양한 교육 주체가 참여해서 합의하는 절차가 없으며, 있다고 해도 형식적이야. 교육정책은 시장의 차가운 경쟁 논리에 동조하기 때문에, 교육이 사회 불평등의 원인이 되어 버리지. 정권의 요구에 따라 교육정책이 자주 바뀌는 바람에, 교육정책에는 일관성이 없으며, 갈등과 불안을 유발하고 있어. 예컨대, 입시제도의 잦은 변경으로 학생과 학부모를 사교육의 덫에 가두어. 나아가 나라의 근간인 민주주의 정신도 실현하지도 않아.

방금 말했듯이, 총장직선제 폐지, 성과급적 연봉제 도입, 대학 서열 체제의 방치와 견고화, 교육정책의 일방적 추진, 사립대의 비리 묵인, 역사 국정교과서의 도입, 학문 자유와 대학 자치의 파괴 등 정상적인 교육부라면 상상하기 어려운 '비민주적 갑질'을 국가의 교육정책이라는 미명하에 집행해왔어. 교육부로 인해 어린이집, 유치원, 초등학교, 중학교, 고등학교, 대학교 등 모든 교육 현장은 이리저리 찢긴 채로 상처투성이야. 이러한 교육부가 계속 유지되어야 할까?

교육부가 존속하려면 조직 내부의 성찰과 개혁이 전제되어야 해. 기능과 권한도 조정되어야 하고. 현실적으로 보았을 때, 교육부를 폐지하는 것은 어렵겠지. 당장 교육부가 사라지면 어떤 부처가 교육에 대한 예산과 정책을 집행할 수 있겠어? 교육부가 '자본의 길'이 아니라 '사람의 길'을 가도록 개혁하는 것이 현실적인 방안이야. '소수의 아이와 소수의 대학에 자원을 집중했던 교육부'가 '모든 아이를 우리 모두의 아이로 길러낼 수 있는 교육부'로 바뀌어야 해." 그러니까 교육부는 교육의 본래 의미를 회복시키려는 정책으로 선회해야 할 거야. 그렇지 않으면 개념 없는 교육부로 남고 말아. 자본의 개념이 아니라, 교육의 개념이 모든 아이의 정신에 침투할 수 있도록 정책을 만들고 실행해야, 교육부는 개념 있는 교육부가 될 수 있어."

| 교육정책의 방향

칼이 답답한 듯 밀맥주를 다시 들이키며 말했다.

"지난 대선에서 교육정책을 설계했다며? 그 때에도 방금 말했던 그런 문제의식을 반영했어? 앞으로 잘 될 것 같아?"

"같이 했던 학자들과 의원 보좌관들이 한국의 교육 문제에 공감을 하고, 그 공감 위에서 교육정책을 마련했어. 대학에 대한 정책이 미흡

했던 점이 아쉬워. 향후 걱정이 되긴 해. 교육정책이 워낙 민감한 사안이고, 정치권에서는 표를 의식하기도 해. 그리고 온 국민이 다 교육전문가야. 자식을 키우며 고통을 당하며 각자 교육의 문제점과 나아가야 할 지점을 고민해왔기 때문이지. 현장의 목소리를 경청하며, 소통하면서 하나씩 풀어나가는 것이 중요하다고 생각해."

"몇 가지 중요한 교육 개혁의 방향만 얘기해봐."

나는 스마트폰을 꺼내서 칼에게 그림 하나를 보여주었다.

"〈생애별 교육정책과 미래역량 곡선〉이야. 이 그림 안에 향후 추진되어야 할 중요한 정책을 담아 보았어. 선거 캠프에서 같이 만들었던 교육정책에 내가 더 추가해서 그려본 거야. 교육개혁을 위한 중요한 포인트를 정리했다고 해야 할까 … 아무튼, 우리의 교육은 시민역량(학습역량, 사회역량, 윤리역량과 직업역량으로 구성된 미래역량이 20대 이후에도 꾸준히 상승하도록 교육을 운영해야 해. 그래야 사람들이

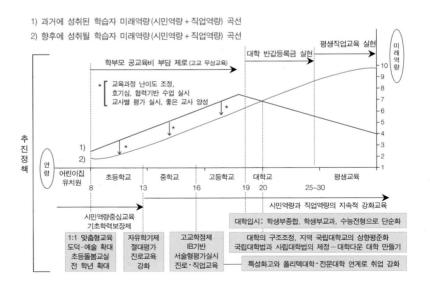

미래 사회에서 지속적으로 스스로 학습하며 살아갈 수 있으니까. 교육정책의 제1원칙이라고 볼 수 있어. 그러기 위해서는 교육과정의 난이도를 낮추는 것이 급선무야. 교육방식과 평가방식도 바꾸어야 하고. 아이들이 협력기반의 수업 안에서 호기심에 입각해서 스스로 배울 수 있도록 해야 해. 특히, 도덕과 예술 수업을 강화해서 아이들이 양심, 공감능력, 자기개념을 활성화시킬 수 있도록 해야 하고. 경필硬筆 수업도 도입해서 아이들이 글씨를 바르게 쓸 수 있도록 하는 것도 필요해. 요즘 아이들은 한글을 아름답게 쓰지 못해. 글은 태도이자 정신이거든. 나아가 중학교와 고등학교에서도 일제식 평가가 아니라, 교사별평가를 확대 실시하는 것도 중요하지. 교사별평가를 실시하는 데 있어, 가장 장애가 되는 것은 교사의 질이야. 학부모가 교사를 믿지 못하거든. 고등학교에서 평가를 모두 서술형으로 바꾸고 그에 기초해서 학생에게 내신을 줄 경우, 서술형 시험을 공정하고 엄격하게 집행할 교사가 절대적으로 필요해. 그래서 교사양성대학에서는 암기형이 아닌 '서술형' 교사를 양성해야 해.

　나아가, 중학교에서만 실시하는 자유학기제를 고등학교에서도 한 번 더 실시해서 아이들이 자신의 적성과 미래를 성찰할 수 있는 여유와 기회를 줘야 해. 쉼표가 있는 교육이지. 고교학점제를 실시하도록 되어 있는데, 아이들이 자기가 원하는 과목을 선택해서 이수하도록 하는 제도야. 심화과목에서는 교사와 아이가 프로젝트 수업을 하면서 한 주제에 대해 깊이 조사하고 연구해 볼 수 있어. 미국의 고등학교에서는 이미 60년대부터 실시하고 있는 대학 수준의 심화수업인 AP Advanced Placement: 우수반 배치, 심화수업도 단순히 난이도의 차이에서 조금 어렵다면 아이의 창의성과 사고력을 키워줄 수 없다고 판단하고, 새롭게 IB International Baccalaureate: 국제인정 바칼로레아수업을 개설하여 사고력과 창의력을 키우면서 대학 진학을 준비시켜. 미국의 좋은 대학은 IB의 성적을 보고 학생을 선발하는 추세고. 즉, AP보다 소수로 구성된 학급에서 프로젝트 기반으로 하나의 주제에 깊이 파고드는 학습을 유도하며 사고력을 서술형으로 평가하는 IB가 아이의 미래역량을 키워주는 데 적합하다고 본 거지. IB는 너희 독일의 아비투어 시험과 비슷해. 고등학교에서 미리 몇 개의 과목을 깊게 연구해보는 거지. 시험은 서술형으로 아이의 창의적 사고력을 평가하는데, 한국의 고등학교도 그렇게 해야 해.

향후 고교학점제 기반 내신이 대학 진학을 결정하도록 하며, 수능은 대학을 진학할 수 있는 자격고사로 그 의미가 한정되어야 할 것 같아. 현재의 수능시험은 아이들이 스스로 미래역량을 기르는 데 별로 도움이 되지 않으니까. 나아가 대학은 잠재력이 있는 아이를 선발하여 정성껏 최고의 지성인으로 길러내야 하고. 교육의 근본 문제인 대학의 서열 체제는 그 뿌리가 너무 깊어서 장기적으로 접근해야 할 것 같아. 우선, 지역 국립대의 상향평준화가 필요하다고 봐. 학생 1인당 교육비를 높여 국립대 학생들이 양질의 교육을 받을 수 있도록 재정을 투입하는 거야. 2016년 기준으로, 국립대의 학생 수용률이 23.1%인데, 이를 중장기적으로 50~60%까지 높여야 해. 너희 독일은 국립대의 학생 수용률이 거의 100%잖아. 사립대가 우리처럼 많은 미국도 국립대의 학생 수용률이 82.7%에 이른다는 점을 고려하면, 우리도 충분히 그렇게 할 수 있을 거야. 2020년 이후 약 40만 명의 신입생 중에 절반 이상이 상향평준화된 국립대에서 학업을 하면 대학 서열 체제는 상당 부분 해소될 수 있을 거라고 생각해.

나아가, 대학과 관련하여 가장 시급한 것은 제대로 된 국립대학법과 사립대학법을 제정하는 거야. 현재 우리의 고등교육은 교육기본법, 고등교육법, 교육공무원법, 국립대학 회계법 등 다양한 법률로 규율되고 있어. 대학은 국립학교설치령, 사립학교법에 의하여 초·중등학교와 같이 규율되고 있는 상황이야. 무척이나 부끄럽게도, 우리나라에는 대학의 특성이 고려된 국립대학과 사립대학의 운영 및 설치를 규율하는 기본적 법률이 없어. 따라서 대학의 본질이라고 볼 수 있는 학문의 자유, 대학의 자치, 공공성, 사회적 책임을 실현하기 위해 대학의 운영원리와 원칙, 재정과 시설기준을 국립대학법과 사립대학법으로 규정하여 대학의 명확한 법적 기반을 확립할 필요가 있어. 예컨대, 국립대학법에는 국립대학 예산에 대한 국가의 공적 책무와 대학의 학문자유, 대학자치, 사회적 책무를 명기하도록 하며, 사립대학법에는 사학비리를 방지하고 처벌하는 규범을 담아야 해."

중학교부터 시작하는 평생직업교육

칼이 좀 더 파고들었다.

"평생직업교육은 어떻게 하려고 하는데? 향후 다가오는 미래 시대에는 사람들이 평생토록 학습해야 하는데 … 어떻게 접근할거야?"

"현재 우리는 평생교육과 직업교육을 분리해서 접근하고 있어. 하지만 둘을 융합해서 '평생직업교육'으로 접근하는 것이 좋을 것 같아. 평생교육이라는 개념을 사용하고 있는데, 그것도 좀 모호하고. 용어 자체도 인식이 좋지 않아. 노인교육, 일회성 강좌, 지역 가정주부들의 전유물로 인식되고 있어. 비슷한 프로그램이 난립하고 교육의 질도 낮아. 지자체에는 평생교육 담당 부서가 있지만, 교육역량이 떨어지고, 교육청에는 전문가가 있지만 업무에 대한 애정이 없어. 교육부 예산에서 평생교육 예산은 0.1% 밖에 되지 않는데, 그것도 지자체가 비효율적으로 사용하고 있어. 평생교육사라는 직업도 있는데, 그 역할과 기능도 모호해. 실제 교육역량을 가지고 있는지도 의문이야. 평생교육은 총체적으로 점검한 후, 특성화고와 전문대학의 시설을 이용하되, 네트워킹을 전문적으로 할 수 있는 코디네이터 제도를 도입하여, 평생교육진흥원, 교육부, 교육청, 지자체를 연결하고 통제하는 〈평생직업교육 플랫폼〉으로 새롭게 조직화할 필요가 있어."

"직업교육의 상황은 어때?"

"재취업을 포함해서 직업교육에 대한 수요는 증가하고 있지만, 체계적인 직업교육 제도와 프로그램이 부족한 상황이야. 직업교육은 주로 특성화고, 마이스터고 학생을 대상으로 실행되고 있어. 고등학생 중에서 특성화고, 마이스터고 학생이 차지하는 비중이 1990년대에 35.5%였는데, 2015년에는 18.8%까지 떨어졌어. OECD 평균으로, 중등교육과정에 재학하는 학생 중에서 직업교육을 받는 비율이 약 47% 정도 되는데, 그에 비하면 18.8%는 심각하게 낮은 거야. 취업률도 좋지 않아. 2015년 기준으로, 498개의 직업특성화고^{472개=국공립 273개+사립 199개}와 마이스터고^{42개=국공립 37개+사립 5개}의 취업률은 46.6% 밖에 되지 않았고, 36.6%가 대학에 진학했어. 대부분의 특성화고 졸업생들은 양질의 일자리에 취업하기보다는 울며 겨자 먹기 식으로 취업을 위한 취업을 하고 있어."

"직업학교를 나온 우리 아이들은 거의 취업을 하는데…"

"특성화고 졸업생들이 취업을 못하는 이유가 있어. 첫째, 실습문제가 해결되지 않고 있어. 학생이 기업에 파견되면 기술을 배우지 않고 단순 노동만하고 저임금, 차별, 학대에 시달려. 둘째, 학생의 기대 수준이 높아. 대부분 공사나 대기업에 취업하려고 하는데, 그곳에는 인원이 한정되어 있어서, 좋은 기업에 취업하지 못하면 대부분 대학으로 진학해버려. 셋째, 학생의 교육수요와 실제 교육프로그램에서 미스매칭이 발생하고 있어. 정량적 평가로 비자발적으로 특성화고에 발령받은 교사의 수준은 낮고, 전문성에도 한계가 있지. 실제 현장에서 필요한 기술이 아니라, 자격증 위주의 수업을 하니까 현장에 취업할 수 없어. 나아가 취업 담당 선생님이 있지만 학생에게 별 도움이 되지 못해. 이러한 세 가지 이유로 취업률이 낮은 거야."

"그러한 현실을 개선할 방안은 있는 거야?"

"개선의 방향은 직업교육과 평생교육을 융합collaboration해서 〈평생직업교육 플랫폼〉을 구성하는 쪽으로 가야 해. 각 지역의 개방적이고 혁신적인 특성화고, 한국폴리텍대학, 전문대학을 '듀얼기능화dual funtionalization'하는 거지. 듀얼기능화란, 특성화고, 한국폴리텍대학, 전문대학이 본래의 교육 기능을 수행하면서, 그와 동시에 기업노동시장, 지자체, 교육청, 시민사회를 네트워킹하는 장소가 되도록 조직화하는 거야. 그러니까, 각 지역의 특성화고나 전문대학이 학생과 주민의 취업과 재취업을 촉진하는 평생직업교육 플랫폼이 되게끔 하는 거지. 그러한 생각을 여기 그림으로 그려 보았어."

나는 다시 스마트폰을 켜서 PPT로 그려진 〈중학교부터 시작하는 평생직업교육의 흐름〉을 찾아 칼에게 보여주었다.

칼이 그림을 보면서 말했다. "개선의 방향은 좋은 것 같아."

나는 그림에 대해 구체적으로 설명했다.

"평생직업교육은 두 개의 트랙으로 운영될 수 있어. 하나는 특성화고, 전문대학, 한국폴리텍대학, 기업을 연계하는 〈특성화고 기반 평생직업교육〉 트랙이고, 다른 하나는 지역주민, 한국폴리텍대학, 공영형 전문대학, 기업을 연계하는 〈폴리텍대학 기반 평생직업교육〉 트랙이야. 특성화고 기반 평생직업교육 트랙에서는 고교학점제를 내실 있게 운영하고 진로 및 취업을 강화하기 위해 '평생직업교육 코디네이터' 제도를 도입해야 해. 코디네이터의 역할은 세 가지야. 첫째, 특성화고 학생이 고교학점제 체제에서 전문대학, 한국폴리텍대학, 기업에서 실습 및 수강으로 학점을 취득하는 것뿐만 아니라 향후 취업

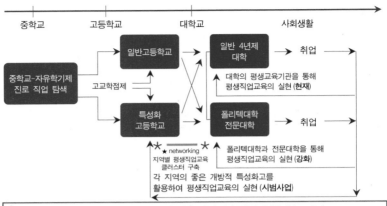

中学校   고등학교   대학교   사회생활

★ 특성화고/폴리텍대학/전문대학의 듀얼기능화: 직업교육과 평생교육의 융합(collaboration)
  1. 본래의 특성화고/폴리텍대학/전문대학의 기능 수행
  2. 기업(노동시장), 지자체, 교육청, 시민사회를 네트워킹하는 〈평생직업교육 플랫폼〉을 실현하기 위해
    〈평생직업교육 코디네이터〉 제도를 특성화고, 폴리텍대, 전문대에 도입하여 특성화고, 전문대 졸업생의
    취업을 촉진하고 주민의 평생직업교육의 허브로 활용

까지도 도와주어야 해. 특히, 중소기업과 특성화고를 잘 연계하고, 교육과정과 일자리를 연계해서 기존의 학교와 일자리 간의 미스매치를 해결해야 해. 둘째, 일반고의 직업반 학생이 특성화고에서 자신이 원하는 분야에서 학점을 이수할 수 있도록 도와주어야 해. 셋째, 지역사회의 특화 프로그램을 개발하여 지역 주민이 직업역량, 시민역량, 인문소양과 관련된 교육을 받을 수 있도록 조직화해야 해. 정리하자면, 코디네이터는 특성화고가 학생과 주민에게 평생직업교육의 허브가 되도록 하는 역할을 잘 수행해야 하는 거지. 특히, 자격증 위주가 아니라 역량 위주로 직업지원교육을 실시해야 해. 우선적으로, 특성화고 기반 평생직업교육 코디네이터 제도를 몇 개 특성화고 대상으로 시범 실시한 후 성과가 좋으면 전국으로 확대해야겠지. 예산은 교육부, 지자체, 교육청, 고용노동부가 함께 지원해야 하고.”

“두 번째 트랙은?”

“첫 번째와 비슷해. 네트워킹의 주체가 특성화고에서 폴리텍대학이나 전문대학으로 바뀔 뿐이야. 각 지역의 폴리텍대학과 전문대학도 평생직업교육 코디네이터 제도를 도입해서 기업, 지역사회, 지자체, 교육청, 다양한 교육기관을 네트워킹하는 플랫폼으로 조직화하여 학생과 주민에게 평생직업교육을 제공하는 거야. 중등교육에 재학하는 학생에게는 고교학점제에 따른 학점 이수를 제공하고, 지역의 주민에게는 '인생2모작'이 가능하도록 다양하고 체계적인 직업역량, 시민역량, 인문소양 교육을 제공하는 거지. 우리나라에서는 138개의 전문대학이 대부분 사립대학이야. 매년 약 20만 명의 학생이 전문대학에 진학하고 있어. 사립전문대 중에서 평생직업교육에 적합한 대학을 선정하여 공영형 전문대로 전환할 필요도 있다고 봐. 고용노동부 산하의 한국폴리텍대학은 현재 전국에 8개 대학과 34개의 캠퍼스에 매년 7,700명이 입학하고 있는데, 캠퍼스와 정원을 약 2배 정도로 확대하여 평생직업교육의 메카로 성장시킬 필요도 있겠지 …"

시간은 12시를 향하고 있었다. 조금 어지러워서 칼에게 잠깐 산책을 하자고 했다. 파징에도 이자 강의 물줄기를 끌어들인 시냇물이 님펨부르크Nympenburg 성을 향해 흐른다. 나와 칼은 천천히 이자 강의 시냇물이 흐르는 수로를 따라 님펨부르크로 향해, 걸었다.

에필로그

　　2017년 8월 초, 국회의 의원회관 제1소회의실에서 의미 있는 출판 기념회가 열렸다. 『새로운 대한민국의 구상 포용국가』라는 책의 출간을 기념하는 자리였다. 〈포용국가연구회〉에 소속된 12명의 학자가 공동으로 집필한 책이었다. 나도 공동 저자로 참여하면서, 포용국가의 의미, 포용국가의 근본 원리, 포용국가의 사회적 경제모델, 사회적 대화의 의미, 교육 혁신의 내용 등에 대해 함께 고민했다. 출판기념회에서 포용국가연구회의 좌장이자 대표 저자인 성경륭 교수는 함께 고민했던 동료의 마음을 담아 〈포용국가〉를 이렇게 설명했다.

　　"우리가 꿈꾼 나라다운 나라는 모두를 위하고 약자를 살리는 나라였습니다. 그러한 나라가 바로 포용국가입니다. 포용국가는 포용성, 혁신성, 유연성의 원리에 기초합니다. 국가의 실패를 연구한 애쓰모글루와 로빈슨에 따르면, 번영하는 국가와 쇠퇴하는 국가

457

••• 김선형: Garden Blue, 2014년

는 정치, 경제, 교육의 제도에 반영된 혁신적 포용성에서 차이가
납니다. 국민의 정치 참여와 경제 참여를 보장하는 국가는 흥하지
만, 그렇지 않는 국가는 쇠퇴합니다. 우리도 국민의 정치 참여와
경제 참여가 가능하도록 '사회적 대화'를 실행하는 포용국가가 되
어야 합니다. 그래야 우리가 직면한 '한국의 비극'을 극복할 수 있
습니다. 한자의 포용(包容)에서 포(包)는 어머니가 허리를 굽혀 아
이를 품는 형상입니다. 포용국가는 포의 형상처럼 정의와 자유의
실현이라는 원칙에 따라 사회적 대화를 진행하면서 모두를 품고
화해시키며 통합하는 국가입니다. 이를 위해 정치인과 사회의 리더
는 '변증법적 리더십'을 발휘해야 합니다. 상이한 이해관계를 조정
하고 초극하면서 창의적 해법을 제시하는 리더십이 필요합니다."

여기에서 포용국가는 '개념의 정신'에 의해 운동하는 국가 개념이
즉자-대자적으로 국가의 본래적 의미로 회복하는 '개념 있는 국가'로
해석될 수 있다. 이 책의 프롤로그와 3장에서 자세히 언급한 것처럼,
개념의 정신은, 개념이 이성과 자유의지에 입각해서 스스로 전개하는
변증법적 운동으로서, 무규정적으로 자기 안에 머무는 자기관련적 즉
자 운동에서 시작하여, 타자의 존재를 부정하면서 자기와 관련하는
대자 운동을 거쳐, 이를 다시 부정하고 성찰하여 타자의 존재 안에
머물며 자기 자신으로 복귀함으로써, 긍정성과 포용성을 담지한 즉

458 • 철학으로 풀어 본 개념정치

자-대자적 보편성에 도달한다. 즉, 개념의 정신이 동시에 전개하는 타자 관련과 자기 관련의 운동으로 인해, 개념은 포용성과 보편성을 확보하면서 개념다운 개념이 된다. 개념의 정신에 의해 운동하는 개념은 현실의 각 개별자의 의식과 존재에 침투되어 현실적으로 느껴지는 포용적 보편자가 되는 것이다. 예컨대, 국가가 '개념 있는 국가'라면, 국가는 현실의 개별자사람들의 의식과 행동와 제도에 침투해서 그 안에 머물며 지금-이곳에서 이미 실현되고 있어야 한다. 국가의 본래적 개념이 현실에 실현되고 있을 때, 다시 말해서 국가라는 개념이 본래의 의미를 회복하려고 자신 안의 개념의 정신에 의해 메타적인 자기 운동을 전개할 때, 이러한 경우에 우리는 국가에 대해 나라다운 나라 혹은 개념 있는 국가라고 말할 수 있다.

국가의 본래적 의미를 복원하려는 개념 있는 국가가 바로 포용국가인 것이다. 개념 안에서 운동하는 개념의 정신 그 자체가 즉자-대자적 포용성을 내재하기 때문이다. 반면, 개념 없는 국가란 국가의 본래적 개념이 현실에서 구현되지 않는 국가이다. 즉, 국가의 개념이 현실의 국민의 삶에 침투되어 있지 않아서, 국가는 자신의 보편성과 포용성을 상실하면서 국가의 본래적 개념으로부터 이탈된다. 이러한 상황에서 개념의 정신은 그러한 부정적 현실을 부정하여, 즉 '부정의 부정'을 통해 국가 개념의 본래적 의미를 회복한다. 이렇게 개념 안의 개념의 정신이 자기회복의 운동을 할 때 그 개념에 대해 메타적 의미에서 '개념이 있다'라고 한다. 따라서 개념 없는 국가에 대해 개념 있는 국가는 '부정의 부정'이다. 즉, 국가 본래의 개념으로부터 이탈한 현실의 부정적인 개념 없는 국가를 부정하며 나온 국가의 본래적 개념에 대한 긍정이, 개념 있는 국가로서 포용국가인 것이다.

포용국가가 개념 있는 국가라는 점에서, 포용국가에서의 정치는 개념 있는 정치개념정치이어야 한다. 국가가 본래적 국가 개념으로 복원되듯이, 정치도 본래적 정치 개념으로 회복되어야 한다. 본래적 의미에서 정치는, 공적 사안에 대해 함께 얘기하고 함께 결정하며 함께 실행하는 과정이다. 포용국가는 이러한 정치의 본래적 개념을 복원하는 국가이다. 공적 사안에 대해 함께 얘기하고 결정한 것을 실행에 옮기는 본래의 정치는 그 자체로 포용성을 전제한다. 포용성이 없으면, 서로 생각이 다른 사람들끼리 대화를 나누면서 함께 결정할 수 없기 때문이다. 즉, '사회적 대화'에 기초한 포용국가는 과거 정치권의 개념 없는 정치를 부정하면서 '함께 얘기하기, 함께 결정하기, 함께 실행하기'인 본래적 정치로 회복시키는 개념 있는 정치에 기초하며, 그러한 정치의 본래적 개념을 정책, 제도, 교육을 통해 국민의 정신과 생활에 침투시키는 개념 있는 정치 그 자체이다.

　　포용국가의 실현을 위해서는, 개념의 정신을 자신의 의식에 체현한 개념 있는 정치인개념정치인과 개념 있는 시민개념시민이 있어야 한다. 그래야 개념 있는 정치개념정치가 작동하면서 국가는 포용국가로 복원된다. 비유의 맥락에서, 포용국가가 하나의 컴퓨터라고 하면, 개념정치는 컴퓨터의 운영체제OS와 같다. 윈도우와 같은 운영체제가 없으면 컴퓨터가 작동할 수 없는 것처럼, 개념정치가 없으면 국가는 포용국가로 복원될 수 없다. 즉, 나라다운 나라인 포용국가로 회복하기 위해서는 노동, 경제, 복지, 교육 등의 분야에서 포용성, 혁신성, 유연성에 기초하여 자유, 정의, 행복, 평화라는 개념을 본래적 의미로서 실현시키려고 하는, 즉 돈시장이라는 개념을 넘어서는 자유, 정의, 행복, 평화라는 개념이 국민의 정신과 생활에 유기적으로 침투되고 실현되도록 하는, 개념정치가 작동해야 한다. 이러한 개념정치는 즉자-대자적으로 운동하는 개념의 정신을 자기의식에 체현하는 포용적 개념정치인에 의해 실현될 수 있다. 포용국가가 목표로 추진해야 하는 노동 혁신, 경제 혁신, 복지 혁신, 교육 혁신, 지역 혁신도 정치권과 정부의 행정부처에 〈개념정치인〉이 있어야 가능한 것이다.

개념정치인은 철학을 통해 개념의 정신을 자신의 정신에 체현한다. 그래서 그는 포용적이며 인륜적이다. 그는 이성의 변증법으로 자기와 타자를 부정하고 그 부정을 다시 부정하여 부정의 부정인 긍정으로 타자 안에 머물면서 자기 자신으로 회복한다. 그의 정신은 타자를 부정하면서 자기와 관련짓는 운동을 자기에만 머물러 있는 대자적 입장을 부정하고 지양해서 타자 안으로 들어가 그 안에 같이 머물고, 그 타자성을 다시 자기의식 안으로 포용한다. 그의 정신이 개념의 정신을 따르기 때문이다. 개념 없는 정치인이 주도하는 개념 없는 정치를 개념의 정신에 따라 변증법적으로 지양하고 포용하는 것이다.

나아가 개념정치인은 정치의 본래적 개념과 그 정치가 실현하려는 자유, 평등, 정의, 평화, 연대의 '가치value'를 파악하고, 그러한 가치의 상호연관성을 추론하면서 개념정치를 현실에서 구현하려고 한다. 즉, 그는 정치와 철학을 결합하면서 이성에 현실을 담으며 현실에 이성을 침투시킨다. 그는 단기적 효과를 낼 수 있는, 즉 흩어져 각각 따로 노는 각론적 정책보다는, 장기적으로 다양한 정책을 연결시키며 하나로 묶어내는 철학적 총론과 비전에 기초하여 실현가능한 정책적 로드맵을 마련한다. 즉, 국가적인 긴 안목 속에서 구현되어야 할 자유, 평등, 정의, 행복의 가치를 정책을 통해 보편적 개념으로서 시민의 구체적인 삶 안에 침투시키려고 노력하는 것이다.

이러한 노력의 과정에서 개념정치인은 프로미노스phrominos: 프로네시스의 능력을 갖춘 영리하고 현명한 정치인가 되기 위해 지속적으로 학습하고 소통하며 성찰한다. 지속적 학습, 소통, 성찰이 필요한 이유는, 그는 정치인으로서 자신과 타자의 부조리를 초극해야 하며, 관계에서 발생하는 갈등과 대립의 부정성에서 긍정적 귀결을 찾아내는 〈변증법적 리더십〉을 발휘해야 하는데, 이는 정치인 스스로의 끊임없는 학습, 소통, 성찰로서만 얻어질 수 있기 때문이다.

변증법적 리더십은 지속적인 학습, 소통, 성찰의 과정에서 '개념 없는 리더십 눈먼 자의 리더십'을 부정하고 초극하는 과정에서 얻어지는 '개념 있는 리더십 눈뜬 자의 리더십'이다. 〈눈뜬 자의 리더십〉은 힘 power과 역량 virtue에 기초하지만 인간성 humanity과 존엄성 dignity을 보존하려는 철학을 통해 펼쳐지고, 국민을 진정한 자유의 상태로, 나아가 국민을 자기 안에 갇혀서 경쟁에 몰두하는 '호모 비오랑스 homo violence: 폭력적 인간'에서 서로 신뢰하며 삶을 향유하는 '호모 사피엔스 homo sapiens: 지성적 인간'로 이끌어 준다. 반면, 〈눈먼 자의 리더십〉은 우월한 힘에 기초하지만 리더 자신의 이기적 욕심을 채우려는 탐욕에 의해 펼쳐지고 인간성과 존엄성을 파괴하면서 국민을 노예와 같은 예속의 상태로 이끌며, 나아가 국민을 서로 신뢰하지 못하게 하는 호모 비오랑스의 상태에 머물게 한다.

2012년 『개념 있는 정치 VS 개념 없는 정치』의 개정증보판으로 집필된 2017년 『철학으로 풀어 본 개념정치』에는 〈포용국가연구회〉에서 논의했던 다양한 사회 문제에 대한 고민도 담겨 있다. 토론으로 지적인 지평을 넓혀 준 포용국가연구회의 교수님들께 깊은 감사를 드리고 싶다. 2017년 8월 무더운 여름 〈정치시민교육〉 전공 계절대학원 강의에서 이 책의 초고를 함께 읽었던 이상봉, 오누리, 최미현, 유정화, 고재욱, 이경미 선생님께도 감사드린다. Garden Blue 2014년의 작품 이미지를 사용하도록 허락해주신 경인교육대학교 미술교육과 김선형 교수님께도 깊은 감사를 드리고 싶다. 김소연 시인이 쓴 『마음사전』이라는 책의 98쪽에 이런 말이 있다. "허전함이 무언가를 잡았던 느낌을 기억하고 있는 손이라면, 공허함은 무언가를 잡으려고 애써보았던 손이다. 더 나아가 그 손을 물끄러미 바라보는 '후회' 같은 것이다." 내 손을 물끄러미 쳐다보았다. 글과 정책으로 무엇인가 잡으려고 애써보았다. 손으로만 잡으려고 애쓴 것은 아니다. 정신과 행동으로도 잡으려 노력했다. 현실의 손은 허전하고 공허할지언정, 나의 정신은 여전히 개념의 정신을 따르려고 애쓰고 있다.

참고문헌

단행본

가토 하사타케 외 저. 『헤겔사전』. 이신철 역. 도서출판b, 2009.

고석규·장준호. 『정책공간 국민성장 교육팀 핵심의제, 2017.3.1.』.

공자 저. 『논어』. 김원준 역. 글항아리, 2012.

김소연. 『마음사전』. 마음산책, 2015.

김어준. 『닥치고 정치』. 푸른숲, 2011.

김준수. 『헤겔』. 한길사, 2015.

김진경 외. 『유령에게 말걸기』. 문학동네, 2014.

나인호. 『개념사란 무엇인가』. 역사비평사, 2011.

낸시 프레이저 저. 『지구화 시대의 정의』. 김원식 역. 그린비, 2011.

니콜로 마키아벨리 저. 『군주론』. 강정인·김경희 역. 까치, 2008.

대니얼 카너먼 저. 『생각에 관한 생각』. 이진원 역. 김영사, 2012.

대런 아세모글루·제임스 로빈슨 저. 『국가는 왜 실패하는가』. 최완규 역.
　　　시공사, 2012.

로제 다운 저. 『폭력: 폭력적 인간에 대하여』. 최윤주 역. 동문선, 2006.

마이클 센델 저. 『돈으로 살 수 없는 것들』. 안기순 역. 김영사, 2012.

_____. 『정의란 무엇인가』. 이창신 역. 김영사, 2010.

맹자 저. 『맹자』. 우재호 역. 을유문화사, 2013.

문재인. 『사람이 먼저다』. 퍼플카우, 2012.

_____. 『운명』. 가교출판, 2011.

문재인·문형렬. 『대한민국이 묻는다』. 21세기북스, 2017.

박성민. 『정치의 몰락』. 민음사, 2012.

박홍순. 『생각의 미술관』. 웨일북, 2017.

사마천 지음. 『사기』. 김하나 옮김. 팩컴북스, 2010.

성경륭. 『대한민국의 새로운 구상 포용국가』. 21세기북스, 2017.

슬라보예 지젝 저. 『헤겔 레스토랑: 헤겔과 변증법적 유물론의 그늘 1, 2』. 조형준 역. 새물결, 2013.

알랭 드 보통 저. 『불안』. 정영목 역. 은행나무, 2011.

올리비아 비앙키 저. 『헤겔의 눈물』. 김동훈 역. 열린책들, 2014.

요아힘 바우어 저. 『공감의 심리학』. 이미옥 역. 에코라브르, 2012.

위르겐 하버마스. 『의사소통행위이론1/2』. 나남, 2006.

이광호. 『더불어 교육포럼: 유·초·중등 교육 분야, 2017.2.22』.

이명곤. 『토마스 아퀴나스 읽기』. 세창미디어, 2013b.

이석영. 『백서노자』. 청계, 2006.

임헌규. 『노자 도덕경 해설』. 철학과 현실사, 2005.

임혁백. 『어떤 리더십이 선택될 것인가?』. 인텔리겐찌야, 2012.

장동진. 『심의 민주주의: 공적 이성과 공동선』. 박영사, 2012.

장준호. 『국제정치의 패러다임』. 한울, 2007.

장준호 외. 『독일의 평화통일과 통일독일 20년 발전상』. 늘품플러스, 2011.

장하준·정승일·이종태. 『무엇을 선택할 것인가』. 부키, 2012.

전혜린. 『그리고 아무 말도 하지 않았다』. 민서출판사, 2004.

조선왕조실록. 『정조실록 54권』(정조 24년 5월 30일 신해 1번째 기사 1800년 청 가경 5년).

조정래. 『허수아비춤』. 문학의문학, 2010.

_____. 『풀꽃도 꽃이다 1, 2』. 해냄, 2016.

조지프 스티글리츠 저. 『창조적 학습사회』. 김민주·이엽 역. 한국경제신문, 2016.

주제 사라마구 저. 『눈뜬 자들의 도시』. 정영목 역. 해냄, 2007.

_____. 『눈먼 자들의 도시』. 정영목 역. 해냄, 2007.

_____. 『동굴』. 김승욱 역. 해냄, 2006.

최현석. 『인간의 모든 감정』. 서해문집, 2012.

클라우스 슈밥 저. 『4차 산업혁명』. 송경진 역. 새로운 현대, 2016.

토마스 게이건 저. 『미국에서 태어난 게 잘못이야』. 한상연 역. 부키, 2011.

토마스 아퀴나스 저. 『진리론』. 이명곤 역. 책세상문고, 2012.

투키디데스 저. 『펠로폰네소스 전쟁사』. 박광순 역. 범우사, 2001.

플라톤 저. 『국가(政體)』. 박종현 역. 서광사, 1997.

_____. 『프로타고라스』. 강성훈 역. 이제이북스, 2011.

한국교육개발원. 『학점제 도입 방안』Position Paper 통권 제109호. 2011.

_____. 『2015 교육통계 주요지표 포켓북』. 2015.

한병철. 『피로사회』. 문학과 지성사, 2012.

헤겔 저. 『법철학』. 임석진 역. 한길사, 2008.

_____. 『논리학 서론·철학백과 서론』. 김소영 역. 책세상, 2012.

홍섭근. 『공교육은 왜?』. 살림터, 2016.

EBS 학교란 무엇인가 제작팀. 『학교란 무엇인가』. 중앙북스, 2011.

◱ 학술 논문

김면회. "독일모델의 생명력: '독일병' 논의에 대한 비판적 접근." 『국제정치논총』 제44집 1호, pp.327-347. 2004.

서병창. "토마스 아퀴나스의 분노 개념." 『인간연구』. 제19호, 2010/가을, pp.47-76. 2010.

양승태. "문명충돌의 정치와 정치철학: 대한민국의 국가정체성과 한국정치학의 학문적 정체성의 관계에 대한 문명사적 접근 서설." 『한국정치학회보』제46집 2호, pp.97-116. 2012.

이명곤. "토마스 아퀴나스의 양심과 도덕적 의식에 대한 고찰."『인간연구』제25호, 2013/가을, pp.99-144(119). 2013a.

장준호. "국제정치에서 '적과 동지의 구분'에 대한 소고: 칼 슈미트(Carl Schmitt)의 '정치적인 것(das Politische)'을 중심으로."『국제정치논총』제45집 3호, pp.7-31. 2005.

_____. "지구시민사회의 개념적 재구성."『세계지역연구논총』제24집 3호, pp.271-298. 2006.

_____. "스위스 연방의 직접민주주의: 2008년 6월 1일 국민투표를 중심으로."『국제정치논총』제48집 4호, pp.237-262. 2008.

_____. "세계위험사회와 국가의 대응전략 탐색: 울리히 벡의 세계시민적 현실주의를 중심으로."『세계지역연구논총』제28집 1호, pp.341-367. 2010.

_____. "플라톤의 인치와 법치: 철인통치의 법치화."『OUGHTOPIA』제25집 1호, pp.65-99. 2010.

_____. "독일 초등학교 다문화 시민교육에 관한 연구."『한독사회과학논총』제21권 3호, pp.135-156. 2011.

_____. "세계위험에 대한 유럽의 국가와 시민사회의 대응: 지속가능전략과 공적개발원조(ODA)를 연계한 독일 사례를 중심으로."『세계지역연구논총』제29집 1호, pp.7-31. 2011.

_____. "아리스토텔레스의 정치철학: 윤리와 정치의 결합을 중심으로,"『OUGHTOPIA』제26집 1호, pp.29-62. 2011.

_____. "독일에서 애국주의 개념과 변천: 애국주의 패러독스를 극복하는 헤겔의 인륜적 애국심과 현재의 유쾌한 애국심을 중심으로."『한독사회과학논총』제22권 2호, pp.85-106. 2012.

_____. "시민사회의 이론적 단층: 헤겔과 하버마스를 중심으로."『한독사회과학논총』제25권 3호, pp.195-220. 2015.

_____. "독일의 직접민주주의" 자치분권국가에서 시민입법과 주민투표를 중심으로."『선거연구』제7권, pp.5-34. 2016.

장준호·김면회. "해적당의 등장과 정당체제의 변화—독일의 경우."『EU연구』제31호, pp.141-171. 2012.

장준호·정복철. "국제개발협력의 두 가지 모델 비교연구: 독일과 일본의 공적 개발원조(ODA)를 중심으로." 『세계지역연구논총』 제26집 3호, pp.311-339. 2008.

조흥식. "한국 고등교육정책과 대학정책학회의 사명." 『대학과 정책』 제1호, pp.11-17. 2017.

최영윤. "북한 해외 노동자 현황: 통계 데이터 중심으로." 『KDI 북한경제리뷰』 2017년 2월, pp.101-121. 2017.

※ 이 책의 집필에, 위의 필자의 논문과 공저 일부를 쉽게 재구성하며 사용했음을 밝혀 둔다. 〈1장〉에서는 "플라톤의 인치와 법치: 철인통치의 법치화"의 일부분을, 〈2장〉에서는 "아리스토텔레스의 정치철학: 윤리와 정치의 결합을 중심으로"의 일부분을, 〈3장〉에서는 "독일에서 애국주의 개념과 변천: 애국주의 패러독스를 극복하는 헤겔의 인륜적 애국심과 현재의 유쾌한 애국심을 중심으로"의 일부분, "시민사회의 이론적 단층: 헤겔과 하버마스를 중심으로"의 일부분을, 〈4장〉에서는 "해적당의 등장과 정당체제의 변화─독일의 경우"의 일부분, "세계위험에 대한 유럽의 국가와 시민사회의 대응: 지속가능전략과 공적개발원조(ODA)를 연계한 독일 사례를 중심으로"의 일부분을, 〈5장〉에서는 "세계위험사회와 국가의 대응전략 탐색: 울리히 벡의 세계시민적 현실주의를 중심으로"의 일부분, 『국제정치의 패러다임』의 일부분을, 〈6장〉에서는 "스위스 연방의 직접민주주의: 2008년 6월 1일 국민투표를 중심으로"의 일부분, "독일의 직접민주주의: 자치분권국가에서 시민입법과 주민투표를 중심으로"의 일부분, 『국제정치의 패러다임』의 일부분을, 〈7장〉에서는 "독일 초등학교 다문화 시민교육에 관한 연구"의 일부분, 『대한민국의 새로운 구상 포용국가』의 일부분(4장 교육혁신─창의적 학습사회)을 가져다가 사용하였다. 필자가 집필한 논문과 공저의 내용 중에서 그대로 가져다가 쓴 부분도 있지만, 가져온 내용의 대부분은 쉽게 다듬고 새로운 시각으로 해석하며 재구성했다. 나아가 필자가 신문에 쓴 시론과 칼럼의 일부분도 수정하여 이 책에 반영했다. 예컨대, 〈3장〉에 "촛불집회, 집단양심의 힘"(경향신문, 2016년 11월 18일), "촛불이 밝힌 정치를 복원하자"(국민일보, 2016년 11월 27일), "헌법재판관의 참된 양심"(쿠키뉴스, 2016년 12월 22일), "헌법재판소 탄핵심판 인용의 의미"(부대신문, 2017년 3월 13일) 등을 수정해서 사용했으며, 〈5장〉에 "위험사회, 이젠 멈춰서 성찰하라"(경향신문, 2014년 5월 7일), 〈7장〉에 "우리가 진정으로 원하는 교육감"(경향신문, 2014년 5월 30일)의 일부분을 수정해서 사용했다.

🖳 외국 문헌

Aristoteles. *Die Nikomachische Ethik.* München: dtv, 1995.

_____. *Politik.* München: dtv, 1996.

Batt, Helga. "Direktdemokratie im internationalen Vergleich." *Aus Politik und Zeitgeschichte* 10/2016, pp.10-17. 2016.

Baylis, John·Steve Smith·Patricia Owens. *The Globalization of World Politics.* Oxford: Oxford University Press, 2008.

Beck, Ulrich. *Weltrisikogesellschaft.* Frankfurt am Main: Suhrkamp, 2007.

_____. *Macht und Gegenmacht im globalen Zeitalter.* Frankfurt am Main: Suhrkamp, 2009.

_____. *Risikogesellschaft.* Frankfurt am Main: Suhrkamp, 2010.

Bleicken, Jochen. *Die Athenische Demokratie.* Paderborn: Schöningh, 1995.

BMZ. *Weissbuch zur Entwicklungspolitik.* Bonn: BMZ, 2008.

_____. *Entwicklungspartnerschaften mit der Wirtschaft Jahresbericht 2009.* Bonn: BMZ, 2009.

Bobio, Roberto. *Destra e sinistra: ragioni e significati di una distinzione politica.* Roma: Donzelli, 1994.

Budge, Ian. "Direct Democracy." In *Political Institutions.* R. A. W. Rhodes, Sarah A. Binder, Bert A. Rockman, eds. New York: Oxford University Press, 2006.

Bundeskanzlei. *Der Bund kurz erklärt.* Bern: Federal Chancellery, 2008.

_____. *Volksabstimmung von 1. Juli 2008, Erläuterungen des Bundesrates.* Bern: Bundeskanzlei, 2008.

Decker, Frank. *Regieren im Parteienbundesstaat.* Wiesbaden: VS Verlag, 2011.

_____. "Direkte Demokratie im deutschen Parteienstaaten." *Aus Politik und Zeitgeschichte* 10/2016, pp.3-9. 2016.

Erne, Roland. "Obligatorisches Referendum, Plebizsit und Volksbegehren — drei Typen direkter Demokratie im europäischen Vergleich."

In *Direkte Demokratie. Forschungen und Perspektiven.* Theo Schiller, Volker Mittendorf, eds. Westdeutscher Verlag GmbH, pp.76-87. 2002.

Federal Statistical Office FSO. *Statistical Data on Switzerland 2008.* Bern: FSO, 2008.

Grewe, Wilhelm. *Epochen der Völkerrechtsgeschichte.* Baden-Baden: Nomos, 1988.

Haidt, Jonathan. *The Righteous Mind: Why Good People are divided by Politics and Religion.* New York: Pantheon, 2012.

Hegel, G. W. F. *Grundlinien der Philosophie des Rechts.* Hamburg: Felix Meiner Verlag, 1995.

Hobbes, Thomas. *Leviathan.* Frankfurt am Main: Suhrkamp, 1996.

Höffe, Otfrid. *Aristoteles Nikomachische Ethik.* Berlin: Akademie Verlag, 2001.

_____. *Aristoteles Politik.* Berlin: Akademie Verlag, 2001.

_____. *Politeia.* Berlin: Akademie Verlag, 2005.

Jaeschke, Walter. *Hegel Handbuch.* Stuttgart: Verlag J. B. Metzler, 2010.

Jung, Otmar. "Direkte Demokratie — Forschungsstand und Perspektiven." In *Direkte Demokratie. Forschungen und Perspektiven.* Theo Schiller, Volker Mittendorf, eds. Westdeutscher Verlag GmbH, pp.22-64. 2002.

Kersting, Wolfgang. *Platons Staat.* Darmstadt: Wissenschaftliche Buchgesellschaft, 1999.

Kost, Andreas. "Direkte Demokratie in der Bundesrepublik Deutschland." In *Direkte Demokratie in den deutschen Ländern.* Andereas Kost, ed. Wiesbaden: VS Verlag für Sozialwissenschaften, pp.7-13. 2005.

_____. "Bürgerbegehren und Bürgerentscheid in Deutschland." *Aus Politik und Zeitgeschichte* 10/2016, pp.25-31. 2016.

Langran, Irene. "Global citizenship in a post-westphalian age." In *Globalization and Global Citizenship.* Irene Langran and Tammy Birk, eds. pp.25-37. London and New York, 2016.

Locke, John. *Two Treaties of Government.* Frankfurt am Main: Suhrkamp, 1998.

Obst, Claus-Henning. *Chancen direkter Demokratie in der Bundesrepublik Deutschland. Zulässigkeit und Politische Konsequenzen.* München: Theurer Verlag, 1986.

Ottmann, Henning. *Geschichte des politischen Denkens, Die Griechen: Von Homer bis Sokrates, Band 1/1.* Stuttgart: Verlag J. B. Metzler, 2001.

_____. *Geschichte des politischen Denkens, Die Griechen: Von Platon bis zum Hellenimus, Band 1/2.* Stuttgart: Verlag J. B. Metzler, 2001.

Pelczynski, Z. A. *Hegel's Political Philosophy.* London: Cambridge University Press, 2010.

Platon. *Nomoi.* Sämtliche Werke 6. Hamburg: Rowohlt, 1986.

_____. *Sämtliche Werke 1.* Hamburg: Rowohlt, 1987.

_____. *Politikos.* Hamburg: Meiner, 1988.

_____. *Der Staat.* München: dtv, 1998.

Pollmann, Arnd. *Unmoral: Ein philosophisches Handbuch.* München: Verlag C. H. Beck, 2010.

Rawls, John. *A Theory of Justice.* Oxford: Oxford University Press, 2000.

_____. *The Law of Peoples.* Cambridge: Columbia University Press, 2003.

Rohde, Christoph. *Hans Morgenthau und der weltpolitische Realismus.* Wiesbaden: VS Verlag, 2004.

Rux, Johannes. *Direkte Demokratie in Deutschland.* Baden-Baden: Nomos Verlag, 2008.

Saward, Michael. *The Terms of Democracy.* Cambridge: Polity Press, 1998.

Schiller, Theo·Volker Mittendorf. 2002. "Neue Entwicklungen der direkten Demokratie." In *Direkte Demokratie. Forschungen und Perspektiven.* Theo Schiller·Volker Mittendorf, eds. Opladen: Westdeutscher Verlag GmbH. pp.7-21.

Schmidt, Manfred G. *Demokratietheorien*. Wiesbaden: VS Verlag, 2008.

Schubert, Charlotte. *Athen und Sparta in klassischer Zeit*. Stuttgart: Metzler, 2003.

Schwieger, Christopher. *Volksgesetzgebung in Deutschland*. Berlin: Duncker und Humboldt Verlag, 2005.

Staatskanzlei. *Verfassung des Kantons Aargau*. Aarau: Staatskanzlei, 2006.

_____. *Abstimmungsvorlagen 1*. Juni 2008. Aarau: Staatskanzlei, 2008.

Statistisches Bundesamt. *Nachhaltige Entwicklung in Deutschland Indikatorenbericht 2010*. Wiesbaden: Destatis, 2010.

Vogt, Markus, Frank Uekötter, Mike Davis. *Prinzip Nachhaltigkeit: Ethische Fragen im interdisziplinären Diskus*. Münchener Kompetenz Zentrum Ethik, 2009.

Weixner, Bärbel Martina. *Direkte Demokratie in den Bundesländern*. Opladen: Westdeutscher Verlag GmbH, 2002.

_____. "Direkte Demokratie in den Bundesländern." *Aus Politik und Zeitgeschichte* 10/2016, pp.18-24. 2016.

🗂 인터넷 문헌

• 독일 기본법

Grundgesetz für die Bundesrepublik Deutschland. 2014.
https://www.bundestag.de/grundgesetz

• 독일 바이에른 주의 시민입법 (2016년 10월 1일)

Volksgesetzgebung in Bayern. Wikidepia
https://de.wikipedia.org/wiki/Volksgesetzgebung_in_Bayern

• 독일 시민입법과 주민주표 통계 (2017년 7월 30일)

Mehr-Demokratie e.V, ed. 2015. Volksbegehrensbericht 2015.

Mehr-Demokratie e.V, ed. 2016. *Bürgerbegehrensbericht 2016*.

Mehr-Demokratie e.V. Landesverband Bayern, ed. 2016. *Bericht Bürgerbegehren in Bayern 1995-2015*.

https://www.mehr-demokratie.de

• 독일 정부의 지속가능성장위원회(2010년 8월 11일)

Die Bundesregierung, Staatssekretärsausschuss für nachhaltige Entwicklung

https://www.bundesregierung.de

• 독일 정부의 지속가능성장을 위한 전략(2010년 8월 15일)

Die Bundesregierung, Perspektiven für Deutschland: Unsere Strategie für eine nachhaltige Entwicklung 2002

https://www.bundesregierung.de

• 독일의 지자체(2016년 10월 5일)

https://de.wikipedia.org/wiki/Gemeinde_(Deutschland)

• 독일통계청 대학통계(2017년 8월 7일)

https://www.destatis.de/DE/ZahlenFakten/GesellschaftStaat/BildungForschungKultur/BildungKulturfinanzen/Tabellen/HochschuleHochschulart.html

색인

지은이 소개

장준호

경인교육대학교 윤리교육과 교수로 재직하고 있다. 독일의 뮌헨대학교(LMU)에서 정치학 박사학위를 받았다. 헤겔의 법철학에 기초하여 세계사회의 평화 및 경제 규범을 분석하는 학위 논문을 썼다. 뮌헨대학교 정치학과에서 정치사상을 강의했고, 미국의 샌디에이고대학교(UC SanDiego)에서 방문교수를 지냈으며, 에라스무스 프로그램으로 덴마크 코펜하겐 UCC대학교에서 정치시민교육을 강의하기도 했다. 정치철학, 교육정책, 정치시민교육, 직접민주주의, 선거와 정당, 자치분권, 세계시민교육, 국제정치의 분야에 관심을 갖고 연구하고 있다. 단독 저서로는 2009년 대한민국 학술원 우수학술도서로 선정된『국제정치의 패러다임: 전쟁과 평화(2007)』가 있으며, 최근의 공동 저서로는『새로운 대한민국의 구상: 포용국가(2017)』가 있다.